Antonino Geovanni

Los HIJOS DEL PUNTO

Editorial La Cigarra, Inc.

2021

AUTOR
Antonino Geovanni
#clemenciaparaelpoeta
Facebook: LIBERTAD PARA EL POETA

EDICIÓN
Dra. Maritza Álvarez Machín
Editora
Editorial La Cigarra, Inc.
P. O. Box 20258
San Juan, PR 00928
773-647-0840 [San Juan]
mamnuevo2020@gmail.com
Facebook: Maritza Alvarez-Machín

COLABORADORA EN EDICIÓN
Editora Natalie Rosario Ruiz
Email: natalie.rosario1996@gmail.com
787-527-6172

DISEÑO DE PORTADA / INTERIORES
Ilustrador Jorge L. Ortiz Pérez
Email: geogieart07@gmail.com / jameskp.art@gmail.com
Instagram: @Georgie_art / @Jamesk.peres
Facebook: www.facebook.com/JKPeres

PRÓLOGO
Dra. Edna Benítez Laborde

VENTAS
Amazon.com

IMPRESIÓN

Amazon

ISBN: 9798511406510

"… El Punto viene a ser como un titiritero que nos maneja a su antojo y seguiremos haciendo lo que le place, hasta el día en que despertemos del letargo en que estamos y nos demos cuenta de los hilos que están atados a nuestras acciones y formas de vivir y decidamos cortarlos para siempre. No importa cuánta fidelidad le demostremos al Punto, el Punto nunca será igual de leal con nosotros…"

AGRADECIMIENTOS

Deseo agradecer a todos los que han hecho más soportable el peso que cargo sobre mi espalda. A los que me han brindado un poco de luz para apaciguar el hambre de mis oscuridades. A los que me han brindado su mano cuando he estado al borde del abismo. A los que me han ayudado a convertir las piedras sobre el camino en peldaños para seguir ascendiendo y creciendo. A los que se han acercado para ayudarme a abrir estas puertas que me han mantenido prisionero durante más de dos décadas. A los que a pesar de la reputación que yo mismo construí, creen en mí y en mi inocencia. A los que aún son capaces de ver al niño que está atrapado en este cuerpo avejentado. A los que cuando solicité su ayuda no vieron una oportunidad para desfalcar mis bolsillos, como aves de rapiña que se acercan a un cadáver para despojarlo de lo poco que lo hacía humano, sino que me ayudaron por el placer de hacerlo. A todo aquel que más allá de fijarse en mis manchas, se han enfocado en mi brillo y en mis capacidades para generar cambios en mi propia vida y en la de otros. A los profesores universitarios que han creído en mí y me han abierto las puertas a sus espacios de libertad, en especial a Edna Benítez Laborde. A los buenos abogados que la vida ha puesto en mi camino, que no persiguen la acumulación de bienes económicos, sino la consecución de la verdadera justicia. A los que me han visto llorar y no solo han llorado conmigo, sino que han secado mis lágrimas. A los que han tenido el empeño de construir ventanas donde antes solo había paredes. A los amigos que he encontrado a lo largo de mi travesía sobre los oscuros pasillos de la prisión. Al Programa de Teatro Correccional y a todos sus integrantes, incluyendo al personal administrativo. A mi compañera de vida, por amarme a pesar de mis múltiples defectos y desaciertos. Y por último, y no porque sea menos importante, sino porque no persigue protagonismos, a Dios por haberme dado la fuerza para soportar tanto dolor. Mis agradecimientos genuinos a todos ustedes porque un día aprendí que "El talento nos abre puertas, pero el agradecimiento nos las mantiene abiertas".

DEDICATORIA

Este libro es primeramente dedicado a mis hijas, pues sé el dolor y el sufrimiento que les ha causado mi ausencia. Les pido perdón por no haber estado presente en los momentos más importantes de sus vidas y en las situaciones más difíciles cuando el apoyo de un padre hubiera sido vital. Les agradezco por no haberse fijado en las murallas que nos separan, y sí en los puentes que nos unen. Gracias por no haber perdido la fe, por soñar con un mundo mejor en el cual mis nietos no tengan que preocuparse por toparse con algún proyectil lanzado de alguna pistola sin conciencia, y por ser mis amigas y mis confidentes. También lo dedico a las víctimas de la criminalidad, a los muertos y a los vivos; porque todos somos víctimas de esta pandemia social que cada día se hace más incontrolable. Es una bestia cuya hambre implacable nos arrebata a nuestros seres amados. Lo dedico a las madres y padres, a las esposas y esposos, a los hermanos y hermanas, y a los hijos e hijas que lloran por los que partieron abrupta y violentamente de este planeta, sin haber tenido la oportunidad de enmendar sus errores y sin darles el amor que sus familiares merecían. A Jessica Meléndez Bulat, por haber vivido con toda la intensidad que se debe vivir. Por último, lo dedico a aquellos que se vivieron la película de maleantes, y hoy cumplen largas condenas en alguna oscura y solitaria prisión, pues sé que muchos desearían una segunda oportunidad para demostrar de qué están hechos en verdad. No importa donde estés, no importa el peso de tus cadenas, tú puedes hacer que ese peso sea más soportable, si encuentras el propósito de tu vida. Procura generar cambios desde el lugar en que te encuentres, pues no sabes a cuántas vidas puedas impactar. No olvides que el sol llega a todos a pesar de lo distante que se encuentra, y se sacrifica al consumirse para darnos luz. Brilla como nunca te dijeron que eras capaz, aunque ello implique consumirte. Jamás subestimes tus talentos, ten siempre presente que un pequeño cerillo es capaz de crear un gran incendio, pero también, disipar la más densa de las tinieblas.

PRÓLOGO

¿Quién dijo que todo está perdido?
Yo vengo a ofrecer mi corazón.[1]

Como en un mosaico, diminutas piezas de cristal roto recrean una historia. Dentro de los muros de la cárcel se despliega el mural de una vida. La memoria se ha puesto al servicio de la supervivencia y mediante el ejercicio de la escritura, Antonino Geovanni Sánchez Burgos transita años de existencia. En este camino doloroso, el autor recoge los escombros de un pasado y los (des)trozos que conforman su humanidad. Con palabras luminosas y cortantes recuerda la vida que pensaba desperdiciada. Los hijos del punto como práctica creativa y de introspección, también abre la posibilidad a la reescritura de la narrativa personal. El espacio del papel en blanco propicia la búsqueda de sentido. En esta crónica testimonial, el examen autobiográfico constituye el camino hacia la libertad.

Como texto narrativo, Los hijos del punto comparte características con el género literario conocido como la "novela de aprendizaje". Bildungsroman es el término en alemán que hace referencia a obras centradas en la evolución del personaje o la construcción de su personalidad. Se presenta la idea del protagonista como un héroe que tiene que afrontar riesgos y superar obstáculos, aunque en este caso estamos más cerca del antihéroe de la novela picaresca. A lo largo de esta historia observamos el crecimiento del protagonista, su transición de la niñez a la vida adulta y las distintas instancias de este sujeto masculino ante los llamados ritos de pasaje o de iniciación que marcan su desarrollo. De Geovanni a Geo, de Geo a Antonino, de niño a jodedor, de capo a escritor. Se trata de una larga jornada donde se traspasan muchos umbrales: el de la ingenuidad hacia el rigor de las normas del punto, donde proliferar en el negocio o confiarse en exceso puede ocasionar la muerte; el de la tormenta de hormonas que da rienda suelta al descubrimiento hambriento de la sexualidad; el de la tentación ante las armas de fuego en esa búsqueda perpetua de seguridad y protección; el de escapar de la realidad y viajar a un mundo alterno como el que producen el alcohol y las drogas. También vemos el tránsito por los caminos del miedo y la sorpresa, como cuando se observa ese primer muerto. O la primera pisada en la cárcel que se da con incomodidad, pero con la fuerza de saberla destino. No obstante, también observamos el regreso de la belleza al corazón que palpita ante el verdadero amor, llámese mujer o poesía.

---

[1] Fragmento de la canción *Yo vengo a ofrecer mi corazón*. Autor, Fito Páez, en versión de Mercedes Sosa.

Esta es la materia con que la está hecho el relato donde el protagonista narra su vida, quien por lo tanto se presenta como autor y como actor. Asistimos a una historia en dos tiempos ya que el narrador/autor se sitúa en un tiempo presente que mira hacia su pasado, "en un ahora que se explica a través de un antes". El narrador cuenta una acción pretérita que conoce de primera mano y a su vez reflexiona sobre las problemáticas sociales del presente. Establece un contrapunteo entre el "mal ejemplo" de su historia personal, las circunstancias sociales que nos aquejan y los consejos que a raíz de su experiencia de vida pueden aportar al cambio. Por ejemplo, la reflexión sobre la criminalidad y las estrategias fallidas para detenerla.

De las casi cuarenta definiciones del término *punto* que aparecen en el diccionario de la lengua española, ninguna acepción recoge el sentido o la dimensión que conoceremos en este escrito del concepto punto. Además de ser el lugar donde se trafica con drogas, aquí el punto es el origen de la genealogía. El punto se presenta como la matriz que engendra descendencia tras copular con la pobreza y de ese acto provienen "los hijos del punto". El punto que en apariencia da vida, cuida y protege a su prole frente al discrimen y la inequidad social, también los destruye con sus garras en bestial abrazo. El punto devora a sus hijos, tal como el Saturno que representó el pintor español, Francisco de Goya. El Punto aquí se escribe en mayúscula porque es un nombre propio del lugar de origen, la cuna de unos hijos que pareciera no pertenecen al mundo. El punto como escenario de guerra donde jugar a pillos y policías es parte de un libreto trágico, de un ensayo general que prepara a sus niños para el papel que les ha tocado representar en el gran teatro de la vida. En fin, el punto se presenta como una forma de recuperar lo que el porvenir nunca les dio.

Los hijos del punto comienza con un grito que se repite: "¡Mataron a Balatito!", y aquí el grito o el llanto no es presagio de nacimiento, de la llegada de la vida, sino que anuncia la muerte de uno de sus hijos. Desde este inicio, los lectores asistimos a una épica sin héroes, a una película ruidosa, violenta y escalofriante donde sus personajes padecen los peores males. Entre las temáticas de este relato encontramos la cotidianidad de la muerte violenta y a destiempo de seres queridos y conocidos. El retrato de las violencias, sus orígenes y su larga tradición de venganza y muerte; el régimen de perpetuidad de la carencia, del maltrato y la injusticia sistematizada; las artes marciales de la pobreza o cómo se sobrevive en el caserío; los males endémicos como la droga, la enfermedad y los sistémicos como el racismo y la corrupción policiaca. El cuerpo de los hijos del punto se presenta como un campo de batalla en este escenario de guerra donde nadie sale sin cicatrices; donde, como en el Obituario de Pedro Pietri[2], "Todos murieron ayer, hoy y morirán de nuevo mañana". Vemos la escuela como otra sucursal del punto y la primera experiencia carcelaria. El destierro al que muchas veces condena el punto, la errancia de la que nos habla Luis Rafael Sánchez en *La Guagua Aérea*. La herencia del dolor y de la rabia, el eterno retorno al perdón de la Madre, porque el Punto-Madre no perdona, pero la Vieja, sí. He aquí la materia prima con que se desarrolla esta historia, este memorial de "residuos humanos", al decir de Zygmunt Bauman. Sin embargo, a pesar de este horror, hay espacio para aspirar a la belleza, a la justicia, a la restauración a través del perdón y a la salvación mediante el amor.

En algunas instancias de la narración, el tono de voz es humorístico y la ironía constituye un recurso literario utilizado con pericia, pero también funciona como estrategia de lucha, como mecanismo de preservación del autor/protagonista ante la crudeza o crueldad de lo vivido. Encontramos escenas que poseen gran potencia lírica y conmueven por su sensibilidad. La prosa de Antonino Geovanni evidencia su amor por el lenguaje poético y un estilo literario refinado. La elegía ante la muerte del primer amor, las descripciones de las mujeres amadas deseadas o la última conversación con su madre, donde nos confirma que el quehacer del artista es mentir para decir la verdad, constituyen ejemplos de los momentos más conmovedores en términos literarios del texto.

A medida que la narración avanza las dos líneas del tiempo, ese antes y el ahora, van evolucionando hasta coincidir. Al final de la obra, el presente narrativo y el de la historia es el mismo tiempo. El autor/narrador/protagonista se detiene en ese momento definitivo de giro de tuerca el cual cambió trágicamente su destino: la acusación por unos delitos que no cometió. Con lujo de detalles se presentan las circunstancias que dan lugar a una condena errónea, plagada de "desvarios de la justicia" y corrupción en todos los niveles del sistema de (in)justicia criminal. Si bien para Antonino Geovanni Sánchez Burgos el Punto representó un punto de partida, un punto cardinal, un punto crítico, un punto ciego, un punto de mira, un punto débil, un punto de ebullición, nunca será un punto final ni un punto muerto. Nos queda claro que su lucha por la justicia y la libertad la dará desde todos los espacios y que su obra literaria es el mayor testimonio de su redención a través de la educación, las palabras y la escritura. Queda demostrado que la reescritura de una vida es posible porque somos seres dinámicos en el tiempo y en la historia. Y de esa transformación da cuenta Los hijos del punto porque la literatura le ha

---

[2] Entrevista a César Gónzalez- http://encuentro.gob.ar/programas/serie/8062/1005 César Gonzalez-*La historia del expibe chorro que se convirtió en poeta*
https://www.lanacion.com.ar/sociedad/la-historia-del-ex-pibe-chorro-que-se-rescato-a-si-mismo-nid1419829/

dado a su autor las herramientas para apalabrar y alivianar el peso de su corazón, incluso, para pedir perdón.

La antropóloga argentina, Rita Segato[3], nos habla del derecho humano a la palabra en la cárcel. Se trata de un conjunto de derechos que expanden el concepto de la libertad de expresión, particularmente dentro del contexto penitenciario. Entre estos: el acceso a los "recursos expresivos", al universo de las palabras, para entonces poder enunciarlas, escribirlas y producir narrativas de responsabilidad, por ejemplo. También recalca la importancia de la escucha. Para hacer efectiva la comunicación más allá de los muros carcelarios, la autora subraya el derecho de toda persona privada de su libertad a "la audibilidad", lo cual "garantiza la inscripción discursiva y la proyección extramuros del mensaje del preso, como una voz más que debería sumarse a la polifonía del coro societario".

Antonino Geovanni Sánchez Burgos ha hablado, ¿hay alguna persona dispuesta a escuchar?

Dra. Edna Benítez Laborde[4]
Catedrática Universidad de Puerto Rico
Recinto de Río Piedras

---

[3] Segato, Rita. *"El sistema penal como pedagogía de la irresponsabilidad y el Proyecto "Habla Preso: el derecho humano a la palabra en la cárcel."* http://www.worldcat.org/title/sistema-penal-como-pedagogia-de-la-irresponsabilidad-y-el-proyecto-habla-preso-el-derecho-humano-a-la-palabra-en-la-carcel/oclc/318259221/editions?referer=di&editionsView=true

[4] Profesora de literatura en la Universidad de Puerto Rico, Recinto de Río Piedras. Doctorado en Filosofía y Letras de la Universidad del Estado de Nueva York en Albany. Juris Doctor de la Escuela de Derecho de la Universidad de Puerto Rico. Coordinadora del Proyecto de Estudios Universitarios para Personas Confinadas. Ha trabajado en dos producciones de cine dirigidas a documentar aspectos diversos de la población penal.

Los HIJOS DEL PUNTO

1

**"No hay mejor lugar para plantar la semilla
del bien que en el corazón de un niño".**

Antonino Geovanni

¡Mataron a *Balatito*, mataron a *Balatito*! Eso fue lo que se escuchó después de que Luis Quiñónez López exhalara su último aliento. ¿Quién era *Balatito*? Muchas personas tendrán diferentes opiniones, pero en este momento, la mía es la que cuenta, no porque mi opinión no pueda estar equivocada, sino porque soy el que está detrás de este teclado. No me detendré a contar los detalles particulares de la vida de nadie, pero sí los que tengan que ver con aquello que los convirtió en hijos del Punto. Esto no se trata de alguien en particular, ni siquiera de mí, aunque mi vida será la tinta que derramará la historia de todos los que de una forma u otra cayeron en las garras del Punto. Este relato se cimenta en el mismo vórtice de un conglomerado de individuos que tuvimos la desgracia de haber nacido de un mismo vientre, del vientre del Punto.

Les hablaré de los pasos que di y del camino que construí, con algo de ayuda, para llegar al lugar en el que hoy me encuentro. No lo haré con la intención de contar mi historia, sino para que puedan entender cómo se va construyendo una vida en el narcotráfico, y cómo cada día ese mundo va sepultándonos en vida, en un terrible infierno del que es casi imposible escapar sin cicatrices en la piel, o en el peor de los casos, sin cicatrices en el alma. Esto sucede mediante un proceso arduo y tedioso, pero silencioso, casi imperceptible, es casi improbable que alguien se convierta en narco de la noche a la mañana. El proceso mantiene a los candidatos, a narcotraficantes, en una especie de letargo o adormecimiento, del cual la mayoría suele despertar cuando ya es demasiado tarde. Seré su guía a través de los recónditos y oscuros callejones del mundo del narcotráfico, mundo que atrae magnéticamente a muchos jóvenes, los cuales en su mayoría terminan como cadáveres sobre una avenida cerca de usted, o muriendo día a día entre los insensibles muros de una prisión. Les hablaré un poco de mí, pero solo de la parte de mi vida que me despojó del nombre de Geovanni, el estudiante talentoso, el niño mimado de papi y de mami, para convertirme en Geo, el narcotraficante. Les hablaré sobre mi experiencia porque esta es la que conozco mejor.

Balatito, al igual que yo, era un hijo del Punto y eso lo convirtió en mi hermanito menor. Crecimos en el caserío Las Muñecas del pueblo de Aguadilla, en donde aprendimos que, si intentábamos estudiar o trabajar legalmente con el propósito de escapar de las garras filosas que se escondían entre los edificios, siempre podríamos regresar al Punto cuando se asomara el fracaso. El Punto nos recibiría con los brazos abiertos, con una gran fiesta, como la que se ofreció al hijo pródigo cuando fue recibido después de haber despilfarrado toda su herencia. Sí, las apuestas sobre nuestro futuro siempre estuvieron más inclinadas al fracaso que al éxito. No nacemos perdedores, pero eso es lo que se nos repite constantemente hasta que finalmente lo creemos. Se nos programa para correr de vuelta al Punto, al menor atisbo de una posible falla. Existe una creencia subcultural que nos hace abrazar la idea de que solo podemos aspirar a lo que nos ofrece el caserío, que solo podemos aspirar a depender de lo que el gobierno pueda hacer por nosotros. No se nos enseña a luchar, ni a ver nuestras capacidades y talentos, los que tenemos ocultos bajo el sello del fracaso, sino a rendirnos ante el primer obstáculo. Nosotros, sus hijos, siempre visualizábamos el Punto como una madre que nos cuidaría en todo momento, como un aliado que nos protegería de los hirientes flagelos de la pobreza, de la discriminación y la apatía provenientes de aquellos que nos visualizan como algún tipo de ente salvaje. Veíamos el caserío como una fortaleza que nos protegería de los ataques de los enemigos externos. Sin embargo, en la mayoría de las ocasiones, los peores enemigos son los internos, esos que despiertan y desayunan contigo, esos que mientras comen, no dejan de observar con ambición el contenido de tu plato. Es por eso que pienso que "La humanidad jamás hallará el éxito mientras prevalezca en sus miembros el hábito de jodernos los unos a los otros". La copulación entre el Punto y el caserío, para engendrar un embrión, era sencilla, a veces hasta placentera, pues era una invitación sutil y gentil; aceptar su abrazo maternal era casi obligatorio, a menos que se quisiera rechazarla para ser contado entre los señalados como enemigos del *corillo*, los huérfanos o la mitad perdida, como se les llamaba en mi caserío. Lo que resultaba insoportable era el proceso de los dolores de la gestación. El cual se daba con igual intensidad en el nacimiento, como en la muerte de uno de los hijos del Punto, pero eso no lo descubriría hasta muchos años después. Pues la mejor arma del Punto es la ceguera temporal, la cual no nos permite ver con claridad hasta que nos encontramos en la oscuridad más densa de una celda o bajo las toneladas de tierra estéril de una tumba.

Nací en el pueblo de Ponce, en la calle Jájome del barrio San Felipe. Crecí junto a una barra, como dice la canción. La barra tenía el nombre de Gil's Place, y antes de sumergirme en la oscuridad de los callejones que conducían a la humilde casita que compartía con mis padres y mi hermano mayor, Julio Ángel, nos deteníamos en la barra de Gilberto para saludar a los que la frecuentaban. Siempre me fijé en la felicidad que exhibían los habitantes perpetuos de aquel lugar en el que estaban día y noche con un vaso mágico en las manos, pues según escuché, su contenido era capaz de convertir tristezas en alegrías. Aquel elíxir parecía tener conexión directa con la memoria porque algunos lo tomaban para recordar, mientras que otros lo hacían para olvidar. Ellos brindaban con sus vasos llenos de alcohol, por las desdichas de sus vidas, yo brindaba con mi botella de leche con chocolate, por la oportunidad de vivir y experimentar este paradisíaco y hermoso planeta.

Todos conocían a mi papá y decoraban sus pasos con muestras de cariño y respeto. Estaba orgulloso de caminar junto a él, pues los gestos de cariño que él recibía se extendían hacia mí. Era común escuchar: "Coño, Julito, ese nene es la misma cara de Luz". Lo único que había heredado de mi papá era la claridad de sus ojos, luego descubriría que también había heredado su carácter aguerrido y su valor para enfrentar los obstáculos que se nos presentan en la vida.

En ocasiones alzaba mi vista sobre la pobreza que nos rodeaba y me fijaba en el Castillo Serrallés que se elevaba sobre nosotros. Su opulencia y elegancia contrastaba, y aún contrasta, con las pequeñas y humildes casitas enclavadas en los rincones de aquel laberinto que formaban los angostos callejones que nos llevaban a nuestros hogares. Era un marcado símbolo de las diferencias sociales existentes en el mundo al que recientemente había llegado. Ellos estaban arriba, nosotros siempre estaríamos abajo. Los de arriba jugaban con las nubes que acariciaban la parte superior del castillo, los de abajo jugábamos con los huesos que se escapaban de las tumbas abiertas del cementerio de los próceres. La pobreza es una aceptación silente de la falta de equidad que existe entre los grupos humanos que conforman las sociedades de este planeta.

El narcotráfico, erróneamente, ha sido percibido como una herramienta para combatir dicho mal, y tal vez para buscar equilibrar un poco la balanza, pues los usuarios o adictos ricos bajan un poco al usarla, y los narcos pobres suben otro poco al venderla, pero en realidad esa no es la solución a lo que vemos como un problema. Aun así, los niños de la actualidad ven el convertirse en bichotes como una alternativa viable para escapar del estatus social en el que nacieron y en el que se sienten atrapados. Los niños del pasado aún veían el ser doctores, bomberos, policías y en algunos casos excepcionales, astronautas y científicos, como una meta a seguir, pero eso ha cambiado. En la actualidad solo se persigue el alcanzar riquezas de manera inmediata, aunque ello les cueste la vida. La tecnología y la ausencia de valores nos han cambiado tanto que nacemos impacientes y crecemos buscando gratificaciones inmediatas. Con mucho dolor, debo decir que ya no hay hombres como Patch Adams, como Neil Armstrong (si fuese verdad que fue el primer hombre que llegó a la luna), ni como Albert Einstein y su esposa, Mileva Marić Ruzić, a quien se le atribuyen varios de los descubrimientos de su esposo. Bien lo dice el refrán, y si no es así lo inventaremos para hacerle honor a la verdad, "Frente a cada gran mujer, existe un hombre recibiendo sus créditos". Nuestros héroes han muerto, no existe el desprendimiento personal, sino la búsqueda del beneficio individual. No muchos niños sueñan con convertirse en hombres de bien, capaces de generar cambios genuinos para el bienestar colectivo. No existen modelos a seguir, los hombres de altura espiritual, conciencia y aguda sabiduría han muerto. La corrupción y la búsqueda de riquezas sin mucho sacrificio nos han arrebatado el honor de ser hombres de bien, es por eso que los bichotes han venido a ocupar ese vacío. Eso es lo que debemos recuperar. Tenemos que apagar esa luz artificial que persiguen nuestros jóvenes, pues eso que luce tan atractivo desde el exterior, es solo una trampa mortal.

Era el año 1977 cuando la gloria de mi padre se desvaneció momentáneamente. Papi tuvo una discusión acalorada con Toño, el dueño del Punto de drogas en nuestro barrio. Toño le dio una bofetá a mi papá, y ese fue su peor error, pues mi padre no medía las consecuencias cuando alguien atentaba contra su honor. Mi padre no conocía eso de poner la otra mejilla, y si lo hubiese conocido, no se hubiera acogido a ello. Todos sabían que esa bofetá tendría graves consecuencias, porque Julito era de los que no se dejaba, sin embargo, Toño estaba confiado en que el temor que todos le tenían, lo protegería. Jamás imaginó que un adicto se revelaría contra el señor todopoderoso. Ese suele ser el peor error de muchos narcotraficantes, creer que su dinero los hace inmunes al plomo o a cualquier otro metal. No existe poder ni dinero que se puedan acumular sobre esta tierra que sean capaces de detener una bala o el filo de un cuchillo. Las personas que estaban en el lugar comentaban sobre el suceso y hasta se burlaban de cómo Julito se había ido casi llorando. Toño disfrutaba de su victoria, con un trago en la mano, cuando de repente alguien gritó: "Toño, cuidao". Las únicas imágenes que Toño vio cuando se giró hacia donde su salvador le había señalado con su dedo índice, fueron las del infierno que mi papá traía en sus ojos y las del filo del machete que se dirigía hacia su cuello. Como reacción o instinto natural, Toño puso su mano entre el brillo del machete y su cuello. El filo del machete penetró en la carne de Toño rompiendo venas, tejidos y huesos hasta que se detuvo en el setenta y cinco por ciento de su muñeca. Toño corrió por su vida, mi papá no pudo alcanzarlo para terminar lo que se había propuesto, y eso cambió nuestras vidas de manera drástica.

Sabíamos que Toño no se quedaría de brazos cruzados, le había puesto precio a la cabeza de mi padre. Tuvimos que abandonar mi Ponce, para siempre, pero no era lo único que abandonaríamos. Allí quedaban mis abuelos amados, doña Julia Cruz Rodríguez y don Tiburcio Burgos Esmurria, mis tías, mis primos, las gallinas, las palomas, el cementerio que era nuestro patio de juego, las uvas playeras y mi esencia; la cual quedaría para siempre impregnada en la brea, en el cemento y en la madera de aquel barrio. Mi papá se fue primero, pues Luz, mi mamá, se puso los pantalones en su sitio y le exigió que ingresara en un programa de rehabilitación, si quería continuar con la relación. Mi papá, obediente, pero sobre todo inteligente, no se atrevió a oponerse al mandato de mami. El programa era conocido como Reto a la Juventud (Teen Challenge) y estaba ubicado en el pueblo de Aguadilla, a dos largas horas de distancia de todo lo que había aprendido a amar a mis cuatro años.

2

"El hombre libre no es solo aquel que nace libre,
sino aquel que, siendo prisionero, lucha por cambiar
su vida hasta merecer la libertad anhelada".

Antonino Geovanni

Me dolió mucho tener que dejar a mis abuelos maternos, a las gallinas, los patos, las palomas, el árbol de guanábana y el árbol de uvas que reinaba incólume en el patio de las palomas. El marcharme no sucedería de inmediato, pero sabía que ese era el plan. Todas esas cosas estaban en la casa de mis abuelos, pues nuestra casa no tenía espacio para albergar ni animales, ni árboles. Vivíamos en una especie de cajón, no recuerdo muy bien, pero creo que la casa ni siquiera tenía divisiones. Lo que más me dolió, aunque no lo entendía muy bien, fue descubrir que aunque mi papá era muy respetado en el barrio, también era un adicto a la heroína, o como me dijeron en una ocasión, mi papá era un *tecato*.

Visitábamos a papi con frecuencia, aunque el viaje era bastante difícil para aquella época debido a la distancia y a la escasez de medios de trasportación. Sin embargo, eso me enseñó que no existe distancia tan larga que un buen amor no pueda recorrer. Allí tuve una experiencia negativa que, sin saberlo, definiría mi futuro, o por lo menos, la percepción de los demás sobre mí. El programa *Reto a la Juventud* tenía diferentes animales, entre ellos, cerdos y gallinas. Un día de visita divisé a una gallina con sus pollitos color amarillo refulgente. Quería coger uno de los pollitos, pero él era más rápido, así que pensé en una forma de atraparlo para jugar con él. Pensé que, si ponía una rama frente a él, el pollito tropezaría y caería, entonces aprovecharía para poder tomarlo en mis brazos, así le demostraría que no tenía intenciones de hacerle daño. En el primer intento, el pollito saltó por encima del palo, en el segundo y tercer intento hizo lo mismo. Pensé que debía ser un poco más listo que el pollito, tal vez mover el palo con más rapidez, y así lo hice, pero por desgracia, el palo aterrizó en el pecho del diminuto pollito. De más está decir que el pobre animalito no sobrevivió al golpe. Al ver que su bello plumaje amarillo se había cubierto de sangre, comencé a llorar por el pobre pollito. Llamé a mi papá para explicarle lo que había hecho, pero antes de que él llegara a socorrerme, había sido rodeado por varios de sus compañeros que me señalaban como si fuera la criatura más malvada del planeta. Varios de ellos me gritaron que era un asesino. No sabía que significaba la palabra, pues solo tenía cuatro añitos de edad. Papi vino al rescate, me tomó en sus brazos, luego me pasó a los brazos de mami. Él fue hacia los que me señalaban para increparlos y defender mi inocencia, pero yo lloraba tanto por lo que le había ocasionado al pobre pollito, que no supe nada más sobre lo que mi padre había hecho contra aquellos que gritaban injurias contra mi persona. No era inocente del todo, había cometido el acto, aunque no había querido lastimarlo, pero mis padres no dudaron de mis intenciones, pues sabían el amor que sentía por los animales. Seguía llorando desconsoladamente, era la primera vez en mi corta vida que me enfrentaba al factor muerte y a que se me acusara como el vil y despiadado autor de esta. Solo el calor del pecho de mi madre y las palabras sabias de mi padre lograron tranquilizarme un poco, pero aún la imagen de aquel pollito sigue viva en mi memoria.

Al principio nos hospedábamos en un hermoso lugar llamado Villa Rito, en el mismo pueblo de Aguadilla. En aquella habitación compartíamos como familia cuando papi salía de pase. Imagino que entre papi y mami ocurrían otras cosas, pero jamás me percaté de ningún sonido extraño proveniente de su habitación. Comparado con nuestro lugar de origen, aquello era un paraíso. La vegetación se extendía por todo el lugar en donde estaban enclavadas las pequeñas cabañas. Me recuerdo mirando a través de la ventana mientras mis ojos se abrían de par en par maravillado por la elegancia y la belleza de los colores de un hermoso pavo real que se paseaba como si fuese el dueño del lugar. Quería quedarme allí para siempre, era un refugio de las atrocidades que ocurrían en el mundo y de la pobreza que había aprendido a amar. Allí solo se respiraba paz.

Más tarde, nos mudamos al apartamento de Sarah Hacker, la esposa de *Zurdo*, uno de los internos del programa. Ella vivía en un caserío, pero era el caserío más hermoso que han visto mis ojos. En el residencial Villa Nueva, los árboles de ceiba y los almendros se imponían ante los edificios de concreto en un constante reto hacia lo no natural. Allí también se respiraba paz, especialmente cuando me ocultaba en el interior de las raíces de las ceibas. Después de que mi papá pasó un tiempo en el programa, gracias a la familia de *Zurdo*, conseguimos una vivienda en el caserío Las Muñecas. Irónicamente, estábamos huyendo debido a que Toño estaba buscando a mi papá para matarlo por haberle inutilizado una de sus muñecas y terminamos viviendo en el residencial Las Muñecas. Tal vez ello fue producto del macabro sentido de humor del destino.

Al llegar allí, tuve mi primera muestra de lo que sería mi vida desde ese momento en adelante. Bajé uno de los carros de juguete que me habían regalado y otro niño trató de arrebatármelo. Pude haberlo compartido con él, pero debido a mi egoísmo decidí detenerlo con un arma bíblica, o sea, tomé una piedra, se la lancé y le rajé la cabeza. El destino seguía mostrándome su oscuro sentido del humor, pues el niño se llamaba Toñito, igual que el hombre del que huíamos. Lamentablemente, recibí una pela por haberme defendido, o más bien por mi negación a compartir, y por haber lastimado de forma injusta a otro niño.

Mi mamá consiguió trabajo en el Centro Gubernamental, en el Departamento de Asistencia Nutricional. Debido a su trabajo, ella era considerada como una de las personas pudientes del caserío, aun cuando su salario ni siquiera alcanzaba los mil dólares mensuales. Mi papá salió del programa totalmente rehabilitado y se dedicó a la construcción, en lo cual era fenomenal. Con toda honestidad, y no porque sea mi padre, puedo decir que era el mejor albañil, carpintero y ebanista que haya existido. Me matricularon en la Academia Adventista, en donde muchas personas me trataron con amor, pero también sentí el rechazo de otros tantos. En aquel momento no entendía que los que somos de caserío cargamos los edificios en el rostro, y muchas veces somos marginados por ello. La mayoría de los que allí estudiaban provenían de familias acaudaladas, sin embargo, había unos pocos que logramos llegar allí por los sacrificios de nuestros padres. No intento obtener un "Ay, bendito", ni justificar mis acciones posteriores, sino mostrar la realidad que se pretende esconder con la maldita pantomima constitucional de que todos somos iguales. No señores, jamás seremos iguales si no se nos dan las mismas oportunidades educativas y laborales. El caserío no nos pone un puñal en el cuello para que fracasemos, pero sí nos educa y nos facilita el camino para ello, y mucha gente de afuera contribuye a la pavimentación de dicho camino.

Tenía muy buenas notas y ello auguraba un futuro prometedor. Pertenecía al grupo de los talentosos por tener un promedio de cuatro puntos. Sin embargo, a mis padres se les ocurrió la maravillosa idea de tener otro bebé. Debido al nacimiento de quien se convertiría en mi hermana, me sacaron de la escuela privada para matricularme en una escuela pública, en la escuela elemental José de Diego, ubicada en el interior de un caserío que llevaba el mismo nombre. Era un caserío como todos, con gente buena, y otra no tan buena. Allí me gradué en el arte de los puños, pues tuve que pelear desde el primer día, aunque tengo que admitir que fue mi culpa por estar poniéndoles malos nombres a las personas. No pensé que a Virgilio le molestara que le dijeran Virgilia, me dejé llevar de otra persona y eso me costó que me rompieran la cara ese primer día de clases y que tuviera una enemistad perpetua con Virgilio, pues aproximadamente tuvimos más de diez peleas desde tercero hasta que él se graduó de sexto grado. Aclaro que no todas las ganó él, obtuve algunas victorias ante Virgilio, que me ganaron el respeto o el miedo de los demás compañeros, pero eso no impidió que tuviera que defenderme más de cien veces. Eso provocó una de las vergüenzas más grandes que le ocasioné a mi madre. En la graduación de sexto grado, el director Víctor González, después de haberme premiado por pertenecer al cuadro de honor, a pesar de mis travesuras, anunció un premio especial para un estudiante que se había destacado entre los demás. Todos se preguntaban quién era ese chico especial que había logrado obtener ese magno reconocimiento.

"¡Este premio es para el joven Antonino G. Sánchez Burgos!", dijo el director con mucho entusiasmo. Mi madre, muy emocionada porque su hijo había sobresalido entre todos los demás, se puso de pie para celebrar el gran éxito de su hijo. Me señalaba mientras miraba a los demás y repetía: "Ese es mi hijo, ese es mi hijo". Sin embargo, yo me quedé sentado y le dije varias veces que se sentara, pues yo sabía que algo no estaba bien porque el director me había adelantado que haría algo contra mí antes de que me fuera de la escuela, y aquella era la oportunidad perfecta. Pronto se confirmaron mis sospechas. El director continuó con su discurso en torno al alegado premio, "Este premio es por haber sido el estudiante que más veces fue enviado a mi oficina, por ser el que más veces fue suspendido, por haber sido el que más peleas tuvo y el que rompió más cristales de los automóviles que transitaban a través de la carretera número dos". Eso último fue falso, pues yo sabía muy bien las consecuencias graves que podrían ocurrir al lanzar piedras a un carro en movimiento. Sin embargo, todo lo demás era verdad.

Pude ver como el rostro de mi madre se desfiguraba, sus orejas se pusieron rojas como sangre. Podía escuchar el estruendo que ocasionaban las palpitaciones del corazón de mami. Me dije, "Ahora me chavé, pues ya le subió la presión". Entonces escuché cuando dijo entre dientes, "Trágame tierra, trágame tierra". Era una frase que la escuché decir muchas veces en mi juventud. Yo le respondí que le había dicho que no se pusiera de pie, pero enseguida me miró, me dio un pellizco en el brazo y me dijo que no le dirigiera la palabra.

Ese título que me había ganado me persiguió por todas las escuelas en las que estuve y más allá de las verjas de la escuela. No era el más que ganaba peleas, pero sí el que nunca rehuía de una pelea justa. Era un tipo bravo y no perdía la oportunidad de probarme ante los más bravos de la época. Agraciadamente todavía se peleaba al puño y tal vez con algún bate o cuchilla, pero no había pistolas para los muchachos de mi edad. O sea, que se podía perder una pelea y vivir para buscar la revancha al día siguiente.

Muchas veces llegué con los ojos hinchados a casa y mi mamá peleaba conmigo porque no quería que tuviera problemas en la calle. Sin embargo, tenía a mi papá de entrenador y defensor. Cuando mami se iba, papi me preguntaba que si al otro le había ido peor, le contestaba que sí, que mucho peor, pero la verdad es que a veces no le había ocasionado ni un solo rasguño a mi adversario. Para bien o para mal, los golpes recibidos y dados en la calle formaron mi carácter y me convirtieron en un tipo que no tenía miedo, o al menos eso creía. Mis mejores peleas fueron con mi papá, aunque eran a manera de práctica; eran golpes fuertes los que nos propinábamos el uno al otro. La regla de oro era, no golpes bajos, ni a la cara. Mi mamá decía que un día íbamos a salir peleando de verdad y se ponía nerviosa cuando lo hacíamos, pero eso nunca pasó, aunque muchas veces vi el fuego en los ojos de papi cuando lo conectaba en las costillas, pero su furia se extinguía con la misma rapidez que había surgido. Aprendí a no tenerle miedo al dolor, pues el dolor es pasajero, y muchas veces termina siendo un maestro fenomenal. Sin embargo, el respeto, una vez lo pierdes, no lo vuelves a recuperar. No es cuestión de responder a los golpes lo que te hace valiente, pues a veces se requiere más valentía para recibir un golpe que para darlo. Hay personas que solo recurren a los golpes porque no tienen la capacidad mental para resolver sus problemas con argumentos verbales o intelectuales. Sin embargo, era la forma de defenderme para evitar ser consumido por el caserío. Pelear me mantenía vivo y alejado de convertirme en una víctima de los abusadores o "bullies". Esa fuerza fue lo que hizo que sobreviviera a muchas de las situaciones que tuve que enfrentar en el caserío y fuera de él. Sin embargo, hay fuerzas destinadas a protegernos que con el tiempo terminan destruyéndonos.

3

"Nos sentimos pequeños, no porque vivamos en tierra de gigantes, sino porque nos hemos negado a crecer".

Antonino Geovanni

Crecí como cualquier niño normal que se cría con las libertades que ofrecen las carencias de la pobreza que permea en el caserío. Libertades que te enseñan a ignorar los límites que en ocasiones son establecidos para nuestra propia seguridad o para la de otros. Tenía mi bicicleta, mis patines, y una gran diversidad de juguetes, incluyendo el *Atari*. Lo más probable es que no sepas de qué diablos hablo, pero antes de que cojas tu teléfono para meterte en Google, para informarte o desinformarte, te diré que el *Atari* fue el padre de todas las consolas de juegos que hoy conoces. Hoy tú tienes *Play Station*, pero nosotros teníamos *Atari*. Hoy tú tienes *San Andrea*, *Fortnite* y *Call Of Duty*, pero nosotros teníamos *Pac Man* y *Don King Kong*. Sin embargo, tener esas cosas no fue suficiente para escapar del estigma en el que somos encasillados, pues a pesar de mis posesiones, seguía siendo de caserío.

Exploraba los montes cercanos sobre mi bicicleta, las cajas de agua, los canales de riego de la Autoridad de Acueductos y la cantera que recientemente fue sustituida por una urbanización; la misma cantera que no pudo quitarme la vida cuando me paraba al borde del abismo con el riesgo de que un pequeño resbalón me hubiese llevado a golpearme con las piedras que estaban al fondo de aquel cráter, en el que fácilmente cabría un edificio de más de 20 pisos de altura. Con mis patines dejé huellas sobre el *shopping center* que estaba al lado del caserío. Como no teníamos suficiente espacio para jugar, el *shopping* se había convertido en nuestro campo de juegos. No teníamos columpios, ni siquiera teníamos árboles de donde colgarlos para mecernos y para escapar un poco de los rayos del sol. Los pocos árboles que había estaban en el monte al otro lado del muro. Los columpios que usábamos eran los del edificio privado que construyeron al lado de nuestro caserío, del cual muchas veces nos botaron por no ser residentes del lugar.

Durante la construcción del edificio, fuimos bombardeados por los explosivos utilizados para remover las rocas que obstaculizaban la edificación del nuevo vecino. Pude presenciar como rocas enormes caían sobre los autos en el estacionamiento. Vi como una de las rocas cayó en un apartamento ubicado en el primer piso y atravesó la pared de la habitación. Era un matrimonio, la señora era de nacionalidad coreana, el esposo era un exmilitar, luego de eso desaparecieron y nadie los volvió a ver. Imagino que les pagaron por su silencio y para que compraran una nueva vida. La nueva edificación fue bautizada como Muñequí, tal vez por estar al lado del caserío Las Muñecas y por ser más alta, pues es un edificio de dieciséis pisos de altura. Éramos buenos para recibir los bombazos que se daban para su construcción, pero no para disfrutar de su cancha, ni de sus columpios. Teníamos que entrar a escondidas para no ser detectados por el guardia de seguridad. Constantemente éramos removidos de los predios del nuevo gigante en cuyo vientre nosotros pensábamos que habitaba gente adinerada, de esas que les llaman de la alta alcurnia. ¿Vieron la palabrita? Espero que no tengan que buscarla en Google. Sin embargo, aunque esa gente se proyectaba como mejor que nosotros, y muchas veces nos trataron como la escoria social, pronto descubrimos que eran igualitos a nosotros en los orígenes y en el proceder, y en algunos de los casos, eran peores que la gente al otro lado del muro.

Nosotros teníamos algo que ellos no tenían, a lo que muchos de ellos le tenían terror y otros necesitaban de su existencia. El caserío tenía El Punto, no comprendía muy bien lo que era eso, pero fui aprendiendo a conocerlo poco a poco. El Punto para muchos del otro lado de la verja era un letrero que leía "Peligro, No Se Acerque, Alto Voltaje". Para nosotros era normal, aunque mi mamá no me quería cerca de los hijos del Punto, y mi papá, ni se diga. Al parecer, papi aprendió muy bien su lección y no quería nada que ver con las drogas. A mí me llamaba la atención, no la droga, sino lo que allí sucedía, la camaradería y el respeto entre ellos, la cantidad de dinero que corría sobre el sucio concreto mientras ellos lanzaban los dados sobre él, para ver quién reclamaba la paternidad de los huérfanos billetes. Todo lo que escuchaba era *seven eleven, seven eleven* y de pronto, alguna mano salía de entre las demás para reclamar el premio. Tanto reía el que ganaba como el que perdía, era como si el dinero no tuviese valor. Tal vez por esa razón alguien decidió calificar ese dinero como dinero fácil. También creí que era así, hasta que más tarde en mi vida descubrí que ese dinero es el que con mayor dificultad se obtiene y el que mayores intereses te cobra.

La fiesta de los hijos del Punto culminaba con un estruendoso grito que se extendía a través del pequeño caserío de doce edificios, de cuatro pisos cada uno, que albergaba a doscientas familias. Las palabras mágicas eran *los Camarones, las Jaras, Agua,* etcétera, etcétera. De esa manera era que se llamaba a la policía de aquellos días. Bastaba con pronunciar la palabra agua para ver el dinero volar por los aires, y los *Converse* blancos de la época vestirse de fango; y ver que de cada esquina salía alguien corriendo como alma que llevaba el diablo. Luego se veían los carros de la policía abriendo sus puertas para ir detrás de los que habían corrido. Muchas veces para alentarlos a abandonar su carrera, disparaban varios tiros al aire, pero eso provocaba que los que huían corrieran con mayor rapidez. Me pregunto si de los policías de ese tiempo fue que aprendimos a disparar al aire.

Vi como un día, los *camarones* detuvieron a unos cuantos de los muchachos, por una jugada de topos o dados, un poco del dinero apostado estaba sobre el suelo. Los tenían contra la pared de uno de los edificios al lado de la cancha, yo los miraba atentamente, pues veía a los muchachos como las víctimas de aquellos *camarones* abusadores que venían a perturbar la paz de nuestro caserío. Los registraron, buscaban drogas, pero ellos solo tenían dinero, mucho dinero. Uno de ellos, Pepe, mostró varios billetes que tenía en sus manos, pero cometió el grave error de mostrarlos a la altura de sus genitales, y seguido de eso, el guardia le dio una patada dirigida a sus manos. Lamentablemente aterrizó en sus partes nobles y Pepe gritó, saltó y lloró de dolor. No eran mis testículos los que sufrieron el impacto del golpe, pero le acompañé en los sentimientos, pues estoy casi seguro de que su matrimonio no fue el mismo después de la patada que aquella bota homicida le propinó.

Uno de los incidentes más memorables que pude presenciar en el caserío pudo haber sido la escena de cualquier película de acción. Se trató de la fuga de Abel, la que logró con la ayuda de su hermano Junior. Abel se había evadido de la cárcel. Al menos una decena de policías se personó al caserío para arrestar al prófugo. El edificio estaba rodeado, yo estaba frente al edificio junto a un grupo de curiosos. Estaba casi seguro de que Abel no escaparía esa vez. Los guardias subieron por la escalera que daba acceso al tercer piso, en donde estaba Abel atrapado. De repente se abrió la puerta del balcón y vi a un hombre bajar por los tubos de seguridad hasta el balcón del segundo piso, y de ahí lanzarse a la grama para emprender la carrera más rápida que he visto en mi vida. Los policías le apuntaron con sus armas, pero no fueron capaces de disparar, pues no tenían razón para utilizar fuerza letal contra el individuo. Nunca imaginé que Abel pudiera correr tan rápido, y menos con todo lo que fumaba, legal e ilegal. Todos los guardias se fueron tras él, monte arriba, con dirección a la cantera, parecía una estampida. Los curiosos también se fueron tras de ellos. Nadie le prestó atención al apartamento. Entonces vi cuando se abrió la puerta principal y salió Abel. El prófugo más buscado de ese momento caminó con tranquilidad hasta que llegó a una esquina en la que comenzó a correr como si lo persiguiera la muerte; pienso yo que no dejó de correr hasta que cayó la noche. Me pregunté que, si Abel estaba en el apartamento, ¿quién había sido el que había salido corriendo, atrayendo la atención de los guardias y de los curiosos? Pronto disipé mis dudas cuando vi que traían arrestado a Junior, su hermano, al cual eventualmente tuvieron que soltar por no haber cometido ningún delito y por no ser el prófugo que ellos tanto buscaban. Abel fue arrestado unos años después e ingresado en la cárcel, en donde luego ocurrió un asesinato, el cual le imputaron siendo inocente. Al parecer, así funciona esa cosa extraña que muchos llaman Karma. La justicia te cobra lo que hiciste, con aquello que no hiciste.

Esa tarde los policías fueron burlados de la forma más fácil que se haya podido burlar a estos servidores de la ley y el orden. Sin embargo, esa no ha sido la única vez que ellos han sido burlados. Muchas veces, los delincuentes que se ven atrapados deciden burlar las autoridades sin la necesidad de correr ni derramar una sola gota de sudor. Solo deciden abrir la boca y culpar a otros de los delitos que tal vez ellos mismos han cometido, y los policías se lanzan tras esa nueva alternativa como se lanzaron a correr detrás de Junior, cuando creyeron que era el prófugo a quien buscaban. Entonces el delincuente, convertido en testigo, queda libre para cometer más fechorías, mientras otros purgan por sus pecados, pero así es la vida, así de irónica, como dice la canción: "…*muchos cargan la cruz que otro debe cargar*".

4

Para nosotros era normal ver las personas jóvenes desaparecer del entorno, algunos se pudrían en la cárcel, y otros, en sus tumbas. Ese tipo de suceso era la comidilla del día, pues nos daba un tema para discutir mientras jugábamos a los pillos y policías. Me encantaba ser de los pillos, pues ser policía era extenuante, correr detrás de todos esos hijos de sus madres no era tarea fácil, así que decidí siempre estar del lado de los pillos. Ser perseguido y triunfar en la huida era más emocionante, solía escaparme con facilidad de las cárceles hechas de barrotes invisibles, y era el mejor cuando me mataban y tenía que pretender morir, pues lo hacía tan real que los otros muchachos se asustaban al verme tirar al piso, como si en verdad se hubiera terminado mi vida. Se puede decir que dominaba el arte de morir, pude haberme ganado un Oscar, o al menos un Oscarito, por mi actuación. Lamentablemente, las caídas eran dolorosas, así que trataba de no morir con mucha frecuencia. La mayoría de los tiros que me daban, solo me raspaban la piel, pero no me mataban. A veces moría y luego despertaba como si nada hubiera sucedido. No se imaginan las peleas que se formaban en el intento de que ambos demostráramos en qué lugar había impactado el disparo imaginario. Casi siempre la discusión era ganada por mí, pues obviamente mi argumento era más poderoso debido a que yo era quien había recibido el disparo imaginario y por consiguiente, sabía dónde me dolía. La fabricación y la tenencia de pistolas de juguete eran esenciales para nosotros, nos daba cierta categoría. La mayoría estaban hechas con palos de escoba. Eso era lo que veíamos, y éramos esponjas que absorbíamos todo lo que estaba a nuestro alrededor. El caserío, además de ser un complejo de viviendas, era una escuela para todo tipo de materia criminal y sexual.

Una de las cosas que más prolifera en un caserío es la experimentación con el sexo a temprana edad. El primer beso que di fue a los cinco años, estábamos bajo la escalera de uno de los edificios, un lugar muy romántico para besar a una chica por primera vez. Le dije que me diera un beso igual que los de las novelas, así que puse mis labios junto a los de ella, moví mi cabeza de lado a lado y emití el sonido de placer que escuchaba de los actores, *ummmm*, pero jamás abrí mi boca, ella tampoco. Sin embargo, esa noche no dormí al pensar en lo que había logrado. Mi rostro reflejaba felicidad total. Obviamente, me reservaré su nombre, porque llevo a cabalidad aquello de que los caballeros no tenemos memoria. Tenía algunos seis o siete años cuando fui atrapado con la misma chica en el carro de su papá, jugando algo que había inventado y que había bautizado como *El sapito*. Para nosotros, lo que estábamos haciendo era puro y crudo sexo, pero la realidad es que estábamos distanciados remotamente de la actividad que creíamos llevar a cabo. *El sapito* consistía en que ella brincara sobre mí, y luego yo brincaba sobre ella, como una especie de rueda humana. La única diferencia era que ambos nos quedábamos en el mismo diminuto e incómodo lugar que nos ofrecía el asiento trasero del carro de *Fano*, su papá. No hubo besos, no hubo penetración, ni siquiera hubo un roce con las partes íntimas y siempre tuvimos puesta nuestra ropa, pero para nosotros era una lluvia torrencial de un éxtasis interminable. Los muchachos del Punto notaron un movimiento raro en el carro, llegaron hasta allí, abrieron la puerta y nos sacaron a ambos. Yo no tenía correa, por lo que el pantalón se me caía y ellos pensaron lo peor. Nos amenazaron con llevarnos ante nuestros padres para decirles lo que estábamos haciendo. Estábamos muy asustados, les pedí que me soltaran para amarrarme los tenis. Los muy tontos accedieron y cuando me doblé, salí corriendo casi a la velocidad de la luz. Milagrosamente, los pantalones no se me cayeron. Llegué hasta mi casa, cerré la puerta y descansé mi espalda sobre ella mientras respiraba con mucha rapidez. Mi papá estaba en la sala viendo televisión. Me preguntó si me pasaba algo. Le contesté que no, que solo jugaba a las escondidas, y que, si llegaban a tocar la puerta, no abriera para que no me descubrieran. Estoy seguro de que no me creyó, pero no sucedió nada de lo que esperaba, al parecer todo quedó en el olvido. Sí, tengo que aceptar que fui un mal niño al abandonar a mi compañera, pero en aquel momento era mi vida la que estaba en riesgo, o por lo menos, eso pensaba yo. Al otro día la volví a ver, a ella tampoco le sucedió nada, los muchachos la dejaron ir cuando no pudieron aguantar la risa que les causó mi huida. Nunca volvimos a hablar de lo ocurrido en la memorable noche del *sapito sexual*.

Antes de cumplir los doce años, experimenté la cercanía al sexo con varias niñas. En la mayoría de los casos, ellas demostraron tener mayor experiencia que yo. En uno de los casos me di cuenta del por qué. Jugábamos con dos chicas, ellas nos dijeron que nos quedáramos en el cuarto en lo que iban a fumar. La mayor de ellas podía tener doce años, yo era menor que ellas. Salí sin que se dieran cuenta y pude ver como *Kike*, un viejo *enfermo* que la madre de una de ellas dejaba quedarse allí, las tocaba a cambio de unos cigarrillitos y de un par de pesos. No dije nada, pensé que aquello era normal, además tenía muchos deseos de que regresaran a jugar. El juego que teníamos en el cuarto era sumamente educativo, jugábamos a la barra. Nosotros éramos los clientes y ellas, las bailarinas exóticas. Creo que no se sorprenderían si les dijera que esa profesión era a lo que se dedicaban las madres de ambas chicas.

Esa vez tuve un contacto más directo con el sexo, pues, aunque no hubo penetración, las pude ver completamente desnudas y mis ojos estuvieron muy cerca de un órgano sexual femenino, o sea, una vagina. Al verla desnuda me fijé en la parte llamada monte de Venus. Como éramos unos niños, aún ella no tenía vellos púbicos. Miré y no vi ningún orificio, por lo que pregunté, o más bien, afirmé, "Fulana, tú no tienes boquete". Su contestación no tardó en aparecer, subió su pierna derecha a la cama y me mostró donde estaba su orificio. Las veces anteriores no estuve siquiera cercano al sexo, pues no había desnudez, era lo que llamábamos sexo de pantalón a pantalón, pero ese día, ella puso su vagina a centímetros de mi rostro. A falta de educación sexual en la casa, siempre habrá alguien que brinde dicha educación a tus hijos, aunque no sea de la forma más adecuada.

Comenzamos a atravesar los límites del caserío, para mí, el *shopping center* estaba prohibido. Debido a ello tenía que utilizar la montaña como camuflaje para que mi mamá no pudiera verme, siempre tuve la sensación de que ella era omnipresente y omnisciente; que todo lo veía desde aquella ventana que siempre permanecía abierta como una señal de que ella podía estar allí observando cada uno de mis pasos. Aun así, lograba escapar hacia ese mundo de gente diferente. Mi lugar preferido era *Auto-Plaza*, por sus máquinas de videojuegos. Me encantaba la tienda llamada *La Broma*, por sus artículos de magia, de terror y de bromas. Una de mis tiendas favoritas era *Marianne*, en cuya vitrina me quedaba embelesado al observar la belleza de las empleadas, que parecían modelos y actrices de cine. Nada mejor que disfrutar la hermosura de aquellas mujeres. No puede faltar el cine los *Twins*, el lugar donde ocurría la magia cinematográfica, en donde pasé mucho tiempo de mi niñez; a veces pagaba la entrada, pero la mayoría de las veces me *colaba*.

Allí velábamos carros, o sea, aunque no lo hiciéramos, cuando llegaba el dueño le decíamos que lo habíamos velado y eso equivalía a una pesetita o lo que quisieran darnos. No éramos exigentes, eran tarifas muy cómodas las que ofrecíamos para el deleite y disfrute de nuestros clientes. Lo único que no teníamos para su comodidad era el servicio de ATH Móvil, pero ya había pensado en expandir nuestros servicios, aunque no existieran aún los teléfonos móviles. Cuando venían los chicos mayores a robar, teníamos que irnos para que no fueran a culparnos de lo que ocurriera. Con el pasar de los años me hice parte de los que robaban, comencé avisándoles cuando venía alguien, luego robaba por mi cuenta. Aunque mis robos eran de *cassettes* y tonterías similares. Era triste ver como los que salían con sus familias de ver alguna película se encontraban con que los cristales de sus vehículos estaban rotos y sus pertenencias habían desaparecido del interior del auto. A pesar de lo que hacía, siempre tuve algo de conciencia, pues no fui educado para robar, ni para hacer daño.

Salir del caserío era bastante difícil, pues no sé qué era, pero el que nos veía sabía de dónde éramos y que significábamos problemas. Por eso pasábamos más tiempo dentro de los límites de nuestro mundo, era en donde nos sentíamos protegidos y seguros, pues estábamos en nuestro entorno. Aprendimos a obedecer las leyes del caserío, a *hacer buche*, o sea, a callar, viéramos lo que viéramos. Sin embargo, algunos nunca aprendieron las lecciones impartidas. Recuerdo que descubrí una casa en construcción en las parcelas que estaban al cruzar la calle. Se llamaban las parcelas Cabán, pero eso es acá entre nosotros, pues ahora los residentes de las mismas parcelas le cambiaron su nombre a urbanización Vista Verde y se olvidaron de su nombre de origen. Al parecer, el nuevo nombre le añadía algo de *caché*. La cosa es que me metí en ella por una ventana y le abrí la puerta a los demás para que pudieran entrar a mi residencia, era mía, bueno, yo la había encontrado y estaba deshabitada. Nos íbamos todas las tardes a vacilar allí, pero el rumor llegó hasta los muchachos mayores del caserío, los cuales se metieron a robar las herramientas que había en su interior. Entre ellos estaba el hermano de *Pilo*. *Pilo* era uno de mis amigos, o así yo lo creía. La situación fue que un día un policía llegó a mi casa buscándome porque *Pilo* le había dicho que los que habíamos robado las herramientas éramos mi amigo *Eli* y yo. No sabía de lo que hablaban. Yo solo sabía que no había tomado nada de allí. Había visto las herramientas en un *closet*, pero no llamaron mi atención. Yo solo quería jugar a que aquella casa era mía. El policía que se presentó en nuestro apartamento era el dueño verdadero de la casa. Yo estaba muy asustado porque creí que iría a la cárcel y yo solo tenía ocho años. Le admití que yo me había metido para jugar, pero que ni mis amigos, ni yo habíamos robado nada. Le acepté haber tomado unos dardos para jugar. Procedí a enseñarle mis dardos, los cuales resultaron ser clavos para el cemento, pero para mí seguían siendo dardos. El policía creyó en mi inocencia, pero mi mamá no, y de inmediato me dio una *bofetá* que todavía me duele. Al parecer ella no creyó en mí, tal vez no conocía a su propio hijo, o me había hallado culpable por el delito de haberme robado unos clavos. Con gran probabilidad, mi madre quiso enseñarme de aquella manera que ni siquiera podía tomar un clavo que no fuese mío.

El primer encuentro que tuve con la droga o con los utensilios para utilizarla, fue en mi propio hogar. Jugaba en mi cuarto y cuando fui a buscar los juguetes que estaban en el *closet*, se cayó un zapato y de su interior salió una jeringuilla con unas bolsitas y una *chapa* quemada. Siendo solo un niño, cogí la jeringuilla y comencé a echarle agua para jugar. El juego duró hasta que mi mamá vio lo que tenía en mis manos. Inmediatamente, me la quitó y me obligó a mostrarle el lugar donde la había encontrado. No entendía lo que sucedía, lo primero que pensé fue que mi hermano estaba enfermo. Le pregunté mil veces a mi mamá, pero no me quiso decir. Solo me dijo que no le dijera a mi papá sobre lo que había encontrado, y me dejó con la duda. Gran peligro es dejar con dudas a un niño cuya curiosidad es ilimitada. Mi preocupación por mi hermano fue en aumento, y tan pronto llegó mi papá, le pregunté: "Papi, papi, papi, ¿es verdad que Julio Ángel está enfermo y se va a morir?" Obviamente, la pregunta obligada de su parte fue por qué yo decía eso, lo cual me hizo confesarle lo que había encontrado. El miró a mami con mucha seriedad y preguntó dónde estaba lo que yo le había descrito, e inmediatamente extendió su mano y le dijo que se lo trajera. No sabía la magnitud de lo que se había desatado. Mi mamá me hizo creer que había sido mi culpa por haberle preguntado a mi padre por la salud de mi hermano. Sin embargo, ¿qué se puede pensar a la edad de ocho años? Incluso cuando mi papá se volvió, ella me susurró la palabra *chota*. El momento de comprender se materializó cuando llegó mi hermano y papi le dio la *pela* más increíble que haya visto. Nunca había visto a mi papá con un coraje como el de aquella noche. Me sentí culpable, pero mi mamá no me explicó las consecuencias de preguntarle a mi papá sobre el particular. No digo que mi mamá pensaba taparle a Julio Ángel lo que había hecho, tal vez quería solucionarlo de una forma más diplomática. De esa experiencia aprendí que en el ambiente en que vivíamos, ser *chota* era una de las cosas más aberrantes en las que un individuo podía llegar a convertirse.

En otra ocasión fui más leal a las lecciones que, sin querer, mi madre me había enseñado. Julio Ángel estaba fugado de una de las instituciones correccionales juveniles en las que estuvo. Llamé a mi mamá para dejarle saber que unos hombres estaban tocando a la puerta. Ella me dijo que no abriera la puerta hasta que ella llegara. Yo estaba muy asustado, pero no iba a permitir que le hicieran daño a Julio Ángel. Mi hermano aún dormía, cuando tres hombres vinieron a buscarlo, eran agentes o algo así. Podías identificarlos por sus bigotes, y había algo en sus cuerpos, que indicaba que eran policías; y no me refiero solo a sus abultados abdómenes, sino a algo que había en su aura que gritaba que eran *camarones*. Inmediatamente, desperté a mi hermano, quien me instruyó sobre lo que tenía que hacer para que no lo atraparan. Enseguida pensé en la fuga de Abel, pero yo era ocho años menor que mi hermano, o sea que ver a un niño correr a través del caserío como lo hizo Junior, no llamaría su atención. Mi hermano tenía otros planes, él me hacía señas mientras yo hablaba con los agentes desde el balcón. Ellos estaban sentados en la escalera frente a la puerta de nuestro apartamento, ubicado en el tercer piso. Al parecer estaban muy cómodos. Su visión era limitada, ellos solo podían ver una esquina del balcón, la esquina en donde yo estaba. Les dije que iba llamar a mi mamá para ver si había salido del trabajo. Fue entonces cuando Julio Ángel me dijo que me fijara si había algún agente abajo. Salí al balcón, miré, no vi moros en la costa y le informé a mi hermano. Comencé a hablar con los agentes para distraerlos mientras mi hermano mostraba sus dotes de Hombre Araña, al bajar por los tubos del balcón. Me aparté de la vista de los agentes para ver si mi hermano estaba a salvo, lo vi lejos, sonreí y me entristecí al mismo tiempo, pues me preguntaba cuándo volvería a verlo de nuevo. Sí, estaba satisfecho, pues pensaba que había hecho algo grandioso. La realidad es que, para mi mundo, esos eran los primeros pasos para convertirme en un *jodedor*. Estuve muy orgulloso de esa hazaña por mucho tiempo, pero hoy mientras la repasaba en mi memoria para escribirla, brotaron lágrimas de mis ojos. Es la primera vez que me siento así, creo que luego entenderán el porqué.

Mi amigo Tito y yo éramos uña y mugre; por supuesto, él era la mugre. Me encantaba comer en su casa, pues a pesar de que mami cocinaba bueno, *Gelo*, su mamá, era una diosa en la cocina y en la cantidad que servía. Creo que por eso a Tito le decían *Tito el Gordo*. *Fey*, su primo, se hizo mi hermano con el tiempo y todavía está por ahí, recordando las pelas que yo le daba en el baloncesto. También estaban los *Rollins*, Danny, *Feto* y Noel. A este último tuve que romperle unos cuantos dientes, pero sus hermanos eran otra cosa. Con *Pito* y su ganga de hermanos tuve que pelear muchas veces, especialmente con Rafy, que fue mi archienemigo durante toda mi niñez. Pero *Pito* era otra clase de persona, era como un hermano para mí, aunque un día me falló; más tarde les contaré. También estaban Ramón y Manuel, recuerden muy bien a este último, pues se convirtió en el autor de mi peor pesadilla. Estos tenían un hermano llamado Julio que padecía de sus facultades mentales. Con los dos primeros me batallé a los puños hasta que entramos a la pubertad. Otro grupo de hermanos eran Jimmy, *Negro* y *Pellín*. Un día mientras peleaba con *Pellín*, sus dos hermanos se metieron a defenderlo, tres contra uno no era justo, y menos cuando yo solo tenía ocho años y ellos, excepto *Pellín* que era de mi edad, tenían aproximadamente dieciséis o diecisiete años. En fin, todos tenían hermanos, y aunque yo tenía el mío, que era bravo de verdad, casi siempre estaba en la cárcel porque estaba metido en el uso de drogas. Por esa razón tuve que aprender a defenderme y a veces tenía que correr, pues no era fácil pelear con cuatro y cinco a la misma vez. La verdad es que tuve que fastidiarme para sobrevivir. Pienso que todo eso era el entrenamiento requerido para en el futuro convertirme en uno de los hijos del Punto. Edwin fue uno de los muchachos mayores que se puso conmigo. Me golpeó sin importarle que me superara en edad y tamaño. Sin embargo, durante ese tiempo, mi hermano estaba en libertad. Cuando mi hermano supo lo que Edwin me hizo, por poco lo mata, basta decirles que lo estuvo estrangulando hasta que lo vio vomitar sangre, solo así lo soltó. Mientras lo estrangulaba, todos le gritaban que lo soltara, mi hermano no escuchaba, en los ojos de mi hermano solo se podía ver el infierno que había heredado de papi.

En una ocasión tuve que pelear mientras estaba sobre mis patines. Me sentía tan seguro de mi capacidad para pelear, que ese día peleé contra cuatro individuos, obviamente, uno por uno, y como les dije, en patines. A cada uno le di su merecido, pero cuando Willie *Coquito Swing* vio lo que había logrado, también quiso pelear conmigo. Para pelear contra él tenía que quitarme los patines, pues aun sobre la firmeza de mis pies, estaba en desventaja ante él. Era la segunda vez que peleábamos, la primera vez, me rompió la nariz. Pensé que sería mi oportunidad para vengarme por la sinusitis que me había ocasionado el golpe que me dio en la primera pelea. Estaba confiado en mis destrezas, las cuales definitivamente me llevarían al triunfo, pero no contaba con varios elementos, la locura de *Coquito* y sus malas mañas. Me cuadré para pelear contra el individuo mientras los que había vencido ese día, observaban. Estoy seguro de que anhelaban que fuera derrotado, pero estaba decidido a no complacerlos. Comenzamos, lancé el primer puño, lo conecté en la cara. El semblante de *Coquito* cambió por completo, parecía poseído o algo parecido. Acto seguido, se me tiró encima, me agarró del cuello y comenzó a estrangularme, pero a estrangularme de verdad. No quería soltarme, intenté quitármelo de encima, pero resultó imposible. Con mucha dificultad, logré decirle que me soltara, pero él insistía en que tenía que rendirme. No me soltó hasta que dije la frase "me rindo". De otra manera no estaría aquí escribiendo lo que sucedió aquel día. Hay ocasiones en que la retirada es la mejor opción, pues siempre habrá otro día para pelear.

Fueron muchas las veces que tuve que enfrentarme a enemigos desquiciados y despiadados, que solo querían hacer nombre para ganarse el respeto de los demás. En otra ocasión, estaba en la celebración de un cumpleaños en el Centro Comunal del caserío. Estaba sentado, ocupado en mis propios asuntos. Sonreía, pues me sentía feliz de estar en aquel ambiente. Mi felicidad duró hasta que llegó *Bombote Viejo*, el *bully* del residencial. *Bombote* era un tipo enorme, pero con muy poco cerebro. Se acercó a mí, y sin decir una sola palabra me conectó un puño en la boca ocasionando que perdiera uno de mis dientes. Estaba furioso, pero mi cuerpo era como el de David, el suyo era como el de Goliat, y yo no tenía una honda para derrotarlo. Enfrentarme a él era un suicidio y yo no me consideraba un *kamikaze*. Estuve velándolo durante varios días desde la ventana de mi apartamento. Lo vi y consideré que era el momento apropiado para atacar. Cogí un bate y sin que me viera llegué hasta él, quería tomarlo de sorpresa y meterle en la cabeza con el bate, pero alguien le avisó. Allí lo tenía, de frente a mí, listo para enfrentarme, y yo con un bate que lucía diminuto ante la inmensidad de su cuerpo. Si le tiraba para la cabeza, lo más seguro era que terminaba quitándomelo y dándome con él. Mi única opción fue apuntar para sus piernas, le metí en una de sus rodillas con toda la fuerzas que mi corta edad y mi cuerpo diminuto me permitieron. Luego salí corriendo hasta llegar a la seguridad de mi apartamento del que no salí durante varios días.

Estoy seguro de que todas esas experiencias me prepararon para la vida tan aguerrida que me esperaba. En ese campo de batalla futuro, tendría victorias y derrotas, pero aprendí que en las victorias se puede descansar para estar listo para la próxima batalla, y que, de las derrotas, uno resurge fortalecido y preparado para alcanzar victorias mayores.

5

"En donde el oficio y la instrucción están unidos, allí la normalidad,
allí la paz; en donde la inseguridad del trabajo y la falta absoluta
de instrucción desvían el sentimiento, extravían la voluntad y
perturban la razón, allí la inquietud, allí el delito".

Eugenio María de Hostos

En el caserío había un personaje a quien todos le temían, aunque no era mala persona cuando estaba sano; sin embargo, cuando se metía droga o bebía, se convertía en un gran abusador. Una noche me pidió un poco del agua que me habían regalado en la pizzería, era nuestra costumbre pedir agua en los alrededores para no tener que ir a nuestros apartamentos. Cuando se la di, me la tiró en la cara y me dijo que si tenía sed, que fuera a beber agua en mi casa. Quise hacer muchas cosas, pero todavía era un nene, aunque con muchas probabilidades de crecer grande y fuerte. Sin embargo, lo enfrenté, le hice creer que tenía una pistola y cuando hice un movimiento para sacar la supuesta pistola, él se cubrió con la camisa que tenía en su mano derecha, le dio vueltas como si fuese un abanico; creo que dicho movimiento fue uno instintivo, típico de alguna película de Bruce Lee. Luego, le pregunté qué hubiera hecho en caso de que mi pistola imaginaria hubiese sido real, y solo contestó que esquivaría las balas con la camisa. No me quedó otro remedio que reírme de su ocurrencia.

Porky, como le decían, tenía de abuso a *Piri*, quien vivía en Muñekí. *Piri* se reveló varias veces y llegó a darle par de puñaladas a su agresor. Eventualmente, *Piri* se convirtió en lo mismo que combatía y murió de varias puñaladas en el *shopping center*. Dicen que quien combate monstruos, tarde o temprano se convierte en uno. Irónicamente fue asesinado por alguien de quien *Piri* había abusado toda la vida. El peor error que cometió fue darle una *bofetá* a Alexis delante de una mujer con quien hablaba; de víctima pasó a convertirse en victimario. Alexis parecía poseído por el mismo demonio. Se incorporó, sacó un puñal enorme, de esos que se hicieron famosos luego de las películas de Rambo. Al verlo, *Piri* comenzó a correr, pues sabía que su vida estaba en peligro. Sus pasos aligerados lo habían traicionado, lo lanzaron al suelo para ponerlo en bandeja de plata para aquel que exigía retribución por todos los años de soportar abusos constantes de quien ahora estaba bajo su poder y su furia. No lo pensó, fue automático, comenzó a darle puñaladas hasta que vio la vida escapar del cuerpo de *Piri*. Él mismo se

43

entregó a la policía para ser procesado por su aparente crimen. Imagino que la justicia hizo una comparación entre ambas vidas antes del trágico suceso, pues Alexis fue sentenciado a cumplir solo ocho años de probatoria. Imagino que la justicia determinó que ya había sufrido bastante castigo de parte de su víctima. Alexis jamás fue el mismo, algo de su psiquis y su cordura había muerto para siempre, al igual que *Piri*.

Porky continuó con su vida loca, asaltaba a la gente que iba a *capear*, tiraba *trambos*[5] y abusaba de los más débiles. La primera vez que lo vi herido, llegó con un tiro en la pierna, que le dio el difunto *Fraslay*, por hacer trucos en el temido barrio conocido como La Vía, en el casco urbano de Aguadilla. La Vía era uno de los sitios más peligrosos de aquellos tiempos, ni siquiera la policía se atrevía entrar debido a la cantidad de muertos que el lugar generaba y por los enfrentamientos que ya habían tenido con los hijos del Punto de aquel lugar.

En otra ocasión, le metieron en la boca con la culata de una escopeta, eso ocurrió en el mismo caserío, le hicieron escupir los dientes, pero aun así no cambiaba. Desconozco lo que había hecho, llegaron unos individuos en un carro, lo llamaron por su nombre. *Porky* se acercó al carro y metió su cabeza a través de la ventana, inmediatamente salió con la boca ensangrentada y con tres dientes menos. El hombre que le propinó el golpe salió para terminar el trabajo a fuerza de plomo, pero *Porky* logró escapar. No sé si eran las mismas personas, pero en otro evento, lo vi sobrevivir a varios escopetazos que le hicieron desde un carro, mientras él se escondía entre los edificios. Solo lograron alcanzarlo en uno de sus brazos, el mismo que usó para tirarme el vaso de agua en la cara.

En otro incidente, le dispararon con un arma marca *Intratek*, modelo Tek 9. Para aquel tiempo, era un arma poderosa, tenía un cargador de 30 balas, pero el muy suertudo se metió entre los participantes de un torneo de baloncesto y el difunto *Muggy* no se atrevió a seguir disparando. Otro día discutió con un amigo mío, al que yo le guardaba una pistola. *Porky* le había propinado una *bofetá*, en el pasado, de abuso. Mi amigo me pidió la pistola, me negué a dársela, pero al final tuve que acceder, pues era suya. Mandé a uno de los muchachos a que se la buscara, y en eso le dije a *Porky* que se fuera, pero se negó. Me dijo que no tenía que correr ni esconderse de nadie, que ese era su caserío y que no tenía miedo. Con mucha valentía esperó a mi amigo hasta que lo vio con la pistola. Entonces salió corriendo hasta lograr ingresar a su apartamento, cerró la puerta y logró salvarse; bueno, eso creí.

---

[5] *Trambos* - Trucos, trampas; en este caso, se apoderaba del dinero de las personas, utilizando el engaño.

Mi amigo empezó a patear la puerta con muchas fuerzas. Todavía no me logro explicar la razón por la que Antonio, el hermano de *Porky*, abrió la puerta. Sin embargo, cuando se vio frente a una pistola, la cerró rápidamente. Mi amigo comenzó a disparar a través de la puerta, con la buena suerte para él y mala para *Porky*, que uno de los plomos logró alcanzarlo en una nalga. Inmediatamente, llevamos a *Porky* al hospital, quien repetía durante todo el camino que era mi culpa. Fue un incidente increíble y gracioso a la vez. Este hombre era como la película *Duro de matar* (*Hard To Kill*). *Porky* sobrevivió a una cantidad increíble de atentados, pero lamentablemente, vino a morir por sus propias manos, con una droga envenenada que una persona de otro caserío le había vendido. Murió en el caserío que lo vio nacer, tirado en el suelo y con las hormigas comiéndoselo. A nadie le pareció extraño que estuviese allí tirado. *Balatito* fue el que descubrió que estaba muerto. Después supimos en qué lugar le habían dado la bolsa de droga con veneno de ratas. Dicha droga salió de las manos de un cobarde del caserío José de Diego que nunca se atrevió a enfrentarlo cara a cara. Era tan cobarde que terminó convirtiéndose en *chota* federal, traicionó a los suyos y al hombre que puso comida en su mesa. Él no pertenecía a nuestro grupo, aunque no sé por qué razón hago la salvedad, si entre nosotros había muchos del mismo calibre que él. No menciono su nombre debido al delito cometido, además, ese tipo de persona no merece ni pena, ni gloria.

Una de las experiencias más chocantes para mí fue cuando mataron a Pepe de una puñalada en el pecho, sí, el mismo individuo al que los *camarones* le habían dado la patada en los testículos. Pude ver el puñal atravesar la piel hasta casi salir por la espalda. En estos casos, la muerte suele aparecer sin ser anunciada. Basta una palabra mal dicha, o un gesto mal interpretado, para que la muerte abra el umbral hacia ese lugar del que nadie ha logrado regresar. En el caserío tienes que darte a respetar, pero procura no infundir demasiado miedo en los demás, pues el miedo suele llenar de valentía a cualquier cobarde; y un cobarde armado y con miedo, puede ser un sujeto muy peligroso.

Otro suceso que me impactó fue cuando escuché una detonación en el caserío y luego vi a *Cuchy*, la enfermera, gritar por el balcón que lo había matado. Luego vi cuando bajaron al marido con un orificio sangrante en el pecho. No lo mató porque el tipo era un hombre corpulento, pero seguramente le cambió la vida, pues estoy casi seguro de que jamás volvió a ser infiel, ni a dejar su arma al alcance de su esposa. Ella era una gran mujer, una gran madre y muy buena vecina. Creo que todos tenemos un límite establecido, y cuando lo traspasan, nos hace sucumbir ante nuestros instintos más bajos y oscuros.

No había pensado en estas cosas, creo que de alguna manera o por alguna razón las había olvidado, pero están regresando a mí. Pienso que el caserío es un universo de historias que se unen en un mismo camino, rumbo a la desgracia. Aunque existen historias de gente buena que logró salir airosa de las batallas contra el caserío y se convirtieron en profesionales. A ellos mis felicitaciones y mi orgullo, pero hoy no hablaremos de ustedes, aunque los tengo en el pensamiento, pues haber salido de aquel lugar sin haber sucumbido al poder del Punto, es sinónimo de una gran victoria.

6

"La educación, más allá de todas las invenciones
de origen humano, es el gran nivelador de la
condición humana, la rueda que equilibra
la maquinaria social".

Horace Mann

Al graduarme de sexto grado tuve que matricularme en la escuela intermedia Rafael del Valle, no porque fuera la mejor opción, sino porque era la que me tocaba según el lugar en donde residía. La escuela era una joya de la corona, estaba ubicada en el casco urbano de Aguadilla, justo al lado de la playa. Los Puntos más importantes de Aguadilla circundaban la escuela, y la mayoría de los estudiantes provenían de ellos. Uno de los puntos, el principal de todos, era La Vía, del cual les hice una breve descripción en el capítulo anterior. El otro Punto era el Callejón del Fuerte, justo frente a la escuela. Podías ver todos los movimientos de lo que allí sucedía. Otro Punto estaba situado en la Calle Nueva, pero el más temido después de La Vía, era La Mercado, tanto así, que lo bautizaron con el nombre de Salsipuedes.

La mayoría de los caseríos más sonados de Aguadilla tenían representación en aquella escuela: Las Muñecas, Montaña, José de Diego, Cuesta Vieja, Villa Nueva y Ducos. Allí conocería los prospectos a futuros narcotraficantes, delincuentes y adictos de Aguadilla. Conocí a *Toro*, uno de los tipos de aquel momento, era un enano musculoso de tez negra, pero todos lo respetaban. Estaba forrado de prendas y tenía un par de carros que deslumbraban a todo el que los veía, en especial a las chicas. *Toro* estaba en todo, asaltos, robos, drogas, y también era bastante abusador, hasta que un día dejó de abusar para siempre cuando un enmascarado conocido como *El Fantasma* culminó con su vida en el residencial Cuesta Vieja.

También conocí a Cucho, en aquel tiempo solo era el yerno del dueño del negocio que nos vendía las ricas empanadillas de pizza. Sin embargo, con el pasar de los años se convertiría en una de las columnas principales del narcotráfico de la región. Se convirtió en uno de mis socios, mi hermano, mi amigo y mi protector, pues en una de las veces que quisieron quitarme la vida, él puso su palabra para impedirlo. Aunque la realidad es que no necesitaba de ese tipo de ayuda, pero en tiempos de guerra cualquier aliado representa un enemigo menos. Era un tipo muy dado a ayudar y era muy gracioso, podría decir que tenía ADN de payaso. Por esa razón caía bien en cualquier lugar, hasta en los lugares más peligrosos. Pero cuando se trataba de proteger lo suyo o los asuntos de su sangre, era el tipo más sanguinario que he conocido. Cuando mataron a su primo *Chino*, le ofrecí mi solidaridad y ayuda para nivelar la balanza, cortésmente me rechazó, pues los asuntos de la sangre son asuntos personales. No abundaré sobre los detalles de lo que sucedió luego, pues él nunca me autorizó a decirlo. Solo diré que fueron tiempos muy difíciles en Aguadilla, en los que se desató la violencia como nunca se había visto. Lo último que supe de *Cucho* fue que había sido asesinado mientras salía de su casa en la urbanización Vista Verde. Nunca supo cuándo quitarse, es imposible vivir en el bajo mundo toda la vida sin que nuestro pasado nos alcance. No sé lo que haya sucedido para propiciar un acto tan violento en su contra, pero el que sabe de la calle, debe reconocer que en ese tipo de negocio no se necesita mucho para encender los fuegos que consumen vidas. ¡Descansa en paz, *Gordo*!

La calle que estaba justo frente a la escuela servía como pasarela para los mejores autos de los dirigentes (*bichotes*) de los caseríos. No olvido el de Lando, era un *Toyota* convertible, azul turquesa. No podías dejar de mirar el auto, en cambio, él era muy serio, nunca hablé con él, pero cuando supe que lo habían matado, me extrañó, pues hasta donde sé, era un tipo justo. Por un tiempo, el residencial Cuesta Vieja estuvo desordenado, eso duró hasta que el heredero del Punto reclamó su trono. Waldy, *El Gordo*, hijo del difunto *Janny*, quien falleció debido a una enfermedad, era un tipo humilde y bueno, y a pesar de que estaba metido hasta las narices en el mundo del narcotráfico, no era aficionado a la violencia. Eso es un caso raro en ese mundo de maldad. A todos nos sorprendió cuando en la portada de *El Vocero*, periódico del país, salió un reportaje sobre su arresto; el título era *Arrestan a Waldo, el terrible*. Incluso, le hicimos bromas sobre el particular, pues conocíamos muy bien su carácter y su inclinación a resolver todo de manera pacífica.

En la escuela Rafael del Valle, cursé mi bachillerato con concentración en defensa personal. Allí había que pelear sí o sí, no había manera de evitar un conflicto a menos que se quisiera ser la *pera* o el *punching bag* de todos los estudiantes. Al principio, las primeras peleas que tuve fueron insignificantes. Luego fueron peleas más importantes. Por ejemplo, las peleas que tuve con *Danny Pangueo*, de La Vía, parecieron eternas. Él era un tipo atlético, corría, practicaba boxeo. En cambio yo, solo aprendí a defenderme para sobrevivir. Desconozco el número exacto de las peleas que tuvimos, algunas las ganó él, otras las gané yo. Sin embargo, ninguna se equiparó a la última que tuvimos. Esa trascendió los límites de la escuela intermedia, pues tuvo lugar en la escuela superior José de Diego. Danny me enfrentó para cuestionarme quién había tirado dentro del salón de clases donde él se encontraba, una substancia conocida como *peo químico*, que producía asfixia. Yo estaba en la pizzería y aunque no había sido quien lo tiró, sí estaba con ellos y lo planificamos, y me reí muchísimo con lo sucedido. El salón completo estaba en la pizzería, Danny me cuestionaba y amenazaba para que le dijera quién había sido el autor del atentado químico, pero bajo ninguna circunstancia le dije que había sido Nael. A propósito, me debes la vida Nael, aceptamos cualquier método de pago, incluido el servicio de ATH móvil, que ahora sí existe.

Comenzó el conteo regresivo, digo esto debido a que la amenaza de Danny consistía en *tirarme*, o sea, golpearme, si no le decía quién había sido. El conteo regresivo llegó hasta el número uno, inmediatamente me lanzó un puño, mi cabeza se movió un poco, y mis ojos se llenaron de fuego. Con la misma inmediatez le respondí el golpe, con el resultado de que Danny cayó inconsciente debajo de la mesa de billar de la pizzería. Esperaba que se levantara, mientras sonreía, pues era la primera vez que le ganaba una pelea a Danny por la vía del *knock out*. De repente, a mis espaldas, sentí un golpe que aterrizó en mi oreja derecha. Caí al suelo, y me levanté con la misma rapidez. Me incorporé al ritmo de la canción *One* de *Metallica*, y para mis muchachos, eso fue motivo de celebración. Danny tuvo que ser arrastrado para sacarlo de donde estaba, tardó varios minutos en lo que recuperó la conciencia, aunque toda una vida para recuperar su orgullo. Supe que el golpe en mi oreja había sido producto de las manos de Harry, un muchacho de la urbanización Villa Alegría. Varios años después, en el estacionamiento del JD's, confronté a Harry por lo ocurrido aquella mañana en la pizzería, pero su respuesta asustadiza me obligó a perdonar el incidente. Como decía el presidente Kennedy: "Perdona a tus enemigos, pero nunca olvides sus nombres".

La pelea más fuerte de mi vida fue en Rafael del Valle, con Juan Chaparro, también de La Vía. Ese tipo era un anormal en el sentido de que su fuerza era sobrenatural. El tipo se tiraba desde lo más alto del edificio de la pescadería, hasta la orilla de lo que hoy se conoce como *El Rompeolas*. Nadaba en *El Parterre*, corría por las calles del pueblo como si nada y tenía una resistencia muy poco vista. Las razones de la pelea no son importantes, pues comenzó por una estupidez. Sin embargo, la pelea duró alrededor de 40 minutos, peleamos bajo la lluvia. Intercambiamos puños, él me golpeaba, y yo igual a él. En una ocasión, lo golpeé tan fuerte que su cuerpo rompió la puerta del salón de Míster Guzmán. Pensé que la pelea había terminado, y que yo había resultado vencedor, me equivoqué. Chaparro se levantó con más furia, se quitó la camisa y corrió hacia mí, emitía ruidos como los de una bestia salvaje. Lo esperé, e intercambiamos un par de golpes más, ambos respirábamos profundamente, pues el cansancio nos tenía vencidos. Sabía que él no se detendría, así que le propuse una tregua hasta el día siguiente, para que pudiéramos descansar. Como lo esperaba, él no aceptó mis condiciones, pero me propuso la suya, dejar de pelear con la condición de que yo dijera que él había ganado la contienda. No quise aceptar, por lo que estábamos listos para comenzar de nuevo, pero yo estaba muy agotado. Entonces decidí aceptar su propuesta de declararlo ganador, aunque muy en el fondo, ambos sabíamos que no había sido así. Levantó sus manos en señal de victoria y se retiró. Nunca volvimos a pelear, tampoco nos volvimos a faltar el respeto que había entre ambos, pues sabíamos que un segundo encuentro tenía las probabilidades de ser letal.

No recuerdo mucho de lo aprendido en aquella escuela. Me refiero a las lecciones impartidas en los salones de clase. Sin embargo, lo aprendido fuera de ellos me siguió durante mi travesía por el bajo mundo. Allí aprendí a fumar cigarrillos, en honor a la verdad, ya los había probado por curiosidad cuando de niño veía que alguien dejaba una colilla de cigarrillo encendida, pero fue en la escuela que realmente comenzó mi adicción a la nicotina. Allí tuve acceso a armas de todo tipo, excepto a armas de fuego.

Estuve en Rafael del Valle hasta que fui expulsado por mala conducta, una conducta reprobable de la que aún me arrepiento. Para mí era solo un juego de niños, pero el respeto debe ser primordial en todo tipo de relación, incluso entre compañeros estudiantes, y más cuando se trata de una fémina. Pensé sobre si debía contar este incidente, pues se trata de una falta de respeto en la que incurrí hacia una compañera estudiante, así que como no estoy para mentir, lo contaré. Quiero que recuerden que solo tenía trece años, y que al final obtuve mi merecido, por partida doble.

Estábamos en el área que se había designado para educación física, en la parte trasera que daba a la playa, al lado del comedor. También había unos bancos en los que nos sentábamos, aunque la mayor parte del tiempo eran las niñas quienes ocupaban el lugar. Elizabeth era una de mis compañeras de clase, era una chica de la raza negra, con un cuerpo muy desarrollado para su edad. Siempre estuve atraído hacia ella. Nunca se lo dije, aunque teníamos una buena amistad y relajábamos de vez en cuando. El suceso ocurrió después del almuerzo. Ella estaba con sus amigas en los banquitos, estaba de pie, no sé qué se me metió en la cabeza, cuando me le acerqué y sin mediar palabra, agarré sus nalgas. Ella me miró sorprendida y comenzó a lanzarme golpes. Salí corriendo para evitarlos, yo reía mientras corría, pensando que había sido algo gracioso y que me saldría con la mía. Sin embargo, olvidé un detalle, ella era atleta, y yo era un simple mortal. Corrí hacia el edificio administrativo. En mi carrera hice un gesto como que iba hacia la oficina del director, para ver si ella se detenía, e inmediatamente hice un viraje hacia el salón de Artes Industriales. Ella me atrapó por el cuello de la camisa y provocó que cayera al suelo. Se trepó encima de mí y comenzó a golpearme en la cara. Yo todavía reía, eso logró enfadarla aún más, y me golpeó con mayor fuerza. Traté de quitármela de encima, pero me fue imposible, parecía estar poseída por el mismo demonio. Sentía sus uñas desgarrando la piel de mi rostro. Luché un poco más con ella, procurando no golpearla, pues hacerlo no estaba permitido en el código que recién había archivado en mi memoria, ni en el código que me habían enseñado en casa. Lo de no tocarlas sin su consentimiento era una información que se estaba procesando en mi *hard disk* en ese preciso momento.

Logré calmarla y sacármela de encima. Las sonrisas se desvanecieron cuando pude ver mi rostro en un espejo y me percaté del increíble daño que pueden causar unas uñas bien afiladas. El peor problema era ocultarle a mi madre las heridas en mi rostro, una misión imposible. Casi se desmaya al verme. Pensó que había sido una pelea entre muchachos, yo seguí esa línea, pues no me convenía decir la verdad, la cual era vergonzosa. Me dijo que por poco me sacaban los ojos e insistió en que le dijera quién había sido el autor de mi desgracia; por supuesto que no se lo dije. Solo se me ocurrió decirle que el otro había quedado peor. Ella insistió en acudir a la escuela para reclamarle al director sobre lo sucedido, y a primera hora del día siguiente estaba en su oficina. Creyendo que tenía la razón, increpó al director para que trajera al causante de las heridas en mi rostro. Él aceptó con mucha cortesía. Le dijo a su secretaria que fuera por el villano, sin embargo, al rato regresó con una chica. Yo sentía que la silla en donde estaba sentado me quería tragar. Fue en ese momento cuando comprendí la frase que mami usaba, "Trágame tierra". El director le pidió a Elizabeth que contara lo sucedido, mi mamá quedó muy sorprendida al escuchar los detalles, pues eso no era lo que me había enseñado. Imagino que experimentó una gran vergüenza, la furia que sentía se tornó hacia mí, con toda la razón. Recibí unos cuantos golpes de su parte y un par de estrujones, pero no fueron la gran cosa. Tengo la seguridad de que, si no hubiera tenido el rostro tan maltratado, y si no hubiéramos estado en la oficina del director, los golpes hubieran aterrizado justo donde estaban mis heridas.

El director le dio las gracias por haberse presentado a su oficina ese día, pues quería aprovechar para informarle que estaba expulsado de la escuela. Me despedí de la escuela con mucho pesar, pues ahí dejaba a muchos de mis amigos. Traté de hablar con ella en el carro, pero mi madre me solicitó, no muy amablemente, que no dijera ni una palabra. Derramó unas cuantas lágrimas y nuevamente, profirió su acostumbrado, "Trágame tierra".

El nuevo reto consistía en buscarme una nueva escuela. La primera opción fue la escuela intermedia Antonio Badillo Hernández, en el poblado

San Antonio de Aguadilla. Era un respiro, había muchas personas de mi caserío y del edificio vecino que ya se había convertido en nuestro aliado. En ese momento no existía tanta competencia entre los caseríos, pero los que habían estado antes que nosotros habían dejado una riña inconclusa entre Las Muñecas y el poblado San Antonio. Comencé a tener problemas debido a que había logrado llamar la atención de varias de las chicas, obviamente, era el chico nuevo del bloque. Salí con varias de ellas, pero solo una se convirtió en la chica oficial. Pero *Tata*, como le apodaban, había sido novia de *Chino*, uno de los muchachos de San Antonio. Fue eso lo que desató los problemas que habían estado calmados durante un par de años.

Primero peleé con Martín, uno que se creía un chico malo, pronto le demostré que no era tan malo como creía. Tuve que pelear con *Chino*, el ex-novio de *Tata*, porque me llamó *Toribio*, tal vez él sabía cosas que yo desconocía. Mientras peleaba con él, recibí un puñetazo de parte de Mario, *el Fuerte*. Mario era un mutante en todo el sentido de la palabra. Él me llevaba cuatro o cinco años y era cuatro o cinco veces más grande que yo, pues era adicto al gimnasio. Aunque caí por el golpe, que fue a traición, logré levantarme enseguida. Eso provocó que varias personas del caserío salieran en mi defensa. Eso no se quedó ahí. Los de San Antonio se agruparon para llegar hasta Las Muñecas, con la intención de culminar lo que allí había sucedido. Tengo entendido que fueron más de diez carros llenos de gente armada con cadenas, cuchillos, bates y hasta una pistola. No puedo precisar la cantidad de los que llegaron allí, porque mi novia llamó a mi mamá para que no me dejara salir, pues según su opinión, la intención era matarme. El caserío completo se enfrentó a ellos, no pude participar, aunque lo intenté, pues mis padres impidieron que atravesara la puerta, ni siquiera pude asomarme al balcón. Fueron a buscarme, pero mi madre los botó. Los muchachos del caserío sabían que yo no rehuía a ningún combate, por lo que no hubo cuestionamiento sobre mi ausencia. Lo que supe fue que Las Muñecas una vez más se había coronado como el vencedor indiscutible de las constantes batallas entre ambos bandos. Esa era una de las bondades del Punto, el apoyo que daba cuando se necesitaba. El saldo de los heridos y de los carros destruidos resultó indeterminable. Aunque mis padres no me permitieron participar de la reyerta, al día siguiente tuve que acudir a la escuela que estaba en su territorio. Por suerte, no sucedió nada más, todo quedó en una tensa calma. Tuve otros incidentes en la escuela, pero ninguno tuvo que ver con los de San Antonio.

Después de varios incidentes, hubo uno que provocó mi expulsión de la escuela. Sin embargo, tuvieron que volver a aceptarme debido a que ninguna escuela quería tener entre sus estudiantes a un tipo con mi expediente. La vergüenza que sentía mi madre se acrecentaba con cada escuela que me rechazaba. Lamenté no haber sido aceptado en la escuela intermedia de la Base Ramey, pues aún no había llegado a la oficina de la directora para matricularme cuando pude divisar varias candidatas para consolar mi corazón herido, ya que los incidentes en la escuela anterior terminaron destruyendo la relación que tenía con Tata. Además, ella tenía otros intereses que aún yo no había podido satisfacer debido a mi inexperiencia en los asuntos del placer. Sí, era un joven puro y casto, aunque estaba decidido a que dicha condición no durara mucho tiempo.

Lamentablemente, debido a la presión de grupo, cedemos ante la primera persona que nos pueda despojar de ese sello virginal y ello nos lleva a cometer los peores errores, al caer en brazos no deseados. La razón por la que decidieron aceptarme de vuelta en Antonio Badillo Hernández fue debido a que mi madre ejerció presión política al director de la escuela, quien aspiraba a un puesto en la Cámara de Representantes. No tenía probabilidad de graduarme, pues mis calificaciones académicas eran pésimas, sin embargo, como por arte de magia, las notas fueron lo suficientemente buenas para pasar de grado. Imagino que no querían lidiar con un individuo como yo durante otro año más. Mi madre me preguntó si quería asistir a la graduación, para comprar las cosas que necesitara, le contesté que no, pues sabía que no merecía graduarme. No me gustaba, ni me gusta aceptar crédito por lo que no me he esforzado.

En lugar de graduarme de las materias académicas que me ofrecían en la escuela, tenía otro tipo de graduación en mente. Un curso cuya gratificación era automática. Nada de teoría, era práctica y graduación. Me escapé de la escuela ese día debido a que tenía una cita con una mujer. Me dirigí hacia Las Muñecas, me las ingenié para que nadie me viera subir a su apartamento, no quería causarle problemas ya que ella sobrepasaba los cuarenta años, y yo solo tenía trece. Fue la primera vez que tuve una experiencia sexual verdadera, ese día no se jugó al *sapito*, ni a la *barra*, ni el sexo fue de pantalón a pantalón. Les aseguro que no fue la mejor experiencia de mi vida, hubiera querido que fuera diferente, pero la presión grupal me obligó a probar con lo primero que estaba disponible. Estaba nervioso, muy nervioso, pero no iba a claudicar. El enemigo estaba ahí y tenía la obligación de embestirlo con todas mis fuerzas. No fue lo que había imaginado cuando la vi despojarse de sus ropas. Su cuerpo estaba muy maltratado, al parecer había tenido muchas batallas anteriores. Apenas había comenzado la sesión cuando fue interrumpida por los gritos de mi madre. Pensé que alguien le había dicho que estaba en el caserío. La chica, que me triplicaba la edad, se asustó mucho, entonces alguien tocó a la puerta, pensé que era mi mamá. Me escondí tras las cortinas del baño. Era la vecina de mi maestra en el arte del sexo, ella sabía nuestro secreto y tocó para avisarle que estaban buscando al nene, o sea a mí. La vecina tendió unas frisas de los tubos de la escalera para cubrir mi ruta de escape. Cosas similares se repitieron por un tiempo. Mis vecinos *Jowie* y Rubén disfrutaron de las acrobacias que ella hacía desnuda desde su ventana, para motivarme a subir a su apartamento. Por eso es mejor educar a nuestros hijos sobre ese tipo de asuntos antes de que los eduquen otros, como sucedió conmigo. La realidad es que nunca contraje una enfermedad venérea porque al parecer, el señor que maneja los hilos tenía algún plan para mí.

Creo que, si hubiera obtenido una educación sexual correcta en mi hogar, no me hubiera lanzado en los brazos de aquella mujer que no tenía nada de atractiva, excepto su accesibilidad, debido a su debilidad por los muchachos jóvenes. Tal vez si mi mamá hubiera sido sincera cuando le pregunté sobre cómo era que nacían los bebés, no hubiera caído. En ese momento mami estaba embarazada, yo tenía ocho años. Había encontrado unos libros de medicina que mi papá tenía en la parte superior del *closet*. Allí pude descubrir muchos secretos, entre ellos, el secreto de la natalidad. Quedé muy sorprendido al saber que los bebés tenían que pasar sus cabezas a través de una pequeña vagina para llegar a este mundo. Por supuesto que no le dije a nadie del contenido de los libros que había visto. Para mí, a esa edad, lo que había visto era pura pornografía. Varios días después estaba mirándole la barriga a mi mamá, y quise preguntarle sobre lo que ya sabía. Mi intención era confirmar la información recopilada. No esperaba la contestación que me dio, quedé muy decepcionado cuando me dijo que los bebés salían por los *sobacos*. Sí, ni siquiera utilizó la palabra axila. Continuó elaborando su mentira, dijo que el médico le hacía un corte lo suficientemente grande para poder extraer al bebé y lo sacaban con unas máquinas y unas pinzas. Le doy muchas gracias a los cielos por la curiosidad que insertó en mi mente para indagar las cosas por mí mismo. ¿Imaginan el ridículo que hubiera hecho en la escuela si alguna maestra hubiera hecho la pregunta de la natalidad y yo hubiera contestado con la versión de mi madre? Probablemente, hubiera adquirido el apodo de *sobaco,* el que sería muy merecido si yo hubiera dicho semejante disparate en el salón de clases o en cualquier otro lugar. No le dije nada, pero supe que no podía confiar en lo que me dijera. Había descubierto que mi madre era capaz de mentir. Ese es un ejemplo de que los niños saben mucho más de lo que los adultos imaginan. A veces solo prueban su nivel de honestidad. Por eso me prometí decirles la verdad a mis hijos si algún día los tuviera y educarlos sobre los temas sexuales, para que no tuvieran que aprender de la manera en que yo lo hice y para que nadie los pudiese engañar con la natalidad desde el útero sobacal, je, je, je.

7

"Aquel que tiene un porqué para vivir,
puede enfrentarse a todos los cómos".

Friedrich W. Nietzsche

En el caserío, empecé a velar en el Punto, como los otros muchachos de mi edad. No se me pagaba por el servicio porque no había sido formalmente contratado por la compañía, era solo una forma de hacerme notar para que me tuvieran en mente cuando surgiera algún puesto. Además, el trabajo no era difícil, solo tenía que gritar *agua* cuando viera a la policía asomar sus narices.

Me pasaba con *Bebé, Loco Loco*, David, Richie, *Dumbo* y Freddie. El único de mi edad era Freddie, ese era el hijo de uno de los *cocorotes* del caserío. Su padre, aunque era adicto, tenía magia para hacer dinero. Empecé a fumar marihuana con ellos, incluso llegué a probar el *perico*, pero como no me causó ningún efecto, no le cogí el gusto. Me sentía parte de ellos, robaba con ellos y me enseñaron muchas cosas que me sirvieron para sobrevivir bajo las sombras que habitan en el mundo del narcotráfico. La primera y más valiosa lección fue no confiar en nadie, y mucho menos en aquellos que juran ser tus hermanos y prometen morir por ti, si tuvieran que hacerlo. ¿Cómo lo aprendí? Sencillo, llevé a *Bebé* al caserío Ducos para ver a una nena que me gustaba mucho. Su nombre era Yadira. Él terminó quedándose con ella, no la culpo porque ella no tenía nada conmigo, era yo quien estaba enamorado a lo adivino. Sin embargo, como el Karma opera de maneras misteriosas, ella le dio una bicicleta a su nuevo novio para que se la arreglara. Él terminó robándole la bicicleta y desapareciendo. Lo siento, Yadira, pero no fue mi culpa, sino tuya por no haber escogido a este galán de telenovelas, a este modelo de pasarela, je, je, je.

Aún no había aprendido bien mi lección. A algunos de nosotros, la vida tiene que golpearnos, lanzarnos varias veces contra el suelo, para que nos percatemos de cuán difícil puede ser la experiencia de vivir. Acompañé a *Bebé* al caserío Montaña, él en su bicicleta y yo en la mía. Ambos teníamos sed, pero en lugar de pedir agua en un apartamento del primer piso, él insistió en que subiéramos a un tercer piso. Obviamente, tuvimos que dejar las bicicletas abajo, bajamos después de beber agua y para mi sorpresa, mi bicicleta ya no estaba. Me desesperé debido a que no sabía qué explicación le daría a mi mamá porque tendría un problema si ella se enteraba que estaba en ese caserío. Tuve que añadir cosas falsas a la historia, para evadir un poco las consecuencias de mi desobediencia. Aun así, me quedé sin mi bicicleta y jamás pude vengar el secuestro de mi amiga inseparable. Perdí, pero gané al aprender que estaba confiando en la persona equivocada, y decidí alejarme para siempre.

Sin embargo, eso no me alejó de la marihuana que aprendí a utilizar con *Bebé*, pues siempre había "buenos amigos" que la proporcionaban para mi deleite. Varias veces quise quitarme de fumar, porque a veces cogía unas *notas* que no podía soportar. Aún recuerdo la vez que me *arrebaté* en el parque de Las Parcelas Cabán, perdón, de la urbanización Vista Verde. Estuve a punto de beber agua de un charco porque sentía que la tráquea se me había cerrado. Logré que una señora me diera agua, pero como no pude esperar, cogí la manguera y comencé a beber agua hasta que me sentí satisfecho. Luego llegué a casa, no recuerdo si me bañé, ok, me la apunté, ¿y qué? Lo que no puedo olvidar es que cuando me acosté, la cama empezó a girar tan rápido que tuve que aguantarme con mucha fuerza para evitar caer al suelo. Al día siguiente entendí que todo se debió a la *nota* tan brutal que había cogido. Juré que no volvería a fumar, el juramento duró hasta que llegó la noche. Lo que sí hice fue darle con calma, para evitar que me sucediera de nuevo lo de la venganza de la cama. Obtenerla era tan fácil como ir a donde *Teté*, con un dólar y pedirle un pitillo. *Teté* era una señora que tenía una tienda de dulces en su apartamento, y a la misma vez, nos vendía algo de marihuana medicinal para escapar un poco del ambiente en el que vivíamos. Imagino que los dividendos obtenidos por la venta de dulces y marihuana iban para la manutención de sus tres hijos, pues eran muy pobres. Estoy seguro de que la necesidad la obligó a ello, lo cual implicaba un gran riesgo para ella y para sus hijos.

Haré una pausa momentánea en este escrito, pues es absolutamente necesario expresar lo preocupado que estoy por lo que está sucediendo en las calles de mi país, de mi patria, de mi pueblo, de mi Puerto Rico. Comenzamos el año 2019 con una cifra alarmante de muertes debido a la violencia rampante que existe, no solo en las calles de nuestro amado Puerto Rico, sino también, y peor aún, en las mentes de aquellos que las transitan. El evento de violencia más trascendental que ha ocurrido en estos días ha sido el tiroteo, balacera, o como usted quiera llamarle, ocurrido en el área de Isla Verde. Esto ocurrió el día de la celebración de Los Reyes Magos y dejó al pueblo en una crisis emocional como nunca antes había experimentado, no porque sea algo nuevo en nuestro país, sino porque finalmente se destapó el velo que nos brindaba la falsa ilusión que nos hacía creer que la violencia era un asunto aislado, que solo afectaba a los que integraban el oscuro mundo del crimen. Ahora podemos ver que la estrategia de las autoridades, la cual consiste en ocultar los síntomas de la enfermedad que nos aqueja, ha fracasado. Estamos lidiando con un cáncer mortal que ha llegado a los puntos más recónditos de nuestra sociedad, un cáncer que no discrimina entre clases sociales. Un cáncer a nivel de metástasis que está matando a nuestros hijos, a nuestros hermanos, a los miembros de nuestra sociedad, sin importar que sean personas de bien o de mal. Para la violencia no existe diferencia entre caseríos, barrios, urbanizaciones, condominios, zonas turísticas o centros comerciales. La violencia podría llegar a nosotros en cualquier momento, pudimos haber evitado su propagación, pero decidimos ignorarla porque eran los del caserío y los de los barrios los que se estaban matando entre sí. Ahora nos escandalizamos porque la podemos sentir, la podemos escuchar, la podemos oler, la podemos ver, y ello nos hace sentir vulnerables, ya que en cualquier instante podríamos convertirnos en parte de las escalofriantes estadísticas que nos abofetean constantemente con el conteo de nuestros hermanos que caen víctimas de la violencia.

Ocultarnos tras la apariencia de seguridad que nos intentan vender para que nos sintamos a salvo no nos protegerá de los plomos; y definitivamente, no resolverá el problema. Como dije antes, ocultar los síntomas de esta enfermedad al encarcelar a los supuestos culpables, y a veces a inocentes, no generará cambio alguno, pues allá afuera hay una madre con un vientre cuya capacidad para seguir engendrando y pariendo individuos similares a los encarcelados, y a veces peores, es infinita. Ella no se detendrá a menos que le cortemos los ovarios de raíz. Esa madre se llama Desigualdad, y trata a sus hijos con una muy marcada diferencia. Se nos vende la falsa idea de que solo somos exitosos si logramos la acumulación de bienes materiales, sin embargo, las oportunidades para generar capital en un empleo legal son casi inexistentes. Esta falta de oportunidades se hace más latente para los individuos oriundos de los sectores marginados, o como ahora les llaman, "comunidades especiales". Esta propaganda equivocada que propende que alcancemos una meta inasequible por medios legales, nos hace sucumbir ante las caricias seductoras de la criminalidad. Entiendo que cada cual es responsable de las decisiones que toma y de las consecuencias que ello acarrea, pero ¿qué hace un jovencito que es objeto de burlas en la escuela porque su único calzado son unas tennis rotas, y la primera opción que se le presenta es un trabajo como tirador del Punto? O ¿qué hace cuando su hermanita menor no tiene comida, ni pañales porque su madre es una adicta que solo piensa en satisfacer su adicción? Es muy fácil decir que existen otras opciones cuando no se ha vivido dicha experiencia, ni se ha estado bajo la terrible presión que ejercen los supuestos amigos. No existe justificación para el crimen, pero si lo que se quiere es la disminución del mismo, lo primero que debemos hacer es comprender el problema desde su raíz hasta el fruto que cuelga de sus ramas, pues no se puede cambiar aquello que no se conoce. Es conocido que el fuego que se combate con fuego tiende a generar grandes incendios que en algún momento no podremos controlar. Por ello es necesario que las oportunidades de estudios de primera y de buenos empleos sean extendidos a los sectores marginados de nuestra sociedad, para crear un ambiente de igualdad en el que todos, mediante sus propios esfuerzos, puedan progresar y mejorar sus vidas. Si ellos no vienen en busca de dichas oportunidades, llevémoslas a ellos hasta que logremos cambiar la cultura de fracaso que se ha instituido en dichos sectores.

El camino a seguir es el siguiente, primero, debemos entender el por qué tantos individuos quieren incursionar en un negocio tan peligroso como el tráfico de drogas, a sabiendas de que el porcentaje de los que alcanzarán los veinticinco años es casi nulo. Segundo, atacar la desigualdad educativa y económica que existe en el país. ¿Cómo es posible que para algunos individuos sea imposible sobrevivir con un salario de setenta y cinco mil dólares al año, mientras otros están obligados a vivir con menos de doce mil dólares al año? No es posible que un país que eduque a algunos de sus miembros para servir, y a otros para ser servidos, sea un lugar en donde predomine la conformidad ante la desigualdad. Tercero, debemos analizar profundamente los mensajes que llegan a las mentes de nuestros jóvenes, pues estoy seguro del daño que puede causar una película, una canción y hasta un comercial. Un comercial que constantemente esté enviando el mensaje de que eres un fracasado si no posees X o Y vehículo, está programando al individuo a obtener dicho artículo a cualquier costo, así sea al costo de la vida misma. Una canción que promueva la violencia como método de vida, puede hallar terreno fértil en las mentes pobremente educadas. Una película que lleve como título "Hazte Rico o Muere en el Intento" ("Get Rich Or Die Trying") lleva un mensaje equivocado de lo que es la vida y de lo que el individuo debe hacer para obtener un triunfo verdadero. El hacernos ricos a cualquier costo no nos añade riqueza, sino que le resta valor a lo que realmente es importante, nuestro verdadero ser, nuestras almas.

El discrimen que por muchos años ha sido dirigido contra las personas de escasos recursos o los residentes de los diferentes caseríos y barrios de Puerto Rico ha repercutido en la violencia que hoy vemos. Muchas veces se prejuzga a estas personas por su origen y se les niegan oportunidades de progreso. Como consecuencia siempre existirá el Punto de drogas como alternativa que los acogerá en sus brazos sin discrimen alguno. Entonces, cada uno de los recién aceptados por el Punto estará a un paso de la violencia, pues lo que para usted puede ser violencia, para ellos es sobrevivir. Es por eso que considero equivocada la teoría que denomina a las ganancias obtenidas en un Punto de drogas como dinero fácil, pues este dinero se paga con sangre, con la vida y con la libertad. Muchos de ellos están tan ciegos que pagarían con su libertad o con su propia vida a cambio de un momento de gloria. El problema ya no se concentra entre las barreras que mantenían a la gente de caserío en aislamiento. La clase social de la que proviene un individuo no es un disuasivo para no convertirse en un criminal, pues este modelo a seguir ha sido adoptado hasta por los jóvenes provenientes de clases sociales aventajadas. El convertirse en un maleante o estar ligado a la criminalidad en nuestro país se ha convertido en un estatus social para muchos jóvenes que añoran ser respetados y vistos como supuestas luminarias. Aun sabiendo el precio a pagar por un tiempo determinado de notoriedad y de falsa gloria, piensan que tal vez ellos podrían salir bien librados del tumultuoso y escabroso camino del bajo mundo. Lamentablemente, cuando logran percatarse de su error, están atrapados en la soledad de alguna oscura celda de una prisión de máxima seguridad, o en las filas interminables del Instituto de Ciencias Forenses. Los valores de estas personas que con sus acciones juran una indeclinable lealtad a la criminalidad en el exagerado y persistente intento de convertirse en el próximo "bichote" están trastocados, pues solo viven para entregarse a los brazos de la muerte, o en el mejor de los casos, a una vida detrás de los muros de una prisión.

Acabar con la violencia requiere de un pueblo unido que esté dispuesto a cambiar los preceptos equivocados que nos han traído a este punto donde huele a sangre, a lágrimas y a muerte. No todo está perdido, estoy seguro de que aún hay esperanzas, pero requiere de un esfuerzo mayoritario que no dependa de agendas partidistas, pues el éxito que acarrea la terminación, o en términos más realistas, la disminución de la violencia redundaría en beneficio de todos como pueblo y en una gran victoria como sociedad. En cambio, su fracaso redundaría en nuestra mayor desgracia, y en términos posiblemente exagerados y fatalistas, podría acarrear la exterminación de nuestra raza. Aprendí que, si tratas a un hombre como un animal, tarde o temprano te consumirá en sus fauces; pero si lo tratas como a un igual, te dará la mano cuando caigas y cuando necesites de un hermano. Es el momento de hacer cambios radicales para estos tiempos en los que la radicalización de la criminalidad se ha convertido en el mayor problema de nuestro amado Puerto Rico. Todavía podemos salvar a los jóvenes que están tiñendo nuestras calles con su sangre. Todavía podemos evitar que las lágrimas de una madre por la pérdida de su hijo sean la noticia del día. Todavía podemos evitar que nos convirtamos en un país desolado porque nuestros hermanos decidieron marcharse del país para proteger a sus familias del crimen que azota inclementemente a nuestro pueblo. Todavía podemos rescatar a nuestro terruño, vivir como hermanos, como un día lo fuimos. Todavía podemos regresar al alto sitial donde antes estuvo el nombre de nuestra bella isla, para ser reconocidos nuevamente como una vez lo fuimos, como la Isla del Encanto.

Necesitaba desahogarme sobre este tema, aunque aún tengo mucho más que decir, por eso quise utilizar este medio para integrar la actualidad de mi país entre estas letras, porque es imperativo generar cambios para escapar de la violencia cíclica en la que vivimos atrapados. Veremos qué sucederá, pues ni siquiera yo sé hacia dónde se dirige este escrito. Se dice que la literatura es un caballo indomable que nos lleva hacia donde le place. Por lo tanto, solo montaré sobre ella para que me guíe hasta donde quiera llevarme a su paso, sea éste apacible y lento, o salvaje y a galope.

Se me ha hecho un poco difícil regresar a la línea que seguía, pues la difícil situación que vive este país requiere que poseamos espíritus inamovibles para no resultar emocionalmente afectados. Ello es imposible, nuestra naturaleza humana nos hace susceptibles y empáticos hacia los que sufren por la violencia que se ha recrudecido en el mismo seno de nuestra sociedad. Sin embargo, el espectáculo debe continuar, en este caso, el espectáculo es la vida, la cual debe continuar a pesar de los visos de muerte que deambulan persistentemente sobre el pavimento que nos ha tocado recorrer.

Regresemos al tema del uso de sustancias. El uso de la marihuana se hizo más frecuente. Comencé a controlarla, o mejor dicho, a minimizar su reacción en mí. Utilizaba mayores dosis para evitar estar en mis cinco sentidos, pues así sentía que escapaba de los supuestos problemas que creía tener, los cuales no logro recordar en la actualidad. Ello es una clara señal de que no eran tan importantes como yo creía, pues de haberlo sido, aún estarían latentes en mi memoria. Tuve que hacer muchos malabares para evitar que mis padres notaran que su hijo andaba en malos pasos, los cuales lo conducirían hacia un abismo del que le resultaría casi imposible salir.

Puedo decir que la marihuana jamás se convirtió en una adicción para mí. La utilizaba por voluntad propia, no por necesidad, porque en ocasiones decidía no usarla, y así lo hacía sin ningún problema. Pensaba que la vida se pasaba mejor estando arrebatado hasta que tuve la obligación de estar conmigo mismo, tiempo en el que me di cuenta de que era una persona agradable, que no necesitaba de ningún estímulo externo para sentirme mejor. Sin embargo, eso no ocurrió tan rápido, pasaron varios años y varias situaciones que me golpearon sin misericordia antes de poder despertar del letargo en que me encontraba y así poder conocerme y aceptarme. La vida me colocó en un calabozo oscuro para así verme obligado a buscar la luz, no la luz que surge de una fuente externa, sino la que proviene de nuestro interior. Pues las situaciones extremas y dolorosas poseen la poderosa peculiaridad de hacer surgir lo mejor o lo peor de cada ser humano, de nosotros depende cuál de estas se desarrolle.

8

"Una meta en la vida es la única fortuna digna de ser buscada, y no se debe buscar en tierras extrañas, sino en el propio corazón".

Robert Louis Stevenson

Finalmente, logré salir de la escuela intermedia y fui matriculado en la escuela superior José de Diego, en el mismo casco urbano. La escuela estaba situada justo al lado del residencial Aponte, ese era otro Punto importante de Aguadilla, el que a su vez, estaba al lado del cuartel de la policía; pero de todas maneras, eso no evitaba que el caserío fuese candela.

Llegó el primer día de clases, el día en que los *prepas* dan lástima. Para mí, no era sorpresa que los que estuvieran impartiendo el respeto en aquella escuela fuesen los de Las Muñecas. Caminaban juntos como bestias salvajes en busca de presas que devorar. Como yo era del caserío, me uní a su grupo, y empecé a *dar piñas* a los *prepas*. Pero mi suerte no duró mucho, pues uno de ellos se dio cuenta y preguntó: "¿Qué hace Geo dando *piñas*, si él también es *prepa*?" Inventé mil excusas, pero ninguna resultó válida para ellos. Me dijeron que tenían que darme una *piña* para inaugurarme, después de eso podía seguir con ellos. No tuve más remedio que aceptar, dicen que el camino malo se camina rápido. Sin embargo, como me creía más machito que los demás, después de darme la *piña*, me atreví a preguntar si habían terminado. Ellos tomaron mi pregunta como un atrevimiento y una falta de respeto hacia ellos. Por lo que se prepararon para la segunda ronda, los golpes fueron más fuertes esa vez, me vi tentado a decir que no me había dolido. Sin embargo, fui inteligente y les dije lo que querían escuchar, aunque no fui muy convincente. Creo que la vida me había hecho inmune a los golpes. Podría decir que fue un buen día para mí, pues me reí muchísimo, y estaba seguro del respeto que infundía en ellos, a pesar de que eran mayores que yo.

Allí me integré totalmente al bando de los *rockeros* aunque resultaba que era un híbrido, pues me encantaba el *rap* en inglés con la misma intensidad que el *rock*. Los *rockeros* no eran tan queridos por los demás; los demás eran los del montón, los que se denominaban como *frikies*. Es necesario resaltar que la influencia del idioma inglés en esa región era muy fuerte debido a la alta presencia de bases militares norteamericanas. Nos reuníamos debajo del palo, "El Palo de los Rockeros" que quedaba al lado del comedor. Yo tenía el pelo largo, pero como mi pelo es ondulado, parecía un micrófono ambulante. Si alguien que esté leyéndome, tiene alguna foto de esa época, por favor quémela, sea inteligente, si no quiere conocer la furia del escritor, ja, ja, ja (*risa malévola*). Ahorré algo de dinero para darme un tratamiento en el cabello. Tuve que ir al salón de belleza que estaba ubicado en el *shopping center* cerca del caserío. Rafy, el estilista, me hizo un *reverse*, que consistía en hacerme un alisado y luego rizarme el cabello. Salí siendo otro, aunque creo que algún día reclamaré la devolución de mi dinero, pues el tratamiento no duró mucho tiempo. Yo juraba que me parecía a *Slash*, el guitarrista de *Guns and Roses*, pero en honor a la verdad, parecía un mapo de comedor escolar. Por esa razón, todos los que pudieron tener evidencia de ese tiempo en fotos o en material fílmico, ya no existen. (*Aclaración: es una broma.*)

Pronto me di a conocer por mis dotes de peleador y fui recibido por los *rockeros* como su defensor. Mi record de victorias se vio afectado cuando decidí hacerle una broma inofensiva al bueno de Vladimir. No sé por qué reaccionó de forma tan violenta, pues yo solo le quemé el bulto donde tenía todos sus libros y libretas. Él me pedía explicaciones mientras yo me moría de la risa por lo sucedido. De repente, como si lo poseyera algún espíritu maligno, comenzó a lanzarme golpes a la cara; lo increíble fue que no falló ninguno. Lamentablemente, Vladi, como le decíamos de cariño, culminó quitándose la vida después de muchos años, por asuntos que nada tenían que ver con el bulto, pero si no hubiera sido así, le hubiera pedido una foto de uno de sus puños para que ustedes pudieran ver el tamaño de las manos de aquella bestia. Actualmente, no sufro de daños cerebrales porque alguna deidad me quería sano para que pudiera contarles lo ocurrido. Ni siquiera pude responder a sus golpes, creo que me lo merecía, o tal vez no, sea usted el juez. Me uní a Otilio y a *Mongo*, unos *rockeros* metálicos a quienes les gustaba tentar las profundidades del infierno. La gente los evitaba debido a que los tildaban de satánicos. Una vez me invitaron a participar del servicio al que ellos asistían con frecuencia. No puedo negar que tenía curiosidad, aunque pensaba que eso era una tontería. Aun así, decidí asistir para ver de qué se trataba. Nos sentamos alrededor de una fogata y a cada uno se nos dio una página de la Biblia, que se suponía quemásemos. Escogí la página del *Salmo 23*. Mientras *Mongo* hacía los rituales para iniciar el servicio, yo le pedía a Dios que detuviese lo que hacíamos. De repente, *Mongo* se detuvo, bajó la cabeza e hizo un silencio absoluto. Luego de varios segundos levantó su cabeza y dijo que alguien de los presentes le estaba pidiendo a Dios que detuviese el servicio que le ofrecíamos a Satanás. No pensaron que fuese yo, debido a mi apariencia de estar entregado a ese tipo de cosas. Comenzaron a cuestionar a los presentes sobre si alguno de ellos estaba en comunicación con Dios; todos lo negaron. Levanté mi mano y les dije que había sido yo. En ese preciso momento, les juro que el fuego se avivó como si fuera una confirmación del mensaje que había recibido *Mongo*. Algunos de los presentes gritaron asustados y huyeron del lugar. Yo me quedé para culminar el servicio. Al salir del lugar regresamos a la escuela. Los que se habían ido antes, contaron lo que había ocurrido, por lo cual fuimos recibidos con gritos, injurias y epítetos que nos denominaban como hijos del diablo. Sentí el odio de muchos, pero más que todo, podía sentir su miedo y eso me gustaba. Por otro lado, éramos admirados por un pequeño, pero selecto grupo.

Esos contactos que tuve con la oscuridad hicieron que cosas negativas ingresaran en mi hogar. Una madrugada desperté y encontré abierta la puerta de mi cuarto. Al día siguiente, le pregunté a mi mamá si ella había abierto la puerta. Ella me contestó que no y seguido, me imploró que sacara la música y los *posters* de mi cuarto. Le insistí que me dijera qué había ocurrido. Ella se negó, pero ante mi insistencia, me contó que papi había escuchado voces en mi cuarto. Él pensó que yo había metido a alguien en la casa. Al ingresar en mi habitación se quedó petrificado al ver la imagen de una sombra negra, acariciándome el cabello. La figura notó la presencia de mi papá, se volteó hacia él y cuando papi vio su rostro, huyó despavorido, cerró la puerta de su cuarto y comenzó a llorar y a orar. De ese tema, mi papá nunca me habló. La realidad es que mi papá podía ver cosas que otros no veían.

Después de varios meses, comencé a cortar clases para supuestamente irme a *surfear* con mis amigos. Escribí supuestamente, pues nunca fui capaz de correr una sola ola, creo que se debió a mi temor por no saber nadar. Creo que era el primer *surfer* que no sabía nadar, pero me entretenía viendo a los *masters*, a *Cocolo, Poison, Panadero* (Q.E.P.D.), *Joe Paleta* y a Nael que era un *gremo*[6] como yo. Esa vida me alejó un poco de la vida del caserío. Mi vida era la playa, el *rock* y las patinetas, pero no había dejado la marihuana.

Siempre fui bastante popular entre las muchachas. Aunque no me había enamorado de ninguna, aceptaba con beneplácito las dádivas que las deidades femeninas solían ofrecerme. Espero que no te estés preguntando, ¿qué *carrizo* quiso decir este tipo con esas malditas palabras? Sencillo, que aprovechaba todo lo que aquellas bellas chicas me daban, a esa edad, eso era la gloria. Me había olvidado de acudir a clases, por todas las distracciones

---

[6] *Gremo* - La palabra surge de la unión de los términos coloquiales en inglés, greeb y emo. Un greeb es un preadolescente que viste mahon baggy, camiseta, brazaletes y accesorios. El emo es un género musical punky hardcore de los 1980. Persona no diestra en algo.

que había en el patio. Mi salón de clases era la pizzería del *Indio*, el papá de Joselito, mejor conocido como el exrepresentante *Manos de Piedra*, José Luis Rivera Guerra. Eso de *Manos de Piedra* fue una ocurrencia mía por un incidente que se suscitó en la Cámara de Representantes, con un manifestante contra quien Joselito tuvo que hacer uso de lo que aprendió mientras vivía en el edificio contiguo a Las Muñecas. Aparentemente, el individuo obstaculizaba su entrada al hemiciclo, a pesar de ello, el Representante intentó entrar, hubo contacto físico entre ambos, y Joselito comenzó a darle varias combinaciones de boxeo sobre su rostro.

Un día me fumaba un cigarrillo en el patio trasero de la pizzería cuando vi a mi mamá atravesar el parque de pelota que estaba junto a la escuela. Al verla, supe de inmediato que la diversión en aquella escuela había terminado. Para no enfrentar las consecuencias tomé la decisión de escapar de mi casa. Llegué hasta Las Muñecas, tomé dinero que tenía guardado, llegué hasta el terminal de carros públicos y subí al primer carro que me llevara hasta Ponce. Llegué a la casa de mi tía. No quiero imaginar las preocupaciones de mi mamá al no encontrarme, las cuales de seguro aumentaron cuando no llegué a la casa. Mi tía sospechaba que yo estaba allí sin el consentimiento de mi madre. Al día siguiente, la llamó para averiguar lo que sucedía y para que mi madre supiera de mi paradero. Ella se quedó más tranquila, pero exigió mi rendición inmediata, la cual no acepté hasta que mis condiciones fueran ponderadas con el compromiso de que fueran cumplidas a cabalidad. La más importante era que no podían tocarme, de alguna manera tenía que escapar de los golpes que tenía muy merecidos, por las vergüenzas que le ocasionaba a mi mamá.

La casa de mi tía era grandiosa, tenía todas las comodidades que uno pudiera necesitar. La casa en la que me quedaba era una de las múltiples propiedades que tenía el esposo de mi tía, mi tío *Pápulo*. Él era un tipo amigable, todos querían a *Pápulo*, él se pasaba vacilándose a todas las personas que encontraba en su camino, pero tenía carisma. Tenía un sentido del humor increíble a pesar de sus condiciones de salud. Mi mamá me había contado que *Pápulo* tenía el estómago de plástico, pues había sido víctima de una emboscada en la que intentaron matarlo en Estados Unidos. Supe que le habían dado más de veinte tiros, y aun así sobrevivió. Me dijo también que *Pápulo* había sido un narcotraficante muy poderoso y que había tenido que abandonar su imperio para mudarse a Puerto Rico para evitar que sus enemigos lo encontrasen. Mientras estuve en casa de mi tía, vi muchas cosas, por ejemplo, la cantidad de dinero que este traía. Sin exagerar, podría decir que todas las noches, *Pápulo* llegaba con más de veinte mil dólares, los tiraba en la mesa de centro y le decía a mi tía,

"Mama, cuéntame eso ahí", y se iba a bañar. Era más dinero del que yo había visto en toda mi vida. Entonces comprendí la urgencia que tenía mi madre de que saliera de aquel lugar, pero la realidad era que el poder de mi tío había capturado mi atención, pues, aunque yo había crecido en los alrededores de un Punto de drogas, jamás había tenido la oportunidad de estar en las entrañas del monstruo.

Regresé a mi casa con el compromiso de portarme mejor. Conversé con mi madre sobre muchas cosas que hasta ese momento no había entendido y estaba dispuesto a ser mejor persona. Lamentablemente, el cumplimiento de mi promesa no duró mucho tiempo. Mi falta de compromiso me llevó a caer de nuevo en las mismas andadas. Mi mamá visitó la escuela para ver mi progreso, fue una gran decepción para ella cuando no encontró ninguno. Decidí fugarme de nuevo, pero esta vez me iría a donde no me encontraran. Me quedé con unos amigos en la urbanización Montemar, en el mismo pueblo de Aguadilla. Los hermanos Gerena, Ángel y Willy, eran roqueros y también eran *surfers*, vivíamos con todas las libertades pues nos quedábamos en un apartamento que estaba en la parte inferior de la casa. Sus padres nunca cuestionaron que yo estuviera quedándome allí. A los cinco días me comuniqué con mi mamá, estaba muy preocupada. Le habían informado a la policía sobre mi desaparición y estaban buscándome. Me sentía como un prófugo y como estaba acostumbrado a ver muchas películas, luego de terminar las llamadas que le hacía a mi madre desde un teléfono público, le pasaba la camisa a todo lo que había tocado, para borrar mis huellas dactilares. Mi mamá me suplicó que regresara a la casa, pero yo no quería. Quería ser libre de sus exigencias y de las de mi papá, no me sentía cómodo en mi hogar, quería experimentar otra vida.

Esta vez, mi exigencia para regresar era poder irme para Nueva York, con mi tía Minerva. Mi mamá intentó persuadirme y me dio varias razones para no hacerlo, pero a mí no me importaba. Eso era lo que yo quería y si ella deseaba que volviera, tenía que cumplir con mis demandas. Al final accedió, regresé a mi casa mientras se concretaba el proceso para autoexiliarme hacia la gran manzana. En el ínterin, asistía a la escuela, aunque la realidad era que ni siquiera asistía a clases. Era más bien una despedida prolongada de quienes se habían convertido en mis amigos. Recuerdo las diferentes reacciones de ellos cuando les dije que ya no estaría con ellos, que me iría para siempre, pues eso era lo que yo pensaba. Estábamos en el patio trasero de la pizzería, fumando cigarrillos y vacilando. Quería que mi despedida fuera inolvidable, así que senté a mi casi novia en una de mis piernas y a otra de las muchachas en la otra.

Las tomé por la parte posterior de sus cuellos, acerqué mi boca a las suyas y las besé. La otra muchacha era novia de uno de mis amigos *rockeros* y cuando este se enteró, decidió dejarla. Aquello fue un espectáculo, porque la muchacha se tuvo que arrastrar sobre la grama del parque llorando y pidiendo perdón. Me pidió que le dijera a su novio que no había sucedido nada. Sin embargo, el asunto era de conocimiento popular, pues ocurrió en presencia de todos. Me sentía culpable por las consecuencias que tuvo que enfrentar la chica, sin embargo, lo sucedido fue un acto voluntario de ellas y mío. Por lo tanto, todos debemos aceptar la responsabilidad por nuestros actos. No supe más del asunto, pues dos días después estaba bajo el calor de la antorcha de la Estatua de la Libertad y el frío congelante de las calles de Nueva York.

9

"Usted gana fuerza, coraje y confianza por cada experiencia en
la que realmente se detiene a mirar el miedo a la cara.
Usted tiene que realizar aquello que no creía capaz de hacer".

Eleonor Roosevelt

No recuerdo haberme despedido de la gente del caserío. Podría decir que estaba feliz de irme de aquel lugar en donde tuve momentos buenos, pero también dejé lágrimas, sudor y sangre. Me juré no regresar jamás a aquel campo de batallas sin sentido, en donde las historias de fracaso superaban por mucho a las de éxito.

Llegué al aeropuerto JFK de Nueva York. Al bajar del avión me encontré con un cambio radical, pues hasta el aire que respiraba se sentía más cargado de oportunidades. Abordé el carro de mi tía, nos dirigimos hacia donde sería mi nuevo hogar. Para mi sorpresa, su residencia era un apartamento en un proyecto de vivienda. O sea, estaba en otro caserío, aunque los edificios superaban en altura a los de mi país. Siempre habíamos pensado que mi tía era una mujer de mucho dinero, por todos los años dedicados a trabajar en el servicio postal, sin embargo, no era tan diferente a los mortales que vivimos en la isla. El nuevo caserío se sentía diferente, era muy tranquilo. Luego descubrí que se sentía de esa manera debido a que era invierno, pues en esa estación, la mayoría de las personas prefieren quedarse en sus apartamentos para evitar el frío. El complejo de edificios estaba situado en lo que llaman el alto Manhattan, en donde la mayoría de las personas era procedente de la República Dominicana.

Al día siguiente, mi primo Kenneth me llevó a conocer el sector que había más allá de los límites de los edificios. Me gustaba el ambiente, el frío me encantaba, se sentía mágico y en unos cuantos minutos se pondría aún más mágico. Me llevó a la casa de uno de sus amigos, quien vivía en un *basement*. No recuerdo su nombre, lo que sí recuerdo es que el muchacho era de la raza negra, su novia era blanca, tenía un amigo ecuatoriano, otro italiano y mi primo, un puertorriqueño nacido en Nueva York. Sentía que estaba en las Naciones Unidas, era interesante el concepto de tener tantas razas unidas en aquel pequeño lugar. Se volvió más interesante cuando la novia del muchacho extrajo de su cartera lo que ellos llamaban un *blunt*, es decir, el exterior de un cigarro regular de tabaco, pero relleno, digo, rellenísimo de marihuana. Comenzaron a fumar, me ofrecieron y yo acepté con timidez. Pensé que era una buena forma de comenzar una relación de amistad, al menos creo que así lo hacían los nativos americanos. Después de varios días yendo al lugar, podía llegar solo, ya no necesitaba tanto de mi primo. Pero no todo era diversión, pues pronto se acercaba el día del comienzo de clases y yo había ido a la ciudad, con la condición de continuar mis estudios allá, y mi tía se encargaría de que cumpliera mi palabra.

A la casa de mi tía, llegó una chica que había sido una de las conquistas de mi primo. Estaría quedándose con nosotros durante unos días. Parecía una buena muchacha, era de nacionalidad dominicana. Jamás puse mis ojos en ella, pues no era de mi gusto. Sin embargo, ella logró que eso cambiara. Yo dormía en la parte baja de una cama litera, mi primo Japeth dormía arriba y mi primito *Baby* dormía en su cuna. En un momento de la madrugada sentí una gran urgencia de despertar debido a que me sentía raro. La rareza que sentía se concentraba en mis áreas privadas. Al abrir mis ojos, me topé con la sorpresa de ver a la chica practicándome sexo oral. Intenté sacarla, no porque no lo estuviera disfrutando, sino porque no quería ser sorprendido. Me puse de pie e hicimos el amor mientras ella contemplaba el paisaje a través de la ventana de la habitación y yo contemplaba el de su espalda. De eso, pasó a que los encuentros de nuestros cuerpos fuesen con mayor regularidad, nos convertimos en algo parecido a una pareja. Aprovechábamos cada momento en que mi tía no estaba, para darle rienda suelta a nuestros deseos. Sin embargo, la pasión no duró mucho tiempo y se convirtió en solo un recuerdo de mis años de juventud. Esa fue mi primera experiencia sexual en la gran urbe. Traigo esto a colación con la intención de hacer ver que nada era diferente, todo seguía igual, el desenfreno y el apego a las cosas que menos importancia tenían. Aun así tenía mucha fe en que las cosas cambiarían para bien.

Llegó el día de matricularme en la escuela. Quedé sorprendido al ver la magnitud estructural de aquel edificio, de todas las facilidades que tenía y de las condiciones inmaculadas en las que se encontraba, sin contar las hermosas chicas de todas las razas que se paseaban a través de sus pasillos. Me sentía en la pasarela de las Naciones Unidas al ver tanta hermosa diversidad. Me matriculé en clases bilingües, pues, aunque sabía algo de inglés debido a la música que escuchaba, no era suficiente para tomar clases regulares. El poco inglés que sabía me dio algo de ventaja sobre los demás estudiantes, pues podía mezclarme en ambos grupos. Me di a conocer en la escuela demasiado pronto, empecé a *janguear* con un dominicano que llamaban *Eléctrico* y con *Antwan*, un afroamericano que resultó ser mi vecino. Caminaba los pasillos como si la escuela me perteneciera. Pronto comencé a ganar adeptos con las chicas, fue entonces cuando comenzaron mis problemas. Los estudiantes varones me habían dado el sobrenombre de *Krush* debido a que siempre fui un poco más corpulento que los demás y me refiero a músculos, no a grasa corporal. Tal vez haya parecido un poco jactancioso, pero es únicamente con el propósito de evitar que hagan conjeturas equivocadas sobre el tamaño de mi barriguita, ja, ja, ja. Me veían como una amenaza con el que debían hacer alianzas, pero era solo su percepción, pues mi intención no era buscar problemas. Pero el que nace para magneto, del infierno le suben los hierros.

A la casa de mi tía llegó a visitarme un amigo de Puerto Rico que se estaba quedando en Brooklyn. Lo fui a buscar a la estación del tren de Dyckman, lo llevé hasta la casa y le presenté a mi chica dominicana. Intenté que se quedara con ella porque ya estaba cansado de ella, pero no resultó como yo quería. Así que nos fuimos para Brooklyn. Era la primera vez que viajaba tan lejos en tren. Ese no fue el problema, sino que no conocía muy bien el sistema de trenes y para regresar se me hizo un poco difícil. Llegué de vuelta a los proyectos después de las once de la noche, como consecuencia de ello, mi tía no quiso abrir la puerta. Tuve que quedarme a dormir en el pasillo. Al llegar la mañana, ella abrió la puerta para irse a su trabajo y yo estaba en el pasillo. Yo solo quería tirarme en la cama y dormir hasta que la cama me botara, pero ella insistió en que así mismo tenía que irme para la escuela. Me bañé y me vestí para fingir que me iba a la escuela, pero regresé a la casa cuando estuve seguro de que mi tía se había marchado. De repente tocaron a la puerta, miré a través del ojo de seguridad y no supe qué hacer cuando vi que era mi tía, que por alguna maldita razón había regresado. Me oculté en el *closet* de mi cuarto. Segundos después escuché a *Baby*, mi primito menor, diciendo: *Mommy, ¡guess who´s here!* Ella preguntó rápidamente con el mismo tono de inocencia que él lo había dicho: *¿Quién está aquí, Baby?* Y *Baby* contestó: *Geovanni is here*, señalando hacia el *closet*. De repente, se abrió la puerta del *closet* y el hijo de Luz Burgos, o sea yo, quedó al descubierto. No les tengo que decir sobre la guerra que se desató, solo les contaré que terminé mudándome a la casa de mi tía Clary.

Mi tía Clary vivía en uno de los peores lugares de Nueva York, el lugar es llamado Harlem, conocido en español como *El Barrio*, exactamente en el apartamento 13 H del edificio 2400, de los proyectos Wagner. Después de tantos años, creo que aún vive en el mismo lugar. El primer encontronazo con las raíces del *Barrio* estuvo a cargo de un comité de bienvenida oriundo del lugar. Caminaba con mi prima Yarleen, que me había ido a buscar a la estación de trenes de la calle 125. Entramos al edificio en donde vivía mi tía, esperábamos el ascensor en el pasillo, cuando de pronto se abrió la puerta principal del edificio y entraron más de diez individuos, morenos y boricuas. Algunos tenían cuchillos y uno de ellos tenía una estrella de bicicleta con todo y manivela. Me rodearon y comenzaron a cuestionarme sobre mi identidad y cuál era mi asunto con Yarleen. Les seré sincero, en ese preciso momento, olvidé quién era, olvidé quién era mi prima y olvidé el inglés que sabía. Fue ella quien tuvo que hablar, pienso que hablar en aquel momento no hubiera sido muy inteligente de mi parte. No les mostré miedo, pero en el interior solo quería darle para atrás al tiempo, para haber asistido a la escuela el día en que mi tía dijo que fuera. Pronto, las señales de enojo en los rostros de los integrantes de mi comité de bienvenida se fueron disipando. No recuerdo todo lo que mi prima les dijo, pues mi mente estaba ocupada rezándole hasta a los santos en los que no creía. Solo recuerdo que ella repetía una frase, *He´s my cousin, he´s my cousin.* Luego descubrí que el jefe del comité de bienvenida y de una ganga local llamada *Parlay*, era el novio de mi prima. Lo último que supe del hombre es que había caído preso por haber apuñalado a un tipo con un puñal tan grande, que entró por el pecho y le salió por la espalda. Comparado con lo que había vivido en la casa de mi tía Minerva, este lugar estaba más cercano a parecerse a lo que llaman infierno, que cualquier otro lugar en la Tierra.

Era el año 1989, el surgimiento de la droga llamada *crack* estaba en todo su apogeo. Los *crackeros* estaban en todas partes; los edificios abandonados y utilizados como refugio de los adictos a la poderosa droga eran la orden del día. El lugar parecía una versión ochentosa de *Walking Dead*. El destino posee una forma maravillosa y poco jocosa de mostrarnos la ironía de huir de lo que somos. Dicen que encontramos nuestro destino sobre los caminos que tomamos para evitarlo. Había huido del Punto de Las Muñecas para encontrarme en una comunidad de Puntos cuyas profundidades y poder superaban a cualquier punto de drogas establecido en Puerto Rico. Había puntos de drogas en casi todas las calles. La furia con que se defendían dichos puntos era literalmente mortal. Con frecuencia se escuchaba el rugir de las armas automáticas que reclamaban su territorio y enviaban un claro mensaje de que ese estilo de vida era hartamente costoso, pues los errores, y tal vez algunos aciertos, o sea fallar o progresar demasiado, se pagaban con la vida misma.

Asistía a la escuela, pero a veces tenía que hacerlo sin haber desayunado, pues no había mucho dinero para mantener tantas bocas. En el pequeño apartamento de tres cuartos vivíamos ocho personas: mi tía Clary, su esposo Raúl, mis cinco primos y yo. Una mañana de invierno desperté y procedí a prepararme para asistir a la escuela. Fui a la cocina para ver si hallaba algo para desayunar. Encontré una funda plástica con tres rebanadas de pan. Me sentí con suerte, pero dicho sentimiento solo duró hasta que abrí el paquete de pan y encontré algunos pequeños insectos en su interior. Para ser más específico, les diré que eran pequeñas cucarachas que estaban teniendo un festín, el cual había sido interrumpido por mi intromisión. Me encontré en medio de una gran encrucijada y pensé en Shakespeare, *¿comer o no comer?*, esa era la pregunta. Así que decidí seguir mi instinto de supervivencia y rechazar el asco que me causaban las pequeñas invasoras que habían conquistado las rebanadas de pan antes que yo. Abrí la nevera, tomé un par de rebanadas de queso, las puse dentro del pan. Lo calenté, pero no para que su sabor mejorara, sino para que el calor borrara cualquier vestigio de las cucarachas. Me comí el pan, su sabor era exquisito, dicen que el hambre es el mejor condimento para cualquier alimento. Miré el letrero gigante de cigarrillos marca Newport que se veía a través de la ventana de mi dormitorio, era usual para ver la hora y la temperatura. Me puse el abrigo, abrí la puerta y me dirigí hacia la escuela mientras me fumaba un cigarrillo Newport. Aquel cartel no estaba allí solo para dar un servicio, sino para convencernos de que su existencia en nuestras vidas era algo normal y cotidiano, así yo y muchos más lo habíamos aceptado, al mantenernos fieles a fumar la marca a pesar de las advertencias del Cirujano General.

Yarleen se había separado de David y comenzó otra relación con un muchacho de los proyectos Wagner, con el cual hice amistad enseguida. *Papo* parecía un buen muchacho, vestía a la moda, a pesar de que su mamá no era adinerada. Yo me vestía como podía, con el dinero que mami me enviaba desde Puerto Rico, pero jamás llegaba a la escala de esta gente que tenían abrigos con valor de más de ochocientos dólares. *Papo* me llevó a conocer la fuente de sus ingresos, la cual estaba ubicada en la calle 115 de Lexington. Me presentó con el dueño del Punto y me recomendó para trabajar. Yo ni siquiera sabía lo que era el *crack*, ni sus efectos, aunque sí había visto las consecuencias de su uso, lo único que sabía es que se vendía como ninguna droga en el mundo y que convertía a sus usuarios en *zombies*.

Aunque seguí yendo a la escuela superior Park West, la realidad era que solo asistía para tener acceso a una de las chicas que estaba en las clases bilingües. Su nombre era Angie, ella era una mujer hermosa, su pelo era negro, lacio y caía como cascada sobre la parte superior de sus glúteos. El color de su piel era como si el sol se tomara la molestia de acariciarla cada mañana, y en otras gestiones pertinentes al amor, era toda una diosa. En una ocasión caminaba con ella hacia la estación del tren, cuando vino un supuesto amigo suyo y le acarició el cabello. Ella reaccionó asustada, le reclamé al individuo por lo acontecido, pues íbamos tomados de las manos cuando él se acercó a ella, pero él solo se limitó a decir que eran amigos. Comenzamos a discutir. Segundos después, llegaron los morenos, o sea un grupo de amigos afroamericanos con los que me había relacionado en los pasillos de la escuela. Fueron ellos los que comenzaron lo de mi apodo *Krush*. Me preguntaron qué había sucedido, y cuando les conté sobre la osadía del individuo, comenzaron a agredir al otro muchacho. Lo golpearon hasta con un contenedor plástico que se utiliza para cargar los galones de leche. Obtuve una victoria sin tener que utilizar mis manos, pero sabía que eso no iba a quedarse así, pues cada acción tiene consecuencias.

Al día siguiente, mientras almorzaba en el comedor de la escuela llegaron alrededor de veinte hispanos oriundos de Sur América, a reclamarme por lo acontecido el día anterior. Uno de ellos dijo ser primo del que había recibido la *pela*. Querían pelear, yo estaba dispuesto a complacerlos, pero antes tenía que nivelar un poco la balanza. Así que fui al otro comedor en donde se reunía la mayoría de los que no hablaban español. Busqué a todos los morenos que me habían apoyado el día anterior. Entramos al comedor donde nos esperaban los hispanos, comenzamos a discutir y de repente estalló una batalla desastrosa. Uno de los morenos se subió a una de las mesas y al estilo de lucha libre, se lanzó sobre uno de ellos. Perdí hasta los dientes de oro que tenía puestos, los que eran como casquillos que se ponían sobre los dientes naturales. Llegó la policía escolar y todo se disolvió. Me llevaron a la oficina del director, a quien trataba de convencer de que no tenía nada que ver con el asunto, pero varias personas comenzaron a allegarse hasta la oficina en símbolo de apoyo y desde afuera me decían que no me preocupara, que eso no se iba a quedar así. Debido a ello, el director pensó que la situación se iba a agravar, por lo que decidió suspenderme durante tres días.

Me fui, pero esperé a las afueras de la escuela a que saliera el individuo que me había enfrentado en el comedor. Al verlo comencé a discutir con él por los arañazos que tenía en mi cara. Él decía que no quería problemas, pero ya era muy tarde. No quería tirarle hasta que él estuviera listo para pelear, pues nunca me he considerado abusador. Tres morenos que yo no conocía se acercaron para averiguar lo que sucedía. Ambos les explicamos, él con su versión y yo con la mía, pero el muchacho se negaba a pelear, aunque yo insistía. Uno de los morenos se ofreció a pelear en su lugar. Sin embargo, eso no resolvía mi problema con el individuo que me había rayado la cara. Me negué a pelear con el moreno porque no tenía sentido pelear por pelear, pero él se quitó el abrigo y se cuadró para atacarme. Me disponía a quitarme el abrigo cuando se me tiró encima, empezó a hacer todas las morisquetas que hacían los morenos antes de pelear. El tipo estaba seguro de su capacidad para neutralizar y derrotar a su oponente, pero ignoraba que yo también estaba seguro de la mía. Se me acercó, le lancé dos puños, se los conecté en la cara, sus ojos se pusieron blancos y de repente estaba tendido en el suelo. Me confié porque todos me vitoreaban por mi rápida e indiscutible victoria. Olvidé que él había llegado con dos individuos más. De pronto sentí tres golpes en la parte trasera de mi cabeza y caí al suelo y como instinto natural, me cubrí la cara.

Me levanté segundos después, no sé cómo crucé aquella avenida de cinco carriles. Llegué a casa, fui al Punto en busca de apoyo, quería tirotear a los tipos que me habían atacado. Gracias a Dios, los que me escucharon tenían más cerebro que yo y no me lo permitieron. Cuando regresé a la escuela fui recibido como un héroe, especialmente por las chicas morenas, las cuales eran mi debilidad. Pensé que había perdido la pelea, pero resultaba ser que la persona que yo había vencido con solo dos puños era el que más peleaba de la escuela. Nunca más hubo un enfrentamiento entre nosotros, aunque sí hubo miradas intimidantes de ambas partes, pero más de las suyas, pues yo había resultado galardonado con la victoria, por decisión unánime, o sea, no tenía nada que demostrar.

Aquella escuela era un campo de batalla, era un campo minado, pues existían gangas que para aquel tiempo eran muy peligrosas. Solo bastaba pisar sobre el lugar equivocado, para provocar una gran explosión que con seguridad nos desmembraría. Los de mi escuela eran los *Transformers* y los de la escuela *Grafics Arts*, a dos calles de la nuestra, eran los *Decepticons*. Los horarios de salida de ambas escuelas eran distintos para evitar que los estudiantes de ambas escuelas se encontraran en la calle o en la estación del tren. No pertenecía a ninguna de ellas, pues creía poder defenderme sin integrarme a ninguna ganga y menos a una que tuviera nombre de personajes animados, aunque en las acciones, ninguna de las gangas tenía nada que causara risa. Realmente, ambas gangas eran muy violentas. En algún lugar debe haber historia escrita acerca de las huellas de sus pasos sobre las calles de la gran urbe.

10

"En cada comunidad hay trabajo que hacer; en cada país hay heridas que curar. En cada corazón, está el poder para hacerlo".

Marianne Williamson

Mi pana, *El Eléctrico*, era una farmacia ambulante, tenía y conseguía de todo para la recreación escolar en los pasillos. Uno de esos días, llevé a la escuela una pastilla de mezcalina, eso era el manjar de los dioses de aquel tiempo. La pequeña pastilla nos hacía encontrar cosas que no habíamos perdido y ver cosas que no existían en una mente en su estado normal. Las cosas se movían, se abrían puertas donde no las había. En fin, la pastilla era una llave para ingresar a mundos psicodélicos, en los que todo era posible. Ingerí la mezcalina, después fumé marihuana con *El Eléctrico*. Nos sentíamos demasiado de locos, por lo que para contrarrestar el efecto de lo que ya nos habíamos metido, decidimos meternos un poco de *perico* que había traído mi amigo *Walgreens*, digo, *Eléctrico*. La cura resultó peor que la enfermedad, pues al rato, todo hizo efecto al mismo tiempo. De pronto sentí que mis pasos y cada uno de mis movimientos eran robóticos. En un momento sentí tanto miedo que le dije a *Eléctrico* que me sostuviera del brazo porque sentía que me estaba convirtiendo en piedra, mis pasos eran muy pesados, no podía mover mi rostro y sentía que además de estar petrificándome, también me rompía con cada movimiento que trataba de hacer. Creo que mi cerebro estaba quemándose. Me sorprende que todavía me queden algunas neuronas saludables. Sentía que todos me miraban y que sabían lo que me sucedía. No recuerdo cómo salí de aquella situación, pero cuando el efecto de todo lo que me había metido desapareció, me sentí nuevo, juré no volver a mezclar tanta porquería, y menos, hacerlo en la escuela.

Comencé a hacer mucho dinero en el Punto de *crack*. Vendía pequeñas botellas con valor de tres dólares cada una. En su interior había diminutas piedritas que los adictos fumaban en pipas de cristal. Ganaba cincuenta centavos por botella y terminaba el día con una cantidad aproximada a los quinientos dólares, lo cual equivale a la venta de mil botellas. A mis quince años, eso era una millonada. Nos advirtieron del potencial adictivo de la droga, por lo que impusimos reglas para que los *crackeros* no fumaran dentro del edificio. Dejé de ir a la escuela para trabajar en el Punto. Veía distintas cosas, mujeres que vendían sus cuerpos por un par de botellitas, madres ofreciéndonos a sus hijas de nuestra edad, a cambio de unas cuantas piedras de *crack*, otras queriendo comprar la sustancia en estado de embarazo, lo cual habíamos prohibido, por la campaña del gobierno sobre los *crack babies*, la cual mostraba los efectos súper nocivos que dicha droga causa en los fetos. También había otras yendo con sus hijos recién nacidos, dejándolos en el coche mientras se metían al edificio a comprar. Un día tuve que golpear a una usuaria, porque haciendo una excepción, le permití fumar en el edificio y me lanzó el humo en la cara, de manera sensual, como para invitarme a tener sexo. El miedo a convertirme en uno de ellos al inhalar el humo que ella me había lanzado me hizo darle un par de estrujones, aunque después me disculpé con ella cuando trató de excusarse, diciendo que solo intentaba seducirme. No sé qué pensaba ella, pero la seducción con el humo de *crack* no funcionaría conmigo y mucho menos en las condiciones en las que ella se encontraba.

Mi vida parecía una maravilla. Podía comprarme la ropa que quisiera e ir adonde quisiera. Alquilábamos carros y limosinas con equipos de música, que nos costaban cincuenta dólares la hora. Tenía una novia que también hacía lo suyo por el lado, aunque a mayor escala que yo, y si necesitaba dinero adicional para cualquier cosa, ella me lo daba. Eso duró hasta que le dijeron que estaba en una limosina con otras mujeres. No tuve sexo ni nada parecido con esas chicas, pero ni ella, ni nadie me lo creería.

Una mañana temprano llegué a la calle 115, caminaba hacia mi lugar de trabajo cuando vi a *Pito*, el dueño del Punto de las botellas amarillas. Venía con siete u ocho tipos y con su perro *pitbull*. Se me pegó, y sin mediar palabras, me dio un puño en la cara. Me cuadré para responder el ataque, pero responder a su ataque en aquel momento hubiera sido un suicidio. Al ver mi actitud, los tipos metieron las manos en sus cinturas y *Pito* me tiró el perro encima, sin soltar la correa que lo sostenía. No me quedó más remedio que irme con el golpe, pero no sin antes averiguar las razones del golpe. Él mismo me dijo que se debía a que yo había estado guardando los paquetes de *crack* en la tapa de gasolina de un carro marca Volvo, que *Pito* tenía estacionado frente al edificio y se lo confiscaron por esa razón. La verdad era que aquel carro era una carcacha inservible, sin embargo, era suyo.

Me fui, pero no me podía quedar con eso, yo era un tipo muy vengativo y dominaba el arte de la paciencia. Le di la vuelta a la manzana, lo velaba desde la otra calle. Él no podía verme, pero yo sí a él. La que sí pudo verme fue María, su mamá, ella me quería como a un hijo, incluso le decía a sus hijos que yo era su hermano, pues en realidad nos parecíamos bastante. María me hizo ir donde ella. Me dijo que sabía lo que había pasado y que *Pito* no me iba volver a tocar, que por favor, yo hiciera lo mismo. Llamó a *Pito* y le llamó la atención delante de mí. Le dijo que si me volvía a tocar se iba a tener que enfrentar a ella. Él solo bajó su mirada y le dijo que no había ningún problema. Ella era muy respetada y su palabra era ley. Tuve que aceptar, pero con muchos deseos de romper mi promesa algún día. Yo solo era un *tirador* novato, de solo quince años, él era uno de los *big shots* del bloque, o sea, que de cualquier manera que lo mirara, yo estaba en desventaja. Dejé pasar el tiempo y nunca pude hacer nada al respecto.

Luego llegó una nueva administración, las botellas rojas llegaron al bloque. Su dueño era Mike, un hombre que hasta *Pito* respetaba. Yo estaba cansado de las botellas *clear* y de las *listerías* y trampas de Marti, así que hablé con Mike para que me diera una oportunidad en su organización. Él estaba en busca de empleados, estábamos en la misma sintonía. Muchos nos fuimos con él, las *clear* se fueron a quiebra por culpa de Marti, su administrador. En una ocasión, Marti, aprovechándose de mi inexperiencia, me vendió el sueño de todo *tirador*, me dijo que iba a asociarse conmigo para abrir un Punto de *crack* entre los dos. Ese día había hecho como cuatrocientos dólares, me dijo que se los diera para comenzar los preparativos para abrir el nuevo Punto, del cual yo sería el codueño. Nunca volví a ver mi dinero, ni lo que Marti se compró con él.

Mike era un tipo diferente, era un hombre que honraba su palabra y no necesitaba robarles a sus empleados, era llevadero, pero estricto. Recuerdo un día que nos dio a Manny y a mí dos cajas de zapatos llenas de *crack* para que las lleváramos a la calle 110 porque en la avenida Lexington se habían quedado sin el producto. El contenido de las cajas debía estar valorado en algunos treinta mil dólares. Nos dispusimos a llevarlas, pero olvidamos decirle que nos habíamos metido un par de pastillitas de mezcalina, de esas que te hacen alucinar como les conté que me sucedió en la escuela. Caminábamos como si hubiéramos adquirido licencia para transportar los productos farmacéuticos que llevábamos en el interior de las cajas. Actuábamos como si hubiésemos comprado varios pares de tennis, tranquilos y con mucha seguridad. De repente, vi que la 110 estaba llena de patrullas de la policía. Se lo dije a Manny y cuando miró, vio exactamente lo que yo había visto. Inmediatamente, salimos corriendo de vuelta hacia la 115, pues no queríamos ser atrapados con aquel botín, que, para la fecha, hubiera significado más de 20 años de prisión. Llegamos al edificio y le dijimos a Mike lo que había pasado. Escondimos la droga por la posibilidad de que alguien nos hubiera seguido. Mike bajó al teléfono público, todavía no existían los teléfonos celulares, sí, ese mismo que tienes en la mano, que se ha vuelto tan común en todas tus tareas cotidianas. No teníamos esa facilidad que tienen ustedes hoy día. Mike llamó para averiguar lo que había sucedido, pero los de la calle 110 no entendían lo que Mike les decía, porque según ellos, allí no había ninguna patrulla de policía. Le dijeron que tal vez minutos atrás pudo haber pasado alguna patrulla, pero, en ese caso, ni siquiera se había detenido. Les juro que vi más de diez patrullas y Manny las vio también, pero él no está aquí para confirmarlo.

Como consecuencia inmediata, Mike nos dijo que subiéramos al apartamento y así lo hicimos, aunque no estábamos muy entusiasmados de hacerlo. Al ver el rostro de Mike supimos que estábamos en graves problemas por culpa de las pastillitas. Nuestro entusiasmo disminuyó aún más cuando vimos lo que nos esperaba al otro lado de la puerta. Creo que la perra *pitbull* se llamaba Sheila, por suerte ella estaba amarrada, pero ella no era nuestra preocupación en ese momento. Mike estaba detrás de la puerta con una escopeta doble gatillo en sus manos. Pensamos lo peor, por lógica era obligatorio pensar que esa sería nuestra última dosis de mezcalina y nuestra despedida del planeta. Mike comenzó conmigo, me dijo un montón de barbaridades, entre ellas, que la persona que volviera a consumir mezcalina mientras estaba en un turno, pagaría con su vida. Él me apuntaba con el arma, pensé que ese sería el último día de mi vida. No sé de dónde saqué el valor, pero lo hice, me le enfrenté. Le dije que bajara el arma, pues nosotros habíamos hecho lo que teníamos que hacer y que al menos no se había perdido nada. Al ver la firmeza con la que hablé, Mike apuntó el arma hacia Manny. Martha, la esposa de Mike, le suplicaba que no cometiera una locura, cuando vio que insertó dos cartuchos en la escopeta.

El asunto se había tornado grave y preocupante. Todos mis sentidos estaban enfocados en hallar una ruta de escape, sin embargo, los proyectiles son mucho más rápidos que cualquier paso que yo pudiese dar. Mi mirada estaba puesta, primero en la puerta y en la ventana, luego en Martha y en Mike, y por último, en mi pobre amigo Manny. Lo siento Manny, pero tengo que contarlo. Manny lloraba mientras le suplicaba a Mike que no lo matara. Él seguía gritándole y amenazándole con la escopeta, Martha trató de detenerlo, Sheila, ladraba como perra loca. Mike se sacudió a Martha de encima y se lanzó sobre Manny, subió el arma hacia el rostro de Manny, y oprimió el gatillo. Manny soltó un grito mientras se cubría la cara. La escopeta solo hizo *clic*, pensé que era un milagro que no hubiese detonado los cartuchos que Mike le había colocado. Martha y Mike comenzaron a reír. Manny retiraba las manos de su rostro, casi se desmaya cuando vio que los cartuchos que Mike había puesto en la escopeta habían sido disparados con anterioridad, o sea, que nunca hubo peligro. De todos modos, creo que Manny tuvo que ir al baño después de que Mike nos aconsejó que no volviéramos a meternos la porquería de mezcalina que nos hacía alucinar, y menos mientras estuviéramos trabajando en el Punto. Primordialmente, lo hacía por el bien de su negocio, pero en el tono de su voz pude detectar preocupación y cariño genuino por nosotros. En cuanto a Martha, la muy desgraciada, pudo haber sido galardonada con un Oscar.

Luego de eso, vino el vacilón, pues todos se enteraron de lo que había sucedido en el apartamento. Bebimos un par de cervezas de 40 onzas, debido a que el susto que ambos pasamos nos había quitado la nota. Culminamos riéndonos de nosotros mismos. Para Mike, ese era el último día que usaríamos mezcalina, pero todavía me quedaban un par de episodios con ella. La buena vida que creía tener no me permitía ver en lo que estaba metido, pues las drogas poseen profundidades oscuras de las que es casi imposible escapar. Las drogas solo nos permiten ver sus superficialidades hasta que es demasiado tarde, hasta que nos tienen en sus garras y se nos imposibilita escapar de ese infierno que se disfraza de cielo. Estas pequeñas pero poderosas drogas, poseen el poder de hipnotizarnos hasta apoderarse de nuestras voluntades, de nuestros anhelos, de nuestras mentes y espíritus para esclavizarnos de manera que actuemos según sus deseos, para así quitarnos todo, incluso el orgullo; y nuestras vidas.

11

**"Los recursos humanos son la mayor riqueza de una nación.
Malgastarlos es empobrecer nuestro futuro".**

Mortimer J. Adler

Creía dominar el negocio de las drogas en la ciudad denominada como la Selva de Concreto (*Concrete Jungle*). Pensaba que era un tipo grande y poderoso. El dinero que traía en los bolsillos, la música que escuchaba y las películas que veía hacían que mi creencia se convirtiera en una convicción. Mi vida era similar a vivir en una película de acción, pero olvidaba dos detalles, que cada película de acción posee escenas de violencia en las que la muerte resulta ser la protagonista principal; y que ninguna película es eterna. La vida real no era tan distinta a las obras cinematográficas que se exhibían en los cines y en la televisión; en muchos de los casos, la violencia en ella superaba la imaginación del mejor guionista de terror. Por eso pienso que la vida no es más que un largometraje en el que todos somos protagonistas, sin embargo, algunos papeles resultan ser de muy corta duración.

Una tarde bajaba la escalera de mi edificio cuando escuché un ruido que me pareció eran golpes en la puerta del primer piso. Estaba decidido a confrontar al causante del escándalo, pero al bajar me topé con una escena muy distinta a la que había imaginado. Al abrir la puerta, vi que todos corrían hacia la calle, específicamente hacia el lugar en donde los muchachos de la calle 125 jugaban un juego de dados llamado *Zilo*, en el que se manejaba muchísimo dinero. Me acerqué, pude ver a algunos heridos y a cuatro muertos que yacían sobre el pavimento. Logré reconocer a dos de los muertos. Al parecer, alguna jugada había salido mal, o alguien se había tratado de pasar de listo. Eran los primeros muertos que veía en Nueva York. En ese instante, recordé mi viejo caserío, Las Muñecas, pues todo parecía igual, lo único que había cambiado era el idioma. Para mí, era algo normal, así que me apresuré a tomar un taxi antes de que cerraran la tienda donde me dirigía a comprar las nuevas botas *Timberland* que habían salido al mercado. Su valor era de ciento cuarenta dólares, eso era una millonada para el año 1989. Regresé a los proyectos Wagner con mis botas nuevas. Ya no había rastro de los muertos, el agua de las mangueras había borrado los vestigios de sangre que habían quedado en la calle, como único recuerdo de las vidas que allí se perdieron. Esa noche pensé un poco en los peligros que se ocultaban en la calle, en espera del momento oportuno para surgir frente a uno, pero estaba seguro de que eso no me sucedería a mí. Me creía muy listo para caer ante las balas de cualquier individuo. Aún no había aprendido la lección que me trató de enseñar la muerte de *Piri*. En ese mundo no existen garantías, en él, los más bravos mueren a manos de los más cobardes, pues el miedo es tan poderoso que puede convertir en valiente a cualquier cobarde. Matar era cosa fácil. El único disuasivo era el ser atrapado. Cualquier individuo es capaz de disparar un arma y mucho más, en lugares en los que el esclarecimiento de los asesinatos es prácticamente inexistente, pues ello genera un sentido de impunidad enorme. (*Cualquier parecido con la actualidad de Puerto Rico es pura casualidad*).

Estaba en el Punto de drogas, era la noche de un maravilloso viernes. Tenía mis botas nuevas, mi *coat* de los *Raiders*, mi gorra y algunas prendas de oro diez quilates. El oro de diez quilates es de muy baja calidad, así mismo era la vida que tenía, mucho brillo y poco valor. Vendíamos las últimas botellitas de *crack*, para irnos de fiesta con bastante dinero en los bolsillos. El Punto estaba encendido, habíamos comprado un par de cervezas de cuarenta onzas, para ambientar el cerebro. Así era el ritual, primero las *forties* y después los *phillies* rellenos de marihuana, ingredientes que una vez se unían, pasaban a convertirse en un *blunt*. El ambiente era de vacilón, mirábamos a todos los clientes y podíamos diferenciar los veteranos, de los novatos. Los veteranos estaban acabados, parecían autómatas que solo servían a la necesidad de aquella piedra que ellos veían como su salvación, pero que en realidad era su criptonita. Los novatos todavía conservaban algo de humanidad en sus rostros, aún podían ser salvados, sin embargo, el interés por salvarlos era inexistente. Recuerdo muchas chicas jóvenes y bonitas que llegaron allí, pero en vez de ser ayudadas, fueron utilizadas para favores sexuales a cambio de su piedra filosofal; su *crack*. Justo ahora, siento un gran arrepentimiento por no haber hecho algo por esas personas. Ojalá tú que me lees, sí puedas hacer algo por alguna persona que tenga la necesidad de escapar de su propio infierno, así en un futuro, no te sentirás tan miserable como me siento yo.

El movimiento seguía, los clientes se iban y llegaban otros, el Punto era una mina de oro, era un oasis en el desierto de las vidas de aquellas pobres personas que no conocían que bebían agua envenenada. Pensaba que algún día tendría mi propio Punto. Lo había intentado antes, pero había fracasado. Miraba a *Mama*, ella era una de las *crackeras* más queridas del bloque. Era una morena veterana en la adicción, flaca, vieja y acabada, pero tenía algo de magia que hacía que todos nosotros cayéramos en su embrujo. Le dábamos de comer y con dinero o sin dinero, siempre salía con un par de botellitas. Nos hacía reír con sus ocurrencias y más nos reíamos cuando intentaba modelar su cuerpo que estaba casi en los huesos. De pronto, *Mama* comenzó a discutir con *Chino*, uno de los amigos que María, la mamá de *Pito*, había traído de Puerto Rico. Al parecer, *Chino* le había hecho algo. El ambiente cambió de repente, un moreno gigante, también *crackero*, se abalanzó sobre *Chino* y comenzó a golpearlo. La pelea ambientó el lugar, lo puso más interesante, pues la violencia en esos lugares es como un bizcocho en una boda, no puede faltar. *Chino* intentó defenderse, pero sus esfuerzos fueron en vano. La realidad es que todos gozábamos del espectáculo. Vi cuando el moreno golpeó a *Chino* en el pecho, mientras este se encontraba indefenso en el suelo. Luego levantó un zafacón de metal con el cual lo golpeó hasta que le abrió la cabeza. Cuando el moreno se apartó de *Chino*, logré ver que de su pecho brotaba sangre, fue cuando entendí que el puño que vi aterrizar sobre su pecho no había sido tal cosa, sino una *puñalá*. El moreno desapareció. No había pasado cinco minutos cuando llegó la ambulancia (*igual de rápidos y eficientes que en Puerto Rico*). Intentaron salvar a *Chino*, pero no pudieron, ya estaba muerto, casi se podía ver su espíritu abandonar el cuerpo, despidiéndose de la gran urbe y del hermoso planeta azul. El Punto cerró sus puertas a la clientela durante esa noche, pues en varios minutos, la calle 115, avenida Lexington se llenó de los chicos azules. Las muertes, aunque están muy ligadas al negocio del narcotráfico, representan una pérdida muy grande para el negocio, pero más para los familiares y amistades de los infortunados. La vida es muy extraña, en un momento tienes un radiante brillo en los ojos y de pronto, desaparece dejando nubarrones en su lugar. Es como si eso que llaman alma se reflejara en la mirada y dejara un espacio vacío, al momento de abandonar el cuerpo.

En otra ocasión, estaba en casa de mi novia Erika, ella residía en la calle 123, avenida Park. Manny fue a buscarme. Me despedí de Erika con un beso intenso. Salimos de la casa, caminábamos hacia Wagner cuando de repente, apareció un vehículo negro frente a nosotros. Las luces nos cegaron momentáneamente, pero vimos claramente cuando se detuvieron al lado de la persona que caminaba unos metros delante de nosotros, lo llamaron por su nombre y comenzaron a dispararle hasta que su cuerpo cayó sobre la fría acera y fue abandonado por la vida. Emprendieron la marcha, pero no sin antes detenerse a nuestro lado. Nos miraron fijamente, tomé a Manny del brazo e hice que girara conmigo para que miráramos hacia la pared de la iglesia que había en dicha calle. Lo hice como un tipo de señal para que supieran que nosotros no diríamos nada, pues no habíamos visto nada. Esa era la manera de sobrevivir en aquel mundo, era nuestro código. Éramos mudos, sordos y ciegos. Aunque muchos no siguieron el ejemplo que nos dejaron nuestros antecesores, y a la menor provocación de las autoridades decían lo que sabían, lo que no sabían, lo que inventaban y lo que aprendían de los libretos que las autoridades confeccionaban. Esa es una de las razones por las que hay muchos inocentes en las prisiones de Estados Unidos y de Puerto Rico. Por esa razón se creó el tan famoso *Proyecto Inocencia* y otros proyectos similares, para defender a los que no tienen la capacidad de hacerlo por sí mismos. Los tipos siguieron su camino y nos permitieron vivir. Exhalé un suspiro de alivio, pues la calle no te da garantías de vida. El narcotráfico es un negocio que está cimentado sobre arenas movedizas que en cualquier momento se tragarán a sus protagonistas.

Esa no sería la última muerte que vería, pues el camino del narcotráfico está pavimentado con los huesos y la sangre de aquellos que deciden integrarse a ese mundo y con la de algunos inocentes que cayeron por la irresponsabilidad de aquellos que viven detrás del martillo de una pistola. La mayoría de los que incursionan en ese mundo piensan que ellos serán la excepción, que ellos no serán parte de las estadísticas que miden el número de muertos que caen víctimas de las balas provenientes, no solo de las armas, sino de la inconciencia, pero se equivocan. Si piensas que estar metido en negocios ilícitos te hará bien, piénsalo varias veces, pues la calle es un animal hambriento e insaciable que se alimenta de nuestra carne, de nuestra sangre y de nuestras libertades. Eventualmente, tendrás que utilizar la violencia para defenderte de los efectos secundarios del narcotráfico. Una vez uses la violencia para protegerte, te verás obligado a usarla en todo momento, pues créeme que la usarán en tu contra, y no tendrán misericordia al hacerlo. La mala noticia es que tarde o temprano, te llegará el momento en el que las consecuencias de tus actos se rebelen en tu contra y te pasen factura. La vida del narcotráfico no es solo la vida de lujos y de diversión que se puede ver desde el exterior. El crimen está lleno de sombras que oscurecen el trayecto detrás y delante de nosotros, quedamos más atrapados con cada paso que damos hacia sus profundidades. Ese mundo se te presenta con todo su glamour y belleza, con el propósito de seducirte y enamorarte hasta que ya no puedas escapar de la trampa. ¿Acaso un animal salvaje no es atraído a su muerte con un delicioso, hermoso y suculento pedazo de carne? Nunca olvides que nadie se marcha de este mundo sin pagar sus cuentas. El negocio del narcotráfico, te dará lo que necesites para tu autodestrucción.

12

"De la misma manera que un campo, aunque sea fértil, no puede ser productivo sin ser cultivado, una mente tampoco puede cultivarse sin aprendizaje".

Marco Tulio Cicerón

Era uno de los inviernos más fríos hasta ese momento, por eso nos encantaba acudir a los *parties* que se ofrecían en las casas, pues allí hallábamos el calor que buscábamos. No importaba si conocíamos a las personas o no, nos metíamos y casi siempre terminábamos conociendo a alguien. Nos invitaron a un *party* en el Bronx, fuimos Junior, Manny y yo. Tomamos el tren, bebíamos cervezas *Old English* en el tren, para ambientarnos antes de que llegáramos al lugar. Junior nos hablaba de las chicas que estarían esperándonos, pues esta vez, él conocía a los anfitriones de la fiesta. Dudamos de la veracidad de lo que decía Junior debido a que él no tenía mucha suerte con las chicas. Él tenía una deformidad extrema en su rostro, nunca tuve el valor de preguntarle sobre el origen, pues no sabía cómo se iba a sentir. Muchos decían que había sido como consecuencia de un accidente, mientras que otros decían que nuestro amigo había nacido así. Para mí, su condición era irrelevante. Llegamos al lugar de la fiesta, fuimos recibidos con todos los honores, por ser amigos de Junior. Comenzábamos a beber del alcohol que nos ofrecían gratuitamente. Hablaba con una de las chicas del lugar, estaba casi seguro de que su piel me serviría de abrigo esa noche y su sudor me serviría de analgésico para adormecer los dolores del alma. ¿Vieron que no he perdido lo poético? Todo estaba muy bien, pero faltaba algo, claro, no habíamos fumado, así que salimos de la casa para encender un *blunt*. Salimos sin los abrigos porque pensábamos que regresaríamos enseguida.

Fumábamos, cuando divisé una guagua tipo *van* estacionada frente al edificio. Le dije a los muchachos que no pensaba irme en tren, pues pretendía robarme la guagua que nos llevaría seguros y calientitos de regreso a nuestros hogares. Abrí la guagua, comencé a buscar junto a Manny una llave adicional en el interior, para no tener que romper la cablería. Estaba en eso cuando escuché a Junior avisándonos que venía la policía. Salimos de la guagua, comencé a buscar una patrulla de policías, pero no vi nada. Solo vi a un hombre vestido de civil, que venía hacia nosotros. Miré a Junior, me hizo señas de que era ese hombre al que él se refería cuando nos avisó. No me preocupé hasta que vi al hombre más cerca y vi que en su mano izquierda tenía un pequeño revólver calibre treinta y ocho. El hombre me increpó y me preguntó en inglés, mientras agitaba el arma, que qué yo hacía en su carro. Noté que tenía problemas con el idioma, así que le hablé en español. Le dije que, si quería, me podía hablar en español. Eso pareció haberlo molestado u ofendido más, pues su rostro se puso rojo, e inmediatamente, con su mano derecha, me dio una *bofetá* que me cubrió casi toda la cara. Manny, que estaba a mi lado, intentó salir corriendo, pero el hombre lo alcanzó con un manotazo en el centro de la espalda. Salí corriendo, pues sentí que debía hacerlo. Manny se recuperaba del golpe cuando yo pasaba como alma que ha visto al diablo, cerca de unos zafacones que había en el lugar. Mis pasos cobraron mayor rapidez cuando comencé a escuchar las detonaciones de aquel pequeño revólver. El tipo no jugaba, nos disparaba, les aseguro que no era hacia al aire, pues, aunque no miré hacia atrás, les juro que sentí el zumbido de uno de los plomos pasar cerca de mi oído. Lo próximo que escuché fueron los zafacones cayéndose y a Manny gritando que no lo dejara. Miré hacia el lugar de donde provenía el ruido, pero sin dejar de correr. Allí vi a Manny sobre los zafacones, pensé en detenerme, pero seguí corriendo, pues no había nada que pudiera hacer. Si Manny estaba muerto y yo me detenía, serían dos los muertos, en lugar de uno.

El hombre disparó en seis ocasiones, pero antes de que hiciera el último, yo había corrido cuatro bloques. Estaba en la entrada de la estación del tren, cuando vi a Manny. Estaba muy asustado, pero me alegró verlo vivo. Mientras subíamos a la estación del tren, le pregunté si estaba herido y me dijo que estaba bien. Era una estación elevada, por lo que estaríamos perdidos si el señor decidía subir hasta donde estábamos. En el *subway* o subterráneo se tiene la alternativa de correr a través de los túneles, aunque existe el riesgo de ser aplastado por uno de los trenes. Sin embargo, en el elevado solo podíamos rezar, en espera de que nos salieran alas para poder escapar de la furia de aquel caballero. Esperábamos el tren cuando de repente vimos la guagua que habíamos tratado de robar, circulaba sobre las calles bajo la estación. Estaba seguro de que nos buscaba, parecía una escena sacada de la película Bronx Warriors (1980). Por suerte, estábamos en una posición aventajada, nosotros podíamos verlo, pero él a nosotros no. Si el tren no llegaba pronto, estaríamos muertos. De repente sentí el temblor en el suelo de la estación del tren, eso era positivo. Levanté mi vista, vi las luces de nuestra salvación, el tren había llegado. No queríamos irnos sin Junior, pero la verdad es que lo creíamos muerto. Ese pensamiento fue creciendo cuando pasaron varios días y nadie tenía noticias de Junior, incluyendo su mamá, quien nos preguntaba a cada momento sobre su paradero. Nosotros no decíamos nada, por temor a las consecuencias. Luego, Junior apareció, nunca supimos lo que sucedió porque no nos volvió a dirigir la palabra. Tampoco recuperamos nuestros abrigos, pero lo importante era que estábamos vivos. De más está decirles que esa noche tuve que dormir solito, los planes que tenía con la linda chica de la fiesta se vieron interrumpidos por aquel caballero, que en vez de abrigarme con piel, lo hubiera hecho con plomo.

Había llegado el verano y con él, las fiestas descabelladas que se formaban en la piscina nocturna, como le llamábamos. En realidad, era una piscina para el disfrute diurno de las familias que allí llegaran. Se podía entrar para disfrutar de sus facilidades, con un pequeño depósito en metálico. Desconozco la cifra exacta, pues nunca pagué por entrar. Al llegar la noche, la convertíamos en nuestra piscina. Brincábamos la verja y en una que otra ocasión, tiramos del portón hasta romper las cadenas que lo mantenían cerrado. Aquellas aguas fueron testigos de muchas cosas que ocurrieron en aquel lugar, de las que no voy a hablar en este libro, pues no creo que sean importantes. Lo único que les diré es que debe haber muchos hijos que fueron creados en aquella piscina. Desconocía que desde las ventanas del mismo edificio en el que vivía se podía ver todo lo que hacíamos. Lo descubrí cuando yo mismo vi a una pareja, a la salida del sol, en los mismos menesteres que algunos de nosotros estuvimos con anterioridad.

Una noche, la piscina estaba *encendía*, o para explicarme mejor, estaba sumamente concurrida. Yo estaba fuera del agua, cuando llegó este individuo desconocido, cuyo caminar era parecido al de un gobernante que tiene a un ejército detrás, para guardar su vida, o sea que tenía un *tumbao* brutal, diría que tenía más *tumbao* que yo. Todos nos quedamos observando al susodicho, pues esa actitud constituía un reto para los que allí vivíamos. De repente, el individuo giró su cara y escupió en el agua, en el agua en la que todos nos bañábamos. Sé que esas aguas acumulan cosas peores y más, cuando se tiene sexo en ellas, sin embargo, eso era algo que no se veía a simple vista. No esperé por nadie, fui a pedirle explicaciones al individuo. Le dije todo lo que mi coraje me permitió expresar, y una de las cosas que recuerdo haberle dicho fue que quién carajos se creía que era para venir a escupir en mi piscina. Las personas que estaban con él intentaron calmarme, pero fue en vano. Decidieron llevárselo a una esquina. Una de las muchachas que estaba con él, vino hasta mí y me explicó que lo perdonara, pues había consumido varias mezcalinas y estaba loco. Le contesté que si no sabía controlar el efecto de los ácidos, que no se los metiera y que si no se controlaba, tendrían que irse. Lo dije como si yo pudiera controlar el efecto de ellas cuando las consumía. El tipo se soltó de los que lo sostenían. Corrió hacia mí, estaba listo para soltar mis puños, cuando vi que se metió su mano derecha en su cintura para sacar algo. No logré verla, pero estaba seguro de que era una pistola. Ellos lo tomaron por los brazos y me pidieron que me fuera, en lo que ellos lo controlaban. Me fui, pues reconozco que no soy de metal; pero esa falta de respeto no podía pasarse por alto.

Yo no era el jefe del lugar, pero actuaba como si lo fuera, pues me había ganado el respeto de los morenos que controlaban los proyectos. Fui donde Theodore, uno de los jefes de allí, él estaba jugando *Zilo* con los demás, en el mismo lugar en que vi morir a cuatro personas. Le expliqué lo que me había sucedido y le pedí una pistola para vengar la afrenta que este individuo había cometido en mi contra y de los proyectos. Theodore me dijo que solo tenía una navaja. Le pregunté que qué se suponía que hiciera yo con una navaja, ante una pistola. En ese momento, llegó la policía para intervenir con los que jugaban *Zilo*, entonces me dijo que se lo dijera a la policía. Me quedé sorprendido, pues yo había *aprendido mi calle* en una escuela en la que se enseñaban lecciones muy diferentes a las que él parecía haber aprendido. En mi escuela se me enseñó que el policía no era mi amigo y que por lo tanto, no podía utilizarlo para resolver mis problemas. Ese día, el respeto que sentía por Theodore desapareció. Abandoné el lugar, pues ya no podría hacer nada, aunque consiguiera un arma. Caminé durante varios minutos hasta que decidí regresar, pues pensé que tal vez el tipo no tenía ninguna pistola. Había una posibilidad de que hubiera hecho el gesto para evitar ser agredido, pero lo contrario significaba un gran riesgo para mi vida. Aun así, me aventuré a ver qué sucedería. Al llegar, los muchachos me dijeron que el tipo sí tenía un arma, pero que los que estaban con él, se lo habían llevado. Supe que era del Bronx y que era boricua como yo, lamenté nunca habérmelo encontrado en mis aventuras en la ciudad de concreto. Cuando se es un hijo del Punto, se siente la obligación de *no dejarse* ante nadie, así nos cueste la vida. Es una falsa idea que se tiene, de que al enfrentar todo reto vas a ser más respetado por todos los demás. Esa falsa obligación de conseguir respeto constantemente, nos conduce a la muerte.

En otra ocasión, bajamos de nuestra zona de *comfort*, para visitar a unas chicas que teníamos en la calle 14. Una de ellas era algo así como mi novia, ella era puertorriqueña. Ese era territorio de gente de la raza blanca y de gente adinerada. Éramos pájaros que volábamos fuera del pequeño bosque que habían construido para los de nuestra clase. El apartamento de las chicas estaba situado justo al frente del histórico *Palladium*. Estaba con mi primo Remy, con Manny, Freddie y varios de los muchachos. Era viernes, el principio del fin de semana, y ya habíamos cumplido con el Punto, así que estábamos con el tanque lleno de mezcalinas, cervezas y marihuana. Al llegar, toqué a la puerta. Al principio ella no quiso abrir, pero insistí hasta que abrió. Salió al pasillo, me explicó que su novio había salido de la prisión y que ella no esperaba verlo por allí. ¿Su novio había salido de prisión? Entonces eso me convertía en una especie de amante.

Desconocía que mi novia tuviera otro novio. Dicen que el marido, o el novio en este caso, es el último en enterarse, puedo asegurar que es así. Me alteré, pues ella nunca me había dicho ese pequeño detalle sobre su vida. No la consideraba importante, para mí, ella era solo otra conquista, pero era mi orgullo el que estaba herido. Empecé a gritar para que su novio saliera y así lo hizo. Él era un hombre adulto, comparado conmigo que solo era un niño de 16 años. Eso no disminuyó mis ganas de partirle la cara, pues había sido agraviado por este individuo, frente a mis amigos y como hijo del Punto, no podía permitirlo. Además, me encontraba bajo los efectos de todo el ácido, el alcohol y la marihuana que había consumido. Bajamos para enfrentarnos, pero él insistió en que fuéramos al doblar la esquina, y que fuera solo. Mis muchachos me advirtieron que no fuera, que parecía una trampa. Acepté el reto, sin embargo, a pesar de la nota que tenía, algo me hizo razonar y me dije que no valía la pena pelear por ella, que habría más días para defender mi honor y damiselas en apuros. Estoy seguro de que tendría sus huellas sobre mi rostro, pues la costumbre de los individuos en las cárceles de Nueva York, era cortarles las caras a sus oponentes, con navajas que mantenían ocultas en sus bocas. De haber escuchado a mi orgullo, con gran probabilidad no estaría aquí contándoles la experiencia de esa noche.

Nos fuimos, llegamos a la calle 115, bajamos del tren, y allí hablando por el teléfono público, estaba un tipo que le había faltado el respeto a mi novia Lizza, o al menos eso era lo que ella me había hecho creer, antes de descubrir lo mentirosa que era. Ella vivía en los mismos proyectos que yo. La había conocido en una de las noches locas de la piscina nocturna. Podría catalogarla como uno de los máximos errores de mi vida, pero creo que fue el principio de mi escuela, en cuanto a algunas mujeres inescrupulosas. Me bajé del tren con mi estado anímico alterado por la situación que me ocurrió en el bajo Manhattan. Se podía notar que hablaba con una de sus nuevas conquistas, pues su sonrisa era de oreja a oreja. Sin embargo, la sonrisa le duró hasta que me vio frente a él. Le repetí varias veces que colgara el teléfono, pero se negó, entonces no me quedó más remedio que lanzarle el primer puño, mientras hablaba. No hubo necesidad de lanzar otro puño, pues se quedó colgado del cable metálico del teléfono. Al día siguiente, me enteré de que me buscaban para ajustar cuentas. No era un asunto que me preocupara lo suficiente, pero aun así me preparé, no existen enemigos pequeños. A veces los problemas llegaban a mí, aunque la mayoría de las veces era yo quien iba por ellos. Jamás imaginé que sus deseos eran elevar la categoría del problema a nivel sangre.

13

"Si los pobres se enfocaran más en sus riquezas mentales
que en su pobreza material, los pobres serían otros".

Antonino Geovanni

Comenzamos a *janguear* en Queens. Allí me presentaron a los miembros de una ganga que se llamaba a sí misma CCE, lo cual significaba *Committing Crimes Everywhere*, o sea, *Cometiendo Crímenes en Todo Lugar*. No creo que exista un nombre mejor para glorificar la estupidez de los que incursionamos en la criminalidad. Era una ganga de poca monta, la primera vez que anduve con ellos me llevaron a una pelea que tendrían contra una ganga rival. Me disfrutaba el espectáculo cuando de repente, todo se salió de control. Los miembros de la ganga rival me retaron a pelear. Pensaban que yo era uno de sus contrarios. La realidad es que yo era un simple invitado. El jefe de CCE resultó ser un cobarde, por lo que me vi en la obligación de representar a mis nuevos amigos. Un par de puños fueron suficientes para ser el candidato a ser su nuevo jefe, y más aún, cuando logré disipar las rencillas por estupideces que ambas gangas tenían. Los integrantes de ambas gangas terminamos en una cancha jugando baloncesto. Su jefe estaba avergonzado, pero yo no tenía interés en ser parte de ellos, y mucho menos de ser su jefe. En lo que sí tenía interés era en una hermosa japonesa que estaba entre ellos; por Motoko, ese era el nombre de la chica, me quedé un par de días con ellos. Comenzamos a hacer de todo, los vi hacer cosas que no eran de mi agrado. Les dije que no me agradaba quitarles el dinero a los estudiantes de la escuela cercana. Tal vez eran de nuestra misma edad, pero se veía el temor que sentían por mis nuevos amigos. Algo que hice con ellos, que todavía lamento, fue que detuvimos a una pareja de orientales que salían de una de las bodegas del lugar. Se veían muy enamorados, iban tomados de la mano mientras se miraban y sonreían. Empujaban un carrito de compras lleno de comestibles. Los detuvimos y comenzamos a tomar las cosas del carrito. Ellos nos suplicaban que no les hiciéramos daño y aunque no los golpeamos, les quitamos casi todo. La pareja se marchó muy asustada, los muchachos reían, mientras comían los artículos que habían obtenido del carrito de compras, pues así nutrían los *munchies* que causaba la marihuana que nos habíamos fumado. Sin embargo, yo observaba como la pareja se desvanecía entre las calles, sin dejar de mirar atrás. Su tristeza me marcó para siempre. De ese momento en adelante, fui más selectivo a la hora de cometer actos similares.

Ese mismo día íbamos hacia la estación del tren cuando frente a una barbería divisamos a un muchacho con dos bicicletas. Una de las bicicletas era marca Redline y la otra era una GT, mi marca preferida de bicicletas. Creímos que sería un trabajo fácil, dudé en hacerme parte de la nueva aventura, pero pensé que tal vez eso me ayudaría a pasar el trago amargo que se me había quedado en la garganta por la pareja de orientales. En realidad, no tenía necesidad de hacer ese tipo de cosas, más bien, lo hacía por diversión. Éramos como una manada de lobos en busca de quién devorar. Pasamos dos veces frente al muchacho, para ver la manera más fácil en que le podíamos quitar las bicicletas. Tan pronto llegó el momento, nos acercamos, le dijimos que soltara las bicicletas. Al mismo tiempo comenzamos a golpearlo, le di varios golpes en la cara. Éramos cuatro contra aquel valiente muchacho; no sé cómo lo hizo, pero él se abrazó a ambas bicicletas de una manera increíble, parecía luchar por su propia vida. No hubo forma de quitárselas, por más que lo intentamos. Tuvimos que irnos con las manos vacías y con el orgullo roto, pues el valor de un solo hombre nos había vencido a todos. Aquel valeroso guerrero que protegió con su vida, no tan solo su bicicleta, sino también la de su amigo que estaba dentro de la barbería, se ganó mi profunda admiración y mi respeto, aunque nunca tuve la oportunidad de decírselo. Solo espero que su amigo haya valorado lo que él hizo aquella tarde, para proteger su propiedad.

Unos días después llevé a mis nuevos amigos a conocer mi barrio, en el cual había aprendido a desenvolverme bastante bien. La impresión que causó Harlem en ellos fue catastrófica, los chicos malos de Queens tenían miedo de caminar sobre aquellas calles pavimentadas con cuerpos abandonados por sus almas. Ellos jamás regresaron a mi barrio, mi interés por Queens y por mi chica japonesa también había disminuido, así que no los volví a visitar.

Regresé a mis amistades originales, pues los mafiosos de Queens de aquella época me habían decepcionado con sus falsos disfraces de gente mala. Mis amigos de Harlem y yo hacíamos de todo y era algo que fluía de manera natural. No fingíamos ser malos, solo queríamos divertirnos. Una noche estábamos todos bajo los efectos de la mezcalina y de la marihuana. Nos dirigíamos hacia el bajo Manhattan en el tren. Allí estaban mis amigos haciendo un montón de ridiculeces para llamar la atención de varias chicas que viajaban en el mismo vagón que nosotros. En cambio, yo iba muy callado, gozándome la nota internamente. Sin pretenderlo, había llamado la atención de una chica que viajaba sola. Llegamos a nuestra parada, la chica se quedó mirándome, sostuve la puerta y la invité a que nos acompañara. Así lo hizo, nos acompañó toda la noche mientras nosotros hacíamos nuestras fechorías inofensivas. Robamos frutas de los estantes que estaban frente a las bodegas, abrimos vehículos para extraer cualquier tontería que estuviese accesible. Yo la dejaba en un lugar seguro para que simplemente observara, en muchas ocasiones me quedaba con ella y nos reíamos de las ocurrencias de mis amigos cuando eran perseguidos por los dueños de los colmados. Lo último que hicimos esa noche fue trepar la verja de la universidad John Jay College, para meternos en la piscina. Era una piscina enorme, todos disfrutamos, pero creo que ella y yo disfrutamos más que todos ellos. Era nuestro primer encuentro, nuestros cuerpos se fundieron haciéndose uno, bajo aquella sábana de aguas cristalinas que nos cubría. Las ansias y pasión que derramamos allí convirtieron aquellas aguas gélidas en aguas termales. Nos vimos un par de veces más, pero nunca se concretó una relación seria entre ambos. Creo que yo era muy joven para el compromiso, pues para ese tiempo, lo consideraba amarrarse sin posibilidades de desatar el nudo.

Mi relación con la mezcalina llegó a su fin una noche en mi cuarto. Estaba sentado en la cama, sentía mucho calor, por lo que decidí apagar la luz. Quería alcanzar el interruptor, pero no quería ponerme de pie, así que estiré mi brazo lo más que pude. Créanlo o no, mi brazo se estiró aproximadamente cinco pies o más, sentía el interruptor, pero no podía apagar la luz. No me quedó otro remedio que recoger mi brazo y hacerlo de manera normal. Me puse de pie para apagar la luz, la habitación comenzó a temblar, todo se estremecía dentro de la habitación, incluyéndome. No podía mantenerme firme, sentía que iba a caer. Pronto descubrí el origen del temblor. Vi las paredes desplazarse, se movían para aplastarme entre ellas, arrastraban la cama, el gavetero y todo lo que estuviese en su camino. Era como estar atrapado en una pesadilla o en una escena de alguna película de Indiana Jones. Los fragmentos de pared caían sobre el suelo. Corrí hacía la puerta para evitar perecer bajo los escombros de la habitación, pero la puerta estaba atascada y no abría. Comencé a gritar el nombre de mi tía, le decía que me salvara.

Las paredes estaban acercándose a mí. Pensé que mi muerte estaba solo a unas pulgadas de distancia. Recordé que la puerta tenía que ser levantada para que no se encajara con el piso, pues estaba defectuosa. Logré abrirla en el momento preciso en el que iba a ser aplastado entre aquellas paredes. Exhalé un profundo suspiro de alivio al sentirme a salvo. Al salir al pasillo, pude ver a mi tía, quien de inmediato comenzó a cuestionarme sobre la razón de mis gritos. Le di mi versión de los hechos en cuanto a lo sucedido en el interior de la habitación. La cara que puso cuando le expliqué lo de las paredes moviéndose, me hizo pensar que algo andaba mal. La primera pregunta que me hizo fue, "Geovanni, ¿qué diablos te metiste?" Obviamente, le contesté que no me había metido nada, e insistí en la veracidad de lo que había sucedido en el cuarto. Ella quiso entrar, traté de impedírselo. Le dije que no lo hiciera porque la habitación debía estar destruida. Abrió la puerta, echó un vistazo, luego me miró, y me dijo que mirara. Con algo de temor, lo hice; para mi sorpresa, el cuarto estaba intacto e inmaculado. Fue entonces cuando mi tía me agarró del brazo, me llevó a la sala y me sentó en el mueble. Allí tuve que confesarme, como cualquier parroquiano lo haría ante un sacerdote. Mis pecados me fueron perdonados, pero me puso a prueba so pena de excomulgarme. Desde ese día en adelante, las mezcalinas se convirtieron en historia. La marihuana también tuvo un desenlace similar, pero la dejé paulatinamente. Entendí que no me hacía bien, pues el efecto que ella causaba en mí también me traía problemas, al creer que la gente hablaba sobre mí. Muchas de las peleas que tuve en la gran urbe ocurrieron debido a la *perse* que me ocasionaba la marihuana.

Mi amistad con Manny se fue al fondo del precipicio cuando comenzamos a ver a Elia y Amalia, unas chicas de Dyckman, en el alto Manhattan. La primera era de nacionalidad dominicana, la otra era puertorriqueña, pero con un fuerte acento dominicano, que solo se notaba cuando hablaba en español. Siempre me he preguntado el porqué de nosotros perder nuestro acento con facilidad. Sin embargo, personas de otra nacionalidad pueden vivir toda una vida en algún país en el que se hable otro idioma y nunca pierden su acento. Mi relación era con Amalia y Manny con Elia, pero Elia tenía una debilidad por el juego de la seducción. Nunca respetó que yo fuera novio de Amalia, ni que ella estuviera con Manny, pues hacía barbaridades frente a ellos, sin importarle nada. Luego, las peleas las recibía yo, por no haberle puesto freno. Pensaba que eso le tocaba a su novio, quien le reía todas sus gracias, aunque lo hacía con las muelas de atrás. Debido a esos juegos de seducción, terminé enredándome con Elia y dejé a Amalia. Eso provocó un caos entre todos nosotros, pues al igual que Manny y yo, también Elia y Amalia eran mejores amigas.

Manny comenzó a salir con otra chica que había sido mi novia. Para mí, eso resultó ser una puñalada en el pecho, pues por Rackel yo había sentido algo genuino, pero para nosotros, Elia y Amalia eran solo un pasatiempo. Un día nos encontramos en la estación del tren, él estaba junto a Rackel, y yo junto a Elia. Comenzamos a insultarnos, con las vías del tren entre nosotros. Esa vez no sucedió nada, pero al día siguiente nos encontramos en el pasillo de nuestro edificio. Él estaba junto a sus hermanas, yo estaba solo, pero con un puñal que comencé a llevar conmigo, después de algunos eventos que me ocurrieron. Lo increpé, él me respondió y comenzó la pelea. Yo era más diestro que él en lo de pelear. Comencé a dominarlo, pero eso no me bastó, así que saqué el puñal y lo maniobré con toda la intención de clavarlo en su espalda, pero por alguna razón, cuando escuché a una de sus hermanas gritar, lo giré, dándole con la empuñadura en vez de con el filo.

Luego nos separaron, me quedé atontado, pues no podía creer que había estado a punto de matar a mi mejor amigo, por causa de una mujer que hoy en día no logro ni recordar su nombre, aunque decidí llamarla Rackel, para darle alguna identidad. Creo que a veces tomamos las decisiones más estúpidas, por razones aún más estúpidas, pero solo logramos entenderlo cuando se presentan las consecuencias. Solo le doy las gracias a los cielos que esa situación no pasó a mayores y que Manny todavía vive en Nueva York, creyendo ser un *papi chulo*, claro está, porque yo no estoy allá. Al presente, nos comunicamos ocasionalmente. (Acabo de recordar el nombre de la chica, se llama Sarah, no Rackel.) En otro incidente, unos narcos le habían faltado al respeto a Tracy, la novia de mi primo Kenneth. Ella era sordomuda, mi primo las prefería así, no tenía prejuicio alguno ante esa situación. La cuestión es que mi primo no se atrevía encarar a los malditos que habían ofendido a su novia. Por lo tanto, ¿quién lo tuvo que hacer?, sí, el héroe de la película, el que se creía Don Quijote de La Mancha, enderezando entuertos y rescatando a damiselas en peligro. Recuerdo que fui a enfrentar a los tipos después de que mi primo me indicó quiénes eran. Él se quedó en una esquina, seguro y protegido, mientras miraba de lejos a su primo en acción. Me presenté y les dije la razón por la que estaba allí. Les pedí explicación por lo sucedido, les dije que no quería que volviera a suceder y como por arte de magia, accedieron y no hubo ningún otro problema. No tengo que decirles que mi primo quedó maravillado, no por lo que había hecho por él, sino por haber logrado salir con vida de aquel lugar. Tal vez yo era muy valiente, o muy tonto, para desconocer el peligro que representaban aquellos tipos. Desde pequeño me enseñaron a no temerle a la gente y mucho menos a las sombras que creaba la mente, las cuales se disipaban enfrentándolas. Por ejemplo, aprendí a no temer a los monstruos del armario, debido a que mami y mi hermano me hicieron enfrentarlos para que comprendiera que solo eran producto de mi mente, con la complicidad de la oscuridad. Todas las noches en mi cuarto, lloraba porque pensaba que había alguien mirándome desde el armario. Mi mente creaba todo tipo de figuras dentro de aquel diminuto lugar, figuras que en ocasiones escapaban para ocultarse bajo mi cama. Una noche, mi hermano me obligó a acercarme al armario y a introducir mi mano para que tocara las figuras que había creado mi mente en complicidad con la oscuridad. Al tocarlas, supe que eran solo inofensivos pedazos de tela. Comprendí que la mayoría de los miedos que experimenta el ser humano son infundados y jamás se materializan.

Una de las más temibles experiencias que tuve en mi niñez fue en la casa de mi abuela. Antes de que ella se convirtiese al cristianismo estaba metida hasta las narices en eso de la santería o de la brujería, no sé con exactitud. Había una habitación designada para la multitud de imágenes de santos que ella tenía. La habitación estaba justo al lado del baño, o sea que, para ir a realizar mis necesidades fisiológicas, estaba obligado a atravesar el cuarto de los santos con sus ofrendas y sus velones encendidos. Siempre que estaba en ese lugar sentía la fuerte presencia de algo que me observaba. Le tenía terror a aquella habitación, pero tenía que superarlo si quería utilizar el baño. No les puedo decir con exactitud qué fue lo que sucedió, pero en una temporada de vacaciones que estuve en casa de mi abuela, el piso de concreto se rompió y se levantó como si fuese una pequeña montaña. Parecía como si algo hubiera salido de las entrañas de la Tierra. Unos meses después, mi abuela se deshizo de las imágenes y comenzó a asistir a la iglesia. Me enseñaron a enfrentar mis temores y luego se sorprendían cuando lo hacía. Recuerdo la cara de espanto que puso mami cuando fuimos a mi antigua escuela, la Academia Adventista, a buscar el anuario de fotos. Íbamos a salir del auto cuando apareció un perro enorme con una boca inmensa y una mirada perversa, que en combinación con sus feroces ladridos podía hacer pensar que comía seres humanos, que ni siquiera escupía sus huesos y que aún no había almorzado. Insistí en bajarme, pero mami no quería. La miré y le dije que no tenía de qué preocuparse. Me bajé, mami gritaba, volví el rostro hacia ella y le dije que estaba asustando al perro. Él seguía ladrando, pero algo me hizo confiar, así que extendí mis manos hacia él, detuvo sus ladridos para olerme, entonces deslicé mi mano hacia su cabeza, para acariciarlo. La ferocidad en su rostro había desaparecido. Una vez más había vencido a los monstruos en el armario. Me sentía orgulloso de mí, pues el rostro de mi madre era de admiración ante la valentía de su pequeño hijo de ocho años, al vencer a un supuesto monstruo, sin siquiera desenvainar su espada. Remy, otro de mis primos, era un chico que comenzó en el mundo de las drogas conmigo, pero en realidad, no estaba hecho para eso. Él era del tipo trabajador, sin embargo, no había tenido la oportunidad para demostrar sus capacidades. No le gustaban los problemas, aunque aparentaba ser malo. Era un chico tan dulce y tan bueno, que todos le llamábamos *Skittles*. Él es mitad boricua y mitad afroamericano, su español era bastante bueno, pues con Clary era obligatorio hablar español. Remy se había enamorado de una bella chica que había llegado nueva a los proyectos. Ella era la sobrina de Sandra, una buena amiga de Clary, de la que todos estábamos enamorados, aunque era mayor que nosotros, lo cual para mí, no significaba problema. Remy comenzó a salir con la chica nueva y a dejarse ver con ella ante los maleantes del lugar, por lo que uno de ellos se fijó en ella, y ella también en él. Eso provocó el rompimiento, no tan solo de la relación entre ella y mi primo, sino también de su corazón. Lo vi sufrir mucho, pero entendía que así era el amor, por lo que no iba a hacer nada al respecto. Sin embargo, una tarde estábamos frente al edificio, cuando apareció el muchacho que estaba con ella y comenzó a burlarse de mi primo. Mi primo intentó defenderse, pero su autoestima estaba demasiado baja para una batalla de egos. Me vi en la obligación de intervenir. Le dije un par de cosas al muchacho, para que aprendiera a respetar a las mujeres del prójimo. Sí, lo sé, predicaba la moral en calzoncillos, pero se trataba de mi primo y él no era como yo. El muchacho respondió de forma grosera, y yo, con propósitos educativos, le metí un puño en la boca, para que midiera sus palabras en una próxima ocasión. Él se fue corriendo, pero no sin antes prometer que regresaría con su gente. Me quedé allí a esperarlo. Conmigo estaban mis primos Remy, Kenneth, Lenny, y algunos de los muchachos, por lo que no tenía de qué preocuparme, o al menos, eso pensaba.

Minutos después, el sujeto llegó con tres individuos, uno de ellos era un tal *Franki Nitti*, primo y sucesor del ex novio de mi prima, como jefe de la ganga *Parlay*. Se hacía llamar a sí mismo de esa manera, pues ese nombre era como se conocía al gatillero principal de Al Capone. La mayoría de los hijos del Punto son imitadores de *gánsteres* del pasado. La cosa se había puesto peligrosa. Mi primo quería volar, pero no tenía alas y no se lo permití, pues todo había sido por defender el poco honor que le quedaba. *Franki* llegó hasta mí con una actitud que se suponía, según él, que me causara miedo, pero me quedé justo donde estaba, sin moverme. Me cuestionó el hecho de haber golpeado a su amigo. Le dije que se lo merecía, y le expliqué el porqué. Al parecer, no le gustó mi actitud, porque me dio un puño en la cara, el cual respondí de inmediato. Él no esperaba respuesta a su golpe. Se notó en la expresión de su rostro que estaba acostumbrado a que sus puños no fuesen correspondidos. Me cuadré para continuar la pelea con *Franki*, pero lo que no esperaba era que tendría que pelear contra los cuatro. Allí estaba yo defendiéndome contra ellos, golpeaba, me retiraba e iba por el otro. Mi primo Remy gritaba que no era justo, que pelearan uno contra uno, pero nunca se le ocurrió meterse. Mi primo Kenneth estaba a punto de sufrir un desmayo. Estaba detrás de los tubos de la rampa de impedidos. Se movía de un lado para otro, sin decir nada, sin hacer nada. Sin embargo, no necesité de su ayuda, pues resulté victorioso ante aquellas cuatro imitaciones de maleantes. Mis contrincantes terminaron retirándose, no porque les presenté una gran pelea, sino porque vieron que estaba dispuesto a todo por defender mi honor, sí, porque ya no se trataba de mi primo, sino de mí.

La pelea terminó y me di cuenta de la multitud que nos observaba. No imaginé que entre los observadores estaban dos amigos de mi infancia que venían a visitarme desde Puerto Rico, *Tito Fat* y *Aguja*. Ese día la pasamos brutal, pues fuimos a todos lados, bebimos, fumamos y conocieron a mi gente. *Tito* me llevó a Brooklyn. Allí conocí a *Serrucho*, un muchacho del caserío Las Muñecas, que se había ido de Puerto Rico siendo muy joven. El tipo se las había ingeniado para crear un imperio en uno de los sectores de Brooklyn. Tenía como seis vehículos, todos equipados con lo último de la tecnología en equipo de música y en los accesorios para embellecerlos. No regresé a Brooklyn, pues el ambiente era diferente, se sentía un aire de celos, envidia y todo lo demás. Tiempo después, ocurrió un incidente que hizo que muchos de los hijos del Punto de Brooklyn tuvieran que ir a refugiarse en Puerto Rico. Algunos llegaron heridos y permanecieron en la isla. No voy a mencionar lo que sucedió, pues no todos fueron juzgados por los hechos. Cuando tenga que decir algún nombre del autor o autores de algún evento será debido a que esas personas fueron acusadas y cumplieron por dicho delito; la intención de este escrito no es buscar culpables de hechos pasados, sino crear conciencia para que eventos similares no vuelvan a ocurrir.

En cuanto a *Franki Nitti*, no volvimos a tener más problemas, pues se convirtió en mi mejor amigo. Eso era lo bueno de las peleas a los puños, no importaba quién resultara ganador, siempre había una oportunidad de regresar a pelear otro día, o de convertir la enemistad en una gran amistad.

14

"Cuando se comprende que la condición humana
es la imperfección del entendimiento, ya no resulta
vergonzoso equivocarse, sino persistir en los errores".

George Soros

Tenía hambre de convertirme en el próximo *big shot* de Nueva York; es de esa frase anglosajona que surge en Puerto Rico la traducción muy conocida, pero equivocada, *bichote*. Estaba haciendo dinero, pero me arriesgaba mucho. Recuerdo un día en el que estaba vendiendo en la esquina, como todos los días. Había unos *crackeros* que nunca había visto. Pasaron desapercibidos para la mayoría de nosotros porque tenían ropas apestosas y sucias. De repente, sacaron sus armas y placas, se abalanzaron sobre algunos de los vendedores y comenzaron a arrestarlos. Llegaron varias patrullas y comencé a correr lo más rápido que pude. Llegué a la calle 116, doblé hacia Park Avenue, logré ingresar en uno de los edificios del lugar. Subí las escaleras hasta la azotea y me quedé allí hasta que creí haber escapado del peligro. Ya casi llegaba la primavera, o sea hacía frío, pero no tanto que no se pudiera soportar. Tenía un *jacket* no muy grueso, decidí dejarlo en la azotea del edificio, al igual que el *crack* que tenía en uno de sus bolsillos. Solo me llevé el dinero que había hecho en el día, el mío y el que tenía que entregar para cuadrar lo que había vendido. En total había como unos mil doscientos dólares. Me dirigí de nuevo hacia el Punto, miraba hacia todos lados para cerciorarme de que no había ningún carro de los detectives. Al llegar, me dijeron a quiénes de los muchachos se habían llevado. No hubo ninguna baja de los integrantes de las botellas rojas. Me sentí aliviado por no haber sido uno de los arrestados. Celebraba la victoria en mi mente, mientras contaba lo que había tenido que hacer para escapar de las garras de los guardias, cuando de pronto escuché el ruidoso sonido que provoca el frenar de las gomas de varios vehículos. Intenté correr, pero estaba rodeado. Me tiraron contra uno de los vehículos, comenzaron a registrarme. Encontraron el dinero, me cuestionaron sobre su procedencia, le contesté que ese dinero me lo habían enviado de Puerto Rico. Uno de ellos me preguntó varias veces que si me dolían las piernas. Pensé que, si decía que sí, sería admitirles que fui el individuo que corrió. Le contesté que no me dolían las piernas. Me preguntó de nuevo y le recalqué que no me dolían. Me dio una patada tan fuerte en la parte trasera de las piernas que casi caigo al suelo. Me preguntó nuevamente, y otra vez le contesté que no. Me golpeó varias veces, hasta que tuve que decir que sí me dolían, de no haberlo hecho todavía estuviera golpeándome. Me dio una última patada que me hizo caer de rodillas y me dijo que le dijera a mis amigos que *Teddy, Don't Play That!* No hubo necesidad de hacerlo, pues todos observaban el espectáculo. La frase utilizada se refiere a un programa de comedia llamado *Living Colors*, que se presentaba en los Estados Unidos, para los años 90, en donde el personaje de Hommie, un payaso interpretado por uno de los hermanos Wayans, decía, *"Hommie, don't play that"*, cada vez que quería establecer un argumento. Teddy Up, era una de las frases que más utilizábamos como alerta cuando la policía asomaba sus narices.

Me dejaron ir, pues no habían ocupado ninguna evidencia para arrestarme. Me alegré de haber tomado la decisión de dejar todo en la azotea del edificio. Cogí el resto de la tarde libre, entregué parte del dinero y me quedé con lo que me tocaba. Me fui hacia mi apartamento, me cambié y me puse otro *jacket*, entré a la bodega para comprar un paquete de cigarrillos y una cerveza de cuarenta onzas, para celebrar que no había sido arrestado. Regresé a buscar los paquetes de *crack* cuando anocheció, pues así me aseguraba de no ser visto por los mismos agentes, que con seguridad, habían cambiado de turno, y si no, la oscuridad cubriría mis intenciones.

Vender drogas representaba un gran riesgo, no tan solo por la posibilidad de ser atrapado por la policía, sino también por la de resultar asesinado. Sin embargo, los candidatos para la venta de las sustancias se agrupaban en filas interminables. Nunca me pregunté el porqué de tanta gente querer incursionar en un negocio tan inestable y tan peligroso, pues en aquellos días no me interesaban las explicaciones a muchas cosas. Se podría decir que vivía por vivir. Había muchas cosas a las que le había buscado explicación, específicamente a los asuntos espirituales, pero me había encontrado con una gran pared en la que había un mensaje que leía "Las cosas de Dios no se cuestionan", mensaje que me quitó los deseos de indagar en la búsqueda de respuestas a muchas interrogantes. No entendía por qué tenía que aceptar algo que no entendía, o peor aún, que ni conocía y que tampoco quería revelarse ante mi búsqueda. Se suponía que mi fe debía ser ciega, que creyera debido a que los adultos en mi vida me decían que creyera sin cuestionar. No estaba cómodo con esa imposición, pues pensaba que todo debía ser comprobado antes de lanzarse a las profundidades, sin saber lo que es cierto o lo que es falso. Pero esto es un tema con muchas raíces y no creo que esto se trate de mis credos espirituales o religiosos. Tal vez esto sea un tema para discutir en otra ocasión, con mayor amplitud y con mayor tiempo, para que sea desarrollado como se merece. Lo que intento decir es que perdí el interés en cuestionarme muchas cosas cuando se me dijo que algunas preguntas no podían ser contestadas. Las preguntas jamás desaparecieron, pero me encargué de guardarlas para mí. Quizás esto aumente tu curiosidad sobre mi opinión acerca de este tipo de tema, tengo que decirte que tal vez el mundo no esté preparado para mis preguntas, pero sí creo en la existencia de Dios.

A pesar de la peligrosidad que el narcotráfico representaba, estar en un punto de drogas generando dinero brindaba un tipo de status social que era respetado por los demás. Este status dividía a las personas, en dos grupos: los que les respetaban porque le temían y, en los que les respetaban y aspiraban a estar bajo la tutela del Punto. El Punto nos brindaba una clase de libertad económica que nos permitía caminar de igual a igual con cualquiera que tuviese un trabajo legal que produjese grandes dividendos. Lo único que se tenía que hacer para ganarse unos trescientos o cuatrocientos dólares era ir al Punto y hacer un turnito de 4 ó 5 horas. Claro está, que no cualquiera tenía el privilegio de ir a coger un paquete, tenías que ser de confianza, haber demostrado lealtad y *jodeera*. En otras palabras, tenías que demostrar que eras un delincuente con la capacidad de callar, si la policía te apretaba las tuercas. Sin embargo, esa verificación era solo en la observación, pues muchos que parecían ser duros o ser unos leones, al atraparlos, maullaron como gatitos. Conocí a algunos que pudieron terminar en la Orquesta Filarmónica de Londres, por lo mucho que cantaron. Recuerdo a uno en específico, que era capaz de meter a su propia madre presa, si hubiese sido necesario, pero nunca lo fue, pues tenía muchas personas como candidatos para hundirlos en la más densa oscuridad de una celda. Manuel metió presos a sus amigos, a sus enemigos y hasta a su propio hermano. Hasta el momento, que yo tenga conocimiento, él ha testificado en más de seis ocasiones sobre delitos en los cuales él tuvo participación directa y por los que nunca pagó ni un mes de cárcel. A pesar de que el Punto generaba grandes ganancias, siempre existió la costumbre de asaltar personas. Se escogían personas fáciles, pero jamás mujeres, ni ancianos. Había un tipo de persona que llamábamos *las chequeras*, pues las apretábamos y salía dinero de ellas. Casi siempre eran mexicanos, asaltamos a uno de ellos frente a la multitud de la calle 116. Tuvimos que golpearlo varias veces. Le pedí que me diera los *chavos* y me contestó que sí, que él era mi *chavo*, quería reírme por su contestación, pero entendí que debí decir dinero. Obtuvimos lo que queríamos, lo gastamos en estupideces, marihuana y cervezas. Hoy, con mayor conciencia, pienso en cuántas personas habrán pasado hambre por nuestra persistencia en la comisión de estupideces.

En otra ocasión, tenía un encendedor en forma de pistola, asaltábamos a otro individuo, pero aquel sí que nos salió duro. Él no media más de cinco pies, pero aquel mexicano tenía sangre caliente. Me dio tanto coraje su resistencia que saqué la pistola falsa, le apunté, pero a pesar de mi amenaza, el hombre persistió en su defensa. El mexicano estaba dispuesto a morir aquella tarde. Perdí la noción de la realidad y comencé a dispararle como si la pistola fuese real. Solo se veían las chispas de aquel encendedor, en su intento de iniciar fuego, pues para completar, tampoco tenía gas. Los muchachos se asustaron cuando me vieron así y me dijeron que se alegraban de que la pistola hubiera sido solo un encendedor. También pienso igual, pues no sé qué me hubiese sucedido si hubiese matado a aquel hombre inocente, por unos míseros dólares.

La verdad es que en aquel momento, veía todo como un juego, pero desconocía las ramificaciones que podrían desarrollarse con mis acciones. Como por ejemplo, una noche estábamos en una fiesta en el Bronx y decidimos salir a asaltar, comenzamos a asaltar a todo el que veíamos. Ya habíamos asaltado como a cinco personas. Estábamos en la estación del tren en espera de la sexta víctima. Tenía mi pistola en la parte trasera de mi cintura, para evitar herir mis genitales, sí, esta vez era una pistola real. De repente, el lugar se llenó de policías, nos detuvieron a todos. Uno de los policías me esposó a las rejas de la estación del tren. Me registró por la parte frontal, pero no me palpó en donde tenía la pistola. Le dije que no sabía nada de asaltos, que estaba allí para verme con una chica en una fiesta a la que me había invitado. Me quitó las esposas, me dejó marchar y yo quedé muy agradecido con el firmamento, por haberme librado de ir a la cárcel. No creía lo que me había pasado, se llevaron a unos cuantos de los muchachos, pues habían encontrado las armas que poseían. Mis amigos se sorprendieron cuando les mostré la pistola que la policía no había logrado ocupar. Fue una noche larga, no supimos qué hacer con los que se habían llevado, ellos eran mayores que yo e imaginé que sabrían salir de aquel lío, pues no creo que a mis escasos dieciséis años hubiera podido hacer mucho por ellos.

Podrían ustedes pensar que esa experiencia me hizo escarmentar, pero están muy lejos de la verdad. Lo que hizo fue hacerme creer que mi manera de hacer las cosas me evitaría ser atrapado por las autoridades. Una noche estábamos en el tren, vi un hombre afroamericano solo. Me le acerqué y con toda tranquilidad, le dije que me diera todo lo que tenía. Me dijo que él era igual que yo, pobre, que cuando fuera a quitarle algo a alguien, procurara que fuera a una persona acaudalada y que, si no tenía que quitarle nada a nadie, mejor. Me dijo que el éxito de los poderosos radicaba en dividir lo que ellos consideraban las clases inferiores. De esa forma se aseguraban de mantener su poderío, sin importar que fuesen la minoría. Pues "los opresores mantienen su poder con la complicidad de algunos de los oprimidos". Esa noche aprendí grandes cosas de aquel hombre desconocido que nos convidó a fumar la pipa de la paz. Sí, fumamos marihuana en su estado más puro, le llaman *hachís*. Esa noche no obtuve un botín económico, pero sí uno intelectual, uno que encendería nuevamente el interruptor de mi curiosidad por las razones de la prevalencia, de la falta de equidad en nuestras sociedades y por las cosas insólitas y descabelladas que este mundo acepta como normales.

En otra ocasión, mi primo *Skittles*, Freddie y yo estábamos en el edificio donde vivíamos y decidimos subir a la azotea para fumar marihuana. Era de noche, podíamos ver el esplendor de las luces de la ciudad, el Empire State Building lucía imponente. El Bronx parecía un pequeño campo comparado con el bajo Manhattan. Rompimos el cigarro marca *Phillie*, le sacamos el relleno de tabaco y lo volvimos a rellenar de marihuana. Lo encendimos y comenzamos a fumar. Me tocó a mí primero, fumaba mientras caminaba sobre la cornisa del edificio. No sentía miedo, aunque era un edificio de 13 pisos de altura. Es que la ignorancia no es solo atrevida, sino que es una aliada perpetua de la estupidez. Al botar el humo, lo hacía como si disparara una ametralladora con la boca.

Estuvimos varios minutos allí arriba, cuando ya casi acabábamos de fumar, nos percatamos de que varios policías subían por una de las escaleras. Le dije a los muchachos que bajaran por la otra escalera, pues los policías no habían sido lo suficientemente inteligentes para cubrir ambas escaleras. Ellos se llevaron lo que quedaba del *blunt*, yo me quedé allí para entretener a los guardias en lo que ellos podían escapar. Los guardias me preguntaron la razón para estar allí. Les contesté que atravesaba una situación personal y que pensaba sobre el asunto. Dijeron haber recibido una llamada alertándolos de que alguien disparaba desde la azotea, no sé si decían la verdad, o si solo lo dijeron para ver mi reacción. Añadieron que ese no era un buen lugar para estar y que estaba violando la ley, por haber hecho una entrada ilegal. Les respondí que estar en el lugar no podía ser ilegal porque era el edificio en que vivía.

Preguntaron por mi identidad, les di mi nombre correcto. Me prometieron que si era mi nombre me dejarían ir. Al bajar, les dije que le preguntaran a mi primo, quien lucía completamente normal después de haberse deshecho de la marihuana. Le preguntaron por mi nombre, pero mi primo, al creer que me protegía, les dijo que no me conocía. Le grité que les dijera la verdad, pero cuando él les dio mi nombre completo, ellos no quisieron escuchar. Me condujeron hasta su cuartel, ingresaron mi nombre en el sistema y no fue sorpresa para ellos que fuese requerido por las autoridades, por el cargo de agresión agravada. Eso había ocurrido al golpear a un individuo en el tren, a la salida de la escuela. Creí el asunto resuelto, pues cuando fui citado, la víctima no asistió. Pero mi creencia sobre el desenlace del asunto estaba equivocada. Me llevaron a la central de fichaje para ver al juez, quien decidiría sobre mi futuro. Estuve tres días en aquellas celdas. Vi a los peores criminales sentados junto a mí. Yo me pensaba malo, pero allí había gente que había sido atrapada por asesinatos y delitos graves. Vi adictos vomitar el verde de las tripas por no tener su cura, los vi comer del piso las sobras de los sándwiches de los otros reclusos y ello no hubiera sido gran cosa si el piso no hubiese estado lleno del orín de todos los inquilinos de aquella celda. Llegué a pensar que jamás saldría de aquel lugar, pero pude irme tan pronto fui visto por el juez. Ni siquiera recuerdo las palabras que dijo, solo sé que no vi a nadie a mi lado custodiándome y pensé que podía irme, pero algo me hizo pensar que me fui antes de tiempo y sin la autorización debida. No tenía dinero, así que tuve que saltar la entrada del tren para evitar pagar. Llegué a mi casa, todos estaban contentos de verme, pero nadie había hecho gestión alguna para saber sobre mi paradero. Sabrán que bebí y fumé todo lo que no pude en esos tres días. Era nuestra manera de celebrar todo aquello que considerábamos como una victoria, que en realidad eran huellas que antecedían a los fracasos mayores con los que nos toparíamos en el camino. Cada vez que vencíamos al sistema adquiríamos mayor confianza, y ello equivalía a que nos atreviéramos a acercarnos más a las profundidades oscuras de ese mundo que creíamos conocer, pero del que en realidad, sabíamos muy poco. Al igual que el cuento de Hansel y Gretel, en su exterior era una casa hecha de dulces, pero adentro se escondía una trampa mortal.

15

"Cuando no sabemos hacia qué puerto nos dirigimos, todos los vientos son desfavorables".

Lucio Séneca

Conocí a José, un sujeto que estaba enamorado de mi prima Yarleen. Nos hicimos muy buenos amigos. Al parecer, Manny le había hecho un truco o le había faltado al respeto, pues él quería que lo golpeara en la cara con un fajo de billetes que me daría y el pago por ello sería quedarme con el dinero. No era cuestión de lastimarlo, sino de matar su orgullo, pero mi orgullo estaría peor si hubiese aceptado su propuesta. Mi amistad con Manny no era la misma, pero no me rebajaría de esa manera. De todos modos, continuó mi amistad con José. Él tenía el vehículo de mis sueños, un *Suzuki Sidekick* color rojo. Era el vehículo del momento, además de los *Jeeps*. Por eso, al llegar a las fiestas, éramos el centro de atención, pues el vehículo no se movía, si no era con música. Aquellas bocinas tenían la fuerza para apoderarse de las calles neoyorquinas y hacer vibrar a las chicas que transitaban sobre ellas. En un momento dado, invité a José a mi lugar de trabajo, el Punto, sin saber que él vivía solo a una calle de distancia del lugar. Me visitaba de vez en cuando, hablábamos un rato y después yo retornaba a mis labores, que era atender a los clientes, supliéndoles el artículo de mayor necesidad. Una tarde me dijo que debía trabajar para mí mismo, en lugar de hacer dinero para otro. Era algo que había pensado muchas veces. Me ofreció la oportunidad de convertirme en su socio, teníamos que abrir un Punto para los dos, cuyas ganancias nos dividiríamos en partes iguales. El único problema era que yo tenía que establecer el Punto en algún lugar y eso podría ser muy peligroso, debido a que todos los lugares estaban ocupados. Para iniciar el negocio, escogí la cancha de baloncesto de los proyectos en donde yo vivía, ubicada en la calle 120, entre la primera y segunda avenida. El color de las botellas me encantaba, eran color fucsia, o *hot pink* y el material estaba poderoso. En dos días vendí todo lo que José me había dado y se dividió en partes iguales, tal y como habíamos acordado.

El color de nuestras botellas comenzó a adquirir notoriedad en el barrio. Comencé a vender el producto por mí mismo, pero estaba seguro de que en un par de semanas tendría trabajadores que me responderían por el producto. Adquirí un vehículo a cambio de *crack*. Era un *Mazda GLC* del 85, estaba nuevo, solo necesitaba una pequeña reparación. Lo dejé estacionado durante varios días en la calle y acumuló tantas multas que fue confiscado por la ciudad. Allí terminó mi primer vehículo, el que nunca pude manejar. Una tarde estaba en los bancos de la cancha, llegó un grupo de muchachos, uno de ellos estaba en silla de ruedas, con una toalla sobre sus piernas, que cubría algo de metal, presumo que era un arma. No se veían como clientes, sino como maleantes con mayor veteranía que la mía. Se veía que venían con muy malas intenciones. Me preguntaron quién era el dueño de la rica y sabrosa *hot pink*. Los miré, solo esperaban a que yo dijera que era yo, para sacar sus armas. Utilicé algo de inteligencia, guardé mi orgullo en el bolsillo más profundo de mis pantalones y les dije que no sabía, que esperaba a mi novia. Entonces uno de ellos me sacó una pistola y me dijo que me moviera antes de que me confundieran con la persona que vendía *crack* allí. También me dijo que si averiguaba quién era el dueño, le dijera que aquello era territorio de los de la calle 119 y que nadie podía vender allí. Les dije que así lo haría y me fui con el temor de recibir una ráfaga de tiros en mi espalda. No había pensado que mi material pudiera parar las ventas de los de la 119, pues eso era un Mega Punto que generaba más de treinta mil dólares diarios. Fue el final de mi primer Punto, no estaba preparado para las consecuencias que acarreaba ser el dueño de un Punto de drogas, pues solo me había fijado en la parte *fancy* del negocio, no en los peligros que se ocultan en sus entrañas. Le dije a José lo que había ocurrido, pero él nunca regresó ni por el material, ni por el dinero.

Estaba molesto conmigo mismo por no haber reaccionado de forma más valiente, pero haberlo hecho hubiera significado mi muerte. Lo sé porque ya había escuchado muchas historias de cómo ellos defendían sus intereses. Decidí adquirir una pistola con la cual pudiera defenderme de cualquier ataque, pues el arma que tenía era un viejo revolver calibre 38, que no haría mucho por mí en caso de necesitarlo. Logré conseguir una pistola 9mm, negra con las cachas color marrón. Siempre he sabido que la vida es causa y efecto y que tarde o temprano, lo que hemos hecho a otros, nos alcanzará. Supe que me buscaban para matarme. Eso se debía a la *pela* que le había dado al tipo del teléfono público. Había olvidado ese asunto y jamás pensé que llegara al punto de ebullición. Le hablé sobre el asunto a uno de mis amigos, quien me aconsejó que no era el tiempo de hablar, entendí que tenía que atacar primero. Sin embargo, antes de actuar, quise comprobar que en realidad estaban buscándome. Pasé por su área y me aseguré de ser visto. Su reacción al verme me lo dijo todo, no tenía dudas de que tenía que cuidarme de esos individuos. En sus miradas había un gran letrero que leía, "Cuidado, Peligro".

En esos días se suscitó un problema en mi casa debido a que la gata de la casa, Gorda, estaba siendo tan asediada, que había atacado a varios visitantes. Esa vez atacó a mi novia y a mi propia tía. Me fue encomendado que me deshiciera de ella, pero no lo hice como me habían dicho. Estaba tan molesto con lo de la gata, sumado a los problemas que tenía en la calle, que terminé tirándola del puente FDR, hacia el agua. Gorda no murió de la caída, la vi nadar hacia uno de los muros y de allí hacia la orilla. Al regresar, contamos lo que había hecho. Mi tía se volvió loca y decía que la escuchaba llamándola y pidiéndole que la fuera a buscar. Estuvimos toda la noche en busca de Gorda, pero ella nunca apareció. Mi prima estaba embarazada y había cogido la mala barriga conmigo y con el asunto de la gata; todo se había puesto peor. Mi tía, con toda razón, terminó botándome de la casa, para su tranquilidad y la de Yarleen.

Me fui al día siguiente, estaba tan molesto conmigo mismo, que fui a ver si me encontraba con los que me buscaban para matarme. Ellos jamás imaginaron que yo saldría a buscarlos. Su sorpresa fue mayor cuando me vieron sacar el arma y disparar contra ellos. No maté a nadie, pero dos de ellos resultaron heridos, uno de ellos era contra el que iba dirigido el ataque. Me tuve que ir del lugar para siempre. Mi amigo *Franki Nitti,* con el que comencé una gran amistad después de habernos enfrentado en una pelea, me aceptó en el apartamento de su hermana en el Bronx. Allí permanecí durante varias semanas antes de decidir llamar a mi madre, para decirle que estaba listo para regresar a Puerto Rico. Ella se puso muy contenta, pues era lo que quería. Lo triste de regresar era que yo había perdido a mi perrita Kathy. Era una hermosa perra de razas mezcladas, salchicha con chiguagua. Siempre me consideré un *animal lover,* el asunto de Gorda, la gata, fue una reacción anómala en mí. Sabía que no encontraría a Kathy a mi regreso, era algo que me causaba dolor, pero con su partida había aprendido que la muerte es una fiel compañera de la vida.

No estaba muy feliz por mi partida, pues despedirme de la ciudad que había aprendido a amar, no era fácil. Amaba sus inviernos, sus veranos, sus otoños y sus primaveras. Amaba las chicas que me enseñaron de los placeres de la carne, la facilidad de llegar a cualquier lugar que uno se propusiese, pero lamentablemente, había logrado convertir los sueños que tal vez algún día tuve, en terribles pesadillas, de las cuales no despertaría hasta mucho tiempo después. Por otro lado, me sentía emocionado porque vería a muchas personas que conocía y ahora me verían totalmente cambiado. Se acercaba el día de abandonar la gran ciudad, aproveché mis últimos días al máximo. Inicié fuegos que dejé ardiendo sobre el azul de unos ojos que quedaron con la esperanza de verme regresar, pero ambos ignorábamos que el destino tenía planes diferentes para mí.

Llegó el momento de decir adiós, dejé muchos amigos allá y muchas cosas que yo consideraba mis tesoros. Era el tiempo de retomar el camino de una vieja aventura, bajo los soles del Caribe y con sabor a la sal de sus mares. Mi tía Minerva me llevó al aeropuerto, pues Clary no tenía vehículo. Al abordar el avión y ver la puerta cerrarse, sentí una mezcla de sentimientos que hicieron de mi garganta su campo de batalla. Al cabo de unas horas pude ver el mar de mi isla, sus costas, el campo de golf de la Base Ramey en Aguadilla. Escuché la voz del capitán pedir que nos abrocháramos los cinturones porque nos disponíamos a aterrizar. Sentí el mecanismo del tren de aterrizaje abrirse, el avión comenzó a descender. Los sentimientos que sentía batallar en mi garganta bajaron al pecho y luego al estómago, y desaparecieron cuando el avión tocó suelo. La gente comenzó a aplaudir. No sé si ello es solo una costumbre puertorriqueña, o si se hace en todas partes cada vez que un piloto lleva a sus pasajeros sanos y salvos a su destino, pero me uní al aplauso. Quería que abrieran la puerta para poder ver a mami, quería abrazarla y decirle que la había extrañado muchísimo. Recuerdo la ropa que yo llevaba puesta, un jibarito nacido en Ponce y criado en Aguadilla se había contagiado con el virus del vestir neoyorquino. Era febrero, el mes más frio en el área Este de los Estados Unidos, así que calzaba unas botas *Timberland* hasta las pantorrillas, unos mahones *Levis* negros, un *hooddie* negro de los *Angeles Raiders* y un *coat* negro y gris, con las insignias del mismo equipo de fútbol americano.

En el aeropuerto Rafael Hernández, para el 1991 no existía el túnel que conduce a los pasajeros del avión hasta el terminal; por ello, cuando la puerta se abrió, tuvimos que bajar la escalera que daba a la pista y caminar a través de ella hasta la salida. De inmediato, sentí el calor de Puerto Rico, lo cual me obligó a despojarme del abrigo. Rápidamente encontré el rostro de mi madre entre la multitud de personas que estaban al otro lado de la verja, en espera de sus familiares que habían decidido regresar a la isla o estaban de visita. El rostro de mami no podía ocultar la alegría que sentía en su corazón al ver a su hijo regresar en una sola pieza. Ella nunca supo de los peligros a los que había tenido que enfrentarme, pero las madres no necesitan saber, pues ellas no solo tienen un sexto sentido, sino también un séptimo y un octavo, para saber cuándo sus crías están en riesgo. La abracé tan fuerte que se quejó de dolor, lo hice para que cualquier vestigio de frío que quedara en mi cuerpo desapareciera y así sucedió.

Llegamos al caserío, todo lucia muy diferente, no porque algo hubiese cambiado, sino porque mi costumbre a los altos edificios de la ciudad hacía que percibiera todo más pequeño. Fue una gran fiesta de abrazos y besos los que recibí en mi hogar. Sentí la ausencia de mi perrita, quien me había acompañado desde mis siete años, creo que murió de la tristeza por mi ausencia. Yo tenía diecisiete años y me sentía como todo un hombre. Al menos eso creía, por haber experimentado tantas cosas a mi corta edad. No he incluido muchos detalles de mi vida, pues solo me he concentrado en los que me abrieron camino en el mundo de las drogas. Me asomé al balcón para contemplar el caserío, de inmediato noté que todo seguía igual, lo único que había cambiado eran los protagonistas que manejaban el lugar. Ahora parecía ser dirigido por muchos de los amigos con los que había crecido. Salí a dar una vuelta para ver las cosas desde un plano más cercano. Vi a varios de ellos con prendas de oro que anunciaban su integración como nuevos caciques en el juego, o sea, eran los nuevos dueños del Punto. Los mayores se habían retirado o algo les había sucedido, porque ahora eran los *chamaquitos* de mi edad los que tenían el control. En el caserío no había un único dueño del Punto de drogas, sino que era un lugar de libre competencia. Si eras del caserío, podías meter tu producto allí para que te hicieras de un par de pesos. Vi gente que antes se pasaba en la mitad perdida del residencial, así le llamábamos a los *jibaritos* del caserío que en el pasado solo bregaban con gallos y caballos; ahora habían incursionado en el mundo de las drogas y les iba muy bien. Por ejemplo, *Balato*, quien adquirió ese apodo desde pequeño, por supuestamente parecerse a los haitianos que vendían artesanías baratas en las fiestas patronales. Cuando los haitianos querían vender algún producto, en lugar de decir que era barato o económico, decían *balato, balato*. Al principio, José se opuso a ese apodo, pero mientras más luchó para no quedarse con él, mayor fue la fuerza con que prevaleció ese apodo, hasta que sustituyó su nombre de pila, José Rafael. Desde entonces fue conocido como *Balato*.

Por otro lado, estaba *Tito*, quien trató mil nombres antes de que fuera conocido como *Tito Fat. Tito* era el tipo del momento, pues era el único que a esa edad tenía auto propio, un *Buick* color crema, con un equipo de música decente, el cual nos permitía escuchar el género *rap* que habíamos aprendido a amar en Nueva York. Todavía en el 2019, Tito escucha la música de aquellos días, no ha podido trascender, aunque en la actualidad, ese género se ha convertido en una soberana porquería, excepto por alguna que otra excepción. Tito era un tipo brillante, diría yo, casi un genio a la hora de evitar conflictos. Recuerdo que las pocas veces que peleó, ponía su mano en su corazón y comenzaba a gritar, "el ataque, el ataque". De esa forma conseguía que su oponente lo soltara, por miedo de causarle un daño mayor, momento que aprovechaba Tito para escapar, antes de que se percataran de la falsedad de su ataque. Todavía me causa risa recordar los ataques de mi amigo. El primer fin de semana en la isla, había un *party* en el Club de Leones del pueblo de Isabela. *Tito y Aguja* iban para allá y por supuesto, yo no me quedaría. Me invitaron a fumar, pero había decidido no volver a fumar, por los problemas que me causó el estar *arrebatado*, pues siempre pensaba que alguien hablaba o conspiraba contra mí, a eso le llamábamos *la perse*.

Aguja tenía una novia que adoraba, creo que se llamaba Wandy, era muy bonita y estaría allí esa noche, con su hermana y su prima. Lo más que nos gustaba de ella eran sus refranes, como el que le encantaba a nuestro amigo *Aguja, Estás bregando, cajita e pollo*. Nunca entendí por qué *Aguja* no se casó con ella. La novia de *Tito* era un amor, era una gordita como él, pero muy dulce, con los mismos refranes que la de *Aguja*, pues eran hermanas, la única diferencia radicaba en que la chica tenía más barba que nosotros tres juntos, la cual no se notaba cuando se afeitaba. La que me tocó a mí, estaba bien, no me gustaba mucho, pero era la que estaba accesible al momento, así que hablamos toda la noche, nos besamos y nunca más supe de ella. Los tres nos fuimos del lugar, estaba medio borracho, por lo que fue más fácil convencerme de fumar. Lo último que recuerdo es haber despertado en el carro, ver un edificio alto, el cual me hizo creer que todavía estaba en Nueva York. Sin embargo, muy pronto me di cuenta de que estábamos detrás del estacionamiento multipisos del casco urbano de Aguadilla, lugar que llaman *La Mercado*. También fuimos al residencial Cuesta Vieja para *capear* marihuana. Tito se bajó y comenzó a tirar piedras a la ventana del tipo, le dije que lo iban a matar, fue entonces que supe que el *tirador* era *David Cara de Plancha o Cebolla*, un tipo que estudiaba con nosotros en la intermedia. Él era de los calladitos, parecía un muchacho bueno, pero había sido atrapado por el Punto, pues pasó de ser un desconocido total, a ser uno de los tipos más aclamados de la época. No es por criticar, pues lo aprecio muchísimo, pero el tipo era difícil de mirar, sin embargo, la notoriedad que le dio el Punto hizo que tuviese novias que ni botándolas se acababan. Desde esa noche en adelante, comencé a fumar de nuevo. Llegué a casa, mami estaba esperándome, me bañé y me acosté a dormir hasta el día siguiente.

Ese fin de semana fue a buscarme mi amigo José David, mejor conocido como *Poison*, quien en la actualidad trabaja en Hollywood como guía turístico y ha hecho algunos trabajos cinematográficos menores. Me llevó a la playa. Cuando regresé a mi casa, noté algunas ampollitas en varios lugares de mi cuerpo. Fue cuando me percaté de que había sido infectado con el terrible virus de las varicelas. Lo había traído desde NY, lo contraje del hijo de Sandra, la amiga de la familia de la que les había contado que todos estábamos enamorados. Pasó el fin de semana y llegó el lunes, no había ni un alma en el caserío, todos estaban en las escuelas, los que estudiaban y los que solo iban para ver las nenas, y yo, con las malditas varicelas hasta en las nalgas. Era terrible, pero tenía a mami que me cuidaba. En Nueva York me enfermé varias veces y extrañé el cuidado y amor de mi mamá, pero esta vez, ella estaba a mi lado poniéndome cremitas y todo lo que necesitara. Las varicelas se marcharon, su reciente partida había dejado algunas huellas de su paso por mi vida, las cuales solo se borrarían con el tiempo, como todo en la vida, pues las heridas cicatrizan, los problemas se resuelven, el dolor disminuye, las puertas se abren, los silencios son sustituidos por sonidos, y la gente se va y llega otra, pues lo único permanente es el cambio.

16

"Nosotros no tenemos ningún recurso natural, ningún poderío militar. Solo tenemos un recurso, la capacidad de invención de nuestros cerebros. Esta es ilimitada, tenemos que desarrollarla, tenemos que educarnos para adiestrarnos y equiparnos. Esta potencia cerebral llegará a ser en un futuro próximo, el tesoro común más preciado de toda la humanidad".

Toshiwo Doko

Le dije a mami que quería estudiar, en realidad no era lo que quería, lo que sí quería era tener acceso a la escuela, sin meterme en problemas con las autoridades. Mami me llevó a matricular a mi antigua escuela, la superior José de Diego. Vestía un pantalón mahón azul, camisa roja, gorra roja y unos *Reeboks* negros y para verme más estudiantil, tenía una mochila tipo *rasta,* muy colorida, pero el color predominante era el anaranjado. Las nenas de la escuela observaban al nene nuevo, o a la carne nueva, como dicen en el campo, y esa carne era yo. Sentí que me desnudaban con la mirada, me sentí objeto de sus más bajos instintos y me sentí sucio. ¡No!, para nada, en realidad me hizo sentir muy bien, sentimiento que aproveché al máximo con el único propósito de realizar un estudio exhaustivo del disfrute de los placeres carnales.

La realidad es que muy pocas veces asistí a clases, tenía suficiente entretenimiento en el patio y en el carro de Tito, cuando nos íbamos a hacer maldades con las nenas. No existió ni un solo día en que fuéramos a la escuela sin estar *arrebataos* con marihuana, nos cubríamos con las gafas de sol y con las gorras espetadas hasta las cejas. Había traído un par de prendas de Nueva York, la verdad es que eran de diez quilates, pero lucían muy bien, hasta en los dientes tenía oro. Eso tuvo el efecto de que nos pusieran los ojos encima y que pensaran que éramos nosotros los que llevábamos la droga a la escuela. Sí, la llevábamos, pero en nuestro cerebro, no la vendíamos. Creo que el nombre del director era *míster* Cubero. Ese desgraciado nos llevó a Tito, a Aguja y a mí a su oficina, con el pretexto de hablarnos de nuestras ejecutorias académicas, sin embargo, lo que hizo fue amenazarnos. Primero, nos acusó de que nosotros éramos los que vendíamos la droga en la escuela, por supuesto que levanté mi voz en mi defensa y en la de los muchachos. Ellos no me ayudaron mucho. Estaban muy asustados, en especial *Aguja.* Lo último que nos dijo el director fue que conocía a muchas personas en la cárcel, que cuando nosotros ingresáramos en ella, iba a llamar a su gente de la prisión para que, déjenme ver cómo lo escribo para que no suene tan vulgar como él nos lo dijo. Dijo que iba a llamar a los presos para que nos *comieran los traseritos*. Después de que dijo eso, no pude permanecer serio, tuve que reírme, *Aguja* me regañó por hacerlo, pero yo sabía lo que ocurría en la cárcel y eso era una de las cosas que no sucedían, pues por ese tipo de abusos se había creado la Asociación Neta y los grupos subsiguientes. Además, ¿a qué teléfono los llamaría?, si para el año 1991 no se tenía conocimiento de la existencia de teléfonos celulares para los ciudadanos libres, y mucho menos para los confinados. La verdad es que muchas cosas cambiaron después de aquel día. Tito y yo seguimos en las mismas, pero *Aguja* ya no quería ser visto con nosotros, creo que *míster* Cubero creó un trauma en el caballero, pues en la actualidad vive con el mismo miedo, no de que *le coman el trasero*, pero sí de asociarse con sus viejos amigos y debido a eso le ha negado la ayuda a amigos que han caído en desgracia.

Allí conocí a la madre de mis hijas, quien me dio la mayor de las dichas al brindarme la oportunidad de convertirme en padre, pero también fue, en cierto grado, la artífice de la mayor de mis desgracias. Solo diré que ella fue la razón por la que me tuve que quedar en la isla, claro está que al principio fue de manera voluntaria, pero la vida nos prepara trampas de las que escapar es casi imposible. De esa relación obtuve tres grandes tesoros, Grace, Skylear y Geoshelle. Ellas a su vez me regalaron dos tesoros adicionales, Génesis y Nessiah. Sin embargo, tengo un tesoro adicional, Kimberly Danishka, que no lleva mi apellido, pero sí mi sangre y también ella me dio un hermoso regalo, el primer varón que desciende de mí, Eithan. Solo produje niñas, cuatro hermosas niñas y una adicional que ni siquiera sospecha que soy su padre. Tal vez ella nunca lo sepa, pues no soy quién para derrumbar el mundo que ella ha creído suyo durante todo este tiempo y mucho menos quiero ser el causante de una desgracia familiar, así que, a su madre, que no se preocupe, su secreto está salvo conmigo. Seguí haciendo y deshaciendo en la escuela. Conocí a buenos amigos en la escuela, pero me adherí a los que ya conocía. Los *jangueos* se intensificaron, los problemas comenzaron a escalar de nivel. Había una necesidad increíble de ser y parecer malo. Antes de irme a Nueva York la primera vez, hablaba con un viejo amigo mío, Osvaldo Jiménez Vélez, a quien le llamaban *Oby*. Hablábamos de formar una ganga, no recuerdo quién salió con el nombre de *Black Angels*, pero yo propuse la señal con la que nos daríamos a conocer. No pude ser parte de ella debido a que tuve que marcharme. Los *Black Angels* cobraron notoriedad, varios de ellos resultaron heridos, otros muertos, pero antes de su disolución cometieron varios asesinatos e intentos de asesinato. Puedo recordar su último crimen como ganga, estaban en lo que se conocía como el Éxtasis, un bar en donde bailaban mujeres desnudas. En el interior del bar se suscitó un problema con Jesús (el *bouncer* del lugar). El problema llegó hasta el estacionamiento, allí sacaron sus armas, comenzó el tiroteo de un lado para el otro. Jesús logró herir a *Oby* en el abdomen, a *Pillo* en una pierna y a varios miembros de los *Black Angels*, otros resultaron ilesos. Sin embargo, Ángel Manuel Díaz Ortiz, mejor conocido como Manuel, un integrante de ellos, quien con anterioridad había sido testigo contra Javier Colón Reinat, mejor conocido como *Mongo*, y contra Oneida Hernández Alers, conocida como *Nayda*, ambos residentes de Las Muñecas, tomó la decisión de convertirse en testigo contra sus compañeros de ganga, para evitar ir a la cárcel. Luego de la decisión de Manuel, las cosas se tornaron un poco delicadas en el caserío, debido a las visitas constantes de los que querían ajustar cuentas con él, quien había adquirido el apodo *el Chota*, por sus ejecutorias en el banquillo de los testigos. Como consecuencia de su decisión, tuvo que marcharse de Aguadilla para reubicarse en el pueblo de Quebradillas, pues su vida corría peligro. Ese momento marcó una nueva etapa de cómo se harían las cosas y se librarían las batallas de allí en adelante. La etapa de pelear al puño había pasado, ese incidente dejó saber que había personas de nuestra edad, armadas, por lo cual no podíamos descuidarnos.

Una de las cosas que había hecho que me infundía seguridad en mí mismo era haber enfrentado a *Rolo*, el dueño de *La Bisbal*. Lo enfrenté, no porque él hubiera hecho algo, sino porque uno de sus trabajadores era un abusador de mujeres. Creía que debía acudir a él para resolver el asunto del individuo que se había apoderado de propiedad perteneciente a quien luego se convirtió en la madre de mis hijas.

Lo hice de manera natural y sin miedo, como lo haría con cualquiera, pero ello hizo que ganara respeto ante *Rolo* y ante los demás. Algo que se preguntaba mucha gente era que por qué, si a todos los que provenían de Estados Unidos los *prendían*, o sea, le propinaban una golpiza, ¿por qué a mí nadie me tocaba? A eso no tengo respuesta, tal vez haya sido debido a que en un pasado había construido una reputación de que no daba marcha atrás. Lo importante es que me integré de manera fácil y obtuve el cariño y respeto de muchas personas poderosas en el bajo mundo.

Regresando al tema de la escuela, mi madre fue citada a la escuela por el director que quería que me comieran el *traserito* y él le dijo muchísimas cosas sobre mí, pero jamás mencionó la amenaza que nos había hecho. Yo tampoco lo hice, no era conveniente que mi mamá me vinculara con las drogas. El director mandó a buscarme, fui a la oficina y enseguida me pidió que fuera a los salones de mis maestras para que le enviaran una certificación de mis calificaciones académicas. Supe que estaba jodido cuando le hice la petición a una de las maestras y me preguntó, ¿quién eres tú? Le di mi nombre, ella buscó y me dijo que yo no estaba matriculado en su clase, insistí en que sí lo estaba. Entonces ella me preguntó que, si algún día había asistido a su clase, a lo cual respondí con toda honestidad, que no. Entonces, ¿qué notas se supone que te entregue?, me preguntó la maestra. Una pregunta que poseía muchísima lógica y que me hizo pensar, "estoy bien jodío".

El director le recomendó a mi madre que me diera de baja de la escuela para que no apareciera en el expediente que había fracasado el periodo escolar. La realidad es que esa fue la manera más sencilla de deshacerse de mí. Seguí yendo a la escuela, pero tenía que andar con mucho cuidado porque no pertenecer a la escuela y estar en sus predios, significaba una violación a la Ley 30. Salirme de la escuela significó libertad total para hacer lo que me diera la gana. Al parecer, mis padres se habían rendido y para mí, eso quería decir que la victoria me pertenecía. Sin embargo, hay batallas que nos entregan lo que aparentan ser victorias, pero en realidad, el tiempo las despoja de sus disfraces, y entonces comprendemos que siempre fueron derrotas. Por menos experiencia que tengan nuestros padres en los asuntos de la paternidad, siempre saben mucho más que nosotros, pues sus consejos no vienen del mucho o poco conocimiento que posean para la crianza de hijos, sino de las experiencias que han tenido que enfrentar en sus vidas. Sin embargo, creí que sabría más que mi madre y que mi padre, quien estuvo varias veces en la cárcel debido a la delincuencia de su vida pasada.

Muchos de mis amigos empezaron a subir en los negocios del Punto. Podías notarlo por los vehículos que manejaban, las prendas y la ropa que vestían. Nosotros, los que nunca hemos tenido nada, a la primera oportunidad de hacer dinero, sentimos la necesidad de divulgarlo, de mostrarle al mundo que hemos progresado, digo, si eso se llama progreso. La adquisición de cosas materiales es la forma más común de hacerlo. Lo hacemos al ignorar que con cada uno de nuestros pasos esparcimos semillas de envidia, cuyos frutos más tarde irán contra nosotros. Esa es la forma más estúpida de hacernos notar, pues al mismo tiempo que llamamos la atención de las chicas, también llamamos la atención de los enemigos ocultos y de las autoridades, que muchas veces son movidos por no tolerar que tengamos lo que ellos no pueden tener. La verdad es que muchos de ellos se esfuerzan al trabajar horas extras y en pueblos distantes, para ganar una miseria. En ese proceso pierden sus vidas, sus matrimonios y al final, solo se quedan con la lista de arrestos que han llevado a cabo. No lo digo porque sea solidario con ellos, sino porque el Oficial Collado, por no decir su apellido verdadero, adscrito a la unidad de narcóticos de Aguadilla, así me lo expresó. Luego les contaré la manera en que se suscitó dicha conversación.

Químico, un buen amigo, subió como la espuma, su padrino era uno de los *duros* del momento, Moreno, de Isabela, imagino que debe haber muerto. Lo triste del caso es que *Químico* se llenó de lujos demasiado rápido. Eso provocó que las semillas de la envidia germinaran con igual rapidez y ocasionó que no pudiese disfrutar ninguno de los bienes que había acumulado, pues su muerte no tardó en llegar. Su vida tenía el valor de los kilos que le arrebataron. Lo citaron a un lugar para comprarle una cantidad de kilos de *perico* y allí lo mataron a tiros. En ese mundo no se podía confiar en nadie, él cometió el error de hacerlo. Es muy triste vivir sin poder confiar en nadie, podría decir que es extenuante. Siempre se está a la expectativa de que alguien venga a hacernos algún daño y en algunas ocasiones podrían resultar lastimadas personas inocentes. Existe un concepto equivocado al tildar de hombre valiente al que mata, cuando la realidad es que la primera causa de las muertes es el miedo. Matamos aquello que no entendemos, aquello a lo que tememos. Son muchos los casos que conozco de cobardes que han terminado con las vidas de supuestos valientes y luego se autoproclaman valientes guerreros, cuando la realidad es que fueron movidos por el miedo. Uno de esos casos es el de un individuo que tenía miedo de ser agredido por esta ganga que había en mi pueblo. El jefe de ellos le ofreció al individuo una pelea justa, pero el individuo no aceptó, sino que decidió esconderse en su apartamento. Él extrajo una pistola y desde su balcón, disparó hacia la multitud. No sé si por buena o mala suerte, pero de un solo disparo mató al tipo a quien le temía. Después de eso fue proclamado como el más valiente del caserío. Se había convertido en un asesino. Me pregunto, ¿acaso eso es valentía? ¿No hubiera sido más valiente si hubiera aceptado la pelea? Eso no es para él nada más, sino para todos los que toman como única alternativa el matar a una persona, para la solución de problemas.

Te digo algo, una vez que mates a una persona, tendrás que seguir matando hasta el día en que te alcancen tus propias balas. Asesinar a un hombre es la llave que abre las puertas de un infierno cuyo fuego es imposible de controlar. Existe una línea muy fina entre el momento en que no has asesinado a alguien y aquél en el que finalmente lo has hecho. No es fácil vivir una vida en la que ni siquiera puedes comer tranquilo en el restaurante de tu predilección. No imaginas lo difícil que es manejar tu vehículo, en el que están tus hijos y pensar que el carro que ves a través del retrovisor es el que viene a cobrarte lo que hiciste. Tal vez la advertencia impresa en el mismo, "Objects are closer than what they appear", tiene algo de realidad. No es nada agradable estar dormido, escuchar el ladrido de los perros del vecindario, levantarte, buscar una pistola, gatear sobre el piso de la casa hasta llegar a la ventana, para saber si vinieron a matarte y que uno de tus hijos te pregunte asustado, si todo está bien. No te deja un buen sabor que llegues a casa de tu madre, que ella acelere su carro para hacerte una broma y que la recibas apuntándole con un arma, al pensar que era uno de tus enemigos. Matar a alguien es simplemente el combustible para convertir en cenizas todo lo bueno que algún día tuviste y para acelerar la llegada de tu muerte.

La felicidad que te dan las cosas obtenidas con dinero del narcotráfico es de muy corta duración. Esa vida es una autopista de emociones que solo se extiende unos cuantos kilómetros, luego tienes que regresar a los tapones que tiene que enfrentar cualquier mortal como parte de su diario vivir, o estacionarte para siempre, pues escapar de la muerte es imposible. La muerte es un hecho natural que nos va a llegar a todos, incursionar en el narcotráfico es solo una forma de acelerar su llegada. La expectativa de vida de un narcotraficante no sobrepasa los veinticinco años, aquel que logra escapar de esa maldición, es debido a la suerte, a la intervención divina o a la cárcel, pero no son muchos los que lo logran. Lo que más consterna es el hecho de cómo las autoridades despachan la muerte de un narcotraficante y se repite en cada caso. Si se han fijado en las noticias podrán entender a lo que me refiero, minimizan el hecho de esas muertes cuando culminan la noticia con la trillada y repetida frase, "la víctima poseía un abultado expediente criminal", lo cual significa que a nadie le importará esclarecer dicho asesinato, pues ellos se libran de mucho trabajo y en ocasiones, algunos de ellos se alegran de que nos matemos entre nosotros. Entre estas personas existen muchos que no han renunciado a su sensibilidad humana, pero la verdad es que muchos poseen sentimientos robotizados, para quienes solo somos un número más o una franja en una tabla estadística, que no busca resolver los problemas que aquejan a la sociedad, sino medir las capacidades y eficiencia del gobierno de turno. De esa manera se pretende llevar un mensaje a los hombres y mujeres de bien de nuestra sociedad, que no deben preocuparse, porque las muertes que este tipo de crímenes genera, solo ocurren entre integrantes del bajo mundo, pero eso no es totalmente cierto. Pues, no importa cuán abultado sea el expediente criminal de la víctima, siempre un poco de su sangre nos salpicará.

La sangre que se derrama sobre los senderos del bajo mundo no siempre es por la misma razón. Por ello me sorprende cuando escucho a los medios o a las autoridades de mi país decir que todas estas muertes se deben a las guerras por el control del narcotráfico. La gran mayoría de los asesinatos que ocurren hoy día se deben a cosas que nada tienen que ver con los puntos de droga. Muchas veces, detrás de una muerte sangrienta, hay una mujer bonita, o una gran dosis de ego. Si dos electricistas se atacaran uno al otro y uno de ellos resultara muerto, no se nos ocurriría despachar el asunto al decir que la víctima fue asesinada por el control de la electricidad. En dicho caso, habría una investigación profunda sobre lo que generó el acto de violencia; pero en los asesinatos entre los hijos del Punto, la mayoría de las veces, se cierra el caso sin que sea resuelto.

La mal llamada guerra contra la criminalidad nunca tendrá éxito, si persistimos en combatirla utilizando herramientas y estrategias obsoletas. Desde mi punto de vista, ese mal no se puede combatir con fuerza, sino con la comprensión del problema y el análisis de lo que lo genera. Es la fuente de la criminalidad la que merece el enfoque total de las autoridades, no importa cuántos frutos podridos se recojan y se oculten en nuestras cárceles, el árbol seguirá produciéndolos si no lo cortamos de raíz. Las guerras, no importa donde se desarrollen, ni lo que pretendan combatir, solo son una simulación de una paz cuyos cimientos están cubiertos de falsedad. Hay quienes viven bajo el errado concepto que denomina la guerra como un instrumento para la prevalencia de la paz. Sin embargo, los que buscan la paz a través de la guerra, jamás la encontrarán. La guerra no crea hombres malvados, son los hombres malvados los que crean la guerra.

El glamour del mundo del narcotráfico es temporal, pues detrás se esconden las garras de un mundo hostil que solo quiere apoderarse de nuestras vidas y seducirnos con sus lujos, para luego entregarnos a los brazos de la muerte. Es un mundo superficial en el que abundan los elogios falsos, cuya intención es ocultar la pudrición y las traiciones que son las columnas principales que lo sostienen. Podemos pensar que vivimos como estrellas y que nos rodean personas cuyas lealtades son incuestionables, la verdad es que las lealtades en ese mundo son casi inexistentes. La intención de la mayoría que nos rodea es robarnos el falso brillo que nos da la posesión de bienes materiales y el falso poder que creemos tener cuando creemos ser dueños de un Punto. Su intención verdadera es ocupar nuestro lugar y si tuviéramos que dejar de existir para que su ambición sea cumplida, entonces, así será. Eso me ha llevado a pensar, que en realidad, nosotros nunca llegamos a ser dueños de ningún Punto, pues la realidad es que, el Punto es nuestro único dueño, el dueño de nuestras vidas, de nuestras decisiones y de nuestras libertades.

¿Cuántas personas han pasado por el Punto? ¿Cuántas han muerto o terminado en la cárcel por la fidelidad al Punto y él ha proseguido sin ellas? El Punto viene a ser como un titiritero que nos maneja a su antojo y seguiremos haciendo lo que le place, hasta el día en que despertemos del letargo en que estamos y nos demos cuenta de los hilos que están atados a nuestras acciones y formas de vivir, y decidamos cortarlos para siempre. No importa cuánta fidelidad le demostremos al Punto, el Punto nunca será igual de leal con nosotros. Escuchaba una canción del fenecido Tupac Shakur en la que endiosaba los beneficios que las gangas habían traído a su vida, "gangs been good to me", ese es el coro de la canción. Mi pregunta es si habrá pensado así el día en que fue asesinado. Tarde o temprano, el mal que hayas hecho por órdenes del Punto, se te regresará, y la mala noticia es que el Punto no estará a tu lado para protegerte, ni te llorará cuando hayas partido.

117

17

"Erradicar la pobreza no es un acto de caridad, sino de justicia".

Nelson Mandela

Pito Cusín y yo planificamos un asalto, pero tenía que ser en la calle, pues yo no podía asaltar en ningún establecimiento, hacerlo me hacía sentir atrapado, y eso me ponía nervioso. Lo llevamos a cabo y salió bien para nosotros. El caballero no resultó herido de gravedad, nada que unas cremas en la cara y un poco de descanso no pudieran solucionar. Obtuvimos aproximadamente setecientos dólares, lo dividimos en partes iguales. Le dije a *Pito* que lo invirtiéramos en marihuana, él aceptó. Fuimos a donde *Rolo* y nos vendió una onza a cada uno. Me sobró dinero para otras cosas, pues la onza solo había costado noventa dólares. En Puerto Rico, o por lo menos en Aguadilla, no se vendían sacos de *pasto*, sino tabacos *enrolados*. Había surgido un cambio significativo en el precio de la marihuana, pues un tabaco que costaba un dólar, había subido a cinco dólares. Eso ocurrió después de una escasez enorme que hubo. Luego de eso llegó lo que llamaban el *sinse*, se conocería de esa forma a la nueva marihuana porque llegaba sin semillas.

Nunca había vendido marihuana. Mi especialidad era el *crack*, así que busqué ayuda de una persona que decía ser un experto. Me aconsejó que la metiera en la licuadora para que se rompiera más rápido. El resultado fue que prácticamente, la marihuana se convirtió en polvo, lo cual dificultó llenar los tabacos de manera que se vieran y se sintieran gruesos. Ello me obligó a abrir un nuevo mercado, tabacos a tres pesos. No tuve muchas ganancias, pero se vendieron con gran rapidez. La gente prefería llevarse dos tabacos por seis dólares, que uno por cinco, todo era una ilusión óptica, pues dos tabacos de tres dólares contenían la misma cantidad de marihuana que uno de cinco.

Comencé a recuperar la inversión, sin embargo, había un problema, no podía dejar el dinero en mi casa, pues mami registraba el cuarto muy a menudo. Vivir con mami era similar a vivir con una oficial de corrección. Lo primero que me vino a la mente fue dárselo a guardar a *Pito*, mi amigo y socio de negocios. Cuando le pedí el dinero para reinvertir, me dio la triste noticia de que al pobrecito se le había perdido mi dinero junto con el suyo. Lo peor de todo es que el muy desgraciado me dijo que sospechaba que la tía de *Aguja*, una señora bastante mayor, era quien había hallado la cartera con el dinero. Nunca le creí, pero no tenía manera de demostrar que lo que decía era falso, lo di por perdido y comencé de nuevo. Esta vez lo hice por mi propia cuenta y me fue de maravilla. La inocencia en aquel tiempo era tanta, que ni siquiera peleamos, seguimos como si nada hubiese pasado, aunque se lo he recordado en varias ocasiones que hemos tenido la oportunidad de hablar. Él nunca ha aceptado haberse quedado con el dinero, pero su risa lo delata.

Para aquel tiempo, llegó un inquilino nuevo al residencial. Era tremendo tipo, su nombre era Ramón *Blue Eyes*, estaba conectado con *el Congo*, el dueño del residencial Ducos. *El Congo* era un tipo que la suerte bendijo, pero al igual que muchos de los que incursionamos en ese mundo, no supo aprovecharla. Lo conocí cuando éramos *chamaquitos*, era un muchachito bastante humilde y de origen pobre. Hay quienes llaman a la pobreza humildad como si fuesen sinónimos, pero existe una gran diferencia, pues no toda persona pobre es humilde, ni toda persona humilde es pobre.

El Congo tuvo la buena o mala suerte de haber conocido a Raúl Santo Domingo, quien era uno de los *capos* mejor conectados del área oeste. Sus conexiones eran directamente con la fuente principal de toda la cocaína en América del Sur, Colombia. Ambos se conocieron en el caserío Ducos, cuando Raúl visitaba a Elizabeth, una chica dulce y muy hermosa, quien alegadamente falleció de SIDA, cuando dicha enfermedad era desconocida. Raúl puso al *Congo* a recoger *palos* en el mar, o sea fardos de kilos de cocaína. Ese fue el comienzo del *Congo*, luego se apoderó de varios quioscos y suplía libras de marihuana y *perico* a distintas personas. Ramón podía adquirir libras de la *yerba* cuando yo todavía compraba onzas. La inocencia de esos días era tanta, que no solo permitimos que Ramón vendiera en el caserío, sino que le aconsejé y le permití que también hiciera tabacos de tres dólares para que su material se moviera más rápido. Así lo hizo y como tenía la accesibilidad para conseguir mucha cantidad de material, pronto quedé rezagado, ya no podía quejarme, pues yo mismo le había dado entrada en mi casa, o sea, en mi negocio. Fue entonces que comprendí que las amistades y los negocios de las drogas no se mezclan.

Me moví al negocio de la cocaína (perico). Comencé con una octava de *perico*, lo cual equivale a tres gramos y medio de la sustancia. Su valor era de noventa dólares. Yo mismo vendía el producto, lo cual me ahorraba el sueldo de un empleado y duplicaba mi inversión. El *perico* se movía más rápido, compraba una octavita a las tres de la tarde y a las ocho de la noche tenía que comprar otra. Por esa razón comencé a comprar el doble, para así evitar duplicar el trabajo de empacar el producto en pequeñas bolsitas de diez dólares. Empecé a confiarme, guardaba el producto en el apartamento de mis padres porque no podía confiar en las personas que estaban en el mismo negocio. Ese mercado es conocido como uno de los que generan mayores dividendos, pero también genera una gran disminución de lealtades. Una tarde llegué a casa, me esperaba mi madre, en sus manos tenía el material que vendería ese día. Tuve que hacer uso de mis facultades de actor, pues cuando me lo proponía, podía ser mejor que Al Pacino y que Joaquín Phoenix. Con lágrimas fingidas, le dejé saber el peligro que corría mi vida, si no entregaba el material que pertenecía a unos poderosos mafiosos. Ella se asustó muchísimo, me lo entregó, me dijo que lo devolviera y que no le guardara esas cosas a nadie. Me sentí mal por ella, pero no podía darme el lujo de perder casi seiscientos dólares en *perico*. Creo que debió ser más dura, aunque entiendo que fue el miedo de que su hijo perdiera la vida, si ella decidía disponer del *perico*. Ella nunca quiso aceptar que su hijo había perdido el rumbo. No aceptaba que el nene bueno que lloraba cuando decía una mala palabra, el mismo que oraba en la iglesia y sentía manifestaciones que ni él mismo entendía, se había convertido en otro candidato que se dirigía hacia el alcantarillado social donde se depositan los despojos que la sociedad pretende ocultar.

La verdad es que el que escoge ese camino, sabe bien hacia donde se dirige, pues solo existen dos alternativas, la cárcel o la muerte. Esta generación tiene dos ejemplos muy patentes de que no importa cuánto poder creas tener, ni cuánto caudal económico logres acumular, el resultado será el mismo. Estos son, los señores Pablo Emilio Escobar Gaviria, quien resultó asesinado víctima del mismo terror que había creado, y Joaquín Guzmán Loera, mejor conocido como el *Chapo Guzmán*, uno de los más acaudalados narcotraficantes de nuestros tiempos, el cual recientemente fue hallado culpable de múltiples delitos relacionados al narcotráfico y sentenciado a pasar el resto de su vida en una celda cuyas dimensiones son idénticas a las de un cuarto de baño. Muchos apuestan a que volverá a escapar, pero yo les garantizo que las medidas de seguridad a las que estará expuesto serán tan restrictivas, que no lo logrará esta vez. Disfrutará de su fortuna, en una prisión de máxima seguridad, durante lo que le quede de vida, si es que los federales no le incautan todo lo que tiene, o si sus hombres leales no deciden traicionarlo. Les aseguro que un día expresará, si tiene la oportunidad de recapacitar, que desearía haberse quedado con su pobreza para disfrutar de la libertad que su nombre y sus acciones no le permitieron.

Como un ejemplo nacional, podríamos mencionar a Carlos Giovanny Báez, mejor conocido como *Tonka*, quien fue uno de los individuos más notorios y poderosos de Puerto Rico, pero su vida acabó con proyectiles cuyo valor no sobrepasa un dólar, cada uno. El otro ejemplo es Ángel Ayala Vázquez, mejor conocido como Ángelo Millones, quien a pesar de ser uno de los mayores narcotraficantes del país, tenía la suficiente conciencia para ponerle un alto a los asesinatos viciosos y abusivos que sucedían en las áreas controladas por él. Sin embargo, terminó con una sentencia de por vida, debido a delitos relacionados al narcotráfico y a que algunos de sus camaradas leales decidieron abrazar la deslealtad y traicionarlo, al convertirse en testigos, como siempre sucede en estas vidas que constantemente confundimos con películas de acción. ¿De qué valen tantas tierras, tantas propiedades, tantos lujos, tantos autos, tanto dinero, tantas mujeres, tantos amigos, si al final terminamos solos, pues todo se reduce a un pequeño terreno en algún cementerio, que será nuestra tumba, o a un espacio de 12' por 8' que será nuestra prisión? El dinero es bueno para vivir, pero no para morir, ni para perder la libertad por él.

Yo solía decir con regularidad que no aprendía de las situaciones que les sucedían a otros individuos, pues confiaba tanto en mi supuesta inteligencia, que me negaba a verme como uno de esos que terminaban muertos, o presos por el resto de sus vidas. Hoy soy de los que si veo a alguien ingresar en una habitación y sale todo ensangrentado, ni siquiera le pregunto qué le sucedió, solo me alejo de la habitación lo más pronto posible. Aprender de nuestros propios errores podría significar inteligencia, pero definitivamente, aprender de los errores ajenos, significa sabiduría. Ni la inteligencia que creía tener y muchos menos la sabiduría, me acompañaban en aquella época, y seguramente no me salvarían de mi destino. No aprendía de los errores propios, ni de los de los demás, era solo un barco sin capitán, que estaba a la deriva. Uno nunca ha aprendido todo, siempre habrá algo nuevo que aprender. "La ignorancia es cambiante, el aprendizaje es perpetuo".

18

"Sumergirse en el mundo del narcotráfico, es similar a encender un pequeño cerrillo y esperar a que su fuego se expanda hasta crear un gran infierno, para luego lanzarnos en sus llamas hasta ser reducidos a cenizas".

Antonino Geovanni

Continué sumergiéndome en las profundas oscuridades de ese mundo que muchos pintan como uno de placeres y diversión. James, un amigo que conocí en la escuela intermedia durante mi época de *rockero*, se había mudado al caserío. Él contaba mucho conmigo, pues había sido su defensor en varias ocasiones. Él tenía una peculiaridad que jamás había visto en un individuo cuando intentaba pelear, y esta era, que peleaba de espaldas al contrincante. Él decía que era para que no le lastimaran la cara. La realidad es que una modificación de rostro no hubiera estado de más, pero en serio, nunca lo vi ganar una pelea de las dos que tuvo en mi presencia. Solo provocaba la risa de los demás y hasta la de su rival. La última vez que hice que peleara, o mejor dicho, que se defendiera, fue en la escuela Benito Cerezo y me enojé tanto, que terminé metiéndome a pelear con su contrincante. Saqué una navaja y me fui tras el muchacho para cortarlo, pero tuvo la agilidad de escapar, pues mi coraje no me permitía pensar con claridad. De seguro, aquella mañana hubiera resultado en un incidente trágico si no hubiera sido por la capacidad que poseía aquel estudiante de moverse con suma rapidez.

James se mudó al caserío Las Muñecas con su papá, Eduardo Correa. El papá de James era un exmilitar y nos enseñó muchas cosas que nos ayudarían a sobrevivir en la calle. Eduardo veía todo como si fuese un escenario de guerra. Uno de los regalos que él le había hecho a James cuando era solo un niño fue un revolver calibre 32, con un tornillo en el cañón, para evitar que pudiera ser disparado. Al verlo, quise ponerlo en función, pero por más que lo intentamos, nunca logramos sacar el tornillo, el cual parecía haberse fusionado con el metal del revólver. Eduardo era un excelente ser humano, pero su obesidad mórbida no le permitía funcionar de manera normal. Resultaba increíble que aquel exmilitar *boina verde* y paracaidista estuviese atrapado en aquel cuerpo, cuyo peso superaba las quinientas libras. El apartamento de Eduardo era un altar a la belleza de las mujeres desnudas, pues más que un apartamento, parecía un almacén de revistas y películas pornográficas.

Eduardo nos llevaba a trabajar de manera legal, pues, aunque nos había orientado sobre las cosas de la calle, no quería que fuéramos víctimas de ella. Viajábamos en su camión blanco, parecido a uno de helados, a través de todo Puerto Rico, para verificar la vigencia de los extintores de incendio y para cambiarlos, si fuese necesario. Fue en uno de esos viajes que nos quedamos en el pueblo de Caguas, en una urbanización llamada El Retiro. Tony, el amigo de Eduardo, a quien había conocido en la guerra de Corea, era el dueño de la casa. La casa tenía alrededor de ocho dormitorios, una cochera en la que cabían seis vehículos, una edificación a su lado, habitada por más de doscientas palomas mensajeras. También tenía una piscina hermosa, con un jacuzzi cuyo contenido caía en la piscina en forma de cascada. Fue en esa piscina donde aprendí a nadar. Era una casa que solo se podía comparar con las que había visto en películas, incluso cuando desayunamos, parecía que estábamos en una escena de alguna novela. Estuvimos allí durante dos días y la realidad es que no quería marcharme, pues era la primera vez que no veía la vida a través del lente de las carencias a las que estaba acostumbrado. Lamentablemente, tuve que regresar al apartamento cuyas dimensiones eran similares a la edificación en donde dormían las palomas mensajeras que pertenecían a aquella familia. El Retiro solo quedó en mi memoria como un buen sueño que algún día tuve, de obtener una vida mejor.

Eduardo, el papá de James, murió. Nunca se supo la razón real de su deceso y no voy a mencionar cómo lo encontraron, ni cuáles fueron las especulaciones sobre las razones que produjeron su muerte, pues nada manchará su memoria. Él fue un buen tipo y eso fue lo que contó para mí. Hay gente que nos deja bonitos recuerdos que no pueden ser borrados con los flagelos de la muerte. Murió solo, pero querido y jamás será olvidado por nosotros sus amigos, ni por su familia. Que descanse en paz, el *Gordo Porcel*, como yo le decía.

James y yo asistíamos a la escuela nocturna, para intentar obtener el diploma de cuarto año, pero dedicábamos más tiempo al vacilón que a los estudios. Allí me presentó a *Pito*, un amigo suyo del pueblo de Isabela. *Pito* tenía una hermosa guagua roja tipo *pickup*. Nos ganamos la confianza de *Pito*. Él nos dio a guardar dos de sus armas, una pistola calibre nueve milímetros y una escopeta calibre doce, recortada. Las guardaba en el apartamento de mis padres, sin su conocimiento. Eso fue lo peor que me pudo pasar, pues, aunque ya había disparado un arma, jamás me había enamorado de la imagen de tener una en las manos, ni del poder que se siente al hacerlo. Cuando hablo de enamorarme de la imagen, es debido a que de manera literal, me paraba frente al espejo con las armas y hacía movimientos como si estuviese en un tiroteo de alguna película de Hollywood.

Siempre he dicho que cada arma posee su propio demonio, pues cuando se tiene en las manos una de esas máquinas portátiles de la muerte, es como si uno pasara a ser parte de ella, en lugar de ella convertirse en una extensión de nuestros cuerpos. La verdad es que cuando se tiene una mente positiva, un arma puede convertirse en una forma de proteger nuestras vidas, las de nuestros seres amados y nuestras propiedades. Decir que un arma puede matar, es decir que un lápiz podría escribir una maravillosa novela. Siempre he pensado que un cuchillo en manos de un criminal podría ser un arma mortal, pero en manos de un médico, podría ser una herramienta útil para salvar vidas. Sin embargo, una pistola en las manos inexpertas de un niño ignorante, aunque no se autodenomine como un criminal, podría convertirlo en uno, pues vería el arma como la llave que abriría el camino que lo conduciría hacia aquello que quiere alcanzar. En ese mundo oscuro, la facilidad con la que se puede obtener un arma raya en lo ridículo, pues solo se requiere conocer a alguien que esté ligado a los cimientos de ese submundo para poder ingresar a él y así adquirir lo que se desee, como si se estuviese en una tienda por departamentos.

La violencia es uno de los denominadores principales que nos está destruyendo como país y como sociedad. La criminalidad ha calado tan hondo en nuestra psiquis social, que salir de la seguridad de nuestros hogares hacia la calle se ha convertido en una ruleta rusa, pues sabemos cuándo salimos, pero no si vamos a regresar. La mayoría de las familias de Puerto Rico han optado por fortificar y equipar con tecnología sus residencias, para evitar convertirse en víctimas del crimen, sin embargo, lo que han logrado es encerrarse en sus propias cárceles. Se han secuestrado a sí mismos en sus urbanizaciones de acceso controlado, con la esperanza de que el portón principal logre detener el mal que ha engendrado el vientre de nuestro pueblo. Esa solución es similar a la de un hombre que se siente seguro sobre una balsa de plástico, en un río de pirañas. La seguridad no se encuentra en escapar del problema, sino en enfrentarlo para la consecución de una solución definitiva. En la búsqueda de escapar de un mal común, se han convertido en prisioneros de su temor, lo cual le concede una indiscutible victoria a las sombras que deambulan en las noches que antes eran suyas. Tememos tanto abrir nuestras puertas, que desconocemos las necesidades de nuestros vecinos, pero peor aún, desconocemos sus nombres y sus apariencias. Es por eso, que después de María, alguien escribió muy acertadamente que lo mejor que había traído ese poderoso huracán que viró nuestra isla al revés, fue que nos dio la oportunidad de volver a ser gente, de volver a sentir empatía por el sufrimiento del que vive a nuestro lado y del que está distante. La oscuridad nos devolvió la luz natural de las estrellas y la capacidad para valorar a los seres que teníamos cerca y las voces de los que estaban separados por la distancia. Tan pronto regresó la energía eléctrica que el huracán María se había llevado, también se activó el interruptor de la apatía de algunos que volvieron a encerrarse en la incomodidad de las pantallas luminosas de sus celulares y de las frías paredes de las estructuras que algunos llaman hogar; y con su apatía y falta de interés por el bien común, regresó la violencia.

Tal vez un día podamos entender que las armas no son el problema real, sino que lo son nuestra forma de pensar y los objetivos que perseguimos. Si no cree en esto, debería echar una ojeada a nuestros vecinos del Norte, no, Estados Unidos no, un poquito más arriba, Canadá, para que vea la cantidad de armas que poseen sus ciudadanos y los pocos actos criminales que se cometen en ese país. Lamentablemente, existe algo en nuestra sangre caribeña que nos hace más propensos a ser manejados por nuestras emociones de coraje, lo cual nos conduce al descontrol y nos lleva a cometer graves errores que terminan lastimando a otros y a nosotros mismos, pues no existe mano que propine un golpe sin lastimarse al hacerlo. Es triste ver en las noticias que un individuo terminó con la vida de su vecino por una discusión sobre un estacionamiento. La estupidez de estas personas es tan inmensa que está fuera de toda lógica, pues el muerto ya no tendrá problemas de estacionamiento y el que lo asesinó, no tendrá que preocuparse ni siquiera por la transportación, ya que el Departamento de Corrección se la proveerá gratuitamente durante el tiempo que esté encarcelado. Matamos a un ser humano debido a que creemos que será la solución a nuestros problemas, pero en realidad, es el comienzo de problemas peores que no tendrán comparación con los que propiciaron la decisión de quitarle la vida a la víctima.

La vida me parecía más fácil porque tenía armas. Les había dicho que no tenía un hermano que me defendiera debido a que el único que tenía pasó la mayor parte de su vida en prisión. Eso hizo que me convirtiera en un buen peleador a los puños, pero a mayor destreza en defenderte contra los que te atacan, mayor será la cantidad de enemigos. Sin embargo, la posesión de las armas me había dado una tranquilidad efímera. Se cree que el infundir miedo en los demás genera respeto, pero cuidado con ese supuesto respeto. Éramos niños ignorantes y armados, una combinación muy peligrosa.

Nos propusimos asaltar el cine en el que había trabajado siendo más niño. Sabíamos la hora en que salía Benny a depositar el dinero. En realidad, no teníamos nada en contra del cine, pero Benny nos había estafado pagándonos una miseria por repartir propaganda del mismo cine. Éramos solo dos, eran casi cinco mil dólares que se recogían en un día del fin de semana. Llevé la escopeta en la funda de una caseta para acampar y la puse bajo un *coat* negro que tenía puesto, un *trench coat* largo que había traído de Nueva York. Les recuerdo que estábamos en Puerto Rico. La gente que me vio debió haber pensado que era el tipo más loco del mundo porque en realidad el calor que sentía esa noche me asfixiaba. No pudimos hacer el atraco, Benny nunca salió a depositar, tuvimos suerte de no haber sido atrapados porque yo parecía el tipo más sospechoso del planeta, con la indumentaria de invierno que llevaba puesta en este trópico infernal.

Andy era un tipo que había llegado al caserío de arrimado y se creía el dueño. Lo había conocido antes, cuando la guerra escolar entre San Antonio y Muñecas estaba en todo su apogeo. Él estuvo de mi lado en una de las peleas que tuve contra esas personas. Sin embargo, las cosas habían cambiado. Por alguna razón, él pensaba que debíamos rendirle pleitesía. Era esposo de Nilsa, una de las muchachas del caserío y por eso se había ganado la entrada gratuita. Ella era una de las muchachas más queridas y más bonitas del caserío, pero eso cambió con la llegada de Andy. Las personas comenzaron a odiarlo. Un día él y yo tuvimos un percance que consistió en solo un intercambio de palabras. Me dijo que buscara mis armas y las usara en su contra. No tuve la necesidad de hacerlo porque la discusión no pasó a mayores. En el altercado me demostró respeto, lo cual hizo que no lo viera como una amenaza potencial. Decidí mover las armas, pues muchos conocían que las tenía en mi apartamento y eso podía provocar la llegada inesperada de las autoridades. Solo bastaba una llamada anónima para provocar un desmadre en mi hogar. No podía dejar que eso sucediera debido a que serían mis padres los que resultarían más afectados. La mayoría de las veces, esas llamadas anónimas son generadas por el miedo y créanme, en ese mundo no existe peor enemigo que el miedo que se les infunde a los demás.

Guadil, uno de los *bichotes* de la vieja escuela, se enteró de la discusión que tuve con Andy y comenzó a buscarme. Me contó sobre un asalto que le habían hecho en el hogar de su familia. Para lograr que cooperara cogieron a su bebé y le pusieron un arma en la cabeza. Andy estaba con *Guadil* esa noche y también entregó el dinero y las prendas que tenía. Casualmente, Andy recuperó toda su propiedad, pero *Guadil* no tuvo la misma suerte. Ese pequeño, pero importante detalle, hizo que las sospechas cayeran sobre Andy. En cualquier otro caso, eso podría ser perdonado, sin embargo, amenazar la vida de una criatura inocente significaba la pena máxima. Hablé con *Guadil* para ver si eso era lo que deseaba, pero no, él solo quería que yo le diera una *pela* a Andy. "Ese hombre no es de los que se quedaban tranquilos con unos cuantos golpes", le dije a *Guadil*. Si hacía eso, después tendría que matarlo, pues de seguro Andy iría tras de mí. Esa era la forma ideal de *Guadil* salir del problema sin que se le involucrara, o sea yo le daba una *pela*, y lo que pasara después sería mi responsabilidad. *Guadil*

127

me hacía sentir como si fuera su mejor amigo, me llevaba a los bares de mujeres donde era el rey, por la cantidad de *perico* que llevaba para regalar. La verdad es que en la bolsa había más *corte* que *perico*. Me sentía grande e importante al estar en compañía de uno de los grandes de esa época, pues siendo solo un *chamaquito*, vi la oportunidad de crecer en el negocio. Estuve un tiempo con él hasta que entendí que él solo me utilizaba para librarse de esa persona a quien él tanto temía.

Poco a poco me alejé del individuo, que además de ser un tipo manipulador, resultó ser solo un cobarde. Andy continuó escalando peldaños en el mundo de los narcóticos. Estableció un negocio de bebidas cerca del caserío, pero no le duró mucho el reinado, ni el negocio. Tuvo problemas con otras personas, gente con los cascos calientes, que no comían cuentos. Esa gente era de mandar e ir; el problema era con Ricky, el del caserío Montaña y con su hermano. Desconozco las razones que propiciaron el problema, pero sí sé que le enviaron un fuerte y pesado mensaje a Andy, el mensaje estaba escrito en plomo. Se estacionaron frente al negocio y comenzaron a disparar indiscriminadamente. Andy no se quedó de brazos cruzados y repelió el ataque. Los de Montaña tuvieron que emprender la huida y debido a la adrenalina que se genera en esas situaciones, chocaron el vehículo y el hermano de Ricky resultó muerto, no por el plomo, sino por los golpes recibidos en el accidente. Alguna gente llamaría a ese acontecimiento Karma instantáneo, pero fue una lamentable tragedia.

En el caso de Andy, no fue destruido por nadie. Andy se destruyó a sí mismo cuando incursionó en el vicio del *crack*. Violó uno de los mandamientos del narcotráfico, "No consumirás el producto que vendes". Pasó de ser un rey, a ser un simple plebeyo, más que eso, era un bufón. Nadie confiaba en él. Una noche llegó a mí para pedirme *perico*, pues esa es la base para confeccionar el *crack*. Comenzó a pedirme bolsitas, con la excusa de comparar una con otra, para supuestamente ver cuál tenía mayor cantidad. Sucedió que cuando tenía cuatro o cinco bolsas de *perico*, emprendió la marcha del carro, le dije que no se fuera, se detuvo y me juró que me las iba a pagar. Salió a toda velocidad con su *Jeep*. Salí corriendo, busqué una pistola, el carro y fui tras él, pero no pude encontrarlo. Había jurado matarlo por lo que me había hecho.

Eran solo cincuenta dólares, pero lo primero que uno dice cuando es una cantidad de dinero tan insignificante como lo que Andy me llevó, es que no es por el dinero, sino por la falta de respeto, con eso se pretende justificar la muerte del malhechor. Pero eso es solo una excusa para justificar nuestras estúpidas acciones. Andy tenía una bebé hermosa, la cual resultó afectada debido a que no podía asomarse por allí para verla. Nilsa optó por hablar en favor de su exmarido y me pidió una consideración, no por él, sino por la nena, además, pagó el dinero que Andy había tomado. Decidí olvidar el asunto, pero establecí condiciones claras, de que una vez más que lo hiciera, no habría oportunidades. No sé qué habrá sido de él, pero era un buen tipo, al menos lo fue, antes de ingresar en el mundo del vicio. De un tipo respetado y temido, se convirtió en un pobre adicto que solo inspiraba pena. Lamentablemente esta es una historia que se repite más de lo que pensamos, en cada luz o semáforo, en cada esquina, en cada *shooting* u hospitalillo hay hombres y mujeres que un día tuvieron sueños, que imaginaron un futuro mejor, que se diseñaron como personas de bien, pero todo se detuvo cuando fueron atrapados por los tentáculos de las drogas y los arrastró hasta despellejarlos y quitarles todo. Las drogas nos roban los sueños, la voluntad, el orgullo, la familia, y lo más importante, la vida. Hermanito y hermanita que me lees, antes de probar cualquier tipo de droga, aunque parezca inofensiva, recuerda que el arrebato te arrebata todo lo que tienes o pensaste tener. Y si lo ves como un juego, algún día verás las letras gigantes que te dirán, *GAME OVER*, entonces será muy tarde.

19

"De todas las personas que conocerás a lo largo del camino, tú eres la única que nunca podrás abandonar o perder. Eres la única respuesta a la pregunta de tu vida. Eres la única solución a los problemas de tu existencia".

Anónimo

La vida te da sorpresas, sorpresas te da la vida, dice la canción de Rubén Blades. En ese mundo de letargo e inconciencia, los golpes suelen llegar de los lugares menos esperados. Estaba en un *jangueo* con mi amigo *Marcy*, del pueblo de Moca, no sabía que él tenía problemas en un barrio de ese pueblo, debido a que su novia Martha le había dado una golpiza a un individuo que había tratado de propasarse con ella. Sí, ella solita le había partido la cara al descarado y él quería vengarse atacando a su novio. Al parecer, no había quedado satisfecho con la golpiza que ella le había propinado, sino que estaba dispuesto a recibir una de *Marcy*. Estábamos en el carro del primo de *Marcy*, un *Hyundai* del año ochenta y nueve. Martha *la boxeadora* no estaba con nosotros. Teníamos que buscar a su primo, el cual estaba en la casa de su novia, en el mismo barrio del individuo que había sido agredido por Martha. El lugar tenía el nombre de Voladora. Llegamos a la casa donde estaba el primo de *Marcy*. Él se despedía de su novia, cuando vimos la calle del frente llenarse de múltiples vehículos, parecía una escena extraída de una película de acción, *low budget*. Había motoras, vehículos todo terreno y una multitud de individuos que estaban ansiosos de vernos salir de la residencia. Los padres de la novia del primo de *Marcy* no querían que se fuera, pero él, haciendo alarde de su valentía, insistió en salir con nosotros.

Abordamos el carro, el primo de *Marcy* conducía, *Marcy* iba en el asiento trasero y yo en el asiento delantero. Emprendíamos la marcha cuando fuimos interceptados por la multitud sedienta de sangre. Colocaron zafacones de metal en el camino, para evitar que el carro pudiera pasar y pudiéramos escapar. Varios individuos, incluido el que había resultado agredido, comenzaron a meter sus manos en el auto para sacar a Marcy. Ellos tenían bates, machetes y todo tipo de armas utilizadas en los pueblos del centro de la isla. Les grité que Marcy estaba dispuesto a pelear, pero tenía que ser uno contra uno. A pesar de mi esfuerzo por procurar una batalla justa, aquellas garras seguían posesionándose de su cuerpo, para sacarlo del carro. Le dije al primo de *Marcy* que acelerara, me miró algo inseguro, pero pisó el pedal de la gasolina con toda su fuerza. El carro comenzó a moverse, pero se detuvo cuando quedó atascado al chocar uno de los zafacones. Los individuos comenzaron a golpear el carro. El primo se bajó para enfrentarlos. De inmediato, el carro comenzó a moverse hacia atrás debido a que estábamos en una pequeña bajada. En la parte de atrás teníamos un risco profundo en el cual hubiésemos caído, de no haber sido porque pude reaccionar a tiempo. Tuve que moverme con rapidez, pasé mi pierna izquierda por encima de la palanca de cambios, la dejé caer con toda mi fuerza sobre el pedal de los frenos y cuando el carro se detuvo, activé también el freno de emergencia.

Salí del carro al ver que varios de los individuos golpeaban a *Marcy* con un bate. Traté de hacer algo por él, pero fue imposible. Solo alcancé a gritar que lo dejaran pelear con el tipo del problema, para que resolvieran el asunto entre ellos, como dos hombres. Uno de los que estaba entre la multitud, me reconoció y comenzó a gritar que yo era de Aguadilla. En ese tiempo se libraba una guerra de gangas entre ambos pueblos. Imaginé que no saldría vivo de allí cuando fui señalado por aquel desconocido. Sin embargo, de manera inmediata dijo que nadie me tocara, que yo era su amigo. No podía distinguir quién era la persona que había gritado en medio de la multitud que me rodeaba. De repente, alguien se me acercó, me tomó del brazo y me dijo que nadie me iba a tocar. Cuando lo vi, pensé que había muerto y llegado al cielo, pues era mi amigo Danny, a quien me había presentado *Roly* Solá, un viejo socio de negocios. Al ver a Danny, pude ver la salvación de aquello que podía significar la muerte para cualquiera de nosotros.

Recuperé el color de mi rostro, pues aunque exigía una pelea justa, no puedo negarles que tenía miedo. No es cosa fácil estar en medio de una multitud de más de sesenta personas hostiles, cuando no eres el blanco de ataque, pero sí lo es un amigo tuyo. Llegaron varias patrullas para controlar la situación, sin embargo, al ver que su objetivo era casi imposible, optaron por arrestarnos debido a que nos habíamos negado a ingresar de forma voluntaria en la patrulla. Nos condujeron al cuartel de policía, y allí sucedió algo que jamás olvidaré. Uno de los oficiales que estaba adscrito al cuartel nos interrogaba. Comenzó con *Marcy*, le realizó las preguntas de rigor, nombre, edad, etcétera. Nos trataron con mucha amabilidad, pero eso cambió cuando el policía le preguntó a *Marcy* el lugar en donde residía. Marcy lo miró y contestó: *En el carajo*. El oficial se molestó y le dijo que no le faltara el respeto, pues no se lo había faltado a él. El primer idioma de *Marcy* era el inglés y no era muy diestro con el español; ello podía significar un problema. El guardia volvió a preguntarle y *Marcy* volvió a contestarle, *En el carajo*. El policía se puso furioso y le volvió a formular la pregunta, esta vez, con una actitud desafiante. *Marcy* hizo una pausa y contestó lo mismo,

¡*En el carajo*! Al escuchar la respuesta de *Marcy* pensé que allí recibiríamos la *pela* que no nos habían dado en Voladora. El guardia se puso de pie, para golpear a *Marcy*, cuando otro oficial intervino, lo tomó del brazo y le dijo que se calmara, que en Moca había un sector llamado *El Carajo*. El otro oficial le preguntó a *Marcy* si residía en ese sector y *Marcy* solo contestó, "*Ya se lo dije tres veces a este guardia*". No les quedó más remedio que reírse, también me reí, no tenía idea de que hubiese un barrio con semejante nombre. Después de ese incidente jocoso, no hubo más preguntas, nos dejaron ir.

Debía llegar a Aguadilla, no tenía forma de hacerlo, el carro se había quedado en el barrio Voladora y desconocíamos qué había sucedido con él. Caminábamos a través del casco urbano de Moca, cuando vimos llegar al primo de *Marcy* en el carro. Subimos al auto, le dijimos que me llevara a Aguadilla. Nos dijo que no podía, que al día siguiente tenía que trabajar. Manejó hasta su residencia y le dijo a *Marcy* que me llevara.

Marcy se cambió al asiento del conductor y nos dirigimos hacia Aguadilla, no sin antes detenernos en la casa de Martha. Imagino que *Marcy* estaba muy contento de haber salido vivo de aquella situación y quería ver a su novia. Yo iba todo el camino envenenando su cerebro, le decía que nos debíamos vengar. Él replicó que era imposible debido a que eran muchos. Le dije que no se preocupara, que tenía algo que los haría correr y los haría pensar varias veces, antes de atacarnos de nuevo. Le dije que le daría un arma y que sería él quien dispararía contra aquellos que lo habían atacado. Estuvo de acuerdo, aunque se puso bastante nervioso. Lo convencí de que me dejara manejar. Mis destrezas al guiar carros de transmisión estándar o manual eran fatales, aun así, íbamos a alta velocidad a través de la marginal del barrio Palmar, entre Aguadilla y Moca.

Manejaba bastante bien, excepto que en un momento casi choqué contra la pared de un negocio del lugar. Ellos se asustaron, aunque ni siquiera trataron de persuadirme de que dejara manejar a *Marcy*. Seguí tras el volante, adquirí confianza y aumenté la velocidad. De pronto, ellos me gritaron *Geo, watch it*, que tuviera cuidado. Yo miraba hacia la palanca de cambios que se había atascado. Al mirar hacia adelante y ver que me dirigía directo hacia el tronco de un árbol, me puse tan nervioso que giré el volante hacia la izquierda para evitar chocar contra el árbol, pero presioné el acelerador en lugar del freno. No choqué con el árbol, sino que golpeé el talud de tierra donde estaban enclavadas sus raíces. Estas actuaron como una especie de rampa por la cual el carro subió hasta elevarse en el aire. No entendía lo que ocurría, solo sentía un silencio absoluto. Todo parecía haberse detenido. Sentí que me salía a través de la ventana del carro y me sostuve de lo primero que encontré, de la parte externa de la capota del carro. Desconocía que el carro giraba en el aire. Lo deduje cuando el carro cayó de capota sobre mi brazo izquierdo, el cual pinchó contra el pavimento. El carro se desplazó sobre varios metros de carretera mientras mi brazo estaba atrapado entre el metal de la capota y la brea. No sentí dolor alguno, lo que sí sentí fue la carne de mi brazo desprendiéndose para convertirse en parte de la carretera. El ruido de la caída fue estruendoso, las chispas ocasionadas por la fricción del metal y la brea fue lo único que pude ver en aquella densa oscuridad. Nunca perdí el conocimiento, sin embargo, estaba aturdido por el golpe.

Aún estábamos dentro del auto, mi reacción inmediata fue buscar a mis amigos. Me sentí confundido al encontrar que todo estaba de cabeza, fue entonces que comprendí que el carro se había volcado. No sentía dolor en ninguna parte de mi cuerpo, pero no sabía dónde estaba. Sabía que habíamos tenido un accidente, pero mis pensamientos no estaban organizados. Experimenté una sensación de alivio cuando vi que Martha y *Marcy* se movían y hablaban. Sus palabras eran algo confusas, pues también estaban aturdidos por el golpe. Lo importante era que estaban vivos. Solo entendí cuando me preguntaron: "*Geo*, ¿qué hiciste?" Se me ocurrió contestar: "Nada, fue el palo que se metió en el medio". Intenté salir del carro, ellos ya habían salido. Estaba de rodillas, solo podía salir al gatear sobre la parte interior de la capota del carro que se había convertido en mi suelo. Salía humo de la parte frontal del vehículo, pensé que iba a explotar en llamas. La capota se había compactado, estaba casi a la altura de la parte superior de las puertas del carro. El espacio para salir de aquella trampa de metales retorcidos era un orificio muy reducido.

Puse la mano derecha sobre la parte interior de la capota del auto y cuando fui a poner la mano izquierda, noté que no respondía. De inmediato comencé a gritar: "Mi brazo, mi brazo, ayúdenme a buscar mi brazo". Lo busqué dentro del carro, pero no pude encontrar rastro alguno de lo que hasta mis 17 años había sido mi fiel compañero. No tuve más opción que salir arrastrándome. Al salir, me percaté del desastre que mi estupidez había causado, había cristales y pedazos del auto esparcidos sobre una gran parte del pavimento, sin embargo, nada de eso importaba. Mi único pensamiento coherente estaba enfocado en encontrar mi brazo izquierdo.

Tenía puesto un *jacket* verde militar marca *Gap*, el cual amaba, estaba hecho de tela y piel. Al moverme, noté algo que colgaba dentro de la manga izquierda del *jacket*, la cual estaba rota y cubierta de sangre, pero no sentía nada. Toqué la manga izquierda con mi mano derecha, sentí que había algo en su interior, pero lo que era no tenía sensación alguna. Por su forma, supuse que era mi brazo, que no se había desprendido de manera total debido a que estaba atorado en la manga del *jacket*. Debía averiguarlo, comencé a quitarme el *jacket* con mucho cuidado, para poder atrapar el brazo antes de que cayera al suelo. Mientras tanto, Martha y *Marcy* me insistían en que nos fuéramos a buscar a un tío que vivía cerca de allí, para que nos llevara al hospital. No quise ir con ellos, no tenía la fuerza ni los deseos de hacerlo. Mi concentración total estaba en descubrir lo que le había ocurrido a mi brazo. Había logrado quitarme la parte derecha del *jacket*, solo restaba la parte izquierda, la que cubría el área afectada. Comencé a bajar lentamente la manga, descubrí un enorme orificio cerca de la axila del cual emanaba una gran cantidad de sangre. Supuse que el brazo aún seguía adherido al cuerpo porque algunos tejidos no se habían desprendido. El brazo en cuestión fue aplastado por el peso total del carro cuando cayó sobre el pavimento, o sea, que la esquina superior de la capota del lado del conductor actuó como una guillotina.

Quise salir del suplicio que me ocasionaba el no saber cómo había quedado mi brazo. Aproveché la ausencia de dolor para tirar de la manga con fuerza y rapidez. Para mi sorpresa, el brazo aún estaba allí, estaba bastante golpeado y ensangrentado, pero todavía pertenecía a los miembros activos de mi cuerpo. Casi una tonelada de peso había caído sobre él, o sea, que tenerlo era un milagro. Mis amigos se habían marchado. Crucé la carretera en busca de que alguien se detuviera para llevarme al hospital más cercano y para evitar ser golpeado en caso de que otro vehículo, al no verlo, impactara el carro en el cual me había accidentado. Pasaron varios automóviles, pero no se detenían debido a que no podían ver lo que estaba al otro lado de la carretera, porque los carriles estaban divididos por una barrera de concreto. Al fin se detuvo alguien, me recosté sobre su auto, no tenía fuerzas, sentía que me desmayaba. La pérdida de sangre era la causa para que me sintiera de esa manera. Fue un hombre quien se detuvo, me preguntó si había más personas en el auto. Le respondí que no, que los demás se habían ido a buscar ayuda. Al ver que mis respuestas provenían de una voz debilitada, decidió llevarme al hospital San Carlos de Moca. La distancia en carro hasta el hospital era como de cinco minutos, pero me pareció que estuve algunas horas sentado en el asiento de aquel vehículo sosteniendo mi brazo para evitar que se saliera de la posición en la que lo había colocado. El caballero que me socorrió me explicó que mi brazo estaba roto y que era por eso que no lo podía mover, ni experimentar sensación alguna. Romperme un hueso era una experiencia nueva para mí, pues me había caído muchísimas veces y ningún hueso había resultado afectado. Había llegado a pensar que mis huesos eran irrompibles, pero siempre llega algo más fuerte para demostrarnos que no éramos tan fuertes como pensábamos.

Llegué al hospital de Moca, no encontré a mis amigos porque ellos habían sido llevados al hospital de Aguadilla. Los encargados del hospital me exigieron que les proporcionara los nombres de mis padres. Al principio, les dije que no tenía padres, pues, aunque sí los tenía, había aprendido a ser diferente a mi hermano, el cual llamaba a mami tan pronto se metía en problemas. A insistencia de ellos, le di el nombre de mi papá, pero le aclaré que si mi mamá contestaba, insistieran en comunicarse con mi papá, pues temía que la salud de mi madre, quien padecía de hipertensión, se afectara con la noticia. El caballero que me había ayudado tuvo que marcharse. Lo hizo antes de que le pudiese agradecer por haberse detenido y por las palabras que tuvo para conmigo, pues fueron ellas las que me calmaron y me hicieron enfrentar el proceso con valentía. Quien quiera que haya sido usted, muchas gracias por haberse detenido a socorrer a un desconocido. Personas como usted son las que necesita Puerto Rico para convertirse en un país de primera.

Tan pronto llegó mi papá, lo primero que hizo fue preguntarme si había sido una pelea. Antes de que le contestara, me contó que de camino al hospital había visto un accidente fatal en el que según su creencia, no había sobrevivido ninguna persona. Tuve que sonreír en medio del dolor que sentía en el brazo que ya estaba despertando de su sueño involuntario y le contesté que en ese carro iba yo. Él no lo podía creer, pues el carro había quedado en tan mal estado que era imposible que hubiese habido sobrevivientes, sin embargo, no solo hubo uno, sino tres sobrevivientes. Yo era el más afectado de los tres, un hueso roto y varias laceraciones que me dejaron marcado para toda la vida. El tratamiento para corregir la ruptura del hueso fue un yeso inmovilizador. Luego me colocaron un artefacto plástico para que no se me pegara de la carne debido a la herida abierta que tenía en el brazo. El doctor me dijo que, según la profundidad de la herida, si hubiera sido algunas pulgadas más arriba, el metal me hubiera atravesado el corazón.

Papi quedó asombrado ante el hecho de que su hijo hubiera sobrevivido a aquel accidente tan aparatoso. Creo que la vida tiene planes que desconocemos hasta que se nos revelan ante nuestros ojos. Imagino que desde las regiones altas habían determinado que ese no fuera nuestro día. Luego fui a visitar a *Marcy* para ver el auto. Al verlo comprendí la razón de la incredulidad de mi padre. Me encantaría tener fotos para que comprendieran que haber salido vivo de entre aquellos hierros retorcidos fue un verdadero milagro. No lo sabía para aquel entonces, pero la realidad es que toda vida tiene un propósito, y el mío creo que tenía que ver con esto de llenar con letras y tinta una página vacía, letras que también tienen el propósito de construir caminos que tal vez, en algún momento, otros podrían seguir.

Intento continuar con este escrito, pero la verdad es que, si no me detengo a discutir sobre lo que ocurre en este país, no estaría haciendo el trabajo para el que he sido llamado. El 24 de marzo de 2019, tuve la mala suerte de encender el televisor a la hora de las noticias. En ese espacio noticioso pude ver que un maldito desgraciado de 19 años lanzó un líquido inflamable sobre quien fuera su exnovia, y luego la prendió en fuego. Hablo de una niña de solo trece años, quien proviene de una familia no tan afortunada. No voy a caer en la trampa de juzgar a la madre de la niña, la cual parecía que no había hecho lo suficiente para evitar que sucediera la lamentable situación que la tiene entre la vida y la muerte. La niña tenía un noventa por ciento de su cuerpo quemado y me pareció que la preocupación de la madre era por el problema que esta situación le pudiera ocasionar y no por la salud y el bienestar de su hija. Sin embargo, no puedo emitir juicios sobre lo que desconozco. Al cabo de unos meses, la niña murió a causa de las quemaduras y su agresor fue sentenciado a cumplir noventa y nueve años tras las rejas.

Mi pregunta obligada es, ¿Qué diablos nos pasa? ¿Quién nos dio autoridad y potestad sobre la vida ajena? Resultan increíbles los actos que cometen algunos de los integrantes de esta sociedad machista en la que vivimos. Nos creemos dueños y señores de las mujeres, que, si no es con nosotros, ellas no pueden estar, ni serán de nadie. Primero, la mujer no es suya ni es de nadie, sino de ella misma, pues la mujer es un ser viviente y pensante que no necesita de un idiota como usted ni como yo para que la guíe en sus caminos. Segundo, y no voy a caer en la ridiculez esa que dicen por ahí, de que usted tiene que respetar a la mujer porque proviene de una. No, usted tiene que respetar a la mujer porque sí, porque es un ser independiente, que siente, que piensa y que es capaz de hacer cosas mayores que las que usted podría imaginar. Lo que sucede es que vivimos en una sociedad patriarcal que lo que ha hecho es sepultarnos bajo las toneladas de estupideces que se cometen en nombre de la testosterona. Ojalá imitáramos a los grandes e inteligentes elefantes que son dirigidos por una hembra, que los guía para no caer en los abismos ensangrentados creados por la violencia humana.

En días recientes vi como las mujeres que protestaban en Egipto por el derecho a la igualdad, eran masacradas y violadas en manada. Sí, en manadas, un comportamiento así ni siquiera se ve en los animales y mis respetos y disculpas a dichos seres, por la mención dentro de este tema que solo atañe a estos idiotas, a quienes en sus certificados de nacimiento alguien catalogó de humanos, por equivocación. La realidad es que estos seres que cometen estos actos tan reprobables y barbáricos, no deberían caminar junto a las personas que tienen como meta la creación de una sociedad en la que todos podamos vivir en paz y sin temor. Mi mayor respeto y admiración va hacia esas mujeres, que aun poniendo en riesgo sus vidas, luchan hasta generar cambios en la sociedad mundial que ha adoptado las reglas del machismo como manual de vida. En algunas culturas, dicho machismo es visible, y en otras, existe de manera solapada, pero en ambos casos, el propósito es el mismo, minimizar los grandes atributos de la mujer, a los cuales el hombre inseguro tanto teme.

Nuestro mundo debe cambiar, ver a una mujer como un objeto de tu pertenencia, que puedes quitarte o ponerte cuando desees, es a mi entender, el *mayor error de todos. Es obligación nuestra ver a la mujer tal cual es, sin nada de la indumentaria machista que le hemos puesto durante tantos siglos, para ocultar su grandeza. También es requerido que la mujer comprenda que es necesario regresar a su sitial, en el que las comunidades eran regidas por la inteligencia de una mujer y no por los impulsos inexplicables de un macho descerebrado; y no quiero mencionar como ejemplo de esto al actual Presidente de los Estados Unidos (Trump), por no caer en las trampas políticas que solo generan divisiones, pues un pueblo dividido es más sencillo de gobernar por aquellos que manejan el poder, no por el bienestar de su pueblo, sino por la simple tenencia del poder.*

Hombres, entiendan que la mujer es ese eslabón que nos une a esa larga y fuerte cadena existencial y que, sin ellas, con toda seguridad, no existiría la humanidad. Mujer, entiende que eres un ser muy importante, que eres el punto principal de esto que conocemos como vida y que bajo ningún concepto puedes permitirte ser tratada como un objeto, sin importar lo que diga la canción de algún cantante, o cualquier equivocado versículo de cualquier libro que los humanos utilicen como guía existencial. Usted es libre y dueña de cada uno de sus actos y posee la capacidad de construir nuevos caminos para que la humanidad pueda hallar un mejor destino en el cual las próximas generaciones puedan vivir en paz y armonía.

Le tengo noticias, usted no es una media naranja, usted es una fruta completa, la fruta de su predilección y no la que la sociedad le dicte que usted debe ser. Atrévase a vivir sus sueños sin la necesidad de la aprobación de un hombre, extienda sus alas y conquiste los cielos que se construyeron para usted. Es tiempo de que comience a respetarse como lo que es, un ser humano con inmensas capacidades para alcanzar todo lo que desee y se proponga. Reconociéndose, logrará que otros puedan seguir sus pasos y no respetarla solo a usted, sino también a todas las componentes de su género. Quítese la venda que tantos años ha cubierto sus ojos para evitar que pueda identificar sus capacidades. Nivele la balanza que por tanto tiempo la ha tenido en desventaja. Sepa que usted merece trato igualitario, que ningún hombre tiene poder sobre usted para tomar decisiones, ni mucho menos para levantar una mano contra su integridad física, emocional o espiritual. Deje de vivir en la oscuridad que los machos no pensantes diseñaron para usted y comience a brillar para usted, para los que vienen detrás, y para los hombres que esperamos el día en que podamos caminar bajo su luz radiante. Sea usted, libre, poderosa y sin miedos. Tropiece, cometa errores, caiga, pero no se quede en el suelo, levántese y conquiste su destino. Y Mujer, jamás dejes de estar orgullosa de ser la piedra angular de la humanidad, pues con nuestros errores y aciertos, a ti te debemos la vida.

20

"Lo único necesario para que el mal triunfe es que
los hombres buenos no hagan algo para evitarlo".

Edmund Burke

La vida continuaba, no hubo cambios significativos en mi conducta tras el accidente que pudo haber terminado con mi vida. La única diferencia es que tenía que hacer todo con el artefacto inmovilizador puesto en mi brazo. Sin embargo, eso no impidió que cometiera estupideces. Pareciera que el inmovilizador estuviese colocado en mi cerebro para impedir el desarrollo de mis neuronas. Vendía mi propia droga, pues todavía no había escalado las envidiables posiciones que ofrece la empresa del narcotráfico, que permite tener *tiradores* o empleados. Recuerdo que de manera ingenua guardaba la droga en una caja plástica de parchos de bicicleta, la caja era color azul turquesa, un color muy llamativo para los usuarios, las autoridades y hasta para cualquier niño. Estaba frente al caserío en donde esperaba por los clientes para hacer las ventas del día. Jamás tenía la caja encima, pues eso significaba hacerle el trabajo más fácil a la policía y la idea era evitar ser atrapado. El Punto estaba establecido frente a la avenida principal, vía que tenían que atravesar todos los mortales que dejaban sus vidas en turnos de ocho horas, en las fábricas que estaban cerca del caserío. Por lo tanto, lo que hacíamos no era un secreto para nadie, como diría uno de mis amigos, estábamos "al descaro".

Cerca del lugar en el que tenía guardado *el muerto* (paquete) de sustancias había un individuo sentado, era un residente del caserío, pero también era un usuario ocasional. Lo removí del lugar, pero luego regresó. Tuve que orientarlo sobre lo que había allí y la razón por la cual tenía que desaparecer de las inmediaciones. El hombre se movió del lugar, pero permaneció en las cercanías. En eso llegó un cliente, corrí hasta el lugar para sacar *el muerto de perico*, pero al llegar me percaté de que la cajita ya no estaba. Me puse furioso, no solo había perdido una venta, sino que también me habían robado. Esas cosas no se perdonan en el bajo mundo, en ocasiones puede costarle la vida a su autor, pero todo depende de la cantidad de material hurtado y del carácter de su dueño. Comencé a buscar al individuo que había sacado del lugar. Lo había prejuzgado, sin haberle dado la oportunidad de defenderse. Estaba seguro de que había sido él. Mi veredicto era de culpabilidad. ¿Cuántas veces hemos cometido el error de juzgar a las personas por lo que aparentan ser o por lo que nos han dicho sobre ellas? Lo encontré, comenzamos a discutir, sin embargo, no podía pelear debido a que llevaba puesto el inmovilizador. Él se mantenía firme en su inocencia, pero era el único a quien yo había visto cerca del *muerto*, así que era culpable más allá de toda duda razonable.

Me fui, pero no sin antes decirle que me esperara. Comencé a gritarle a Pito que me tirara un bate, y desde el balcón del apartamento que estaba ubicado en el tercer piso de uno de los edificios del caserío, se asomó *Pito*. Se asomó con aquel bate de madera que en nuestra niñez había sido sinónimo de alegría y diversión cuando jugábamos pelota en la cancha de baloncesto, debido a que no teníamos un parque en donde hacerlo. En la urbanización cercana había uno, pero casi siempre estaba ocupado por equipos que practicaban el deporte de manera más profesional. Recuerdo que ingresé en uno de esos equipos, con el deseo de aprender el deporte, pero mi decepción fue grande cuando después de que mi papá me había comprado parte del equipo, descubrí que la concentración de *Cao*, el dirigente del equipo, estaba más enfocada en sus dos hijos. Decían que Yasel Delgado era mejor pelotero, pero su hermano Carlos era más disciplinado, y su padre logró que ese pequeño equipo catapultara a Carli, o a Carlos Delgado, como ustedes lo conocen, a las grandes ligas.

Regresemos al bate que atravesaba el aire sin saber cuál era su misión cuando llegara a tierra, o a mis manos. Pude atrapar el bate con mi mano derecha y de inmediato me dirigí al encuentro con la persona que, según mi ignorancia, había insultado mi honor, al haberse atrevido a robarme. Y repito, esa es la manera de justificar nuestras acciones de violencia cuando es una cantidad ínfima de material. Decimos, "no se trata del material, es la falta de respeto" y creemos que eso nos absuelve de todo pecado. Le cuestioné al individuo sobre el material. Me repetía que no había sido él, sin embargo, fue la única persona que vi en el lugar. Perdí el control y comencé a golpearlo con el bate. Él trataba de cubrir sus partes vitales como la cabeza, pues la verdad es que le tiré a todo lo que estuviese cubierto con piel. Trataron de detenerme, pero ¿quién detiene a un león hambriento cuando está despedazando a su presa? Julio *Pamper* intentó ponerse en medio de ambos, para evitar la golpiza, pero desistió de su intento cuando vio que el bate no respetaba a nadie. Julio se movió justo cuando el bate aterrizó milímetros cerca de golpearlo en la cabeza. Escuché la voz de mi madre que gritaba mi nombre desesperada. Sus gritos me hicieron voltear y me detuve al verla en el balcón de nuestro apartamento. Cuánto dolor le causé a mi madre por culpa de mis decisiones equivocadas y mi temperamento volátil. Dirigí mi mirada hacia el individuo que me había robado y lo encontré en el suelo, bañado en sangre. El resultado de la golpiza fue un brazo y varias costillas rotas. Me sentía satisfecho porque había atrapado al ladrón, no me sentía culpable, pues esa era la manera de operar en ese mundo.

Días después empecé a escuchar rumores que indicaban que había golpeado al hombre equivocado. Comencé a averiguar bien y descubrí que eran dos individuos los que se habían llevado el material que le había cobrado a golpes al papá de Willie. Fue triste saber que los ladrones eran dos niños que no pasaban de diez años y que el hombre que me juró ser inocente, en realidad lo era. Tuve que ir a sus casas a petición de sus padres, debido a que los nenes habían presenciado lo que había sucedido y temían que les tocara la misma suerte. Fue muy triste ver el terror en los ojos verdes de aquel niño de cabellos dorados, que pensaba que yo estaba allí para hacerle daño. Ante su mirada, yo era un terrible e inmisericorde monstruo que destruía personas. Sí, me había convertido en uno de los monstruos que hicieron que me alejara de mis abuelos. En uno falto de conciencia y de empatía por el bienestar ajeno. Le hice saber a los padres que al nene no le pasaría nada, pues él no quería salir de su casa al pensar en lo que podría ocurrirle, a causa de lo que tomó, sin siquiera saber lo que era. El nene me explicó que había tomado la cajita porque su color había capturado su atención. Él me recordaba a aquel niño que tuve que sepultar bajo la apariencia de un hombre malo, para evitar que lo lastimaran y así sobrevivir en aquel mundo hostil. Sin embargo, el brillo de mi niño interior se hacía sentir y su inocencia y candidez lucharon por no desaparecer. Hablé con el nene directamente e hice que su temor desapareciera, pero no del todo, pues quería mantenerlo alejado del maldito mundo en el que yo me había metido. No sé qué sucedió con él, pero estoy seguro de que esa noche durmió con total tranquilidad, pues lo último que vi de él fue una sonrisa que me regaló, como diciendo, "gracias por no hacerme daño, señor *Monstruo*".

El otro niño era nieto de Ita, la señora que cuidaba a mi hermanita. Ese estaba tan asustado que le pidió a su mamá que llamaran a su tío Ito, el cual trabajaba como policía en el municipio de Caguas, para que lo ayudara. Tampoco se hizo nada contra él, pues su mamá no estaba en lo mismo que nosotros, pero era parte del *corillo*. Lamento no haberle dado un susto mayor, pues tal vez ello hubiera evitado que el pequeño Danny se convirtiera en *Danny el loco* y luego en *Danny Gatillo*. Comenzó con el maltrato de animales y las lumbreras del caserío comenzaron a decirle que era un loco, que sería un gran asesino cuando creciera, como si eso fuese algo positivo. Solo les diré que estuve presente mientras se ponía la máscara para dar su primer tiro. Por suerte, el proyectil *nalgarizó* en una de las nalgas de *Rafy El Tigre*, sin causar daños mayores. La inexperiencia de Danny salvó a Rafy, sin embargo, entendió que las reglas del juego habían cambiado y que ya no podía seguir con sus abusos, así que se mudó a San Sebastián. Esa fue su iniciación al mundo oscuro de la violencia. Danny fue utilizado por personas que no lo querían mucho, solo querían sacar ventaja de su ignorancia, para luego descartarlo cuando ya no lo necesitaran. Sí, somos individuos desechables, se nos bota de la peor manera cuando ya no somos útiles. En la actualidad, Danny vive con su familia, tiene un buen trabajo y no se asocia con las personas del pasado que casi lo llevaron a la cúspide del fracaso. Él fue el mejor amigo de *Balatito*, el caballero con cuya muerte comenzamos esta historia, sin embargo, supo alejarse a tiempo para que las sombras del pasado no lo alcanzaran. Danny fue uno de los hijos del Punto, pero supo deshacerse de esa paternidad irresponsable y de esa herencia maldita, cuando comprendió que el Punto solo quería utilizarlo.

Al saber que los responsables de la desaparición del *muerto*, habían sido solo unos niños y no la persona a quien le había adjudicado la culpa, tuve que armarme de valor para ir a la casa del caballero a solicitar su disculpa. Al hablar de armarme de valor, no lo hago porque tuviera miedo de que me ocurriera algo, sino porque no es fácil la admisión de una equivocación, cuando dicho error nos ha conllevado a lastimar a una persona. No fue fácil, pero una de las cosas que me enseñaron mis padres fue a responsabilizarme por mis actos y pedir perdón ante el asomo de un error.

Eran casi las siete de la noche cuando toqué a su puerta, fue su esposa quien abrió. Sufrió un gran susto al ver que era yo. Imagino que ella, al igual que el niño de los ojos verdes, también veía un monstruo en mí. Le dije que no tenía por qué asustarse y le expliqué mi propósito de estar allí. Dejó la puerta entreabierta y se dirigió al interior del apartamento. Unos minutos después salió su esposo. No sabía cómo decirle cuánto sentía lo que había sucedido. Le pedí perdón varias veces. Él aceptó mis disculpas desde el principio. Yo no estaba tan seguro de que las hubiese aceptado con tanta facilidad. No podía cambiar lo que había sucedido, sin embargo, estaba allí para aceptar la responsabilidad por mis acciones. La realidad es que siempre esperé un contragolpe de su parte, pero eso jamás llegó. Una noche lo encontré en el camino. Él estaba borracho, me recordó lo que le había hecho, al mismo tiempo que me abrazaba con mucha fuerza. Estaba en espera de su ataque, pero ese día me demostró que su perdón hacia mí había sido genuino. Entendí que no todo individuo era como los hijos del Punto, que siempre queríamos venganza por cualquier agravio que se hubiera cometido contra nosotros, aunque fuera la más pequeña estupidez. Gandhi tenía mucha razón cuando dijo que si el mundo continuaba cobrando ojo por ojo las afrentas que le hacían, terminaríamos todos ciegos.

El caballero que lastimé me dio una gran lección aquella noche, sin embargo, pasaron muchos años para que pudiese procesarla y entenderla. No hay honor en la venganza, pues ella es la madre de los grandes horrores que vendrán después de llevarla a cabo. En realidad, el perdón genuino solo se concibe en el vientre de las grandes almas, pues la venganza se encuentra en el bolsillo de cualquier hombre, aún el más bajo. En el mundo aún se libran guerras que comenzaron hace mucho tiempo porque ninguno de los dos lados tuvo la valentía de haber abrazado el perdón. Los pueblos exigen venganza, por ello sus calles no pueden escapar del hedor a sangre que brota de la insensatez de sus actos. Estoy seguro de que el perdón no solo libera al perdonado, sino también a aquel que ha resultado agraviado.

He sido rehén del insomnio al contemplar los muchos matices que posee la venganza. Me he atrapado deleitándome al imaginar las atrocidades que les haría a mis enemigos para que pagasen por los daños que habían cometido en mi contra. Sin embargo, el contemplar la posibilidad de venganza en contra de cualquier persona que nos hizo daño, es concederle poder, no tan solo el de nuestras mentes, sino también el de nuestras almas. Una noche, mientras pensaba en un amigo que se convirtió en mi enemigo y en el aparente daño que me había causado, decidí liberarme de los hilos que me mantenían encadenado a sus actos de maldad y decidí perdonarlo. Al día siguiente le hice saber que lo había perdonado, le costó creerlo, pero sí lo había hecho, no por él, sino por mí. Sentí que me había liberado del gran peso que cargaba sobre mi espíritu. De manera lamentable tuve que ver como él mismo se destruía sin que yo tuviera que mover un solo dedo. Intenté salvarlo de su infierno, pero no se puede salvar a quien no quiere ser salvado. Luego entendí que el daño que la persona había dirigido hacia mí fue el factor que me hizo percatarme de las señales que me indicaban que estaba en el camino equivocado. Fue ese el comienzo de los pasos que daría hacia una nueva travesía que me llevaría a destinos insospechados, a metas que jamás me tracé y a la materialización de los sueños que nunca soñé.

21

"Ningún hombre es una isla en sí, cada hombre es una pieza del continente, una parte del todo. La muerte de cualquier hombre me disminuye porque soy parte de la humanidad, así que nunca preguntes por quién doblan las campanas, porque seguramente, están doblando por ti".

John Donne

Mi vida era un caos, el descontrol se apoderó de cada uno de los pasos que daba en ruta hacia el infierno que yo mismo me había forjado. Era un niño pretendiendo ser hombre y eso, en la vida de un adolescente sin una guía adecuada, es una combinación tan mortal como el fuego y la gasolina. Llegó un momento de escasez de *perico*, los precios se elevaron por las nubes. Tenía en mi poder treinta y un gramos de la sustancia. El precio normal de esa cantidad era de mil cien dólares, pero se había duplicado por la escasez del producto. Pude haber hecho más de cinco mil dólares con aquel poco de *perico*, pero me cayó un buen negocio y lo acepté. Cambié el *perico* por un vehículo, era una guagüita marca Suzuki, color amarillo. La guagua estaba valorada en tres mil dólares, pero su dueño, quien la había abandonado en mis manos, sabía que con la sustancia haría mucho más dinero que lo que valía la guagua. No era mi primer carro, pero los que había tenido anterior a ese me habían salido *limones*, era más el tiempo que estaba a pie, que manejándolos. Al creerme un hombre, optaba por hacer los negocios por mí mismo, sin consultar con un adulto.

Recuerdo que compré una guagüita marca *Mazda GLC*, tenía un pequeño ruido, pero el dueño me aseguró que eran los *espares*[7] y yo confié en él. Me dirigí emocionado a la casa de mi novia. Ella me preguntó a qué se debía el ruido y con un aire de experto, le contesté que era que necesitaba un cambio de bujías. El ruido fue en aumento, era un "taca, taca, taca" que no dejaba que disfrutáramos del paseo. La llevé de vuelta, a pesar de sus quejas por la corta duración del paseo y me fui a mi casa. Mi papá me vio llegar junto al "taca taca" del vehículo.

---

[7] *Espares* - spark plugs. Barbarismo del inglés al español.

Bajó del apartamento, me cuestionó por la procedencia del vehículo. Le contesté que había hecho unos trabajitos con los que gané unos mil doscientos dólares para comprarlo. Aunque sé que no me creyó, no me cuestionó sobre la procedencia del dinero. Me dijo que me habían vendido un carro que estaba *esbielao*[8], pero a pesar del ruido que salía del motor, yo insistía en que eran las bujías. Me hizo que lo llevara al que me lo había vendido, no sé qué le dijo, pero el buen caballero, hijo de su señora madre, me devolvió el dinero. Cuando nos disponíamos a irnos, notamos un fuerte olor a guineo. Al parecer, provenía de las cáscaras de guineo que el dueño había metido en el motor, lo cual disminuía el ruido para que así no notaran que el carro no servía. Tuve que pasar varios sucesos similares para aprender a pedir ayuda. Lo que aprendí de manera instantánea fue a desconfiar de los adultos que no se negaban a hacer negocios con menores de edad, pues un adulto responsable hubiera insistido en que buscara a mis padres antes de hacer negocios conmigo.

La mayoría de las veces nos engaña quien menos creemos que podría engañarnos. La indecencia se viste de manera decente para pasar inadvertida, pues de otra manera se podría identificar con facilidad. Lo que más duele es cuando el engaño proviene de alguien cercano, de un amigo, de un familiar, o de una pareja. Bien lo dice el dicho, "un enemigo jamás te traicionará, los que te traicionan son los amigos". Eso aplica a la mayoría de las facetas del bajo mundo, el que te roba, el que te tira un *trambo*, el que te da un tiro por la espalda, casi siempre es el ser más cercano que tienes, aquel que dice que daría la vida por ti, si fuese necesario, pero en sus adentros está fraguando como destronarte para luego ocupar tu lugar.

La vida continuaba en el caserío, todos vivían como mejor les parecía. Unos sucumbieron al vicio de las drogas. Otros perseguían el vicio de obtener riquezas con el menor esfuerzo posible. Me refiero a los esfuerzos físicos con los que se realiza un trabajo legal para obtener un salario que nadie pueda cuestionar; un salario que nos permita pagar nuestras deudas y actuar como los simples mortales que viven para gastar sus salarios en aquello, que según los medios, deben poseer, para pasearse sobre la pasarela de los seres denominados como exitosos. Los mismos seres que aceptan el epíteto de consumidores, como si fuese algo positivo. Los animales también son consumidores y sus dueños proveen lo necesario para su consumo, para luego alimentarse de ellos. Los consumidores que viven para adquirir aquello que no necesitan, ignoran que lo compran a precio de tiempo, o sea que dan horas de vida a cambio del artículo

---

[8] Esbielao - desbielado. Barbarismo del inglés al español.

que desean o creen necesitar. Por ejemplo, para una persona que cobra el salario mínimo federal de siete dólares y veinticinco centavos la hora, poder comprar un vehículo de catorce mil quinientos dólares, requiere invertir dos mil horas de su vida, lo cual se convierte en ochenta y tres días y ocho horas de vida, en las que deberá estar lejos de su familia para poder acumular la cantidad mencionada. No quiero hablar sobre el tiempo que deberá invertir cuando el artículo deseado se adquiere a crédito, pues los mercados podrían sufrir un colapso. Entonces tendría que pedir asilo político en alguna embajada para evitar ser asesinado o arrestado, como le ocurrió a Julián Assange, el creador de *WikiLeaks*, quien estuvo protegido en la Embajada del Ecuador, para evitar ser procesado por las autoridades norteamericanas, por haber filtrado documentos secretos que el Gobierno no deseaba que fuesen revelados al público.

En el caserío siempre había una fiesta, el pequeño residencial era la Meca de todos los residenciales de Aguadilla. Las Muñecas era la capital de nuestro pueblo. La mayoría de nosotros habíamos venido de hacer estragos en la ciudad de Nueva York, e imponíamos la moda en cuanto a vehículos, música y vestimenta. En aquel tiempo, el virus del reggaetón no se había esparcido como en la actualidad. Hoy día decir reggaetón es decir la bandera de nuestro país. Nuestra preferencia era el *gangster rap*. Aunque no soy asiduo a esta nueva música, debo admitir que el reggaetón, antes conocido como el *underground,* era la música perfecta para los bailes con las chicas, pues casi siempre indicaba el camino a seguir después del baile, *el cinco letras*.

En casa de Diana hubo un *party*, con la representación de todos los caseríos, pues como les dije antes, Las Muñecas era la Meca, la capital de Aguadilla, aunque sé que muchos no lo admitirán, je, je, je. Se suscitó una discusión entre Diana y Madelyn. Esta última pertenecía al caserío Aponte. Los ánimos se caldearon a un nivel, que *Pito*, el hermano de Diana, agredió a la pobre Madelyn. No estuve de acuerdo con lo sucedido, pero no hice nada para evitarlo. Nunca había visto a Pito actuar de esa manera y menos contra una mujer. Al terminar el *party*, todos se marcharon a sus respectivos lugares de procedencia. Discutimos sobre lo ocurrido, lo hecho ya estaba hecho, no se podía hacer más, sino esperar por las consecuencias que no tardarían en materializarse.

Estábamos frente al caserío, recostados sobre la murallita de piedra. *Pito* estaba sentado sobre un carrito de compras. De repente llegó un carro del que se bajaron tres personas, *Cucho*, mi amigo y dos individuos que no conocía. Uno de ellos tenía un arma en la mano, luego supe que era el tío de Madelyn. Con las llamas del infierno en la mirada, comenzó a preguntar en un tono desquiciado, que quién era *Pito*. Pensé

147

que *Pito* no tendría el valor de identificarse, pero me equivoqué. *Pito* se puso de pie y le dijo que él era *Pito*. De manera inmediata, el individuo subió su arma y disparó contra él. Luego me apuntó a la cabeza y me dijo que si yo también era *Pito*, a lo cual le contesté que no. Me dijo que corriera antes de que me metiera un tiro en la *chola*. Comencé a caminar despacio, pero me gritó que corriera. Imaginé que me iba a disparar por la espalda, por lo que puse mis manos sobre la parte posterior de mi cabeza, como si fueran a disminuir el daño que me pudiese causar el proyectil. Al llegar a la curva del centro comunal, corrí como alma que lleva el diablo. Traté de buscar a alguien que me prestara un arma, pues James se había encargado de desaparecer las nuestras, pero no hallé a nadie. Llegué al apartamento de mis padres, no podía hablar. Pensé que Pito estaba muerto, le dije a mi mamá que llamara a la ambulancia. Noté que todos se dirigían hacia donde pensé que estaba el cadáver de mi amigo, pues no sabía que la herida había sido en la pierna.

Bajé del apartamento, a pesar de los ruegos de mi madre para que no lo hiciera. Pito estaba tirado en el suelo, lo cargamos hasta un vehículo privado, en el que lo llevaron al hospital, en donde estuvo recluido durante varias semanas. Lo fuimos a visitar y Pito, a pesar de su dolor, comenzó a vacilarse a Ramón *Blue Eyes*, quien también se encontraba con nosotros la noche de lo ocurrido. Pito decía que Ramón, después de que los que le dispararon se fueron del lugar, regresó. Al verlo tirado en el suelo, cubierto de sangre, le decía "Pito, Pito, no te mueras", y en ese mismo momento se le escapó un viento. Imagino que la fuga de gas se debió al miedo interior que experimentó, o a la emoción de ver que nuestro amigo aún estaba vivo. El asunto del disparo quedó sin consecuencias, no había nada que hacer. Pito estaba consciente de que fueron sus acciones las que provocaron la perforación de una de sus piernas. El proyectil no había lastimado ninguna parte importante de su extremidad. Después de la recuperación, solo quedó una pequeña cicatriz, su caminar siguió igual, no cojeaba. Sus pasos firmes lo condujeron hacia las profundidades del Punto. Él fue el primero de nosotros en llegar a la cárcel, en la que permaneció durante varios años.

Muchas personas denominan la vida del Punto como una vida fácil debido a que se obtiene mucho capital con el mínimo esfuerzo, pero olvidan todo lo que pone en juego aquel que de forma ignorante se coloca en sus garras.

Estimado lector, el porciento que muere de manera violenta mientras camina sobre los senderos del bajo mundo es tan alto, que resulta una hazaña digna de celebración pasar de los veinticinco años, con vida. La mayoría de los que se meten al *traqueteo* en una edad adolescente no llega a la mayoría de edad. Las alternativas de alcanzar una edad adulta son tan escasas en ese mundo, que muchas veces es preferible estar prisionero entre cuatro paredes, que estar bajo tierra, en espera del famoso juicio final.

Existe un porciento extremadamente bajo de personas que logran salir airosos del juego mortal del narcotráfico, pues logran *quitarse* a tiempo sin haber manchado sus manos con pólvora, ni sus conciencias con sangre. Sin embargo, existen otros que no supieron aprovechar su victoria sobre las estadísticas que nos dicen de manera constante que el periodo de vida de un narcotraficante es de unos escasos veinticinco años. Piensan que la buena fortuna les acompañará el resto de sus vidas, pero cuán equivocados están. Es entonces que se golpean el rostro con el plomo vomitado por el arma de un ser lleno de odio o de miedo. Entonces se convierten en un número más en las largas filas del Instituto de Ciencias Forenses. Digo miedo, pues ¿qué valentía existe en aquel que mata a otro individuo? Es de conocimiento popular que el ser humano solo mata aquello que no entiende, o aquello que le causa temor. En la actualidad, el matar se ha convertido en una moda, en una estrategia para obtener notoriedad y aparente respeto en los cimientos del bajo mundo. Dicha notoriedad es la llave que nos abre la puerta a dos caminos ineludibles, la muerte o la cárcel. En resumen, el narcotráfico es uno de los oficios, si se le pudiese llamar así, más sacrificados que existen, pues en ello se entrega la libertad, la familia, la vida y el alma.

Al hablar de la vida y la muerte, me resulta obligatorio escribir sobre los hechos recientes de violencia que han golpeado inmisericordemente a nuestro país. Les dije en páginas anteriores que el tumor de la criminalidad fue tan ignorado que siguió alimentándose de la vida de nuestros jóvenes hasta el punto de convertirse en un cáncer a nivel de metástasis. Ya no solo existe en los barrios y en los caseríos. La criminalidad aprendió a burlar las murallas que la mantenían enclaustrada dentro de los límites establecidos por las autoridades gubernamentales, para que actuase como el arma predilecta de un genocidio auto infligido por los que entre ellas residen. La criminalidad ha escalado dichas murallas para llegar a lugares a los que nadie jamás pensó que llegaría. Ha llegado a nuestras escuelas, a nuestras urbanizaciones y a nuestras áreas de trabajo. Ha logrado burlar el acceso controlado que habíamos implantado en nuestras vidas, se ha infiltrado en nuestros hogares y en las bases principales de nuestra familia.

En días recientes, mientras veía las noticias, escuché algo que me dejó boquiabierto, no por ser nuevo el asunto, pues desde el aparente principio de la vida humana en este planeta han sucedido eventos similares. Estos hechos nos hacen cuestionar la asertividad de la creación, o para aquellos que son evolucionistas, de la evolución, aunque para que algo evolucione, antes debió

149

haber existido. Escuché como un joven de veintidós años asesinó a su propio hermano de veintiséis. Una disputa antecedió al fatídico hecho que terminó con la vida del joven, por motivos relacionados a una herencia. El padre de ambos jóvenes convalecía en un hospital.

Aún el caballero no se había convertido en cadáver cuando sus hijos se enfrascaban en una discusión sobre a quién le tocarían las posesiones que el señor dejaría tras su fallecimiento. Me atrevería apostar que ninguno de ellos derramó una gota de sudor para la edificación de los bienes en disputa. El hermano de veintiséis años le negó la entrada al más joven, aparentemente, un hermano menor de ambos fue el que le dio la entrada al de veintidós años. Acto seguido, comenzó la discusión, el hermano mayor dio la espalda, fue entonces cuando el desalmado aprovechó para apuñalarlo, sin pensar que con su acción dejaría a una familia destruida, no solo por la muerte del infortunado, sino también por la pérdida del hijo que tendría que pasar el resto de su vida en prisión.

Por otro lado, una hija asediada por la enfermedad del cáncer, por el Alzheimer que afectaba a su madre octogenaria y por la presión que, según ella, conllevaba el hacerse cargo de su madre, optó por la fatídica decisión de terminar con la vida de su progenitora, al propinarle un sinnúmero de golpes con un martillo. Todos, vecinos y familiares, quedaron sorprendidos, pues nunca habían notado ningún tipo de comportamiento violento en esa persona, que de un momento a otro se convirtió en la asesina de aquella que tal vez la recibió en este mundo con la más hermosa sonrisa que una madre puede ofrecer.

La pregunta obligada debería ser, ¿qué le sucedió a nuestra sociedad? Sin embargo, debemos reconocer que eventos similares, aunque son muy reprobables por la mayoría de los miembros de la sociedad, han ocurrido desde el principio de los tiempos. Tanto en la Biblia como en otros libros históricos se han documentado asesinatos entre familiares. Creo que el más famoso de todos podría ser el que alegadamente cometió Caín contra Abel. La realidad es que a través de los anales de la historia hemos podido constatar que el ser humano posee una predisposición a la violencia, que no mide los resultados cuando su enfoque pudiera ser cobrar venganza por algún supuesto agravio que fue cometido en su contra, ya sea la limitación de acceso a un bien hereditario, como en el caso de los hermanos que les mencioné, o por sentirse abusada y no apreciada por una persona que creemos debería estar agradecida por lo que se está haciendo por ella, como en el caso de la dama que asesinó a su propia madre.

El ser humano se siente con el derecho de quitar del medio todo aquello que le estorbe o que le haga sentir incómodo. Escuché a un caballero decir que parte de la culpa de estas situaciones recae sobre la proliferación de la tecnología, la cual ha tenido el efecto de aislarnos, de crear una burbuja imaginaria para que nadie pueda atravesar los linderos imaginarios del mundo que hemos creado. Según él, y no discrepo del todo de su apreciación, la tecnología nos ha convertido en seres individualistas, que solo velamos por nuestros propios intereses, y si alguien tiene la osadía de atravesar los límites establecidos, soltamos los perros sin previo aviso. Sin embargo, en mi opinión, pienso que esta conducta debería ser atribuida en su mayoría a la falta de valores con la que el ser humano se ha desarrollado. Hice un hincapié sobre los hechos violentos que se han suscitado en la historia de nuestro mundo, con el propósito de que pudieran notar que, aunque refugiarse en la tecnología podría ser una de las razones por la cual se han disparado muchos actos violentos, no es el factor determinante, y si es así, ¿dónde está la tecnología que hizo que tantos hechos de violencia fueran cometidos históricamente?

Un ser humano con valores firmes que le hagan comprender la valía de ese camarada humano no podría ser cambiado por ninguna red social. Es cierto que las redes sociales tienen la finalidad de atrapar a cuanto incauto esté disponible, para así someterlo a la integración de una sociedad tipo rebaño, ovejas que no cuestionen las decisiones de sus superiores, aunque éstas sean grandes muestras de la brutalidad humana, por algo se llaman redes. Sin embargo, nadie puede hacer que comamos lo que no queremos comer. El ser humano reconoce que en su interior existe la falta de algún elemento que lo conduzca a la felicidad que tanto persigue, es por eso que se lanza, muchas veces sin pensar, hacia todo aquello que posea la apariencia de llevarlo a alcanzar lo perseguido.

El ser humano podría estar mejor si desde niño no se hubiera programado para alcanzar el equivocado destino que la sociedad define como éxito. Dicho éxito solo podría ser adquirido a través de las profesiones más remuneradas o de las actividades delictivas que nos conllevan a la acumulación de posesiones materiales. Es por esa razón que invocamos al dios dinero, le servimos fervientemente, matamos y morimos por él. La mayoría de las personas ignora que el dinero es algo inventado por el hombre, con el propósito de esclavizar al hombre. De esa manera, el dinero y las deudas a las que las personas se someten para satisfacer sus alegadas necesidades, vinieron a sustituir las cadenas y grilletes que antes mantenían al hombre bajo control. Decía Johann Wolfgang von Goethe, "Ningún hombre se encuentra tan desesperanzadamente esclavizado como aquel que cree en la falsa ilusión de ser libre". Lo que jamás ha cambiado es que el poder pertenece a aquel que posee el dinero, sin importar de dónde dicho capital haya provenido. Es por esta razón que las personas están tan dispuestas a hacer lo que sea para obtener algo de poder a través de la acumulación de fortuna. He ahí una de las raíces del mal que agobia nuestra sociedad. Tal vez algún día podamos comprender el verdadero propósito de nuestro paso por este pequeño rincón del inmenso universo. Quizá ese día comencemos a vernos más allá de las marcas de nuestras ropas, de las marcas de los autos que conducimos y más *allá del tamaño de nuestros hogares. Tal vez algún día comprenderemos el valor de nuestro tiempo y dejemos de vender nuestras horas por el salario mínimo que ofrecen las grandes corporaciones. Ese día, tal vez lleguemos al entendimiento de que lo importante de un hogar no es la fachada exterior, ni los muebles o enseres que adornan su interior, sino las almas que lo habitan, esas almas envueltas en cuerpos a los que llamamos seres queridos, esas almas que se agrupan en pequeños círculos sociales para configurar nuestra familia.*

22

"Construye paredes y terminarás atrapado entre ellas.
Construye puentes y experimentarás la verdadera libertad".

Antonino Geovanni

Continué la escalada hacia la cúspide o las profundidades del narcotráfico, estaba envuelto en todo tipo de cosa que fuese ilegal, excepto cosas que impliquen abusos contra mujeres, niños y envejecientes. Aquellos que cometen crímenes en contra de esas personas, tienen que lidiar con las consecuencias en la cárcel. Sin embargo, no era solo por las consecuencias, sino que el abuso no era algo que estuviese impregnado en mi genética, al contrario, era enemigo de los abusadores. A pesar de esto, en mi ignorancia y debido a lo que llaman presión de grupo llegué a hacer cosas de las que no me sentía orgulloso y tuve que aprender en el proceso. La realidad es que yo nunca visualicé la cárcel como una alternativa. Me creía demasiado inteligente para caer en las garras de aquellos a quienes yo llamaba los *niños azules* mantenidos por el gobierno, y a veces, por el mismo Punto. Ese pensamiento fue en el pasado, así que, si hay algún policía leyendo esto, no lo tome de forma personal, pues no tengo ninguna animosidad contra aquellos de ustedes que realmente trabajan porque tienen la vocación para ello. Sin embargo, tengo algunas reservas en cuanto a algunos de los miembros de la policía que utilizan su poder para destruir vidas. Más adelante entenderán el porqué.

Cada día me sumergía más en el narcotráfico, pero no tenía la mínima sospecha de que me llegaría una noticia que me cambiaría la vida. Imagino que debió haber sido entre los meses de febrero o marzo del año 1993. Me encontraba en una oficina de laboratorios en la cual me confirmarían que me convertiría en padre. Apenas tenía diecinueve años, pero fue la mejor noticia de mi vida. Me senté a pensar sobre mi vida y sobre el futuro que le daría a mi futuro hijo o hija. Tomé la decisión de abandonar la vida que hasta el momento había llevado, vida, la cual, con toda seguridad, me llevaría a la perdición. Opté por buscar un empleo aquí en Puerto Rico, pero ni siquiera tenía aprobado el cuarto año de escuela superior, por lo cual se me hizo muy difícil, así que decidí irme a Estados Unidos, con la esperanza de hallar un empleo que me permitiera llevar a mi nueva familia lejos de los tentáculos del Punto que me tenía prisionero. Quería un empleo legal que me permitiera sustentar a mi familia y disfrutar de ella sin el riesgo de perder mi vida o mi libertad. La realidad es que lo encontré, un trabajo con muy buenos dividendos. Sin embargo, por desconocimiento o por terquedad, la madre de quien sería mi primera hija no quiso irse conmigo, debido a que si contraía matrimonio, perdería una compensación monetaria que le tocaba debido al trágico deceso de su padre, quien trabajaba en la Policía de Puerto Rico.

Me tocaba irme de todas maneras. Estuve varios meses en el estado de Missouri. Ahorraba dinero para comenzar con el pie derecho. Necesitaba redirigir mi vida, había evaluado las posibilidades de fracaso que existían en el mundo del narcotráfico, y superaban por mucho a las posibilidades de éxito. Había comprendido que la apariencia de éxito que te brinda el Punto es momentánea e ilusoria, que desaparece al instante en que te apuntan con un arma en la cabeza y activan el gatillo, o en el momento en que eres arrestado y sentenciado a pasar el resto de tu vida en prisión. Tal vez, para muchas personas esa última alternativa no tenga nada que ver con la suerte, pero cuando se ha estado en ambos escenarios, la cárcel siempre será una mejor opción ante la alternativa de la muerte. Mi hermano Julio Ángel siempre había estado preso y él me orientaba sobre algunas cosas de la calle y de la cárcel. En ese momento le resultaba mucho más difícil enfrentar las consecuencias de sus actos debido a que había sido condenado por partida doble, había sido sentenciado a cumplir doce años de cárcel y había sido condenado a morir por causa de haber contraído la enfermedad del SIDA, por el uso de drogas intravenosas.

Mi mamá había descubierto la enfermedad de mi hermano por accidente. Un día estábamos en el hospital de Aguadilla tratándome el brazo por lo del accidente automovilístico, cuando se abrió la puerta de emergencia y vimos a mi hermano entrar a través de ella, mientras era custodiado por los oficiales correccionales. Mi madre le preguntó sobre la razón por la que lo habían llevado al hospital, pero él solo se limitó a decir que tenía un catarro que lo estaba matando. Mi madre no se conformó con la respuesta, subimos con él, pero no pudimos entrar mientras el médico lo trataba. Cuando se lo llevaron, mi madre ingresó a la oficina del médico y con sus lágrimas, que tenían el poder de convencer al corazón más duro, logró que el doctor le confesara que mi hermano padecía de la terrible y no muy comprendida enfermedad del SIDA. Esa noticia fue devastadora para mi madre, pues para ella era una confirmación de su fracaso como madre. Ya no tendría la oportunidad de ver a su hijo reformarse, como había visto hacer a su esposo.

Mi hija, Frances Grace estaba a punto de nacer, así que regresé a Puerto Rico. El día 28 de noviembre de 1993 fui padre por primera vez. Había discutido el asunto de la enfermedad de mi hermano con mi pareja mientras estaba en Estados Unidos y habíamos acordado llevar mi hija a la prisión para que conociera a su tío y que él conociera a su primera sobrina. Sin embargo, las cosas cambiaron cuando ella nació. Tanto de parte de mi pareja, como de su madre, existía una enorme resistencia para que el encuentro entre mi hermano y mi hija se concretara. Sé que su intención no era agraviar a mi hermano, ni despedazar los sentimientos de mi madre, sino proteger a mi hija. No las culpo, pues el alcance de la propagación de la enfermedad era desconocido por la población general, la educación sobre el SIDA era nula. Se podría decir que hablar sobre la enfermedad era considerado un tabú.

Compré un vehículo para poder transportarme en caso de que pudiera hallar un empleo y para cualquier cosa que necesitara mi bebé. Después de haber cursado el cuarto año de escuela superior a través del GED, o examen de aprovechamiento, tomé el examen de admisión para la universidad, por la insistencia de la mamá de mi hija y para que el sueño de mi madre se hiciera realidad. Me refiero a que un día, mi madre me dijo que no quería dinero, que solo quería poder tener su cabeza en alto al sentirse orgullosa de que uno de sus hijos había tomado un mejor camino. Jamás había escuchado la palabra orgullo dirigida a mí, ni siquiera cuando pertenecía al grupo de los talentosos de la escuela y anhelaba escucharla. A pesar de haber estado por más de tres años fuera de la escuela pasé ambos exámenes con puntuaciones muy altas. Ingresé a la Universidad Interamericana de Aguadilla, en clases avanzadas, debido a mi excelente puntuación en el examen de admisión. Las tentaciones eran la orden del día, todavía vivía en el caserío, pero me resistía a caer en sus garras. Veía el progreso de algunos a los que consideraba mis amigos y la destrucción de otros. También había otras tentaciones, especialmente en la universidad, no del mismo tipo, sino de esas que son más fuertes que todo el dinero del mundo, de esas que llegan con un suave perfume y una voz melodiosa.

Al principio estudiaba con la madre de mi hija porque ella había insistido en ello, pero la verdad es que hubiera podido ser aceptado en cualquier otra universidad. Sin embargo, acepté quedarme a estudiar con ella. Me satisfacían las peleas que ella tenía conmigo para obligarme a estudiar para los exámenes, a las cuales respondía que no tenía necesidad de estudiar, lo demostraba con las notas. Recuerdo un día en que teníamos un examen de religión, ella me aseguró que iba a fracasar, pero yo apostaba a mí. Tomamos el examen, terminé primero que ella. Entregué el examen, la profesora me miró y me instó a que lo revisara porque todavía tenía tiempo. Le contesté que no era necesario. Me dijo que lo corregiría de inmediato. Decidí esperar por el resultado. Al terminar me miró y me notificó que había obtenido una A y que todas las contestaciones estaban perfectas. Miré a la mamá de mi hija, soplé sobre mis uñas, las froté sobre la tela de mi camisa y me fui con una gran sonrisa, al ver la molestia que ella reflejaba en su rostro.

Comencé a trabajar en un restaurante de comida rápida, en el del payaso con cara de bobo, pero con sus bolsillos llenos, mientras nuestra salud empobrece. Hacía todo bien, llegaba a tiempo, cumplía con todo lo que me pedían, e incluso llegué a doblegar mi orgullo por conservar el trabajo. Eso sucedió un día en que estábamos todos agitados porque había llegado una multitud de gente en guaguas escolares. Botaba el contenido sobrante de las bandejas de comida que los clientes habían dejado sobre las mesas o sobre el zafacón designado para ello. Las limpiaba, cuando un cliente, con toda premeditación, fingió tropezar y me empujó tan fuerte que casi me como las sobras de las bandejas. Giré de inmediato para golpear al hijo de su madre, pero allí estaba la gerente, la cual me detuvo. Miré al individuo con unas ganas increíbles de despedazarlo, mientras él me miraba sonriente, pero ni siquiera pude lanzar un golpe. Tuve que irme detrás del negocio, en donde no me quedó más remedio que llorar, hacerlo me daba miedo, pues ese tipo de lágrimas antecedían a eventos trágicos, pero no ocurrió nada. Estaba obligado a resistir la humillación del desgraciado aquél, quien resultó muy agraciado de que el evento hubiese ocurrido en el local del payaso de los *hamburgers*. Continué trabajando, no era mucho el dinero que devengaba allí, pero por lo menos daba para los pañales y la leche de mi nena. No tenía que preocuparme tanto, pues Mildred, la abuela de mi hija, no hubiera permitido que le faltara nada, eso siempre se lo agradeceré. Me sorprendió cuando uno de mis compañeros me advirtió que me iban a despedir por ir a trabajar arrebatado. Según él, lo habían detectado por mis ojos rojos. La sorpresa mayor no fue que me fueran a botar del trabajo, sino que lo hicieran debido a que fuera al trabajo bajo la influencia de la marihuana. Tenía diecinueve años cuando eso ocurrió, había dejado de fumar marihuana a los diecisiete, así que no me preocupaba que me hicieran una prueba de dopaje.

Al día siguiente fui citado para una reunión con la gerente. En una de las mesas en las que comían los clientes, en donde mismo fui contratado, me informó que había sido despedido. Al preguntarle por las razones que motivaron dicha decisión, me informó que los gerentes le habían dejado saber que no había pasado el periodo probatorio de tres meses. Nunca había recibido ninguna reprimenda verbal ni escrita sobre el supuesto comportamiento que motivó mi despido. Le dije que sabía que la razón de mi despido se debía a la creencia de que iba a trabajar bajo la influencia de drogas, por lo cual le invité a que escogiera un laboratorio para realizarme pruebas de dopaje. Su rostro me mostró que no esperaba que yo supiera la verdadera razón de mi despido, mucho menos esperaba que me ofreciera de manera voluntaria a someterme a exámenes toxicológicos. Negó que esa fuese la razón, me fui con mi cabeza en alto, pues sabía que había sido una injusticia, fruto de una falla social de juzgar al individuo por las apariencias y por el lugar de su procedencia. Estoy seguro de que, si hubiera vivido en alguna de las urbanizaciones que agrupaban a la elite de Aguadilla, me hubieran preguntado si padecía de alguna enfermedad de la vista, pero un tipo con los ojos rojos, que vive en un caserío, de seguro tiene que fumar marihuana.

El rojo de mis ojos se debía a una reacción que me ocasiona el agua o el jabón al ducharme. En la actualidad, después de salir del baño, uno de los pasos a seguir después de secarme, es echarme gotas para combatir la condición. Meses después fui a comer al restaurante del payaso, en una motora y con algunas prendas de oro en mis manos y cuello. Recuerdo que una de las gerentes del lugar, al verme, me dijo que si le podía conseguir unos aros robados para su auto. Tuve que reírme en su cara. Le dije que yo no robaba y le aconsejé que los comprara con el sueldo que le pagaba su jefe el payaso, pues así evitaría problemas futuros. Su cara valía un millón de dólares, no supo qué decir, ni dónde meterse. Eso fue una muestra de lo bajo que pueden caer los individuos que se proyectan con una falsa honorabilidad ante los miembros de la sociedad que presumen de honorables, pero se desnudan de todas sus apariencias cuando están en presencia de un habitante del bajo mundo al que tanto le temen, pero en ocasiones su curiosidad es mayor que su temor. Ella había sido la gerente que había esparcido el rumor de mis arrebatos, mientras yo me desvivía virando *hamburgers* para el maldito payaso.

Sí, comencé a hacer las cosas que me definían como un tipo del caserío, no fumaba, pero empecé de nuevo con el *traqueteo* de las drogas. No era de la misma forma en que lo hacía antes, pues había prometido no regresar a ese mundo, pero qué más podía hacer. En aquel momento, las paredes del caserío me impedían ver la gama de oportunidades que existían más allá del Punto y del restaurante del payaso. Pienso que de alguna forma se nos programa para pensar de esa manera, para pensar que somos menos y que no merecemos las oportunidades que otros disfrutan. Recuerdo una conversación que tuve con *Balatito*. No recuerdo con exactitud la palabra que dijo, pero fue uno de los disparates que con frecuencia escuchaba en el caserío. Yo no estaba exento de cometerlos, pues tuve la misma educación que ellos, solo que en mi hogar se hablaba correctamente, aunque fueran gente de clase pobre. Intenté corregir a *Balatito*, pero de inmediato se puso a la defensiva, su argumento de defensa fue que hablaba así porque era de caserío, que hablar bien era solo para las personas como yo, que se creían de urbanización. Le contesté que ser de caserío no era una excusa para ser un mediocre, ni para expresarse peor que los demás. Mi consejo se perdió entre las esquinas de los edificios y las alcantarillas del residencial.

En otro evento similar, cuatro de nosotros habíamos decidido ir a comer a Riverside, un restaurante en el pueblo de Aguada, que yo visitaba con frecuencia. Estábamos en la mesa, *Javielito, Balato* (el hermano mayor de *Balatito*), el *Teso* y yo. La mesera nos dio las cartas del menú, yo no la necesitaba, pues sabía exactamente lo que me pedía el paladar. Al cabo de algunos minutos ella regresó, nos preguntó si estábamos listos para ordenar. Le contesté que sí, pedí un rabo de langosta al ajillo, con un mofongo bañado en salsa de setas. *Javielito* ordenó camarones a la mantequilla, también con mofongo. *Balato* pidió carne frita con mofongo, pero *Alex el Teso*, todavía estaba leyendo el menú. Ella le preguntó si necesitaba ayuda, a lo que respondió que no. Le dije que avanzara, su mirada estaba llena de inseguridad. Abrió su boca y ordenó un mofongo con tostones. Todos comenzamos a reírnos de la brutalidad del individuo, incluso la mesera, que luchaba para que no se notara que se reía del cliente, cubriéndose la cara con los menús que le habíamos entregado. Le dije que no se cubriera, pues la brutalidad que el tipo había dicho era merecedora de su risa.

Encima de eso, él preguntó qué había dicho mal. En un gesto de bondad y misericordia, le expliqué que tostones y mofongo eran la misma cosa, lo único que cambiaba era la forma en que estaban confeccionados. Sin embargo, él pareció no entender, miró el menú una vez más y preguntó si había arroz con habichuelas. Ella le contestó que no servían ese tipo de comida en el restaurante. No le quedó otro remedio que ordenar mofongo con carne. Ella le preguntó qué tipo de carne prefería, a lo que él contestó, para salir del apuro en el que él mismo se había metido, que con cualquier carne. Solo de esa forma logró salir de aquel aprieto. Pero su alivio no duró mucho, pues hubo una segunda sesión de risas cuando llegamos al caserío y contamos lo ocurrido. Pienso que debido a eso me gané su odio. Al menos eso fue lo que me demostró después, aunque no de frente, pues tuvo que utilizar a Salcedo, un individuo igual de cobarde que él, para señalarme en un tribunal, por unos delitos de los que no fui responsable, pero así es la vida para los hijos del Punto. No les basta con quitarse el fango, tienen que sacudirse para lanzarlo sobre alguien, y si ese alguien representa competencia, aprovechan para matar dos pájaros de un tiro, así se libran de la competencia y de los cargos criminales.

23

"En realidad, no podemos enseñarle nada al hombre,
solo podemos ayudarlo a descubrir el potencial
ilimitado que habita en su interior".

Galileo Galilei

Mi hermano logró salir de la prisión antes de tiempo, debido a la *Ley 27*, que faculta la salida de un prisionero antes de cumplir su sentencia, cuando este padece de alguna enfermedad terminal. La guerra entre mi madre para que mi hermano viera a mi hija, su única sobrina, y la mamá de mi hija, que se oponía, fue acrecentándose. Sin embargo, sus batallas no eran frente a frente, sino que me utilizaban como el arma y los proyectiles con los que se disparaban la una a la otra. Para que no siguiera la contienda, tuve que mentir al decir que era mi decisión que mi hermano no viera la nena hasta asegurarnos de que no correría riesgo alguno al estar cerca de Julio Ángel. La abuela materna de la nena se había informado con un médico, de que sí existía riesgo, porque al igual que mi hermano, ella no poseía los anticuerpos necesarios para combatir enfermedades. Lo que ellas me decían era lo que yo le repetía a mi madre. Aun así, ella no se mostraba conforme, y yo entendía muy bien su frustración, se estaba rechazando y discriminando contra su hijo enfermo. Las peleas en la casa que albergaba a mi hija eran peores, pues yo sí quería que mi hermano pudiera ver y abrazar a su sobrina, pues entendía que no había riesgo, a menos que hubiera algún intercambio de fluidos, dígase sangre o saliva.

Mientras, asistía a la universidad, traqueteaba en el Punto y cuidaba de mi hija, la cual era todo para mí. La noche del 3 de mayo de 1994, llegué de haber compartido con la madre de mi hija, pues a pesar de tener una hija en común, no vivíamos juntos, ya que, según su madre, yo tenía que buscarle un lugar que estuviese a su altura. Al llegar al apartamento de mis padres, me encontré con una algarabía terrible, mi madre lloraba y gritaba mientras corría detrás de mi hermano, desnudo y cubierto de las suciedades que había expulsado de su cuerpo. Mi padre no sabía qué hacer, trataban de ayudarlo, pero Julio Ángel parecía que intentaba huir de la muerte, por lo que no se detenía por nada ni por nadie. Pienso que a veces buscamos el final de nuestras vidas con mucha valentía, pero la valentía huye de nosotros tan pronto vemos el rostro de la muerte. Mi hermano comenzó con la adicción a drogas, no porque le gustase, sino por castigar a mis padres. Recuerdo que un día le dijo a mi padre que se había convertido en *tecato* porque era lo que había aprendido de él.

No tengo el más leve recuerdo de la adicción de mi padre. Siempre lo vi como mi héroe. Nuestras visitas a la tienda de *Brebán* antes de llevarme a la casa de Ivette para cuidarme, son los recuerdos que más atesoro del tiempo en que mi papá estuvo atrapado por la adicción. Sin embargo, jamás noté que mi padre tuviese un problema. Tampoco me incomodaba la pobreza en la que vivíamos. El amor que recibía de mis padres era más que suficiente. El mejor ejemplo del amor que sentía mi padre por nosotros nos lo dio cuando se quitó de las drogas e intentó con todas sus fuerzas y conocimiento darnos un hogar y una vida digna. Puedo decir que lo logró, pues el crecimiento de mis padres no fue fácil, en especial el de mi padre. No creo que mi padre tuviera buenos recuerdos de su niñez, no cuando fue recibido en este planeta mientras al mismo tiempo su madre moría a causa de una golpiza recibida por su esposo. La culpa recayó en los hombros de mi padre, creció como si su nacimiento hubiese sido el responsable de la muerte de la abuela que jamás tuve el placer de conocer. No fue una buena niñez la de mi padre, cuando quien se suponía fuese su protector, le arrebató de sus manos un perrito que tenía de mascota y se lo mató a puñaladas frente a sus ojos repletos de lágrimas. Su padre volvió a casarse, tuvo varios hijos y mi padre pasó de ser el único hijo, a ser el patito feo de la familia. Mi padre no fue perfecto, falló en muchas cosas, pero creo que hizo lo mejor que pudo, a pesar de lo que aprendió en su hogar.

Mi hermano comenzó una venganza contra nuestros padres utilizándose a sí mismo como arma, mi hermano se había convertido en una bomba, cuya autodestrucción tenía el propósito de destruir todo a su alrededor. Ver a mi hermano en esa condición me causó heridas que aún no he logrado sanar, lo sé porque escribir sobre el tema todavía hace que mis ojos se cubran de lágrimas. Dormí a su lado muchas veces, lo escuchaba toser y quejarse. Vi sus luchas para intentar quitarse del vicio de las drogas, mientras mi madre permanecía a su lado. Sabía que mi hermano estaba muriendo, que moría a mi lado, en las camas gemelas que teníamos desde niños, y me consternaba no poder hacer algo para ayudarle. Solo podía llorar en silencio mientras miraba a la pared, para que no supiera que mis lágrimas eran por él. En ocasiones tomamos la decisión de castigar a nuestros padres utilizándonos a nosotros mismos como armas, pero al final, nos damos cuenta de que fue el peor error de nuestras vidas. En la mayoría de los casos, nuestros padres no merecen un castigo, sino nuestra comprensión y la aceptación de su humanidad, ya que al igual que nosotros, no son perfectos y han cometido y van a cometer errores en muchas ocasiones.

Mis padres lograron neutralizar a mi hermano, pusieron una sábana sobre su cuerpo desnudo y se lo llevaron hacia el hospital más cercano. Cerré el apartamento y al cabo de unos minutos abordé mi auto rumbo al hospital. Habían logrado estabilizar a mi hermano. Estaba en uno de los cuartos de emergencia. Entré y lo escuché hablar, tenía sus ojos cerrados y decía ver ángeles volar sobre su cabeza. Luego escuchó mi voz y se dirigió hacia mí. Me dijo que cobrara el dinero que me debía cierta persona, no recuerdo el nombre que me dijo, pero en el momento supe que eran trucos que le jugaba su mente, pues no conocía a la persona a la que se refería. Mi papá me dijo que no le prestará atención a sus comentarios, pues mi hermano deliraba. Opté por seguirle el juego e intenté hacerlo reír, pero él estaba inmerso en su propio mundo. Me fui del hospital, llegué a casa de la mamá de mis nenas, le dije lo que sucedía. Al día siguiente, el 4 de mayo de 1994, recibí una llamada al teléfono del apartamento, era mi papá. Escuché el tono de su voz, enseguida deduje que algo malo sucedía. Confirmé lo que temía cuando de su voz salió, "Geovanni, Julio Ángel murió". Pensé en el sueño que mi papá me había contado que tuvo con mi hermano. Él soñó que a Julio Ángel lo sacaron de la cárcel envuelto en una sábana blanca y lo lanzaron en una fosa donde se lo comían los gusanos. Ese sueño fue antes de que supiéramos que mi hermano tenía la enfermedad del SIDA.

No lo podía creer, me monté en el carro y me dirigí con rapidez hacia el hospital. Llegué, vi a mi madre sentada en una silla mientras lloraba sin consuelo. Ella estaba bajo los efectos de tranquilizantes que le habían suministrado en el mismo hospital, pues cuando mi hermano cerró sus ojos para siempre, mi madre fue cubierta por un manto de locura momentánea que hizo necesario medicarla. Me acerqué a ella para abrazarla, pero ella no lo permitió. Ella me lanzó una mirada que jamás había visto en ella, de sus ojos brotaba odio y me dijo, "Julio Ángel murió y no le dejaste que conociera a su única sobrina. Me rechazaste a mi hijo, pero eso no es nada, muchas gracias".

Las palabras de mi madre me desarmaron y aún lo hacen cada vez que las recuerdo. No sabía qué hacer, solo tenía veinte años y sentía que la mirada de mi madre junto con sus palabras había puesto sobre mí el peso de un universo que yo desconocía. Comencé a llorar y abandoné el hospital de inmediato. Me dirigí hacia la casa de la madre de mis hijas. Sentía que esa culpa que mi madre había lanzado sobre mi espalda, no me pertenecía, sino a ella. Llegué a la casa, pero ya dormían. Me acerqué a su ventana y lancé sobre ella todo el odio que mi madre había sepultado en mi alma. Le pasé la culpa, tal y como mi madre hizo conmigo, desde ese día se convirtió en mi enemiga, aunque el proceso fue uno muy difícil, debido a que eran dos sentimientos contrarios que luchaban entre sí.

161

Fui de mal en peor desde que mi madre plantó sus palabras como semillas de odio en mi corazón. Las semillas germinaron y tuvieron muchos frutos, obviamente amargos, los cuales esparcí sobre los caminos que anduve. Ese día comenzó un proceso de auto destrucción dirigido a mi exterminación, el cual, según mi opinión, era el mejor castigo para mi madre. La mayoría de las veces no aprendemos de los errores ajenos. Tenemos que chocar con la misma pared que otros tantos han chocado para darnos cuenta de que hubiera sido mejor escoger caminar sobre puentes que unen, en lugar de paredes que separan. La manera más sabia de aprender debería ser por los errores que otros cometen, pero somos muy tontos para saber eso. Dicho de otra manera, "el hombre inteligente aprende de sus propios errores, mientras que el sabio aprende de los errores de los demás". Me atrevería decir que contrario a la aseveración anterior, el hombre insensato no aprende ni de los suyos, ni de los ajenos.

Era la primera vez que la muerte me golpeaba tan fuerte. Mi abuela Julia murió primero que mi hermano, pero la muerte de un anciano es algo que ocurre de manera natural y se acepta como parte del ciclo de la vida. No ocurre lo mismo cuando muere un ser querido de solo veintiocho años, el que, según las leyes existenciales, se encuentra en la flor de la vida. Lidiar con la realidad de la muerte constituía un problema para mí, pues desde niño pensaba que mi familia era la excepción a esa regla, los creía inmunes a la muerte. Una noche estaba sobre la cama de mis padres, lloraba sin consuelo, podría tener algunos nueve años. Pensaba que un día terminaría quedándome solo, que todos mis familiares, incluyendo a mi perrita, morirían y yo sería el único que quedaría para sufrir por su partida. Mami llegó al cuarto, al verme llorar me preguntó la razón de mi llanto. Al explicarle, ella me aseguró que nunca morirían, que no me preocupara. Sentí un gran alivio al escuchar sus palabras. Era muy apegado a mi familia y por ninguna razón quería perderlos.

Había culminado el primer semestre universitario, cursaba estudios básicos, pues aún no tenía idea de qué era lo que quería hacer con mi vida, por lo que no tomé ninguna clase de concentración. Ese primer semestre era una especie de prueba y de una vez haría que mi madre se sintiera orgullosa de mí. Por segunda ocasión decidí dejar de vender drogas. Recibí las calificaciones de mi primer semestre de estudios. Después de tres años perdidos en la calle, al fin hacía algo bueno. Supuse que había llegado el momento de escuchar que mi madre estaba orgullosa de mí. Las calificaciones se desglosaban de la siguiente manera, tres A, una B y una C en Español. Cuando chico obtenía mejores notas que esas, pero sopesando el factor del narcotráfico y todo lo que había tenido que vivir antes de llegar allí, me parecían excelentes calificaciones, dignas de celebración.

Se las mostré a mi madre en espera de escuchar esa frase que tanto añoraba. Después de enfrentar la pérdida de mi hermano mayor, consideraba que mis calificaciones serían un refrigerio para su alma, que yacía en el más seco e inhóspito de los desiertos. Las tomó en sus manos, las analizó, me miró, hizo un gesto de desaprobación, me entregó el documento y me dijo, "Tú puedes hacer mejor que eso". Me dio la espalda y se fue. Tal vez ella creyó que sería una forma de alentarme a seguir adelante y obtener logros mayores, pero la realidad es que tuvo el efecto contrario. No poseía una meta definida hacia la cual dirigirme, y como les dije antes, lo que hacía era por mi madre y por la mamá de mis hijas. La frase que brotó de los labios de mi madre fue la que terminó de activar la puerta para dejar escapar todo lo malo que había en mi interior. No tenía razones para hacer las cosas bien. Ni siquiera pensé que mis decisiones afectarían a Grace, mi hija.

Comencé a beber más que de costumbre, pero a pesar de mi debilidad por el alcohol continué con mis estudios, pero no era el mismo enfoque. Mi relación con la mamá de las nenas era como una bombilla conectada a un sistema eléctrico fallido, se encendía y se apagaba por la razón más insignificante. Nunca volvió a ser igual, luego entendí que ella también había sido víctima, pero para mí, todo era su culpa. Jamás se me ocurrió señalar al verdadero culpable de la situación de mi hermano, sí, el único culpable del desenlace de la vida de mi hermano había sido él mismo, pues cada cual es responsable de sus actos. Cualquier persona posee la capacidad de llevarnos al borde del abismo, pero solo nosotros decidimos si saltamos o no. Mi hermano decidió la vida que tuvo, pudo decidir levantarse y ser mejor que la opinión que él tenía de nuestro padre, pero no, decidió autodestruirse.

Estaba en el segundo semestre, ya no compartía clases con la madre de mi hija. Conocí a Juanita, un nombre raro para esos tiempos, pero la belleza de aquella mujer de tez negra hacía que depositara mi interés en su cuerpo y no en su nombre. Caí en sus redes como lo haría cualquier pez que ha perdido su rumbo, y les aseguro que sus mares eran muy tempestuosos. No llegué más profundo, pues ella también tenía una relación. Sin embargo, cada vez que me sumergía en su piel y experimentaba los placeres de las dádivas de su cuerpo, podía olvidar todo el caos que existía en mi mundo. Decidí alejarme de Juanita y de la universidad, pues mi mente y mi corazón estaban desordenados. Me abandoné en los brazos de la ruleta del azar, para así llegar adonde el destino me llevase, fuese cual fuese. Permitir que el azar sea el conductor de nuestras vidas es un claro e indiscutible error que más tarde lamentaremos. En algún momento de nuestras existencias, cuando tal vez sea demasiado tarde, nos preguntaremos, ¿por qué dejamos que nuestras vidas fuesen conducidas por el piloto automático?

24

"El mayor fracaso del hombre es alcanzar aquello que erróneamente le enseñaron a reconocer como éxito".

Antonino Geovanni

Me encantaba estar borracho, era mi anestesia para no sentir el dolor de la vida. Para lo que me alcanzaba el bolsillo, era para una caneca de Bacardí con jugo de uva, pero si no había, bebía lo que estuviese disponible. No tenía trabajo, tampoco estaba en el Punto. A veces no tenía ni tres pesos para echarle gasolina al carro y mucho menos, para echarle gasolina a mi alma. Varias veces le empeñé a *Balatito*, quien era un simple *tirador*, mis *cassettes* de música, a cambio de un par de billetes para beber. Incluso le dejé mi motorita mini *Ninja* durante todo un día, por unos míseros veinte dólares. Ese día me di la borrachera del siglo. Hacía ese tipo de negocio solo con *Balatito*, debido a que él era muy discreto, pues la verdad es que sentía vergüenza por la situación en la que yo mismo me había arrastrado. Vivía solo en el caserío, porque así lo decidí cuando mis padres se mudaron a la casa que mi padre había construido. Mami me llevaba comida todos los días, para asegurarse de que me alimentara. Siempre encontraba los envases llenos de comida y aunque no la viera, sabía que había estado allí. Me hundía cada vez más en un abismo lleno de porquería. Sabía que tenía que cambiar de vida. Sin embargo, no tenía la más mínima idea de cómo hacerlo.

En una ocasión tuve un problema con un narco gatillero del área oeste y terminé haciéndole daño. No dormí esa noche al pensar que vendrían a matarme por lo sucedido, pero nadie llegó. Luego ocurrió una pelea en el caserío, entre *Piti* y *Ponco. Junny*, el novio de Glenda, una de las muchachas del caserío, decidió separarlos. Él no tenía derecho a tomar esa decisión, eso nos tocaba a los que éramos del caserío. Los líderes del Punto no se atrevieron decir nada debido a que Junny medía más de seis pies de estatura y su cuerpo estaba cubierto de músculos. Fui el único tonto que dijo algo, los demás solo se hicieron eco de mis palabras. Él nos advirtió que lo pensáramos bien antes de meternos con él, mientras hacía alarde de sus atributos físicos. Para mí, eso fue una invitación al problema. No les voy a mentir, tenía algo de miedo, pero ya había abierto la boca y no podía echar para atrás y actuar como un cobarde. Así que me enfrenté al monstruo que pronto dejaría de serlo. Antes de dar un paso al frente había mandado a buscar una pistola con uno de los muchachos, pues a pesar de estar en las condiciones en que estaba, siempre mantuve el respeto que los demás sentían por mí.

Comenzó la pelea, pero el tipo peleaba como niña, solo me agarraba. En un intento por zafarme de uno de sus agarres, metió uno de sus dedos en mi ojo derecho. Mi ojo comenzó a lagrimar, casi no veía. Tuve que retirarme por unos segundos para intentar recuperar la visión. El miedo que tenía antes de la pelea había desaparecido y había sido sustituido por el coraje que sentía por lo de mi ojo. Llegó lo que había ordenado, puse mis manos atrás, para evitar que *Junny* viera la pistola, pero se dio cuenta del movimiento. Iba a decir algo cuando yo hice un movimiento para sacar el arma. Cerró su boca y comenzó a correr tan rápido que no pude alcanzarlo. Levanté la pistola para dispararle desde la distancia, pero uno de los muchachos me advirtió sobre los nenes que jugaban en las escaleras. Si fallaba, una de las balas podía alcanzar a alguno de aquellos niños. Entre nosotros había un código, no niños, no mujeres, no inocentes, código que no parece existir en la actualidad. La única excepción que se podía hacer con una mujer era si estaba envuelta en ese tipo de negocio, mayormente cuando nos vendían con los enemigos. Bajé la pistola y lo dejé vivir. Tuvo que irse del caserío, o sea que se vio obligado a dejar a su familia. *Junny* tenía dos hijos hermosos con Glenda, una muy buena amiga nuestra.

Días después, Glenda pidió hablar conmigo, yo accedí. Ella me confesó que le habían dicho que yo tenía intenciones de hacerles daño a sus hijos, pero eso jamás pasó por mi cabeza. Me dijo que los nenes estaban sufriendo por la ausencia de su padre. Me puse en su lugar y le dije que le dijera a *Junny* que podía regresar, con la condición de que no podía meterse en los problemas del caserío, a menos que fuera en defensa de su familia. Glenda me abrazó, les di la mano a los nenes. Hubiera querido que hicieran lo mismo por mí y mi familia. Tal vez así no hubiésemos tenido que abandonar mi pueblo natal por temor a que *Toño* nos hiciera daño.

Adopté una actitud reprobable, la cual se distinguía por la violencia utilizada. Aun así, me consideraba un joven racional, pues muchos de los problemas que tuve, los resolví con el diálogo. Eso era algo que uno de mis más cercanos amigos, Miguel A. Soto Cabán, mejor conocido por el apodo de *Sadistic*, me criticaba. En una ocasión le reclamé con dureza y énfasis, por haberle quitado la vida a alguien que no representaba una verdadera amenaza para él, ni para ninguno de nosotros. Él me respondió que no era como yo, que esperaba que pasara el tiempo para actuar contra una persona con la cual había tenido problemas, para que así las sospechas no cayeran sobre mí. Sin embargo, si la persona se acercaba para resolver el problema de forma pacífica, yo accedía a abrazar la paz antes que la guerra. No lo sabía aún, pero hacía de manera exacta lo que leí en uno de los libros que se han presentado en mi camino y decía de la siguiente manera, "La mejor forma de vencer un enemigo sin desenvainar la espada, es convirtiéndolo en amigo".

Sabía muy bien hacia dónde conducía el camino que había escogido. Jamás me protegí, ni mucho menos me escondí de los que se habían proclamado como mis enemigos. Podría decir que me expuse más de lo debido para hacerles el trabajo más sencillo, pero nunca llegaron a mí para culminar con el trabajo que yo no me atrevía llevar a cabo. Sí, quería que alguien me quitara la vida, porque sentía que mi presencia no era necesaria en este mundo. En el lugar en donde estoy ahora, me enteré de los múltiples atentados que se planificaron en mi contra y de lo cerca que estuve de la muerte, pero jamás fui alcanzado por esa oscura y misteriosa dama. Una persona que estaba en el *corillo* contrario al mío, me dijo que ellos me tenían temor, no por mis ejecutorias, sino porque cada vez que iban a matarme, yo desaparecía del lugar, o pasaba algo que les impedía ejecutarme y dejarme en el suelo con múltiples orificios destilando el elixir de la vida. El individuo me hizo la siguiente aseveración, "O tú estabas protegido por Dios, o estabas entregado al diablo, pues cada vez que te íbamos *a llegar*, te salvabas". No le supe replicar, pues no sé por qué me salvé tantas veces. Lo que sí sé, lo cual me contó el jefe de todos ellos, es que la intención no era solo matarme con plomo, sino que deseaban picarme en pedazos y desaparecerme.

Al dejar la universidad, ni siquiera asistí para darme de baja, solo la abandoné como había hecho con muchas cosas en mi vida. En la universidad no estaba lo que yo perseguía, estudiar para tener una mejor vida y un mejor futuro, ¿para qué? En realidad, ni siquiera sabía lo que perseguía, yo era como una hoja seca a merced del viento. No vislumbraba volver al mundo del narcotráfico, pues estaba muy ocupado con la siembra de semillas cuyo fruto fuera mi propia muerte. No estaba contento con mi vida, quería morir a manos de un cobarde que se creyera valiente, por el simple hecho de tener una pistola en sus manos. En ese momento, mi vida carecía de sentido, quería terminar con ella, pero no tenía lo que se necesitaba para apretar el gatillo cuando sentía el frío del cañón de la pistola en mis sienes. Sin embargo, para bien o para mal, cuando se traza una meta, cualquiera que esta sea, los vehículos para llevarte a ella aparecen en el camino, como por arte de magia.

Conversaba con *Nefty*, uno de los muchachos que se había recién integrado a los muchachos del caserío. Me dijo que tenía unos negocios en el pueblo de San Sebastián, pero que necesitaba a alguien como yo para controlarlos. ¿Qué clase de tipo era yo? La respuesta era sencilla, alguien a quien no le importaba la vida ajena, ni la propia. Me había convertido en un ser despreciable, en un ente totalmente distinto al que mis padres habían criado. Le dije que fuéramos a ver el lugar, era un barrio llamado Pueblo Nuevo. Estudié el lugar durante varios días, ya que mi nuevo amigo y socio no me había dicho toda la verdad. El Punto no era suyo, había que quitar del medio a su dueño, y para ese detalle era que me necesitaba. Ni siquiera teníamos el material para comenzar con el Punto, eso era algo más para lo que yo sería útil, pues no mucha gente conocía a *Nefty* y no teníamos dinero para comprarlo. Les solicité a varias personas la confianza para que me fiaran un treinta y uno de *perico*. Me lo negaron, sé que fue debido a que pensaban que no se los iba a pagar y que para cobrármelo tendrían que enfrentarse a muchos problemas. Sin embargo, yo no era ese tipo de persona, siempre fui honesto en mis negocios y siempre cubrí mis deudas. Eso me obligó a buscar ayuda fuera del caserío, recurrí a Julio *Pamper*, quien no lo pensó dos veces cuando le dije sobre mis planes futuros de expansión.

Para esa época ocurrió la muerte de una persona que consideraba mi amigo, pues juntos habíamos realizado travesuras de todo tipo. Me chocó su muerte por varias razones. Les contaré que la mamá de mis hijas compartía un apartamento con su novia. Surgió una situación que yo desconocía. Ella y yo no estábamos juntos en ese momento, pero el tiempo es la luz que rescata las verdades aprisionadas en las mazmorras de la oscuridad. *Oby* había llegado al apartamento de su novia, sin avisar. Allí encontró a la mamá de mi hija intimando con un individuo a quien apodaban *Puma*, un extracto del apellido Pumarejo. *Oby* amenazó con botarla de la casa y no solo eso, sino que le advirtió que me daría conocimiento de lo sucedido, no por lo que habían hecho, sino porque consumaron el acto frente a mi hija de tan solo dos años de edad.

La mamá de mis hijas se había ido para Texas debido al temor de que yo fuese a enterarme de lo que había ocurrido en el pequeño apartamento ubicado en la calle Yagrumo de la barriada Esteves. De todas maneras, me enteré cuando ella decidió regresar para enfrentar a su delator, lo cual hizo a través de su novia, quien también tenía secretos que estaban en riesgo de ser revelados. La mamá de mis hijas había amenazado a la novia de *Oby*. Le dijo que, si él hablaba sobre lo ocurrido con *Puma*, ella le hablaría a él sobre las infidelidades que ella había cometido contra el amor que *Oby* le había profesado. La discusión de ellas tuvo lugar en el estacionamiento del pub JD's. Yo ni siquiera sabía que ella había regresado de Texas. Las vi discutir, pero ni siquiera me acerqué, pues en problemas de mujeres el hombre no debe meterse. Luego llegó *Oby* en su carro. Al identificar dónde estaba su novia, se acercó a ellas, aun así, no pensaba acercarme, pero un individuo me convenció de que debía estar allí, por tratarse de la madre de mi hija.

Me acerqué a ellos, *Oby* me miró, como queriéndome decir algo, pero dirigiéndose a su novia dijo: "Cualquier cosa, estoy aquí". Lo miré en busca de que me explicara lo que sucedía, pero no dijo nada. Se preparaba para dar la vuelta cuando dije, "Yo también estoy aquí".

Él se fue, luego me fui yo. Interrumpí la discusión que tenían entre ellas y me llevé a la mamá de mis hijas para mi apartamento. Allí ella me explicó que la discusión era debido a la renta del apartamento que ella había decidido no pagar. Esa no era la verdad, fue solo lo que ella creyó que yo debía saber. Tal vez desconocía que la verdad es un cerillo capaz de crear un gran incendio para escapar de la oscuridad que la aprisiona.

Luego me enteré de que esa misma noche, *Oby* se había enfrascado en una discusión fuerte con varios individuos. Allí extrajo una pistola, no para usarla, sino con el propósito de amedrentar a cualquier persona que tuviese la idea de intentar atacarlo. Sin embargo, sacar una pistola sin tener la intención de utilizarla suele ser mortal para su poseedor. No sé cuántos días transcurrieron después del incidente, pero estando en la residencia de Yania, una amiga de la madre de mis hijas llegó una llamada con la terrible noticia de que Oby había sido asesinado durante la madrugada. El incidente causó conmoción entre los que lo conocíamos, no porque nos sorprendiera, pues él era parte solida del mundo oscuro en el que muchos de nosotros habitábamos. La conmoción que al menos yo experimenté, era debido a que conocía la trascendencia de *Oby*. Él era un tipo sólido en el narcotráfico, tampoco le temblaban las manos al momento de eliminar a alguien, y estaba conectado con gente muy poderosa, que podía convocar a un ejército para vengar su muerte. O sea, que la persona que lo asesinó era alguien que desconocía las consecuencias que ello acarrearía, o simplemente, no le interesaban. Tal vez pudiera ser que la persona estuviese al mismo nivel, o a uno mayor que él. Al final, la gente para quien él trabajaba nunca hizo nada al respecto, o al menos, eso creo. La realidad es que, en ese mundo, todos somos reemplazables. Siempre habrá un tonto que crea que no le sucederá lo mismo que a su antecesor y estará dispuesto a tomar su lugar.

Algo que sorprendió a muchos fue el tiempo transcurrido entre el suceso y la llamada a las autoridades para auxiliar a *Oby*. Transcurrió un lapso de cuarenta y cinco minutos entre el ataque y la llamada. Luego me enteré de que su novia nunca llamó, sino que fue el hermano del infortunado quien hizo la llamada. Pienso que la reacción normal de una persona a quien le hieren un ser querido es llamar de inmediato por ayuda. Al parecer, no todos actúan de la misma manera. Todos conocían el patrón de infidelidades de su novia, excepto *Oby*. Creo que somos los últimos en enterarnos de esos detalles tan cruciales que ocurren en nuestras relaciones amorosas. El otro incidente que provocó varios comentarios ocurrió cuando en la funeraria, el hermano de *Oby* despojó a la viuda de una cadena de oro perteneciente al difunto. Pero el hecho más relevante surgió cuando se supo que semanas después de la muerte de su novio, la viuda comenzó a sostener una relación amorosa con Ramón, el hermano de Manuel, el mismo que había sido testigo contra *Oby*, cuatro años antes de su asesinato. De dicha relación nació un hijo. Es inquietante, pero real, pues aunque parezca duro el comentario que haré, la verdad es que las mujeres que habitan en ese mundo son heredables. O sea, un día están con uno y al día siguiente están con el *bichote* o *tirador* en turno. Eso ocurre mayormente cuando el supuesto amor de sus vidas cae preso o es asesinado. Estas no persiguen el amor verdadero, sino el aroma a poder que emana del dinero.

Hubo muchos rumores sobre el comportamiento de la viuda, pero ella juraba que nada tenía que ver con lo que le había sucedido a su novio. Después de muchos tropiezos, la vida me enseñó que existe gente que se deshace de las sospechas que han caído sobre ellos de manera tan fácil, como cuando varias hormigas han caído sobre sus cuerpos, solo se sacuden para que las hormigas o las sospechas, caigan sobre otros. Con exactitud, eso fue lo que hizo. Me enfadé muchísimo cuando me enteré de que existía un rumor que me señalaba como un posible sospechoso de la muerte de *Oby*. Le reclamé cuando supe que ella era quien había esparcido el rumor, pero me negó que tuviese algo que ver con el asunto. Me metí al caserío donde vivía el difunto, para hablar con su hermano, pues no quería que pensara que yo había tenido algo que ver con lo ocurrido. Consideraba a *Willy* más amigo que al mismo *Oby* y no quería que le metieran ideas equivocadas en su mente. No se encontraba en el caserío, así que decidí esperar por él.

Uno de los muchachos me señaló un carro y me dijo que en él venía *Willy*. Él no notó mi presencia, se bajó de su vehículo, me acerqué y lo llamé por su nombre. Al verme, comenzó a correr y se ocultó detrás de otro vehículo. Le mostré que no tenía armas, en realidad las tenía porque pensaba que era mejor tenerlas y no necesitarlas, que necesitarlas y no tenerlas, pero no estaban a la vista. Desde lejos escuchó lo que tenía que decirle. Le juré que no tenía nada que ver con el asesinato de su hermano y enfaticé que quería que él lo tuviese claro. Él no representaba una amenaza para mí, ni para nadie. Él no era como nosotros, pero no quería que pensara que yo había matado a su hermano. Me prometió que hablaríamos luego, pero la conversación jamás se materializó.

El rumor se había esparcido junto con otros rumores que señalaban a otras personas como los autores del asesinato de *Oby*. No podía hacer más, así que decidí restarle importancia y continuar con mi vida. Aunque dicen que el que no tiene hechas, no tiene sospechas, o algo parecido, decidí tomar mis precauciones. Una mentira dicha muchas veces tiende a convertirse en verdad para aquellos que creen lo primero que les dicen. Estaba decidido a no dejarme matar por una mentira y a dejar de buscar quien escuchara mi verdad. Estaba convencido que aquél que llegase a mí para reclamarme por algo que no hubiese hecho, pero cuyo reclamo pudiese poner en riesgo mi vida, terminaría exhalando su último aliento frente a mi pistola, así de sencillo. No expresaría más argumentos sobre mi inocencia en el asunto de *Oby*, tenía quien hablara por mí y cuando ella hablaba, su voz era ensordecedora y sus palabras pesaban como el plomo. El rumor se fue desvaneciendo, o al menos no escuchaba a nadie diciéndolo en mi presencia. Al parecer, los argumentos de mi fiel amiga, la cual siempre me acompañaba calladita en mi cintura, habían sido lo suficientemente convincentes para acallar a los malditos bochinchosos que hablaban sin saber.

Ya tenía el material, solo restaba apoderarme del Punto de San Sebastián. El Punto tenía su clientela establecida, aunque su administración era irresponsable. Conseguí el apoyo de los *tiradores* del lugar, que no tenían donde caerse muertos. Sin embargo, el dueño del material estaba bastante cómodo económicamente. Atravesaban una crisis económica sin precedentes, debido a la inconsistencia de su jefe. Él metía material cuando le parecía, la mayoría del tiempo, el Punto estaba sin su materia prima. Me dieron la dirección del individuo, estaba decidido a eliminarlo del camino de la manera que fuese necesaria para lograr mi objetivo. Dejaría su destino en sus propias manos. Llegué al lugar, llamé al individuo, que no tenía más de treinta años y salió confiado, como si lo llamase un conocido. Comencé a hablarle sobre cómo serían las cosas de ese momento en adelante. Le dije que Pueblo Nuevo tenía un dueño nuevo y ese era yo, que no lo quería por los alrededores. Añadí que si lo veía solo una vez, o me decían que había visitado el lugar, no lo pensaría dos veces para matarlo. Saqué mi pistola para asegurarme de que había comprendido el mensaje. Lo sé, ignoré una de las reglas más importantes. Su mirada me confirmó que el mensaje no solo había sido comprendido, sino también que ejecutaría mis instrucciones al pie de la letra. Regresé al Punto, reuní a los muchachos, les pregunté si les quedaba material del antiguo dueño del lugar. Al contestarme que sí, les dije que ese sería el primer regalo de mi parte. Dejé que se quedaran con el dinero del cuadre y con el material. Les aseguré que nadie les cobraría por ello y así fue que comencé a ganarme la apreciación y la lealtad de aquellos muchachos. *Nefty* estaba contento, nos habíamos quedado con un punto de drogas, sin tener que disparar un solo tiro. Estoy seguro de que *Nefty* hubiera preferido que fuera de otra manera, pues la intimidación no siempre funciona, muchas veces se convierte en el preámbulo de guerras muy sangrientas. Sin embargo, yo podía ver más allá de los gestos y las palabras. Pienso que fue lo que me salvó de muchas cosas que se avecinaban. Ese día comenzó un nuevo capítulo en mi vida, uno que me sumergiría en las profundidades de un mundo del cual se me hizo imposible escapar ileso.

25

"No hay nada más valioso que la libertad.
Prefiero ser un pobre libre, que un esclavo rico".

Martin Luther King, Jr.

Hice bolsas con valor de diez dólares, preñadas de *perico*; claro, el truco estaba en el corte que se utilizaba para adulterar la sustancia. La gente estaba encantada, tenían cantidad y calidad, pues a pesar del corte, el *perico* era de tan buena calidad, que casi no se notaba. Comencé a pagarles a los *tiradores* dos dólares la bolsa, para poder sufragar la división de las ganancias entre *Nefty* y yo, pero con la promesa de que aumentaría su ganancia en poco tiempo. A ellos no les importó mucho cuando vieron la rapidez con la que se vendía el producto, pues su ganancia era mucho mayor que la que tenían con el dueño anterior. Muy pronto tuve que aumentar la cantidad de material que adquiría. A los dos meses de estar allí había comprado un carro nuevo. Era un vehículo tipo *Jeep*, un *Geo Tracker*, idéntico a un *Suzuki Sidekick*, el carro que siempre quise tener desde que vivía en New York. Anterior a ese había tenido uno parecido, pero no era tan llamativo.

El vehículo anterior solo me duró dos meses. Me lo confiscaron porque andaba borracho con unos individuos del caserío, estábamos en la playa *Crash Boat*. Íbamos de salida del lugar cuando nos encontramos con un individuo que estaba en su vehículo, en medio de la carretera. Le toqué bocina varias veces, pero no se movió. Los muchachos me dijeron que nos había sacado el dedo, no vi ese detalle debido a mi renuencia a usar espejuelos para corregir mi ceguera. Eso provocó mi ira, así que inicié una persecución. Primero, le tiramos con una botella, pero no logramos pegarle. Me di cuenta de que eran dos vehículos, nos superaban en número. Logré alcanzarlos en el semáforo que se encuentra frente al caserío Ducos. Me bajé con los muchachos y comenzamos a destruir el carro en el que iba el individuo, cristales, carrocería, en fin, todo lo que estuviese de frente. Nos dirigía el descontrol. Fuimos hacia el otro carro. Uno de los muchachos levantó un tubo para comenzar la destrucción cuando escuché mujeres y niños que estaban en el interior. Me le tiré encima y lo detuve, miré la cara de terror de uno de los niños que había en el carro y di la orden de retirarnos, siempre recordaba nuestro código, no mujeres, no niños. Nos fuimos del lugar a toda prisa, pero al parecer alguien había anotado la matrícula de mi carro.

Un poco más adelante me encontré con *el Congo* y varios muchachos de José de Diego que se habían quedado a pie. Con un gran sentido de estupidez, me detuve a ayudar, a sabiendas de que estaba en la misma carretera del suceso que recién habíamos cometido. Llegó una patrulla, comenzó a realizar preguntas sobre el *Jeep*. Les dije a los muchachos que hicieron los estragos junto a mí, que se fueran, que me encargaría del asunto. Ellos no querían abandonarme, pero insistí. No era necesario que todos fuésemos arrestados, cuando solo uno podía lidiar con la situación, mientras los demás lo ayudaban a salir del problema. El policía me preguntó sobre el incidente. Le negué mi participación. Me repitió que, si estaba seguro, le dije que sí. Me pidió que le mostrara mis manos, lo hice, no me había percatado de que estaban manchadas con la sangre del tipo que había golpeado. Aun viendo la evidencia de mi culpabilidad, me dijo que me dejaría ir si le admitía que había tenido participación en el asunto. No le creí e insistí en que no había participado en el incidente. Me pidió que lo acompañara al cuartel, lo cual hice. Allí fui identificado por las víctimas. *Balato* llegó al cuartel para ver lo que había sucedido, le di mis llaves para que se llevara el *Jeep*, lo cual hizo. Les robamos el vehículo en sus caras y eso los molestó mucho más. Me llevaron a la cárcel por mi terquedad y por mis acciones. El guardia me iba a dejar ir, pero por hacerme el inocente cuando tenía todo en contra, me llevó a pasar ese día en la cárcel.

Era la primera vez que pisaba la cárcel, me llevaron al campamento Sabana Hoyos. No les voy a negar que estaba asustado por las historias que había escuchado de lo que ocurría en la cárcel. Estaba decidido a no bañarme, o a aguantar con firmeza el jabón para que no se me cayera. La realidad es que mi mayor miedo se basaba en lo que yo pudiese hacer si algún maldito se atrevía a tocarme. Salí del proceso de admisión que se llevaba a cabo en el área médica, para ser ubicado en la respectiva galera. Era de noche, recuerdo que los *ingresos* esperábamos por la orden del guardia para movernos. Di un vistazo a lo que sería mi mundo durante unos días, pues estaba seguro de que no permanecería allí mucho tiempo. Justo frente de mí había una escalera que dirigía hacia el comedor y a las galeras. Escuché el sonido de una puerta al abrirse y luego cerrarse, eran unos presos que salían del comedor. Nos silbaron como si fuésemos chicas. Reaccioné con rapidez y le dije a uno de los muchachos con los que había estado conversando, "No sé tú, pero si uno de estos cabrones me toca, voy a terminar matándolo". Imagino que lo mataría con el aliento a alcohol que se fermentaba en mi boca, pues allí no había arma alguna, o al menos, yo no tenía acceso a ellas.

No había visto la enfermera que estaba detrás de nosotros. Me percaté de su presencia cuando la escuché decir que no nos preocupáramos por el silbido, pues nadie nos tocaría, que solo eran los muchachos echándonos un vacilón. Le dije que lo sabía, pues no era la primera vez que estaba preso, le contesté eso para no dejarle saber las interioridades de lo que pasaba en la prisión de la que ya era parte. Sin embargo, la realidad es que estaba casi a punto del colapso. No me importaba nada más, lo único que me asustaba era la parte sexual. Me consideraba muy macho y por nada permitiría que me despojaran de la virginidad de mi traserito, como había pronosticado míster Cubero.

Comenzamos la travesía hacia lo que sería nuestro hogar temporal, la galera B-1. En la galera A-2 estaban los trancados (los que no podían convivir con la población general) y los menores. Era como ingresar en un mundo compuesto de criminales, algunos más que otros, pero poco o mucho, todos éramos prisioneros de nuestros actos. Los rostros eran diversos, algunos estaban tan asustados como yo ante la nueva experiencia. Otros parecían estar adaptados a la incomodidad de estar con todo aquel gentío, en un espacio tan reducido. Sus cuerpos estaban cubiertos de tatuajes. Yo solo tenía el tatuaje de mi nombre en el brazo derecho. Para muchos de los que estaban allí, contrario a lo que pensaba, yo era solo un niño. Imagino que los que estaban menos asustados ya habían pasado por el *proceso del cubo*, o sea, la fiscalización para corroborar que no se cuele un *chota*, un abusador de ancianos, o un violador de mujeres y niños, pues esas personas son consideradas *non grata*, o en otras palabras, no se consideran aptas para vivir entre delincuentes reales. Aunque la realidad es que siempre se cuela uno que otro que pasa el proceso de fiscalización sin que se le caiga la máscara.

Me llamaron para que me acercara, preguntaron mi nombre y el pueblo de procedencia. Ser del pueblo de Aguadilla representaba un problema debido a que el grupo carcelario predominante de mi pueblo era el grupo de los treinta y uno, pero yo no pertenecía a ninguno. La verdad es que siempre había querido pertenecer a la Asociación Ñeta si caía preso, sin embargo, en las cárceles de ingreso de mi región lo que predominaba era el grupo de los veinticinco. No creía en llevar la bandera de un grupo en la calle, las normas de la calle estaban establecidas y no necesitaban que un grupo carcelario impusiera las suyas.

El líder de la galera comenzó a cuestionarme, pero aún no me había sentado en el cubo. Muchos de los presos estaban detrás de mí. Eso me puso nervioso y mis nervios no me hacían correr, sino enfrentar las cosas con guaperías. Divisé a uno de los *ingresos*, tenía un tatuaje de una lágrima en su rostro, en Puerto Rico su significado es diverso, pero en Estados Unidos, ese tipo de tatuaje lo utilizan los asesinos. Desde ese momento no le aparté la mirada al individuo de la lágrima. Comenzaron a cuestionarme por lo de mi pueblo. Me acusaron de ser un espía del grupo de los treinta y uno. Imaginé que tenían alguna agenda para matarme o algo así, y que eso era solo una excusa. Era el año 1995 y las cárceles estaban en un proceso de cambio y los cambios en las cárceles se generan con violencia. El líder me dijo que me sentara. Le contesté que no me sentaría hasta que sacara a la gente que estaba a mi espalda. Se molestó y me dijo que allí mandaba él. Le contesté que no me interesaba mandar allí, pero que si quería hablar conmigo, no tenía que estar acompañado de tanta gente. Me dijo una vez más que me sentara, le respondí que no. Me gritó que si yo era guapo, le dije que no era guapo, pero que no me iba a sentar hasta que toda esa gente se moviera. Pensé que me iba a golpear, pues el ambiente se había caldeado, pero no me iba a dejar. Había sobrevivido a muchas cosas en la calle para venir a morir sentado en un estúpido cubo.

Al tipo no le quedó más remedio que mandar a que se movieran. Pensé, solo llevo unas horas aquí y ya se hace lo que digo. Me senté en el cubo, entonces vi al individuo de la lágrima moverse hasta quedar detrás de mí. Me habían dicho que no podía pararme del cubo, por lo que sin pararme, moví el cubo para ver de frente a quien yo creía que sería mi asesino. El líder me llamó la atención por haber hecho eso, pero no me importó. Pasé la fiscalización, pero una pregunta me hizo mencionar el nombre de mi hermano, como un miembro del grupo que me fiscalizaba, eso cambió todo. Pensé que mi hermano había hecho algo muy malo cuando el líder de la galera me dijo que no podía bregar ese caso que, si yo era hermano de Julito, bregar eso les tocaba a otras personas. Ahora sí que estaba fastidiado, me tocaría pagar los platos rotos de mi hermano. No podía hacer nada, ya estaba allí, no podía correr y tampoco iba a llamar al guardia para que me protegiera, pero sí estaba muy asustado.

Vi a este individuo llegar, era un tipo flaco, de algunos cuarenta y pico de años. No parecía una amenaza, pero de pronto vi que su poder no emanaba de su físico, sino de su presencia. Le hizo una señal al guardia para que abriera el portón, el guardia obedeció. Me hizo señas para que saliera. Le hizo otra señal al guardia para que abriera el portón de la galera contigua, la B-2, el guardia obedeció nuevamente, como si recibiese las órdenes de uno de sus superiores. Ingresamos a la B-2, el hombre, dirigiéndose a los de la galera, dijo en voz pasiva, que le dieran un *break*. Parecía que aquel hombre tenía un AK-47 en sus manos, pues todos le obedecieron sin el menor reparo. El ambiente carcelario había cambiado, no se sentía la algarabía que me había recibido. Reinaba un silencio tan profundo que se podía escuchar el sonido del engranaje de la Tierra mientras giraba alrededor del sol. Me pidió que me sentara en una de las camas que estaban inmaculadas y sin una sola arruga. Le obedecí, él se sentó en la cama contigua. Me llamó por mi segundo nombre. Al escucharlo decir Geovanni, me sentí confundido. Me preguntó cómo estaba Luz. No imaginaba cómo diablos conocía el nombre de mi madre. Fue cuando me dijo que mi hermano había sido como un hermano para él y que Julio Ángel siempre estuvo preocupado por mantenerme alejado de cualquier cosa que me condujera a aquel lugar, pero ya que estaba allí, estaría a mi total disposición para lo que yo necesitara. Me cuestionó sobre mis casos y otras cosas. Luego me dio la bienvenida al grupo y me dijo que ya era parte de la familia. Estrechó mi mano, todos se quedaron mirándonos como bobos.

Yo solo estaba contento de que mi hermano fuese considerado por él como un amigo y no como un enemigo. Hizo las señales correspondientes para que abrieran los portones. Tan pronto ingresé a la galera correspondiente, el hombre quien luego supe que respondía al nombre de Edwin *Bacalao*, líder máximo del casi extinto Nuevo Grupo 25, le dijo al líder de la galera que yo era de la familia, que me dieran todo lo que necesitaba, que me dejaran escoger una cama y que cualquier cosa que no me pudieran suplir allí, que lo llamaran a él. Después de esas palabras, todos querían saber quién era yo, pues para tener ese trato debía ser alguien importante. La realidad es que el trato que me dieron no había sido por mis propios méritos, sino por los que mi hermano había acumulado por sus años de servicio y lealtad al grupo. A pesar de que mi hermano había estado ausente durante la etapa de mi crecimiento, lo que me obligó a tener que defenderme por mí mismo, ese día lo sentí presente y me sentí orgulloso de mi hermano, por el respeto que se había ganado entre los delincuentes que me habían aceptado como familia y aún después de su muerte, le rendían honor.

Aproveché los beneficios que había heredado de mi hermano. Escogí mi propia cama, eran camas literas, escogí la del nivel superior. Los otros presos me decían que escogiera una cama bajita, según ellos hubiera sido una mejor elección. No para mí, las camas bajitas no tenían abanicos, además no pensaba dormir allí por mucho tiempo. Llegó la noche, todos se fueron a sus respectivas camas, no fui la excepción.

Una sorpresa enorme fue la que obtuve al ver que mi vecino de cama era el tipo de la lágrima en el rostro. Comenzó a dialogar conmigo. Por él me enteré de la razón por la que estaba confinado. Su esposa lo había metido preso por una agresión que él juraba no haber cometido. Me confesó que la amaba, pero que sospechaba que su amor no era correspondido. Acto seguido comenzó a llorar. Lágrimas reales le cubrían la lágrima de tinta en su rostro, fue cuando descubrí la verdadera razón de su tatuaje, era un llorón. Se quedó dormido, lo cual aproveché para poner el abanico solo para mí. Esa fue mi venganza por el susto que me hizo pasar. En el mundo criminal muchos utilizan máscaras para intimidar desde lejos, sin dar oportunidad a que se les acerquen para lastimarlos. No todo el que ruge es porque es bravo, muchos rugen con el propósito de ahuyentar aquello a lo que temen. En la actualidad, muchos cubren sus cuerpos con tatuajes para enviar una señal de "Cuidado, Soy Peligroso", para que nadie se acerque a hacerles daño. He visto llorar a muchos que juraban que se comían a los niños crudos, pero a la hora de la verdad, cuando se enfrentaron a la muerte o a la perdida de la libertad, hablaron lo que sabían y lo que no sabían, traicionaron a cuántos pudieron y vendieron todas sus lealtades por un mísero plato de lentejas.

26

"El verdadero reto de una sociedad es no permitir que
los hijos de la pobreza de hoy se conviertan en
los padres de la pobreza del mañana".

Luis A. Ferré

Salió el sol entre aquellas montañas de aquel lugar olvidado por los dioses, pero no por el astro mayor. Era un nuevo día en aquel lugar de libertades extintas. Desperté lleno de ánimo porque sabía que era una oportunidad para que mis hermanos del Punto se movilizaran para sacarme de allí. Yo no era de esos que se metían en problemas e inmediatamente llamaban a su familia para que los socorriera. Aprendí a ser independiente y a responsabilizarme por las consecuencias de mis acciones. Fui al comedor, en donde me sirvieron el maldito desayuno cuyo sabor no he podido eliminar de mi paladar. Señores, en un intento por describir el sabor del desayuno que me sirvieron aquella mañana en una sola palabra, les diré que era asqueroso. Lo único que pude comer fue el pan, el cual traían de la calle, de alguna panadería con la que el penal tuviese contrato.

Las horas morían mientras dejaban sus cadáveres en el reloj de pared que había en la galera. Veía el transcurrir de la aguja del tiempo moverse en cámara lenta, la desesperación se apoderaba de mí. No tenía forma de comunicarme, desconocía los pasos que se estaban dando para mi liberación. Al principio me parecía divertido, pues estar allí era un tipo de prueba que se utiliza para demostrar el calibre del que uno estaba hecho. Escuchaba a través del altoparlante los nombres de los que serían liberados bajo fianza, pero el mío no estaba entre ellos. No quería dejar ver mi preocupación, pero ya era casi imposible ocultarla. De repente, escuché, "Antonino Sánchez Burgos, recoja sus pertenencias que va vía calle". El narrador de ese evento llamado libertad tenía una forma peculiar y jocosa de anunciar la extinción de las cadenas. Era el momento más feliz para aquellos cuyos nombres eran mencionados por aquella voz cuasi mecánica. Imagino que para los que sus nombres no eran mencionados, sino que se hacían eco del silencio que allí permeaba, no era un momento de alegría sino de tristeza, pues era una confirmación de cuán solos estaban en este mundo.

Me preparé para regresar a lo que yo pensaba que era libertad, pero en realidad estaba más preso que muchos de los que se quedaban allí, con los barrotes dibujados en sus rostros. No tenía pertenencias que llevarme, toda mi vida estaba afuera de aquel penal. Dejé mi correa al líder de la galera, imagino que le sacó mucho provecho, pues me había costado casi cincuenta dólares. Al atravesar el portón de salida de la cárcel, vi mi automóvil. Lo conducía *Balato*, el hermano mayor de *Balatito*. Junto a él había varios hermanos del Punto que me alegré de ver. Por uno de ellos no experimenté la misma felicidad, pues a pesar de la cordialidad con la que lo trataba por ser familia de uno de nuestros hermanos, no lo quería cerca de mí. La razón por la que sentía así, era que Manuel tenía una gran debilidad, en verdad podría decir que tenía varias, una era la de mentiroso patológico, siempre metía a alguien en problemas con sus mentiras. Padecía de identidades múltiples, un día era matón, al siguiente era *bichote*, luego era cristiano y luego se convertía en lo que siempre fue, un adicto, pero su debilidad más peligrosa era la soltura de la lengua.

Muy pocas veces, este individuo que estaba entre los que fueron a buscarme, se mantuvo callado sobre las cosas que sabía, y las que su mente fabricaba. Manuel era una máquina para fabricar mentiras, algunas veces era para verse como un ser malo ante los demás, y otras era para salir de los problemas en que él mismo se metía. Manuel tenía apenas veintidós años y ya había sido testigo en dos ocasiones, cuyos detalles les relaté en capítulos anteriores. La razón principal por la cual me fui del caserío Las Muñecas fue cuando a Manuel le dieron la oportunidad de regresar, con la promesa de que no volvería a *chotear*. Es imposible luchar contra la naturaleza, a él no le gustaba ser *chota*, podría decir que le dolía, y más cuando acusaba a alguien falsamente, para librarse de la cárcel. O sea, que su lengua se soltaba, no por el gusto de soltarse, sino por el temor que Manuel le tenía a estar preso.

Sin embargo, no tenía remedio, ya estaba allí, no había nada que pudiese hacer, sino celebrar mi libertad después de veinticuatro largas horas de mi vida en una prisión. En un momento dado, llegué a pensar que había sido mucho tiempo, pero desconocía de la teoría de la relatividad de Albert Einstein.

Mi madre ni siquiera se había enterado de que había estado preso, pero notó que no había comido lo que me había llevado. Eso le hizo preguntarme sobre mi paradero, creo haberle contestado que había dado un viaje, o que me había quedado con alguna chica. No me creyó, pero no tenía forma de averiguar que su hijo había pisado la cárcel por primera vez. Lo peor de todo era que yo le había perdido el miedo a los barrotes.

Fue un gran recibimiento, no hubo una gran fiesta, pero hubo muchos gestos de aprobación, no tan solo por haber caído preso, sino también por haber librado a los demás de correr con la misma suerte que yo y por haber hecho *buche*, como se dice en la calle. El *buche* y la protección de mi honor me costó los honorarios de un abogado, la pérdida del *Jeep* que me confiscaron y que no sé a qué manos fue a parar, pues debieron haberlo devuelto, ya que llegué a un acuerdo con la parte afectada de pagarle los daños del vehículo a cambio de la desestimación de los cargos en mi contra.

Casi olvidaba contarles la confiscación de mi precioso y único vehículo. Pensaba que ya me había librado de las consecuencias de mis acciones, pero estaba muy equivocado. El día, viernes. Destino, la barbería de Harold. El vehículo para transportarme al lugar, un *Suzuki Sidekick* convertible, color azul metálico. Aquel era el lugar ideal para la preparación física para comenzar un fin de semana. Recortar mi cabello en aquel lugar me llenaba de nuevas energías, *The House of Styles*, como se llamaba, era la antesala a los excesos que muchos de nosotros, los hijos de los diferentes puntos de Aguadilla, llevábamos a cabo cada fin de semana. La barbería era un lugar similar al edificio de las Naciones Unidas. Habíamos firmado un tratado de no agresión mientras estuviéramos en el lugar. La barbería era un lugar neutral, sin embargo, nunca confié en tal neutralidad. Por esa razón, llamaba a Harold cuando llegaba al lugar. La mayoría de las veces entraba por la puerta trasera y me recortaba justo en la silla cercana a esa puerta, pues al ser de metal me ofrecía una protección adicional que no me ofrecía el cristal de la puerta frontal. Una vez yo estuviera en el lugar, nadie podía entrar por esa puerta, y mi pistola siempre estaba en mi mano.

Después de tantos métodos de seguridad para no caer bajo la lluvia de balas de los enemigos, olvidé a los enemigos más peligrosos, los que no se tienen que ocultar, los policías. Ese viernes no tenía ganas de llevar a cabo mis rituales acostumbrados, así que entré por la puerta principal. La noticia de que yo estaba preso había corrido como pólvora y de la misma manera deseaba que se esparciera la noticia de mi libertad. Dejé el vehículo en el estacionamiento principal de la barbería. Allí todos veían el vehículo, pues era una de las cuatro carreteras que dirigían al casco urbano de Aguadilla. Terminaban de recortarme cuando me avisaron que la policía tenía rodeado mi *Jeep* y que preguntaban por el dueño. Salí por la puerta trasera, me oculté en un edificio abandonado, contiguo a la barbería, pues no pensaba darles cara a los policías. No quería ser arrestado de nuevo, mucho menos un viernes, pues pensé que podían arrestarme por haber sustraído el vehículo de los predios del cuartel, cuando ya estaba confiscado. Vi llegar la grúa de la policía y se lo llevaron. Fue un momento muy triste para mí, pero entendí que era parte de las consecuencias que yo mismo había provocado. En ese momento, el valor del auto no tenía comparación con el de mi libertad. Esa es una lección que los tontos que nos creemos listos aprendemos cuando la libertad está en riesgo, o cuando se ha perdido para siempre. El valor de las cosas materiales jamás se podrá equiparar con el valor de ser libre y mucho menos con el de la vida.

Al hablar del valor de la vida es menester que haga una pausa para reseñarla partida de un gran puertorriqueño. No quiero hablar sobre el aspecto político, ni de los ideales que distinguían a este gran hombre, pues no se trata de política. Se trata de que nosotros, los seres humanos, tenemos la extraña tendencia de analizar nuestras vidas cuando estamos ante las puertas de la muerte. Hoy que se ha ido el licenciado Rafael Hernández Colón[9], he pensado sobre la vida y cómo a veces pasa desapercibida y no es hasta que es muy tarde, que pensamos en lo vivido. Hombres como don Rafael, no mueren, pues la manera en que vivieron las diferentes facetas de sus vidas tiene el poder de inmortalizarlos. Este caballero, cuyo ideal político no comparto, pero sí su humanismo, representa una clase de político que ya no existe. El último de los que considero próceres de mi país fue el don Luis A. Ferré[10] y pensé que no habría otro que pudiese compararse con los atributos de este gran hombre, sin embargo, me equivoqué. El caballero que hoy se nos ha ido, posee la moral política, social y humana para estar en la misma mesa que los grandes hombres y mujeres de nuestra historia. Gracias por todas las aportaciones que hiciste en vida, a esta tu patria. Tu nombre estará entre las luminarias que hicieron brillar la historia de un país en plena pubertad, en el cual confío que algún día pueda alcanzar su madurez. ¡A las trincheras del alma, mi querido camarada! No te deseo que descanses en paz, pues para los grandes hombres no existe descanso, así que no puedo decir otra cosa que no sea, que siga la lucha y que pronto logres dominar las técnicas de combate necesarias para vencer en los campos de batalla espirituales.

Hoy he analizado las rectas, las curvas y los altibajos de mi vida, pues no todos tenemos la oportunidad de vivir al máximo como lo hiciste tú. Viéndome en tus espejos, he llegado a la conclusión de que todos podemos aspirar a más y a mejor, que el no hacer los cambios necesarios en nuestras vidas, para que nuestra presencia en este mundo se extrañe como hoy extrañamos la tuya, es simple cobardía disfrazada de conformismo. Todos juntos, sin las divisiones que nos desvían de nuestra verdadera meta, podemos hacer de este país un Puerto Rico mejor, cuyas riendas estén en las manos de buenos puertorriqueños que posean como única meta el bienestar común de todos los habitantes de nuestra isla. Buen viaje, Rafael Hernández Colón "Cuchín", hasta siempre.

---

[9] Honorable Rafael Hernández Colón, Gobernador de Puerto Rico, 1973-1977; 1985-1993. Falleció el 2 de mayo de 2019.

[10] Honorable Luis A. Ferré. Falleció el 21 de mayo de 2003. Gobernador de Puerto Rico, 1969-1973.

Sin embargo, no permití que el asunto de la confiscación arruinara la celebración de mi libertad recién adquirida. Como dije antes, era viernes y era día de tirar la casa por la ventana. Me resultaba sencillo olvidar las cosas que tenían la misión de atormentarme. Solo me inundaba de alcohol y eso era suficiente para ahuyentar todos mis demonios. Al menos, eso era lo que pensaba, sin embargo, la realidad es que lo único que lograba era atraerlos más. Esa noche bebí más que nunca, lo hice hasta casi perder el sentido. Se necesitaban muchas onzas de alcohol para silenciar los intrusos que habitaban en mi mente. Sus voces nunca desaparecían, pero mi mente se volvía incapaz de escucharlos.

No hay nada especial que sucediera ese día que sea digno de ser contado, ese viernes no fue distinto a los cientos de fines de semana que terminaban en lo mismo. Los denominadores comunes de mis fines de semanas eran las mujeres, el gasto excesivo de dinero y la presencia del alcohol en cada actividad. No me atrevería confirmar ni negar que era un alcohólico, pues cuando me tuve que alejar de las bondades del alcohol no experimenté los síntomas que definen a un alcohólico en retirada. Lo que sí les admitiré es que me encantaba estar bajo los efectos del alcohol y no solo bebía los fines de semana, sino también durante toda la semana, aunque la intensidad era menor. Recuerdo una experiencia de índole sexual que tuve estando ebrio. Estaba con esta chica, con la cual nunca había llegado a la cúspide del acto sexual. Sí habíamos jugado, pero sin llegar a la fase final. Esa noche, ella quería, pero no me sentía apto para responderle como se suponía. Debido a su insistencia, me detuve bajo un puente peatonal, intenté ocultar el carro lo más que pude y comenzó la acción. Digo acción por utilizar un término, pero la verdad es que me quedé dormido como un tonto, mientras ella cabalgaba sobre mí. La realidad es que fui todo un fiasco. Me preguntó varias veces si me había quedado dormido, a lo que le respondía que no, pero ¿cómo ocultar lo que era obvio? Ella terminó de hacerlo con mi cuerpo dormido. Al concluir el evento que recuerdo vagamente, la llevé a su casa, en el casco urbano de Aguadilla. Yo residía al lado contrario, o sea, que el viaje de regreso a mi casa iba a ser una travesía larguísima y peligrosa, en las condiciones en que me encontraba. Me estaba quedando dormido y estaba dando *zig zags*. Ni siquiera podía sostener el guía. Tuve que llamar a Ivy, una gran amiga mía, para que me mantuviera despierto mientras conducía hacia mi hogar. Gracias a ella y a las entidades divinas, no me maté en un accidente de tránsito, o peor aún, pues pude haber matado a alguna persona por mi irresponsabilidad, ya que ni siquiera era capaz de sostener el celular y conducir, mucho menos. Tuve decenas de experiencias parecidas que me llevaron a la terminación de múltiples relaciones que recién comenzaban. Fue entonces que decidí bajarle un poco a la dosis consumida.

La bebida era algo normal para mí, pues como les dije antes, crecí junto a una barra y mis canciones de cuna eran las que emitía la vellonera del bar de Gilberto. En el caserío Las Muñecas había otra barra disfrazada de pizzería, allí fue que probé la primera cerveza de mi vida. Era solo un niño, la cerveza era marca *Schaefer*, estaba caliente, la pobre cerveza estaba abandonada sobre una mesa y yo la rescaté. La llevé a mi boca, su sabor era asqueroso, casi la escupí, se sentía como caldo de pollo. No sentí ningún efecto. Mi única satisfacción fue haber aplacado mi curiosidad de saber qué había en aquellas latas que tanto adoraban los hombres. Pensé que, al beberlas, yo también me convertiría en hombre, al menos ese era el mensaje que había en cada comercial. Sin embargo, eran anuncios engañosos, pues al beberla, no apareció ninguna linda chica en bikini, ni obtuve un carro lujoso y tampoco me sentí como si hubiera dejado la niñez atrás. Ese fue el comienzo de un patrón abusivo en el consumo de alcohol. El alcohol era un somnífero para ahuyentar el insomnio provocado por las preocupaciones y problemas que se tejían en el Punto y más allá de él.

No imaginaba que eso que socialmente era aceptado como normal, me ocasionaría problemas en el futuro. El alcohol no me ponía problemático, sino todo lo contrario. Muchos de los problemas que tenía, los pude resolver bajo los efectos del alcohol, pues la empatía afloraba en mí cada vez que bebía. Muchos de mis enemigos se aprovechaban de eso y me hablaban solo cuando estaba con varias copas en la cabeza. Algo que también afloraba era el payaso que siempre ha vivido en mí y en algunos casos, cogía a alguien de punto para mofarme de alguna situación que le hubiera acontecido y eso resultaba desagradable para la persona.

Una noche me sucedió algo parecido. Estaba en el establecimiento *Red Baron* en la Base Ramey. Había comprado una botella de *Alizé*, mi bebida favorita, una mezcla de coñac y jugo de parcha, una bebida sabrosa, pero fuerte. Compartía con los muchachos que estaban en el lugar cuando todos comenzaron a reírse. Pregunté qué había sucedido. Me contestaron que alguien se había caído de una motora. Comencé a decir cosas para burlarme de la persona que había tenido el percance bochornoso de haberse caído frente a todos los presentes. La realidad es que yo no lo vi caer. Sin embargo, le grité que se comprara una *Spree*, una motora pequeñita. También le grité que le pusiera rueditas de aprendizaje y muchas cosas que sé que hirieron su honor y su autoestima. De repente, hubo un silencio casi absoluto, pero aun así seguí gritando estupideces contra el muchacho. Fue entonces cuando divisé a este individuo de aproximadamente seis pies y cuatro pulgadas de estatura salir de entre la gente, y me preguntó: "¿de qué te ríes?" Sin pensarlo, le contesté que me reía de un individuo que se había caído de una motora. Él se indignó muchísimo y me preguntó que si yo también me quería caer. Fue cuando comprendí que debía ser el hermano o algún familiar del accidentado. De inmediato le pregunté que cómo lograría que me cayese. En lugar de responder, se abalanzó sobre mí como un animal descontrolado. Sus pasos agigantados lo acercaban cada vez más a mí. Intenté quitarme la cadena para lidiar con la inminente pelea que mis payasadas habían provocado, pero no encontré alguien en quien depositar la confianza de pasarle la cadena que me había comprado con los primeros dos mil dólares que había generado en el Punto de Pueblo Nuevo. Lo único que pude hacer fue meterla por dentro de mi camisa. Tampoco pude quitarme pulseras, el reloj, ni mucho menos las sortijas. Por suerte para él, esa noche solo utilizaba las dos correspondientes a los dedos índices.

El ataque hacia mí era inminente, no había manera de calmar aquella bestia que corría hacia mí. Mi pistola estaba en el carro, no había tiempo para eso. Además, él no estaba armado, aunque la verdad es que su estatura y anchura corporal eran un arma mortal. Me preparé para la embestida del furioso animal que quería hacerme pagar por la afrenta que había cometido. Yo no estaba dispuesto a pagar y mucho menos desconociendo quién diablos era aquel individuo. Subí ambos puños, lo esperé hasta que creí que el momento era preciso para lanzarlos sobre su cara. Mis puños acertaron en el ataque, ambos aterrizaron en puntos frágiles de su cara, uno de ellos aterrizó en su ojo izquierdo. Me quedé con los puños arriba en espera del contraataque, pero de repente el individuo se desvaneció ante mi mirada incrédula. Con la misma fuerza que venía, así mismo se detuvo, cayó de espaldas y se golpeó la cabeza con el suelo. Dicen que la vida te golpea, no con su fuerza, sino con la tuya. Me quedé en espera de una reacción de su parte, pero no hubo ninguna. El tipo parecía estar muerto, no movía ni un solo músculo de su cuerpo. Todos los presentes quedaron asombrados por el desenlace de aquella pelea, pues imagino que al ver que yo solo media 5 pies y 9 pulgadas, sería un hueso fácil de roer, pero qué equivocados estaban.

Fue entonces cuando me aclararon que ese había sido el tipo que se había caído de la motora. Bendito, pobre de él, ahora tenía el orgullo doblemente lastimado. Si se hubiera quedado con la primera caída, no hubiera tenido que enfrentar una segunda caída, que resultó ser más aparatosa que la anterior. Me fui con mis amigos hacia el interior del establecimiento, entre los vítores de la gente y palmadas en la espalda, como diciéndome lo bien que lo había hecho. Bebí un par de tragos adicionales, al salir, todavía el tipo, cuyo nombre era Joselito, estaba tirado en el suelo, pero ya daba señales de vida.

Fue un alivio para mí saber que no estaba muerto, pues había muchos testigos que presenciaron el altercado, aunque viéndolo desde el punto que su cuerpo representaba una amenaza para mi vida, creo que mis acciones fueron en defensa propia.

De pronto llegó *Zurdo*, uno de los gatilleros del *Congo*. *El Congo* era un tipo de cuna humilde, creció en el residencial Ducos. Su humildad duró hasta que conoció a Raúl Santo Domingo, pues Raúl lo convirtió en su *pala* favorita para recoger los kilos que llegaban a través de nuestro hermoso mar. Luego cayó en el error en que todos caemos, comenzamos a creernos dioses todopoderosos e invencibles, lo cual perdura hasta que alguien nos recuerda nuestra mortalidad, a ritmo de plomo. Ese complejo de deidad también lo padecían sus lacayos, o en buen español, sus *lambones*. Vi a *Zurdo* que venía hacia a mí, con varias personas. Obviamente, Geo, o sea yo, estaba preparado para hacerle un par de boquetes adicionales a su cuerpo, si la situación lo hubiese requerido. Me increpó cuestionándome por qué había golpeado a su amigo. Me quiso hacer ver, o al menos fue lo que entendí, que por Joselito ser su amigo, no podía ser tocado y que yo, de alguna manera tenía que haberme dejado golpear sin defenderme. Con mucha rapidez y fuerza en cada una de mis palabras le aclaré que Joselito podía ser hermano del mismo diablo y que si venía en mi contra, yo me defendería contra él y los que estuviesen con él. Ese comentario no fue del agrado de *Zurdo*, pero, a mí tampoco me había gustado el suyo. Sabía que se avecinaba un problema peor, que no podría resolverse con los puños, sino con el estruendoso sonido que producen las palabras de plomo.

Días después fui llamado por Cucho *El Gordo*, llegué hasta su casa, me llevó a la parte trasera. Me dijo que le habían pedido autorización para matarme por el problema que había sucedido en *Red Baron*. Lo miré fijamente a los ojos y le pregunté cuál había sido su contestación. Me juró que les había dicho que eso había sido una simple pelea y que si iban contra mí, irían contra él. Cucho podía ser muy buena persona cuando socializábamos, pero a la hora de arremeter con violencia, también era muy sanguinario. Cucho era como mi hermano, pero en ese tipo de cosas, uno no puede confiarse. Le dije que confiaría en su palabra y que no me adelantaría a atacar, pero que, si ellos fallaban a su palabra, él me fallaría en grande. Él sabía muy bien lo que eso significaba y aunque él era más viejo y más poderoso que yo en el negocio, comprendía que no importaba el poder que se tuviese en el bajo mundo, pues ello no era capaz de detener una bala. Ante el asomo de la muerte, un hombre no toma en cuenta el tamaño o poder de su agresor. A pesar de que Cucho gozaba de mi confianza, no confiaba en la palabra que *Zurdo* le había dado, así que comencé a hacer arreglos para que se despidiera de este mundo.

27

**"No podemos convertirnos en lo que deberíamos ser
si nos empeñamos en mantenernos como somos".**

Max Duprée

En el Punto de Pueblo Nuevo, las cosas iban bien, excepto que algunos de los muchachos a veces se descuadraban y había que meterles un poco de presión física. Había uno en específico que al parecer tenía la misma costumbre con el dueño anterior y lograba salirse con la suya. Fui en tres ocasiones a buscar mi dinero, en la última le advertí que tendríamos problemas si la próxima vez que acudiera al lugar no lo tenía. Fui en una cuarta ocasión. Tenía la costumbre de sonreír para ocultar mi coraje, el individuo respondió a mi sonrisa, con otra sonrisa, sin sospechar que era una señal de cuán jodido estaría el individuo si no tenía los *chavos*. Puse la mano en posición de recibir lo que me tocaba y le dije que me sentía con suerte esa tarde. Él respondió que no tenía el dinero, acto seguido mi mano se convirtió en un puño, el cual en compañía de mi otro puño aterrizaron en múltiples ocasiones en la cara del tipo. Eso fue un claro mensaje para él y para los otros de que yo no estaba allí para jugar. Un día después tenía mi dinero, sin faltar un dólar y le hice una simple pregunta, ¿Era necesario llegar a la violencia? Me contestó que no, pero ambos sabíamos que fue necesario para que su psiquis pudiese entender la seriedad del asunto. No lo quise trabajando conmigo. Su novia quedó loquita conmigo, pero la deuda no incluía intereses, así que no cobré los favores que su novia estaba dispuesta a brindarme. Tiempo después me enteré de que el individuo había fallecido por algo que le habían hallado en la cabeza, solo espero que no haya sido a causa de los golpes que recibió de mi parte, por eso me reservaré su nombre.

Nefty, mi socio, creyó que aquello que yo había hecho después de ir cuatro veces a cobrar mi dinero, era un permiso o una licencia para golpear a cualquiera que a él se le antojara. Comenzó a abusar de los muchachos, escudándose detrás de mi imagen. Le llamé la atención varias veces, pero hizo caso omiso. La última vez que puso sus manos sobre alguien allí, fue en mi presencia. Le dio *una bofetá* a uno de los muchachos y se rió como si fuera el todopoderoso. No podía permitir que eso sucediera. Yo hacía todo el trabajo y nos dividíamos las ganancias en partes iguales, pero él estaba empeñado en arruinar todo lo que yo había construido. Yo no solo mantenía control con la intimidación, lo cual es un medio que se utiliza al principio, sino también con la igualdad de oportunidades y de beneficios para los muchachos que trabajaban para mí. La idea era hacerlos sentir que no tenían nada que envidiarme, que lo que yo tenía, ellos lo podían tener de igual manera.

Tomé la decisión de despedir a *Nefty*, le advertí que, si quería seguir siendo mi amigo en vida, debía tomar nuevos rumbos. Él conocía el significado exacto de mis palabras, así que aceptó el regalo que le di. Le dije que se quedara con el caserío San Andrés, ubicado en el mismo pueblo. Él se convertiría en mi competencia, pero sabía que no podía lograrlo solo. Se asoció con *Balato*, pero aun así era mucho, pues para dominar ese tipo de negocio no basta con la fuerza, se necesita un conocimiento de la gente que trabaja para ti. Debes conocer sus necesidades y sus sueños y si cubres sus necesidades y sueños con lo que ellos mismos te dan, tendrás su eterna lealtad. Aprendí de mi amigo Melvino que las deudas no se cobran con plomo, pues ello requiere una mayor inversión que la deuda que se pretende cobrar. Primero, tendrás la pérdida del dinero que invertiste en las armas que utilizaste para cobrar la deuda. Segundo, no puedes cobrarle a un muerto. Tercero, si te atrapan, el abogado te quitará hasta los calzoncillos para defenderte y no te dará ninguna garantía de prevalecer en un tribunal. Me decía Melvino, que aquel que te debe, siempre será un pobre infeliz y si no lo matas, tendrás la oportunidad de hacer mucho más dinero que lo que el desgraciado te debía.

Nefty me cogía material fiado para nutrir su Punto, pues él no conocía las personas que yo conocía, por lo que no gozaba de la confianza, ni del crédito para obtener el *perico* para así mantener su negocio como uno competitivo. Me debía casi quinientos dólares, le fui a cobrar varias veces. La excusa de siempre era que tenía unos clientes que no le habían pagado. Mencionó al que le debía la mayor cantidad de dinero. Era un baloncelista del desaparecido equipo de *Los Tiburones de Aguadilla*. Para comprobar si era cierto lo que *Nefty* decía, decidí ir con él para cobrar el dinero. El tipo vivía en el pueblo de Moca. Llegamos hasta su casa, lo llamamos por su nombre, pero no salió él, sino su abuela. Le dije que éramos unos amigos de la universidad, ella inocentemente nos dio su ubicación. Llegamos hasta el coliseo del pueblo de Moca, pues por alguna razón, el equipo de Aguadilla practicaba allí. Preguntamos por él y fueron a buscarlo. De pronto vi como si un edificio color negro caminara hacia nosotros. Nunca había visto al individuo. Debía medir algunos siete pies de estatura, eso sin contar la anchura de su cuerpo, que lo hacía lucir como un tanque de guerra. Me dije: "Geo, en los líos que te metes". Sin embargo, ya estaba allí y mi orgullo no me permitía darle la espalda a ese tipo de situaciones. El gigante saludó a *Nefty*, su mano cubrió completamente la de mi amigo. Se disponía a saludarme cuando le hablé de manera firme y enfática. Tenía que someterlo con la psicología, antes de que él me sometiera con su almacén de músculos. Una pelea a los puños con ese tipo, hubiera sido un suicidio. Al lado de él, yo era un inofensivo muñequito de trapo. Le dije que quería mi dinero, que no lo iba a matar por esa cantidad de dinero, pero que le iba a destrozar las rodillas para que jamás pudiese volver a jugar baloncesto. Él se asustó muchísimo y prometió pagar. Días después fuimos a cobrar el dinero y allí estaba el saldo de la deuda.

Nefty trataba de hacer que su negocio en San Sebastián progresara, pero unas personas de Aguadilla se habían metido en su negocio. El susodicho era un hombre mayor. *Balato* y él fueron a reclamarle al hijo del invasor, sin que yo tuviera conocimiento del asunto. Pensaron que de esa forma evitarían que el caballero volviera a intentar meterse en su territorio. Cometieron el error de amenazar de muerte a su papá, cosa que como dije antes, puede convertir a un cobarde en valiente. Ellos dejaron ese asunto como uno resuelto y olvidado, grave error.

Una noche estábamos de *jangueo*, era la madrugada del 31 de diciembre de 1995. Celebrábamos en grande, pues estábamos libres de los barrotes de la maldita cárcel. Recién unas semanas antes habíamos sido liberados de lo que constituía mi segundo arresto. Los policías de narcóticos diligenciaron una orden de allanamiento para mi apartamento y para la casa de *Nefty*. La noche antes del allanamiento estaba con mi arma, modelo Tec-9, de la empresa Intratek, equipada con mira láser y todo lo necesario para ladrar y morder al que se atreviera meterse en mi camino. Nunca tenía un arma que estuviese a la vista de todos. No me gustaba que me catalogaran como parte del excremento que ensucia nuestros caseríos y barriadas, pero la verdad es que no solo lo era, sino que también apestaba bastante.

Esa ocasión ameritaba que más que ver el letrero que leía, *Cuidado Con El Perro*, también vieran el perro y lo escucharan ladrar. Me avisaron que mi vida estaba en peligro. Habían puesto precio a mi vida, veinte mil dólares por mi cabeza y la misma cantidad por la de *Balato*. Así que activé a los muchachos del caserío. Les dije que se subieran a los techos de dos edificios que permitían ver la entrada y salida. La orden era disparar si veían algún carro sospechoso entrar con rapidez a uno de los estacionamientos. Yo estaba entre ambos edificios, con un chaleco a prueba de balas y mi arma metida en un bulto de *Foot Locker*, colgado de un brazo, mientras yo tenía mi mano en su interior y con mi dedo en el gatillo.

Estaba con *Balato* y varios de los muchachos, entre ellos Omar Alí. Él era un amigo de la infancia, proveniente de una buena y acaudalada familia, que se había convertido en adicto, adicción que terminó matándolo. En ese momento necesitaba toda la ayuda posible. Era la noche de *Halloween* y había rumores de que llegarían esa noche a matarme. Le di un arma y un poco de *perico* a Omar, para que estuviera a mi lado, terminó convenciéndome de que me diera un par de *pases* para estar alerta. Llevábamos esperando un buen rato y nada sucedía. Los muchachos en los techos comenzaron a tirarse piedras entre ellos, creo que era para evitar el aburrimiento. Les grité que estuviesen pendientes a la calle, lo cual hicieron refunfuñando. *Balato* se acercó a mí, me dijo que tenía sueño, que se iba a dormir. Me molesté porque lo vi como un acto de cobardía de su parte, pero no lo culpo, había muchísima tensión en la atmósfera. Lo insulté, pues estaba muy molesto por su determinación de dejarme solo. Me quité el chaleco, le dije que se lo llevara, pero que si me pasaba algo por haberse ido, se le quedaría en la conciencia. Aunque la realidad de que eso de tener conciencia es poco común entre los hijos del Punto y si se tiene alguna, se disimula muy bien. Me quedé allí con el deseo de que algo sucediera y que terminara aquella tragicomedia, pero nada ocurrió, excepto un par de *pases* adicionales de *perico* que me di con Omar.

Mandé a los muchachos a bajar de los techos y a guardar las armas. Estuve activado de la misma manera durante varias noches. Para subir a mi apartamento, ubicado en la parte principal del caserío, iba escoltado y armado. La parte frontal del caserío estaba desierta a esa hora de la noche. El Punto estaba establecido en la parte trasera del complejo. En la parte del frente éramos blancos fáciles para los enemigos, pues la avenida estaba justo allí, lo cual podía facilitar que nos dispararan desde un vehículo en marcha, o que nos viera la policía. Al llegar a mi apartamento, verificaba todos los rincones, entregaba mi arma a los muchachos, cerraba la puerta y me acostaba a dormir hasta el día siguiente.

Una noche estábamos sentados sobre el bonete de un carro, eran las dos y pico de la mañana. Estaba quedándome dormido, con el arma en el bulto, le dije a los muchachos que me acompañaran a mi apartamento. No tenía miedo de ir solo, mi temor era quedarme con el arma. Me dijeron que les diera unos minutos porque Ramón les contaba una de sus tantas anécdotas, los tenía muy entretenidos. Esperé un rato adicional, comencé a discutir con ellos y a decirle un montón de malas palabras. Les dije que ellos serían responsables de lo que sucediera conmigo. Sí, era normal en mí adjudicar la responsabilidad a otros, por las decisiones que yo tomaba. Me fui y al llegar, apunté mi arma hacia el lugar que estaba bajo la escalera que conducía a mi apartamento. Siempre lo creí el lugar ideal para que alguien se ocultara a esperarme y atacarme cuando diera la espalda. La imaginación a veces crea monstruos en lugares no imaginados y más cuando se está rodeado de monstruos reales que se disfrazan de gente. Entré al apartamento, cerré la puerta tras de mí. Entonces el problema fue buscar un lugar para ocultar el arma. Analicé varios lugares, al final la oculté en la parte inferior del gavetero de mi habitación.

Estaba demasiado cansado, pienso que se debía a la tensión de saber que mi vida pendía de un hilo, pues yo no realizaba ninguna actividad que requiriera de mucho esfuerzo. Mi cabeza tenía precio y en ese tipo de negocio siempre surge alguien dispuesto a reclamar el botín ofrecido. Mi trabajo era cuidarme mientras hacía dinero, pero cuando se tiene la atención en dos cosas al mismo tiempo, una de ellas se descuida. Me quité toda la ropa, pues no soportaba nada sobre mi piel a la hora de dormir y me acosté en la cama que compartía con mi soledad pues, aunque el apartamento estaba equipado para dos personas adultas y mi hija, la realidad es que estaba solo. No, no recuerdo haberme bañado antes de irme a la cama, pero para evitar que usted haga conjeturas y me critique, utilizaré como excusa el cansancio extremo que sentía. Dejé que mi mente se fuera a tiempos mejores, en los que las únicas preocupaciones eran la chica que me gustaba, el juego de baloncesto del día siguiente, o arreglar las gomas de la bicicleta. Me sumergí tanto en los pensamientos creados por mi mente, que me quedé dormido profundamente.

Pasadas unas horas escuché un estruendo que provenía de la sala, alguien golpeaba la puerta con muchas ganas de entrar. Tanto era el deseo de ingresar en el apartamento que escuché cuando la puerta cayó contra el suelo. Todo sucedió en cuestión de segundos, me puse de pie rápidamente para ver qué sucedía. Corrí totalmente desnudo hacia la sala, entonces escuché los gritos de una multitud diciéndome que me tirara al suelo. Traté de correr hacia el arma, pensé que eran los enemigos. Sí, eran los enemigos, pero no los que llegan en silencio para arrebatarte la vida a fuerza de balazos. Todos ellos me apuntaban con sus armas mientras me gritaban que no me moviese. Agradezco al universo que buscar el arma no fue lo primero que se me ocurrió, pues de haber sido así, hoy no pudiera relatarles el suceso. Se notaba el miedo en sus miradas y el nerviosismo en sus palabras. Habían escuchado y creído los mitos sobre un monstruo que en ese momento estaba frente a ellos. Tardaron poco en descubrir que la monstruosidad de aquel individuo era ficticia. Mi mente despertó y se aclararon mis pensamientos. Fue entonces cuando supe que mi sala estaba repleta de policías. Sentí vergüenza por mi desnudez, cuando vi que entre ellos había una mujer. Ella estaba allí porque creían que iban a toparse con una fémina y con Grace, mi hija de solo un año y once meses de edad, pero no, la casa estaba vacía, solo estaba yo y las sombras que me hacían compañía.

Me llevaron al cuarto para que me pusiera algo de ropa. Comenzaron a registrar, no pasó mucho tiempo para que encontraran una bolsa de *perico* que había olvidado sobre el gavetero. Mi corazón se paralizó cuando gritaron "Bingo", en señal de que su búsqueda había rendido frutos. Me preguntaron sí tenía algo más. Les contesté que no. En realidad, no guardaba nada en mi casa.". Ese hallazgo había sido debido a un olvido. Uno de ellos dijo, "Ya lo tenemos". Respiré aliviado, iban a terminar el allanamiento cuando uno de ellos abrió una de las gavetas y encontró unas balas calibre 9 milímetros. Inmediatamente, expresó un refrán que jamás había escuchado. Dijo, "Si están las habichuelas, tiene que estar el arroz". Eso provocó que continuara el registro por todos los rincones del apartamento. Me preguntaban si había algo más, yo les respondía que no. En forma de amenaza, me dijeron que, si encontraban algo, la pasaría mal. Sin embargo, pensaba que no podrían hacer algo peor que lo que me estaba ocurriendo, pues mi libertad estaba en juego.

No había pensado en los malditos individuos que se negaron a acompañarme cuando les indiqué. Mucho menos había podido pensar en la casualidad que significaba que estos policías llegaran en el momento específico en que me había visto obligado a quedarme con el arma. El hecho de que hubieran encontrado el *perico* no me preocupaba tanto como que ocuparan el arma, pero aún tenía la esperanza de que no dieran con ella. Sacaron la gaveta del lado y palparon el piso, se disponían a abrir la gaveta en donde sí estaba el arma, entonces los detuve, él la cerró, le dije que sí había un arma. Me preguntó dónde estaba y yo le señalé la gaveta. Se rieron, me dijeron que yo era un listo, pues ahí era exactamente dónde iban a buscar cuando yo los detuve. De todas formas, apacigüé la ira de los guardias, ya no me consideraban tan peligroso como cuando llegaron a mi puerta. Se sorprendieron cuando vieron el tipo de arma que encontraron, era un arma que para el año 1995 casi no se veía y mucho menos con el aditamento de la mira láser que tenía integrado.

Permitieron que me pusiera la ropa que yo elegí, pues me avisaron que los medios noticiosos me esperaban en el cuartel. Me cepillé los dientes, me puse las gafas de sol y me condujeron a la parte de atrás del caserío. Pensé que esas personas me tenían respeto, a pesar de todo, porque había visto otros arrestos similares al mío, pero a ellos se los llevaban hasta en calzoncillos o como los cogiesen cuando rompieran la puerta. Me llevaban esposado por el centro de todo el caserío. Tenía las prendas en los bolsillos, el celular se lo había dado a Mara, la hermana de *Balato*. Fue entonces cuando vi que también habían registrado mi guagua *Mirage*, para la cual no tenían orden judicial. En ella solo ocuparon una careta negra.

Me detuvieron cerca de un vehículo inservible que estaba en el estacionamiento, lo utilizábamos, al igual que otros vehículos, como almacén de nuestras cosas ilegales. Allí ocuparon dos chalecos a prueba de balas, uno era de la policía y el otro era del *Army*. Pensé que todo lo ocupado me señalaba como un matón profesional o algo parecido, careta, chalecos y un arma con mira láser. Pensé que me *apagarían* para siempre. No sabía que se habían metido en la casa de *Nefty*. Allí guardábamos el material y las otras armas. Allí ocuparon dos octavos de *perico*, la parafernalia para prepararlo y siete armas de distintos calibres. Nefty también había sido arrestado. *Balato* se acercó para pedirme las llaves del *Tracker*. Le vieron el tatuaje con su apodo que tenía en la pierna derecha y le pidieron que los acompañara al cuartel. Allí le sometieron cargos criminales como si hubiera estado presente en la casa de *Nefty* al momento en que ellos ocuparon todo lo ilegal. *Balato* no era un santo, pero él no tenía nada que ver con lo que ocuparon, o no estuvo allí cuando lo hicieron. Eso fue una injusticia, pero para ellos era la forma de atrapar a los que ellos consideraban una amenaza. Lo que para nosotros constituía una injusticia, para ellos era uso y costumbre.

Fuimos llevados a la cárcel después de haber sido fichados y procesados. A cada uno se nos fijó una fianza de quince mil dólares con el diez por ciento, lo cual equivalía a 1,500 dólares. Los fiadores se molestaron y reclamaron que esa cantidad de fianza no era para personas de nuestro calibre. Su molestia no se debía a la preocupación por la seguridad de la sociedad, sino a que no tendrían ganancias por nuestros arrestos. Una fianza así podía ser pagada por cualquier mortal sin la necesidad de acudir a los dioses fiadores. Fui ingresado en el Oso Blanco, al día siguiente era un hombre libre. No pagué la fianza el mismo día porque no acudí a mis padres para gestionar mis procesos legales, sino que tuve que hacer todo por mí mismo. En muchas ocasiones, ellos ni se enteraban de mis problemas con la justicia.

Siempre me quedó un trago amargo en la garganta, pues no podía creer que estos policías tuviesen tanta suerte. Nunca guardaba armas en mi casa y el único día que decido guardarla, se meten a registrar y la encuentran. Siempre sospeché que alguien había colaborado con las autoridades. Para los cobardes, esta era una forma de eliminar a un competidor en los negocios del narcotráfico. Si el individuo lograba salir airoso del problema, al menos habían logrado desarmarlo por un momento, lo que lo convertía en una presa fácil. Regresando a la madrugada del 31 de diciembre de 1995, celebrábamos nuestra libertad, estábamos en un lugar conocido como La

Cabaña. Las bebidas estaban por doquier, disfrutábamos de lo lindo, no noté nada inusual, excepto por un individuo que nos miraba con insistencia. Era una persona conocida por mí, alguien a quien consideraba inofensivo y con quien nunca tuve problema alguno. Cuando salimos del lugar él estaba en el estacionamiento, silencioso y vigilante, pero descifrar sus intenciones se complicaba, al estar entre tanta gente, y nosotros con la sangre inundada de alcohol.

Balato se fue conmigo en el *Tracker*, teníamos la capota quitada. Había que disfrutar la libertad como lo habíamos hecho antes de que fuéramos despojados de ella. *Nefty* se fue con *Richie* en el *Mustang*, también iban sin capota. Llegamos al establecimiento llamado *Ray´s*. Me estacioné frente al local mientras que *Richie* se estacionó en la parte lateral. De repente, se escucharon unas explosiones. Me asusté un poco. Proferí unas cuantas malas palabras, dirigiéndome a los malditos que creía habían reventado petardos cuando todavía faltaban varias horas para la despedida de año. Ni siquiera había llagado la mañana del día 31. Me bajé del vehículo cuando noté el corre y corre de la gente. *Richie* vino a mí llorando y me gritó que habían matado a *Nefty*. Corrí hacia el lugar donde se suponía estuviese el cadáver de mi amigo, *Nefty* estaba sobre el suelo, pero aún estaba vivo. Traté de ir tras la persona que le había disparado pues, aunque no lo había visto, me dieron su nombre de inmediato, nombre que jamás revelaré, porque como dije antes, este escrito no tiene el propósito de perjudicar a nadie, sino de crear algo de conciencia en aquellos que aún persiguen la olla de oro al final del inexistente arco iris, y narrar algunos sucesos que me convirtieron en el huésped del infierno en el que habito. El individuo se adentró en el monte y no pude alcanzarlo. Subimos a *Nefty* al *Mustang* y lo llevamos al hospital. Al dejarlo allí, nos fuimos para el caserío, esa misma noche tratamos de conseguir al tipo que le había disparado, el pueblo estaba revuelto y la policía estaba por todos lados. Lo más inteligente era esperar a que las cosas se calmaran un poco.

Al transcurso de unos días fuimos al hospital a visitar a *Nefty*. Ya había salido del peligro, estaba entubado, pero estable. Fuimos a verlo y llevamos comida china, él no podía comer, así que nos la comimos frente a él. Nos reíamos al verlo sufrir por la comida que no podía saborear. Nefty era un gordito comelón y a pesar de la vida que había escogido, era una buena persona. Decidimos posponer la ejecución del individuo que había atentado contra su vida, para que fuera el propio *Nefty* quien vengara sus heridas. Días después, la mamá de *Nefty* me llamó para avisarme que había caído en coma debido a un paro respiratorio que había sufrido mientras era conducido hacia el cuarto de radiografías. Al día siguiente fui al hospital para recibir la terrible noticia de que su mamá había ordenado que fuera desconectado de las máquinas que lo mantenían con vida, debido a que siguió el consejo de *Balato*. *Balato* solo tenía dieciocho años. En mi opinión, debieron esperar un poco más, tal vez hubiera podido reaccionar. Sin embargo, eso nunca lo sabremos. Lo que sí sabíamos era que nuestro amigo había fallecido y eso era suficiente para quitarle la vida a quien había cometido el vil acto. Neftaly Santos Cubero, descansa en paz.

Comenzamos una búsqueda sin precedente, todos los del caserío nos unimos a la cacería, teníamos que vengar su muerte. Antes de que su cuerpo fuera sepultado fui en busca de protección física y espiritual. Debido a una recomendación que me dieron, terminé en una botánica. Allí me bañaron con unos ungüentos misteriosos, pusieron en mi cuello un collar de las Siete Potencias e hicieron una oración invocando a los espíritus que se suponía que me protegerían. Salimos de allí, estaba en el *Tracker* y todo olía a *espíritus chocarreros*[11]. Nos dirigimos al cementerio de Corrales, donde el cuerpo de nuestro amigo sería sepultado para siempre. El ambiente estaba cargado, noté la presencia de varios policías pertenecientes a la División de Homicidios. Intenté pasar bajo su radar, pero eso resulta imposible cuando se suscita un crimen de ese tipo. Ellos estaban en busca de un rostro culpable entre los presentes, pero el responsable no estaba entre nosotros.

Los rituales ceremoniales para despedir a nuestro amigo habían culminado. Una de las canciones con la que lo despedimos fue "*Se ha escapado un angelito*", de Sammy Marrero. Mi amigo no era un angelito, es que incluir esa canción era algo rutinario en la cultura del bajo mundo. A ese *playlist* le añadimos la canción *Mataron a un inocente*, de Héctor y Tito. Lo lloramos como si no hubiésemos esperado ese tipo de final para su vida. Los actos ceremoniales del proceso funerario de uno de los nuestros eran todo un espectáculo. Sin embargo, ahí no terminaba. Todavía faltaban las ruidosas voces de las armas que gritaban por la venganza del fallecido. Eran alrededor de las once de la mañana, algunos bebíamos alcohol para enjugar nuestras lágrimas, mientras otros fumaban la pipa de la paz, la que se había convertido en una de guerra.

Mandamos a buscar varias armas, nos fuimos a la cancha chiquita. Cogí una pistola de nueve milímetros, apunté hacia el aire, pero con inclinación hacia el monte que teníamos cerca. A pesar de todo, me quedaba algo de conciencia y sentido común. Sabía que, debido a la Ley de Gravedad, todo lo que subía tenía que bajar y en la bajada podía lastimar a alguien inocente. Comencé a disparar. Los demás me siguieron.

---

[11]Entidades paranormales que interactúan con el mundo material, emitiendo sonidos, ruidos, moviendo cosas de lugar.

Se terminaron las balas y cogí otra arma, continué disparando. Cogí un revólver Magnum 357, con ese solo disparé una vez. Me lastimó la mano y me dejó un chillido en el oído que aún escucho cuando pienso en ello. El suelo de la cancha se cubría de casquillos mientras éramos observados por los asustados vecinos. Todo esto sucedía al ritmo de la canción *Se ha escapado un angelito* que se escuchaba en mi *Jeep* descapotado.

Para nosotros, ese día marcó una nueva manera de hacer las cosas, era la guerra y queríamos anunciar nuestro poder. Tal vez no fue la mejor idea, pues pronto fuimos interrumpidos por un contingente de policías que cubrieron todos los rincones del caserío. Al verlos, solté las armas a los muchachos más rápidos, debido a que tenía mi vehículo abierto y encendido. Todos escogieron distintas rutas de escape. Caminé con mucha tranquilidad, pues lo único que tenía que me pudiese incriminar con aquel incidente en donde desperdiciamos tantas balas, era la pólvora que tenía impregnada en mis poros.

Los guardias corrían hacia nosotros, buscaban a los que estaban vestidos de negro. Yo estaba vestido de negro y tenía puestas mis prendas de oro. Al parecer, mi tranquilidad logró engañarlos, debido a que pasaron por mi lado como si yo fuese invisible. Tal vez su enfoque era los muchachos que corrían despavoridos con la intención de evitar ser apresados. Seguí hasta el *Jeep*, abrí la puerta, apagué todo, bajé la capota y cerré la puerta. Caminé calmado. Me metí por la parte trasera de la escalera del edificio número 12. Crucé por el centro del caserío, sin saber hacia dónde dirigirme, hasta que vi a Glenda en el balcón de su apartamento. Ella me hizo una señal para que me ocultara en su apartamento. Glenda era la esposa de Junny, a quien por poco mataba después de la pelea que tuvimos. Ella me salvó de ser arrestado. Agradecí haber accedido a su petición, cuando me pidió una oportunidad para que su esposo regresara al caserío. Era mejor cultivar aliados que cosechar enemigos. Salí de mi escondite cuando todo se calmó. No había peligro, aunque aún quedaban algunos guardias en el caserío. Así que me dirigí a mi apartamento para cambiarme la camisa.

No ocuparon las armas, ni arrestaron a nadie. Lo único que ocuparon había sido los casquillos y los cartuchos de la escopeta de *Balatito*. Recuerdo verlo dispararla y reírme de lo gracioso que se veía un nene de su edad disparar un arma de esa categoría, aunque la escopeta disparaba cartuchos dieciséis, que son los amarillos, lo cual significa que no tenía tanta potencia como una escopeta calibre doce. *Balatito* debió tener algunos doce o trece años. No imaginaba el daño que le hacíamos al permitirle participar en lo que nosotros creíamos normal. El caserío era un mundo aparte al mundo que la mayoría conoce. Allí teníamos nuestras propias reglas y nuestro propio gobierno. Las ayudas comunitarias que la gente necesitaba, nosotros las suplíamos. Pero todo eso tenía un precio, uno muy alto, las vidas de sus hijos e hijas y la tranquilidad de sus hogares, pues en cualquier momento se podía desatar un acto de violencia en el que se perdiera alguna vida, la de ellos o la de algún ser querido. Veía a *Balatito* como mi hermanito menor y nos resultaba divertido verlo actuar como uno de nosotros, pero no imaginábamos en lo que esa diversión lo convertiría. Al parecer, las actitudes que adquirimos y las acciones que llevamos a cabo los que estamos a merced del Punto, son hereditarias. Lo que no sabía es que teníamos el poder de rechazarlas como cualquier herencia que recibimos que no sea de nuestro agrado, ni para nuestro bienestar.

Un día, *Balato* sorprendió a *Balatito* mientras se fumaba un cigarrillo. Pensé que *Balato* lo mataría, sin embargo, hizo todo lo contrario. Se sentó junto a él y le dijo que prendiera otro cigarrillo. A pesar del temor a la reacción de su hermano mayor, encendió el cigarrillo. Al terminarlo, su hermano le ordenó que encendiera otro, cuando terminó de fumárselo, le dijo que prendiera otro cigarrillo y así hizo hasta que *Balatito* no pudo fumar más. Pensamos que había sido una gran lección que le enseñaría a no fumar más, pero fue todo lo contrario. Ese día se constituyó como el día en que *Balatito* había obtenido el permiso de su hermano mayor para ser un poco más como nosotros, para sumergirse aún más en las profundidades del Punto. Se había leído el testamento y Balatito había aceptado heredar la parte que le tocaba.

28

"Creer que un enemigo pequeño no puede dañarnos es como creer que una pequeña chispa no puede incendiar un bosque".

Saadi

La cacería del individuo que había matado a *Nefty* continuaba. Escuchamos rumores que lo ubicaban en la ciudad de Nueva York, sin embargo, nadie de los nuestros lo había visto por allá. Los tentáculos del Punto alcanzaban los rincones oscuros de la gran metrópolis, específicamente los de Brooklyn. Atacarlo allá era más fácil para nosotros debido a que no éramos muy conocidos en ese estado. Solo éramos sombras que íbamos y veníamos sin que se percataran de nuestra existencia.

Decidimos buscarlo en Puerto Rico. Compramos una guagua de pasajeros tipo *van*, para pasar desapercibidos. No pretendíamos estar en el viejo Oeste, no era asunto de combatir a nadie en un duelo frente a frente. No creo que en ninguno de los dos bandos hubiera valor para un enfrentamiento de ese tipo. El asunto era matar al enemigo sin darle oportunidad de defenderse. Por eso el ataque debía ser sin dar cara, el elemento sorpresa era el requerido para esa clase de conflictos. Él había atacado a nuestro amigo de la misma manera y así mismo habíamos determinado contraatacar. Se me había metido en la cabeza convertir la guagua en una similar a la de las iglesias que transportan los feligreses al templo. No llevé a cabo la idea, aunque era mi deseo llegar gritando aleluya.

Una tarde buscábamos al individuo, pero el caserío en el que él residía había sido ocupado por la policía y habían dejado un pequeño cuartel en el lugar, para evitar que volviera a resurgir el Punto. Llegamos hasta la entrada principal del caserío. En el interior de la guagua había aproximadamente de siete a nueve fieras en espera de que la presa mostrara su rostro. No podíamos entrar todos al mismo tiempo, hubiera sido muy sospechoso. De todas formas, no pasó desapercibida nuestra llegada. Balato y yo decimos entrar al caserío como si buscáramos a alguna muchacha. Pienso que nadie se lo creyó; al vernos, todos los que estaban afuera comenzaron a marcharse hacia sus apartamentos. Caminaban sin apartar sus miradas de nosotros. Continuamos la búsqueda con la esperanza de hallar algún rastro del individuo. No había nada que nos pudiera dar luz de su presencia en aquel lugar. No podíamos arriesgarnos mucho, estábamos en un caserío custodiado por la policía y eso era peligroso para nosotros. Decidimos marcharnos, lo buscamos en el caserío Ducos, en el que pensamos podría estar, ni siquiera su sombra pudimos encontrar. Eso nos decía que el rumor de que se había marchado para Estados Unidos era cierto, la pregunta era, ¿a dónde?

Nos dirigimos hacia nuestro caserío. *La viuda negra*, como le decía la gente a la guagua que utilizábamos, estaba cargada de individuos fuertemente armados y ello constituía un gran riesgo para todos nosotros. Comenzaron a llamarle así debido a que los *chamaquitos* de Las Muñecas, incluyendo a *Balatito*, se la habían llevado varias veces sin nuestro permiso y se metían en los caseríos vecinos para asustar a las personas. Al parecer, no sabían el peligro que implicaba para ellos mismos y para nosotros que el vehículo estuviera identificado. Salir a cazar durante el día, no era lo acostumbrado, pero de eso se trata el elemento sorpresa, de atacar cuando menos se espera. De todas formas, era peligroso, así que decidimos guardar todo para continuar la cacería en otro momento. Estábamos en la carretera número dos, frente al puesto de gasolina San Rafael, el cual llamamos así debido al restaurante que ubica en la parte trasera del edificio, en donde se comía una langosta deliciosa (*Anuncio no pagado*). Estábamos muy cerca del caserío, pero atascados en un tapón vehicular. El ambiente se sentía raro, para nosotros era normal ver algo raro en todo lo que era común para los demás. Comencé a sentir inseguridad, busqué algún lugar en la guagua para ocultar mi pistola, aunque sé que hubiera resultado inútil debido a que las demás no se podían ocultar tan fácilmente, por ser armas largas. Si nos detenían, aunque no hallaran un arma en mi poder, de todas maneras, pagaría por el resto de las armas que hallaran en la guagua.

Encontré un lugar en la puerta trasera, no era un lugar natural del vehículo, sino un hueco causado por la corrosión. Metí la pistola, pero no la podía sacar, así que decidí abrir la puerta, sin saber que había un boquete en el fondo. La pistola cayó sobre el pavimento ante la atónita mirada de los ocupantes de los vehículos que estaban detrás de nosotros. Avisé a los muchachos para que trataran de ocultar los rifles, tarea imposible. Tuve que abrir la puerta de par en par, para bajarme a recoger el arma. Aún recuerdo como el hombre que venía justo detrás de nosotros sostuvo el guía, lo apretó como si de ello dependiera su vida. Sus ojos parecían dos soles eclipsados y su rostro se puso tan blanco como nubes de verano. No fue tanto su miedo cuando me vio bajar de la guagua, como cuando me vio subir con la pistola en mano. Si el caballero no hubiese tenido varios autos detrás, con toda seguridad se hubiese ido en reversa hasta el lugar de procedencia. No había tiempo que perder en aquel tapón, estábamos comprometidos por la brutalidad que yo había cometido. Le dije al conductor que se metiera por el paseo para que nos dirigiéramos hacia Las Muñecas, en donde estaríamos seguros. Una vez llegamos al caserío, sentimos alivio y pudimos respirar con tranquilidad. Estábamos en casa, en nuestra ciudad de murallas invisibles. Las murallas que nos protegían eran erigidas por el temor que infundíamos en nuestros enemigos. Me refiero a que el respeto es inexistente en ese mundo, lo único que predomina en los cimientos que lo sostienen es el miedo, el simple y crudo miedo. Sin embargo, ese sentimiento posee dos vertientes. El miedo que se infunde en los demás podría lograr que te asesinen, o tal vez podría salvarte, pero hay más posibilidades de resultar asesinado que de salvarse.

Hubo más intentos de cazar al individuo, pero nunca pudimos dar con él. Fue él quien, varios meses después, dio conmigo en el mismo lugar que le disparó a *Nefty*. No lo esperaba, me tomó por sorpresa. Esa es la manera en que llega la muerte cuando se vive en el borde del abismo. El más leve soplido puede hacernos caer al fondo. No se escucha nada, solo la última detonación, y luego el silencio profundo que nos avisa que ya no pertenecemos a este mundo.

Al verlo, intenté alcanzar mi pistola, pero él me detuvo cuando me dijo que quería hablar conmigo. Él solo quería que escuchara su parte de la historia. De manera voluntaria levantó su camisa y se dio la vuelta para mostrarme que no estaba armado. Tal vez había alguien apuntándome desde algún lugar cercano, en espera de que yo hiciera un movimiento en falso. Sin embargo, decidí confiar en él, por la amistad que nos unía antes del desgraciado incidente que le costó la vida a mi amigo Nefty. En ocasiones, la confianza excesiva resulta ser el elemento que nos lleva a la peor de las trampas, la que tiene como propósito terminar con nuestros asuntos en este rincón del universo. Al escuchar lo que tenía que decirme me quedé boquiabierto, eran detalles que yo desconocía. Me explicó como *Balato* y *Nefty* habían amenazado de muerte a su padre por haberse metido al Punto de San Andrés en San Sebastián. Pude entender su posición, fue el miedo de perder a su padre lo que lo hizo atacar la fuente que lo producía. La realidad es que él le temía más a *Balato* que a *Nefty,* pero decidió eliminar la amenaza que esa noche tuvo ante sí.

Le dije que debió hablar conmigo cuando me vio en el estacionamiento de La Cabaña. Me explicó que le habían dañado tanto la mente, que no tuvo tiempo para razonar. Comprendí lo que me decía, pues alguna vez yo también había actuado por mis instintos de preservación, en lugar de razonar con mi inteligencia. Esa noche le prometí que la temporada de caza terminaría. No lo buscaríamos más. Me dolía la pérdida de mi amigo, pero debido a las circunstancias que provocaron su muerte, había decidido dejar las cosas en paz. Una paralización de las guerras siempre resulta conveniente para ambas partes. De todos modos, siempre habría más personas para librar otras guerras. En nuestro mundo las guerras entre bandos rivales eran cosa de todos los días. Siempre había quienes estuvieran dispuestos a matar y quienes estuvieran dispuestos a morir. El narcotráfico es un fino cable sobre el cual se camina en espera de ser absorbido por el magnetismo de la muerte.

No todas las guerras comienzan como consecuencia de una muerte, muchas veces empiezan por razones tan insignificantes como un tropezón, o por una mirada dirigida a terrenos ajenos, y no me refiero a los asuntos de bienes raíces, sino a mujeres. Para dos delincuentes que viven en el peligroso mundo del narcotráfico, las razones para darse muerte no importan, cualquier cosa podría crear una chispa capaz de generar un gran incendio, que en muchos casos, sería imposible extinguir. He visto morir a personas por razones que usted no imagina. Tal vez porque se sentaron sobre el bonete del carro equivocado, derramaron un trago de manera accidental sobre la camisa de alguien, o por algún mal entendido causado por una bolsita de *perico* con valor de diez dólares. Para los habitantes de ese mundo, el valor de la vida ajena y hasta el de la propia, disminuyen de forma dramática mientras más sumergidos están en él. La oscuridad de ese mundo no les permite ver ni pensar con claridad.

La muerte es un destino común para los hijos del Punto, sin embargo, para muchos, ello no actúa como disuasivo para renunciar a ese camino. En ese mundo se vive con la extraña e irreal idea de que se es inmune a las balas, que tal vez eso le puede suceder a otros, pero nunca a nosotros. Sin embargo, esa idea solo dura hasta que un plomo nos traspasa el cerebro, o nos deja en una silla de ruedas por el resto de la vida. Matar o morir es el lema de los hijos del Punto, es esa frase la que invoca a los dioses de la supervivencia o de la muerte. Se vive con la esperanza de matar antes de resultar muerto bajo una lluvia de balas provenientes de las armas enemigas, y en ocasiones, de las armas de los mal llamados amigos. Resulta irónico que la vida tenga el propósito de matarnos, esto sucede cuando se incursiona en ese infierno que resulta tan atractivo para los que somos leales a la ignorancia. La muerte es un proceso común para todos los vivos, eventualmente llegará a nosotros, sin embargo, el Punto tiene como finalidad acelerar su llegada. Hemos sido muchos los que hemos dejado nuestros talentos en charcos de sangre que fueron derramados en algún rincón de las calles que un día creímos nuestras. Otros se han tenido que encontrar con ellos mismos entre las paredes de una prisión, con una sentencia de por vida, mientras que, en la misma situación, otros se han sumergido en un infierno peor, pues se han abrazado a la droga para evitar sentir los flagelos del tiempo, mientras sus vidas se extinguen en el interior de una celda.

La realidad es que ese tipo de vida nos conduce sobre el carril expreso o la autopista para llegar más rápido a la muerte. No existen ganancias reales en ese mundo, puedes creer ser el rey durante varios años, pero en un abrir y cerrar de ojos puedes ser despojado de tu corona, de tu trono y de tu reino, para convertirte en un triste e insignificante cadáver. Como expresé antes, la muerte es un estado común e inherente a la vida, pero el magnetismo que provoca nuestro comportamiento errado, puede atraerla de manera prematura y a niveles en los que no podremos evitar su estocada mortal, pues mientras mayor sea la oscuridad y la profundidad de nuestra participación en ese mundo, mayor será la fuerza de atracción de la muerte.

29

"Un circo cronometrado es la vida, un acto sobre el trapecio existencial, desde el cual cada día, tentamos al abismo".

Antonino Geovanni

En medio de la tempestad en que vivía, conocí a una hermosa chica, su nombre era Jessica Meléndez Bulat. Era una chica fascinante, inteligente y talentosa. A la hora de cantar, tenía la voz más hermosa que había escuchado. Yo tenía veintiún años, ella solo tenía dieciséis. Tuve que hacer ajustes en mi comportamiento para poder estar con ella, pues no quería perderla por mis estupideces. Yo venía de un mundo caótico en el que el hombre es considerado más hombre por la cantidad de mujeres que conquista. Al principio seguía haciendo las mismas cosas de siempre, incluso tenía una amiguita en el residencial contiguo a la urbanización Villa Betania, en la que ella residía. La otra chica, de nombre Damaris, vivía en el residencial Sanford, cerca de la Base Ramey. Tenía que valerme de decenas de artimañas para no ser atrapado por ninguna de las dos. Damaris era más lista, aunque no había que serlo tanto, pues era cuestión de tiempo para que viera mi automóvil atravesar la calle que conducía a la casa de Jessica. Fui atrapado por Damaris, pero con ella podía lidiar. Ella aceptó el hecho como algo normal y casi consintió que siguiera haciéndolo siempre y cuando no terminara nuestra relación.

La que me preocupaba era Jessica, ella no podía enterarse de nada, era muy susceptible. Una vez escuchó a varios individuos de su escuela decir que mi cabeza tenía precio en la calle. Esa noticia la escandalizó, ella no sabía de mis andadas, pues yo trataba de mantener separados mis negocios, de mis relaciones. Ella sospechaba que yo estaba en algo turbio, pues no era estúpida, pero yo no se lo había confirmado. Una tarde me hizo una visita inesperada al caserío Las Muñecas, estaba vestida con el uniforme del equipo de pelota en el que practicaba su hermanito. *Balato* la vio, y desde entonces la bautizó como la *pelotera*. Me sentía muy atraído hacia ella, tanto así que comencé a desarrollar sentimientos genuinos por ella, sí, era amor. También empecé a alejarme de mis travesuras con otras mujeres, pero no en su totalidad. Ella descubrió que no había sido ciento por ciento honesto, por lo que decidió terminar con la relación. Yo estaba destruido, pero en ese mundo no era permitido demostrar debilidad, debíamos caminar con una armadura, como si nada tuviese importancia.

Iba camino al casco urbano de Aguadilla, en donde estaba ubicada la escuela de Jessica. Me encontré con ella en el terminal de carros públicos. Me detuve para hablar con ella, pero ella no quiso escucharme. Persistí en el intento de pedirle una oportunidad para expresarme. No tenía excusas, lo había hecho mal, no merecía una oportunidad, pero me rehusaba a perderla sin luchar. Logré convencerla, se fue conmigo rumbo al *mall* de Aguadilla, allí compramos varios CD de música. La música era su vida, su única adicción. Uno de los CD que compramos fue el de *Fugees*, me tuvo todo el camino escuchando *Killing Me Softly*. Esa canción se convirtió en su preferida y en la mía. Después de hablar con ella durante un tiempo indeterminado, de varias promesas de que me comportaría como un verdadero hombre debe hacerlo y de muchas repeticiones de la canción, logré que me diera una segunda oportunidad. Juré que iba a aprovecharla al máximo, pues Jessica era una chica con muchísimos atributos que iban más allá de lo físico.

Comencé a cambiar en el aspecto de la fidelidad, solo necesitaba una buena chica a mi lado para detenerme a pensar sobre lo que quería obtener de la vida. Estaba dispuesto a quitarme de todo lo demás. Sin embargo, esa parte no era tan sencilla. El Punto, una vez pone sus garras sobre uno, no te deja ir con tanta facilidad. Cuando le juras lealtad a los asuntos del Punto es muy difícil deshacer ese contrato. Casi siempre, ese vínculo se deshace con mayor facilidad cuando algo trágico nos hace comprender que estamos en mayor riesgo debido a las cadenas que nos atan al Punto.

Disfrutábamos mucho estando juntos. Intentaba mostrarle la mejor versión de mí. Sin embargo, una noche en la que estábamos junto a una de sus amigas, salió la identidad que no quería que ella conociera. Íbamos en el vehículo y un carro se nos tiró encima hasta casi chocarme. Traté de identificar quién era, no reconocí el vehículo. El conductor del otro carro hizo la misma estupidez varias veces, lo cual me hizo entender que no había sido accidental. Comencé a tirarle mi carro encima del suyo. No me hizo frente, sino que se fue a la huida. Lo seguí mientras que Jessica gritaba que lo olvidara. Mi orgullo no me lo permitió.

Estaba seguro de que el individuo no sabía con quién se había metido, lo cual pude confirmar varios minutos después, cuando se metió a toda velocidad por la carretera del *shopping center* que lleva hacia la Universidad Interamericana. Sí, porque cuando uno está sumergido en ese tipo de vida se adquiere la creencia de ser un semidios con poderes sobrenaturales, o algo similar, nada más lejos de la verdad. Al pasar frente a Las Muñecas se detuvo, se bajó del auto y me hizo gestos como si fuera de allí, como si aquella fuera su gente. Pienso que buscaba amedrentarme con la gente del caserío. Lo que el tipo no sospechaba era que se había detenido en mi caserío. Me bajé del carro, los del caserío se acercaron y él comenzó a vociferar hasta que oyó a uno de ellos preguntar, *¿Qué pasó con este tipo, Geo?* El gesto de terror en su rostro valía un millón de dólares. Me le acerqué, comencé a golpear al conductor. Luego me fui, debido a los gritos de desesperación de mi novia. Dejé que los muchachos se encargaran de atender con mucha cortesía a nuestros invitados inesperados. Jessica me dijo mil cosas en el camino hacia su casa. Jamás entendió que mi actitud hacia esas personas fue motivada por su ataque, o tal vez yo jamás comprendí que las flechas no se combaten con flechas, sino con calor, hasta el punto de que sean derretidas.

Las personas de aquella noche sobrevivieron. No hubo ninguna fatalidad, sino meras heridas y orgullos rotos. Me topé con uno de ellos en un lugar que yo frecuentaba. Se me acercó y me preguntó si me podía pagar un trago. Como era costumbre que la gente me invitara, lo acepté. Mientras le agradecía por el trago, comenzó a disculparse por la forma que había actuado. No sabía de qué hablaba hasta que me explicó que era uno de los ocupantes del vehículo con los que tuve la disputa. Me dijo que no sabía quién era yo y mucho menos sabía que estaba deteniéndose en mi territorio. Creo que se debe tener muy mala suerte para fastidiar con un individuo que no se conoce y para colmo, detenerse en su caserío. Para ese tiempo, Las Muñecas era un lugar muy respetado, o mejor dicho, temido. Era un caserío pequeño, pero con gente que metía mano, aunque había mucho *colao*. Mucha gente decía ser de allí para recibir algún tipo de respeto de los demás, incluso, hasta los de Muñekí decían ser de Las Muñecas. Dicen que, a falta de identidad propia, inventarse un cuento no es mentira, sino creatividad. Creo que así piensa ese tipo de gente que miente sobre su lugar de procedencia para tejerse una reputación más importante en la calle.

Le juré a Jessica que me comportaría mejor. Ella quería cambiarme por completo. Mi lucha por ser diferente era constante, pero ante mí tenía las ruinas de múltiples derrotas. El campo de batalla sobre el cual intentaba convertirme en una mejor persona era un terreno desconocido para mí, aunque en el interior, muy en lo profundo, era un ser benigno. Lo que cubría mi interior era solo una armadura que me protegía de que resultara lastimado. La regla era atacar antes de ser atacado. Tener a los enemigos cerca era necesario, así se sabía lo que tramaban, sin embargo, era obligatorio mostrarles la línea que no se estaba dispuesto a tolerar que cruzaran. En ese mundo, mostrar algo de sensibilidad era considerado un signo de debilidad que los enemigos aprovechaban como lo hace un buitre cuando detecta a un moribundo y solo espera el momento apropiado para despedazarlo y alimentarse de él.

Nuestros sentimientos crecían cada vez más. Jessica tenía el poder de despejar las tinieblas de mi vida. Era la exorcista de mis demonios. Mis demonios eran poderosos, pero se rendían ante su presencia. Mis infiernos se aplacaban y el calor en mi alma era más tolerable. Ella tenía la magia de hacer que las cosas fueran diferentes, ya no pensaba en las tragedias que me habían llevado hasta el punto de no apreciar mi existencia. La verdad es que había ingresado a ese mundo con la esperanza de que surgiera algún cobarde que me quitara la vida, aunque no le iba a facilitar el trabajo. Las guerras en ese escenario sangriento y perpetuo continuaban, sin embargo, con Jessica me sentía en una especie de *bunker* que me protegía de los ataques externos. Jessica había ganado muchísimo terreno en la oscuridad en la que vivía. Ella había encontrado la manera de iluminar cada paso que daba. Todo era risas y diversión, muy pocas veces discutimos. Mis planes eran enderezarme y construir una vida diferente a la que hasta el momento había vivido. Sabía que esa vida terminaría consumiéndome como consumió a los que estuvieron antes que yo. La actuación sobre el escenario del narcotráfico tiene una fecha de caducidad para todo hijo del Punto. Los lujos excesivos, el supuesto respeto y la vida de estrella de cine, son remplazados por el terror que habita en las garras de la muerte. Hay quienes prefieren un momento de gloria en sus vidas, aunque ello les cueste la dicha de vivir. Estos son los hombres globo, por fuera muy bonitos y robustos, pero por dentro solo están llenos de aire, el cual escapará con la mínima perforación. Estaba en un mar tempestuoso, sentía que me ahogaba, y ella era mi salvavidas para salir de las garras del Punto.

Estaba en el supermercado con *Balato*, entre los dos teníamos algunos novecientos dólares en los bolsillos. Lo reté a que se robara una botella de *Tequila José Cuervo*, mi preferida. Aceptó el reto con la condición de que yo también me robara una botella. Le prometí que lo haría, pero era una promesa entre bandidos. No pensaba pasar una vergüenza por una estupidez. Lo vi meterse la botella entre el pantalón y el *jacket*. Le dije que se notaba, aun así salió victorioso. Yo pagaba unas cosas que había adquirido en el mismo supermercado.

A la salida me preguntó qué me había robado, le dije que nada. Él me insultó y me dijo que el reto era que yo también tenía que robar algo. Solo me reí y le dije que él era el ganador absoluto del reto. Me amenazó con no convidarme a la rica tequila, yo sabía que eso no sucedería. La verdad es que soy bastante cobarde para robar y para asaltar en lugares cerrados. Compramos limones y sal, nos fuimos para el estacionamiento de la parte trasera del caserío. Escuché una vez que, si del cielo caían limones, aprendiera a hacer limonada, pero prefería usarlos para el tequila. Allí *me bajé* la botella de tequila. *Balato* y los muchachos tomaron un poco, yo me intoxiqué. Ni siquiera podía caminar sin tambalearme. Estaba seguro de que no podría guiar hasta mi casa. Ya no vivía en el caserío, la mamá de mis hijas había logrado mediante una orden de la corte, que me quitaran el apartamento para dárselo a ella. Ahora comprendo que su intención fue darles un techo a mis hijas, sin embargo, mudarse a ese caserío no fue su mejor idea. Al principio estaba muy molesto, aunque la realidad era que solo utilizaba ese apartamento para llevar a mis conquistas, o sea, lo tenía como motel. De todos modos, eran las dos de la mañana, tenía que buscar un lugar donde quedarme. La hora, el lugar en donde estaba y las condiciones en las que me hallaba, me hacían un blanco fácil para cualquier enemigo.

Caminé a través del caserío gritando disparates e improperios. Pienso que lo hice de forma inconsciente, para llamar la atención de las personas del caserío, así estaría vigilado por muchos ojos hasta llegar a mi destino, el cual estaba en los primeros edificios del caserío. Decidí pedirle a la mamá de mis nenas que me dejara quedar allí hasta el día siguiente. Toqué a la puerta. Ella se asomó al balcón y accedió a mi petición. En el tiempo que le tomó llegar a la puerta principal, yo me había quedado dormido en el suelo de las escaleras. Abrió la puerta, me miró con gestos entremezclados de lástima e incredulidad. Me llevó hasta el cuarto, le dije en palabras de borracho, que no tendría sexo con ella, porque tenía una novia. Ella se molestó, me dijo que no le interesaba tener sexo conmigo y menos en las condiciones en que me encontraba. Siendo honesto, yo tampoco hubiera tenido sexo conmigo mismo, estaba que daba asco. De repente comenzó a discutir conmigo porque al pretender decirle lo buena que era por el trato que me había ofrecido, le dije: "Qué buena eres, Giselle", ese era el nombre de otra chica con la que había tenido una relación sentimental.

Me quedé dormido hasta casi las once de la mañana del día siguiente. Mi ropa estaba lavada y dobladita sobre el *hamper*. Estaba confundido, por un momento no supe dónde, ni cómo había llegado a aquel lugar. Mi memoria regresó al escuchar la voz de la mamá de mis nenas. Verifiqué mis pertenencias, todo parecía estar en orden. Ella me preguntó: "¿Amas a la noviecita esa con la que estás?" Le contesté que no tenía que darle detalles sobre mis sentimientos hacia ninguna persona. Me dijo: "No me preocupa cuando estás con varias mujeres al mismo tiempo, pues sé que no tienes una relación seria con ninguna y así sé que mi lugar en tu corazón está seguro. Sin embargo, cuando te veo actuar como lo haces, con una disminución del *jangueo* y cero infidelidades, me preocupa mucho, y eso me obliga a tomar medidas drásticas". Le dije que no había nada que ella pudiera hacer para contrarrestar lo que sentía por Jessica.

Cerré la puerta tras de mí y me fui. Lo que no imaginaba era que ella había tenido acceso a mi agenda electrónica, en donde estaba el número de Jessica. La mamá de las nenas tenía una amiga, si se le puede llamar así, que respiraba sangre y exhalaba veneno. Lourdes se nutría del dolor ajeno, su arma más peligrosa era la lengua, sus balas predilectas eran el bochinche y la calumnia, pero jamás pensé que fuera capaz de provocar lo que hasta entonces consideré la peor desgracia de mi vida. Continué mi relación con Jessica. En cuanto a los asuntos del *jangueo*, los muchachos me decían que estaba extraño. Casi no me veían, había dejado de frecuentar los lugares que usualmente visitaba. Solo atendía los negocios, entregaba el material y desaparecía. Comencé a comprender la superficialidad que permeaba en el tipo de vida que llevaba. Las amistades no eran sinceras, muchas mujeres solo perseguían el nombre y el dinero. Los bienes acumulados eran efímeros, el respeto ofrecido en la calle era solo miedo disfrazado, del tipo de miedo que te mata cuando surge la oportunidad. Jessica solo estaba interesada en mi persona y en que yo dejara el tipo de negocio que sabía que terminaría arruinando mi vida. No le importaba mi dinero, solo quería salvarme de la autodestrucción cuyo conteo regresivo yo mismo había iniciado.

Al transcurso de varios días, Jessica me llamó llorando. Alguien había llamado a su familia para decirle que su novio era un hombre que ostentaba múltiples títulos, entre los que estaban narcotraficante, matón a sueldo, lo cual imagino que ni siquiera sabían a lo que se refería, que era casado y que mi esposa estaba embarazada. Si era cierto que mi expareja estaba embarazada de mi segunda hija, pero yo no estaba casado con ella, ni estábamos juntos, y lo otro que era cierto era que estaba metido en el narcotráfico hasta las narices. Las consecuencias de esa información dañina se hicieron patentes de inmediato.

Al principio no imaginaba quién podría ser la persona que tuviera el corazón tan envenenado para causarnos ese daño. El padre de Jessica y su madrastra le retiraron la confianza. Vernos era casi imposible, éramos vigilados y no le permitían hacer llamadas a menos que estuviera bajo supervisión, para asegurarse de que no hablase conmigo. A pesar de todos los perímetros establecidos para vigilarnos, de las fronteras que habían erigido entre nosotros para que no nos pudiésemos ver y mucho menos, tocar, siempre encontrábamos la manera de transitar fuera del alcance de su radar. Siempre nuestros labios y nuestros cuerpos hallaron el camino para coincidir sobre las páginas de un mismo destino. Era un amor joven, de esos que se consideran invencibles, pues son capaces de sobreponerse a cualquier obstáculo. No me agradaba que tuviésemos que vernos a escondidas, pero no había alternativa. Creí haber atravesado esa barrera cuando me presenté con sus padres antes de la llamada dañina. No les oculté nada de mí, excepto la manera en que me ganaba la vida. Incluso fui a su casa con Grace, mi única hija para ese entonces, para que Jessica y sus padres la conocieran. Habiéndose presentado un nuevo reto para la sobrevivencia de nuestro amor, me dispuse a hablar con su padre sobre la situación. Estaba seguro de que todas las barreras existentes caerían al momento de presentarme a dialogar. Confiaba totalmente en mi poder de convencimiento. Ella no quería, tenía miedo de que impusieran barreras mayores entre nosotros. Hice caso a su petición de esperar hasta que los ánimos redujeran su intensidad. Era de tarde cuando recibí su llamada, hubiera querido no estar disponible. Me llamaba del teléfono de una amiga y vecina. Hablábamos de cómo se había escabullido de su casa para ir a la casa de su amiga para efectuar la llamada. De repente se escuchó un estruendo que interrumpió la comunicación. Me quedé muy atento tratando de escuchar lo que sucedía en el fondo. Solo pude escuchar que Jessica discutía con alguien, con alguien que le reclamaba por la llamada. Segundos después, escuché la voz de una mujer adulta, quien en tono autoritario me decía que no volviera a comunicarme con su hija. Le dije que tenía derecho a ser escuchado. Su contestación no tardó en surgir abruptamente de su boca. Dijo que en su familia no aceptaban matones, ni narcos, de seguro su nacionalidad colombiana le había enseñado a odiar a ese tipo de personas. Imagino que fue por eso que no me dio la oportunidad de expresarme. Ella ni siquiera era la madre de Jessica, sino alguien que se había adjudicado dicho título, pues no había sido mucho el tiempo que la señora compartió con el papá de Jessica. Solo escuché el golpe del teléfono y segundos después, el tono de servicio.

Entre ese momento y la próxima llamada que recibí, debió haber transcurrido algunos veinte o veinticinco minutos. Era la amiga de Jessica, me explicó que su madrastra la había sorprendido. Al descubrir que hablaba conmigo le quitó el teléfono y cuando Jessica la increpó por su actitud, su madrastra respondió con una bofetada. Jessica salió corriendo y cuando volvió donde su amiga tenía en sus manos un frasco de pastillas, vacío. Al principio pensé que se trataba de una prueba para medir mi interés por Jessica. Decidí seguirles el juego para ver hasta dónde llegaba el asunto. Unas horas después, los muchachos del caserío Sanford me enviaron un mensaje al *beeper*. El mensaje leía que mi novia estaba allí, que aparentaba estar envenenada y no se veía bien. Inmediatamente me subí al carro, conduje lo más rápido que pude, creo que llegué en menos de diez minutos. Al llegar al caserío, me esperaban varios de los muchachos que me conocían. Me llevaron a toda prisa hasta donde estaba Jessica. La vi recostada sobre un sofá, lucía como que había estado vomitando. La gente del caserío trataba de salvarle la vida, habían estado dándole leche en un intento de contrarrestar el efecto de las aspirinas que había consumido. Al verme, abrió los ojos de par en par y esbozó una sonrisa. Me dijo que nos fuéramos de allí, que la llevara a mi casa, pues ella jamás iba a volver a la suya. Le dije que me encantaría que se quedara conmigo, pero no quería que las cosas fueran de ese modo. Le dije que primero la llevaría a su casa, pues sus padres debían estar muy preocupados. La subí al carro y nos dirigimos a su casa, que estaba a tres minutos del lugar en donde ella se encontraba.

Se formó una algarabía cuando vieron llegar mi auto. Imagino todas las telas de arañas que sus bocas habían tejido sobre mí. Detuve el auto y me bajé. Su padre se abalanzó sobre mí y en tono desafiante comenzó a decirme mil cosas. Le dije que, si quería discutir conmigo, habría tiempo para eso, pero en ese momento había algo más importante que atender y era la salud y seguridad de su hija. Le conté lo que supuestamente Jessica había hecho. Al parecer no lo creyó, pues de su boca salió un horrible, "Que se muera". Estoy seguro de que no lo dijo con la intención, sino con el coraje de un padre por las acciones de un hijo rebelde. Le manifesté mi inseguridad sobre la veracidad de los hechos, sin embargo, era nuestro deber descartar que no fuera así. Le dije que la teníamos que llevar al hospital para asegurarnos de que Jessica estuviese bien. Me miró, me dijo que yo era todo un hombrecito y señaló hacia una banca de madera que descansaba sobre la grama del patio de su casa, y añadió: "Cuando pase todo esto, nos vamos a sentar allí con un par de cervecitas para hablar sobre tus intenciones con mi hija". Estuve de acuerdo y me sentí aliviado al saber que por fin se solucionarían las cosas entre Jessica y yo.

Nos subimos a los vehículos y nos dirigimos hacia el Hospital de Distrito de Aguadilla. Nos bajamos rápidamente. Ellos hicieron los trámites correspondientes para que Jessica recibiera el tratamiento necesario. La dejaron en la sala de espera. Yo los observaba desde una esquina, pues no quería meterme entre la familia. La madrastra se levantó y caminó hacia mí. Me dijo que fuera a sentarme con Jessica. Me senté a su lado, la abracé mientras ellos nos observaban y sonreían. Estoy seguro de que sus sonrisas se debían al temor y nerviosismo que sentían. Jessica se reía como si fuera un juego, le dije que no lo hiciera, pues era un asunto muy serio que nos tenía preocupados a todos. Ella me contestó que se reía porque sabía que ya no tendríamos problemas para estar juntos, pues ellos no volverían a oponerse. De todas maneras, eso no era lo importante en aquel momento, era su vida lo que importaba. Fui hasta la persona que estaba en el recibidor, para apurarlos a que la atendieran. La pasaron al interior de la sala de emergencia, allí le suministraron una pastilla que debería hacerla vomitar todo lo que había consumido. No entendía por qué no lavaban su estómago y en vez de eso, le daban una pastilla, cuando su sistema ya estaba lleno de ellas.

Me quedé con ella mientras vomitaba. Su boca estaba seca, los rastros de lo vomitado permanecían alrededor de sus labios. Le decía que no se durmiera, que la necesitaba despierta para que luchase. Sus padres me dijeron que sabían que estaba en buenas manos. Así que se fueron con la promesa de regresar a la mañana siguiente. Me quedé con ella dos o tres horas más. El sueño me vencía, pero estaba en pie de lucha, ella me dijo que se sentía mejor, que me fuera a descansar y que regresara por la mañana. Me negué, ella insistió, me dijo que me necesitaba alerta para que al día siguiente pudiera hablar con su padre sobre nuestra relación. Accedí, la miré y la besé aún con el rastro de las pastillas que se tornaron en veneno seco, alrededor de sus labios. Sentí la suavidad de la vida en sus manos, vi la fuerza de una guerrera en su mirada y abandoné el lugar caminando hacia atrás mientras no dejaba de mirarla. Llegué a mi casa y me dormí inmediatamente, pensando en lo que me esperaba al día siguiente. La verdad es que había sido un día extenuante.

El teléfono sonaba, estaba algo confundido. Solo había dormido algunas cuatro horas. Contesté la llamada. Reconocí la voz al otro lado del teléfono, era una amiga de Jessica. Me preguntó dónde estaba, le contesté que estaba en mi casa. Me preguntó si sabía lo de Jessica, le contesté que sí, que yo había estado con ella, que la había dejado en el hospital debido a que se sentía mejor. Hizo un silencio que pareció haber durado una eternidad. ¿Por qué?, le pregunté. Solo quería gritar cuando la escuché decir, "Geo, Jessica está muerta". No lo podía creer, no lo podía aceptar. Hacía solo unas horas le había dado un beso con la promesa de verla en la mañana. Tenía que ser un error. Le dije que iría al hospital para verificar la información que ella me había dado. Ella me dijo que la buscara para ayudarme. Nos dirigimos a la casa de Jessica, allí un vecino nos dijo que no había muerto, que tuvo algunas complicaciones, pero que estaba viva. Nos fuimos hacia el hospital a toda prisa, quería ver a Jessica, estaba feliz de constatar que la primera información había sido un error. Llegamos al hospital, no pudimos entrar a través de la sala de emergencia, así que nos fuimos por una entrada que yo conocía; la *morgue*. Al llegar al área de emergencia, nos encontramos con una enfermera y le preguntamos por Jessica, fue cuando supe que no había sido un error, Jessica estaba muerta. Se había ido para siempre y me había dejado atascado en el caos que era mi vida sin ella.

Ella lucía recuperada, me había dicho que se sentía mejor. Hizo que me fuera y la dejara sola en aquella cama. No podía ser que estuviese muerta, no, ella no. Jessica era solo una jovencita de dieciséis años. Tal vez no debí irme, debí dormir en el piso de aquel hospital, pero jamás debí marcharme de su lado. Debí exigir que le hicieran una limpieza estomacal, para retirar todo residuo de los medicamentos que extirparon la vida de su cuerpo. Estoy consciente de que lo que debí hacer y no hice; me perseguirá por el resto de mi vida. Tal vez no la hubiera podido salvar, pero mi lugar era allí, a su lado, no en mi cama durmiendo cómodamente. No sé qué hubiera sucedido, tal vez nuestro amor hubiera florecido y dado frutos, o tal vez no. Lo más probable es que tal vez el tiempo nos hubiera separado, pero al menos estaría viva tratando de alcanzar sus sueños.

Sufrí por la muerte de Jessica como por ninguna otra persona, ni siquiera por el fallecimiento de familiares cercanos había sentido tanto dolor. Tal vez fue porque no estaba preparado para verla morir tan joven, tal vez fue porque después de haber derramado mi amor sobre ella, sabía que me quedaría solo, sin ella, y sin nadie que ocupara su lugar.

Fui citado a la oficina de fiscales de Aguadilla. Imagino que era una gran excusa para ver mi rostro en aquel lugar. Me cuestionaron sobre los detalles de lo ocurrido, no tenía nada que aportar. Descartaron que fuera un crimen y decidieron encasillar el trágico y lamentable suceso como un suicidio. Después de salir de allí, pasé por la escuela de Jessica con la música bajita con su canción preferida de Fugees. Una de sus amigas me detuvo y se atrevió cuestionarme sobre el luto que yo llevaba. Me insultó de tal manera, que en un momento distinto se hubiera desatado un problema mayor. Yo comprendía su dolor, al igual que yo había perdido a una gran mujer, ella también había perdido a una gran amiga. Me le acerqué y le pregunté si ella sabía que *Killing Me Softly* era la canción favorita de Jessica. Comenzó a llorar al comprender que más que un simple luto que solo requiere vestirse de negro y quedarse en silencio cuando no se está llorando por la persona que ha partido, le hacía un homenaje póstumo al atravesar al ritmo de su canción favorita, la ruta sobre la cual ella había dejado sus huellas. Jessica era una chica extraordinaria, celebraba la vida y yo celebraba haberla conocido, aunque hubiera sido por poco tiempo.

Una de las muchachas me dijo que la mamá verdadera de Jessica quería que yo fuera al velatorio. Realmente no quería ir. Siempre he preferido recordar a las personas que significaron algo para mí, como fueron en vida, en lugar de tener el recuerdo de su cuerpo vacío en el interior de un ataúd. Fui la primera noche, velaron su cuerpo en la funeraria Hernández Rivera. No fui vestido de negro, sino con una combinación que a ella le fascinaba. Eran unos mahones color marrón marca *Pelle Pelle*, una camisa color crema y un *jacket* verde olivo y marrón marca *Timberland*, al igual que la gorra y las botas. Tenía el *hoodie* puesto sobre mi cabeza y las gafas, por si acaso se me escapaba una lágrima. Todos me miraban, sentía que sus ojos vigilaban cada uno de mis pasos y mis gestos. Sus amigas me rodearon, me dieron su pésame.

Me ubiqué en la parte trasera de todos los presentes, no quería verla en aquella caja, solo quería estar presente, nada más. Las muchachas trataron de convencerme de que pasara al frente. Me dijeron lo hermosa que estaba, que parecía estar dormida. Accedí a su petición, me acerqué donde descansaba el cuerpo de Jessica. Era la última vez que la vería, no vi la belleza que me dijeron sus amigas, tal vez ellas no notaban la ausencia de lo que en realidad la hacía bella, su espíritu. Yo veía un cuerpo vacío, en el que ella no se encontraba, sin embargo, me dispuse a seguir los rituales humanos. No lloré, pero en verdad me ahogaba por dentro. Mi interior estaba inundado con tanto dolor, que no veía la orilla hacia la que pudiese nadar.

Se me acercó un hombre y me dijo que lo acompañara. Caminé junto a él mientras me explicaba que el papá de Jessica no me quería allí. Le dije que la decisión de Jessica de quitarse la vida no había sido por mi causa, sino por causa de ellos. La realidad es que ella no quería quitarse la vida, sino darles un escarmiento a sus padres para que la dejasen tomar sus propias decisiones. Sé que sus padres, aunque de la forma equivocada, trataron de velar por los mejores intereses de Jessica. Fue cuando él me dijo que tuviera cuidado con lo que decía, pues de quien hablaba era de su padre. Me sacaron de allí, resultó ser que el individuo era policía. Me mostró su arma para que entendiera que tenía que abandonar el lugar. Llegué al carro y abrí la puerta. Un tipo que apodaban *Conejo*, quien era *bouncer* y siempre estaba con guardias, estaba detrás de mí e intentó calmarme, pues actuaba como una bestia salvaje.

Tan pronto abrí la puerta del carro, alcancé el arma que tenía bajo el asiento. Quería entrar y cometer una locura, no pensaba con claridad, el dolor de haberla perdido y no haber podido despedirme, me tenía ciego. Gracias a ese caballero que me dio varios consejos, me fui del lugar. No pude manejar por mucho tiempo, solo pude llegar hasta la comunidad Corrales, ahora conocida como Villa Cristal, y me desplomé. Tuve que estacionarme, mis fuerzas se desvanecieron, la inundación de los mares que llevaba en mi interior se convirtió en un gran tsunami que encontró una ruta de escape a través de los lagrimales de mis ojos. No podía dejar de llorar, mi pecho se estremecía como si las placas tectónicas de mi alma se hubieran hecho trizas. Jamás había derramado lágrimas tan pesadas como las de aquella noche. Lloré hasta que sentí que mis ojos se habían convertido en un desierto.

Manejé hasta Las Muñecas, necesitaba resguardarme del dolor que sentía, tras las murallas invisibles del caserío. Sin embargo, ni siquiera sus murallas podían protegerme de aquello que sentía. Les dije a los muchachos que me buscaran algo de tomar. Luego me fui al estacionamiento ubicado en la parte trasera del caserío. Impartí instrucciones de que no quería ser molestado. Estaba en el interior de mi carro, escuchaba música, bebía y lloraba mientras apuntaba el arma a mi cabeza. Veía a los muchachos con la intención de acercarse, pero nadie se atrevió, ni siquiera *Balato*. Allí derramé parte del dolor que me consumía por dentro.

Me llegó un mensaje al *beeper* dejándome saber que la madre de Jessica me quería en el entierro y que nadie me iba a sacar de allí. No deseaba ir, para evitar otra situación similar a la del velatorio. Sus amigas me convencieron de hacerlo. Como una ironía de la vida, su cuerpo iba a ser enterrado en el cementerio Monte Cristo, a solo un minuto de mi casa. Era obligatorio pasar frente del cementerio cada vez que salía de mi casa. O sea, que no podría escapar del recuerdo de su partida abrupta.

Me preparé para ir al entierro. Mi mamá dijo que asistiría, por lo que no llevé ningún tipo de arma conmigo. Al llegar al cementerio, escuché a una chica decir en inglés, *This is the piece of shit that she killed herself for?* O sea, "¿Este es el pedazo de mierda por quien ella se mató?" El comentario era fuerte, sin embargo, comprendía que era una forma de canalizar su dolor. Para ellos, yo era el culpable de esa fatalidad. En Aguadilla había distintas versiones de lo ocurrido, ninguna era la acertada. Decían que la había embarazado y que no quise hacerme responsable, que los padres no me querían porque yo era negro, eso último me lo dijo una señora, al preguntarme: "¿Tú eres el que perdió la novia?" Al contestar que sí, me dijo: "Pero es que tú no eres negro", entonces me informó lo que se decía. Incluso en un periódico regional, creo que se llamaba *Visión*, salió un reportaje en el que me definía como uno de los buitres que pasaban por las escuelas, en autos lujosos y cubierto en prendas de oro, para atrapar la atención de las chicas. Según el periódico, luego de satisfacer mis deseos, las abandonaba con sus corazones rotos. Este periódico jamás me entrevistó, su noticia estaba basada en los bochinches de barrio, en lugar de la verdad.

Noté una fuerte presencia de la policía en el cementerio. No imaginaba la razón de su presencia en el lugar. Se me acercó un sargento, me preguntó si yo era Geo. Le contesté que sí. Me dijo que tenía instrucciones de sacarme de allí, si no obedecía las condiciones impuestas por la familia de Jessica. Para permanecer allí tenía que estar detrás de una línea de policías, no podía hacer ningún comentario contra los familiares y no podía acercarme al féretro. Alguien había circulado la información de que yo quería matar al papá de Jessica. La ceremonia siguió su curso, casi no escuchaba lo que decían, permanecí allí por la madre de Jessica, que me había pedido que no me fuera. Ella quería hablarme cuando terminara el servicio fúnebre. Casi terminaban cuando le dije a *Melaza*, la mamá de una amiga de Jessica, que se acercara. Me quité un aro de matrimonio que tenía en uno de mis dedos, era pesado como una tuerca, se lo di y le dije que lo tirara cuando fueran a bajar el féretro. Lo hizo como le dije, el aro golpeó el ataúd, el ruido que hizo quebró aquel silencio sepulcral y creó una nueva leyenda sobre su partida. Dijeron que yo me las había ingeniado para abrir la caja, tomar una de sus manos y poner el aro en su dedo mientras le prometía amor eterno.

Me fui con la mamá de Jessica cuando todo concluyó. Compartimos varias cervezas mientras ella me contaba las cosas que Jessica le decía sobre mí. Me dijo que mi manera de amarla la había hecho feliz. Por eso me había pedido que estuviese allí junto a ella, para que pudiese despedirme de un gran ser humano que hubiese podido realizar grandes cosas, si no hubiera tomado aquella fatídica decisión.

Al llegar la noche, iba camino a casa. Me detuve frente al cementerio. Encendí un cigarrillo, busqué su canción y subí el volumen para que ella la escuchase donde quiera que estuviese. Solo me acompañaba la foto que ella me había dado, con un mensaje en el dorso que haría a cualquiera pensar que de alguna manera ella presentía que su fin estaba por llegar. El mensaje leía de la siguiente manera, *"To Geo, I want you to keep this picture by your side, so that when you feel lonely you have this picture so you know I´m always with you even if I´m not by your side. You are beginning to be someone special in my life. I hope it stays that way"*. Jessy 3/5/96. Ese mensaje me acompañó durante mucho tiempo. Cumplió con el propósito que ella le había encomendado, su imagen caminó junto a mí en los momentos de mayor soledad en mi vida.

Esa noche lloré con ella, abracé su alma con deseos de no dejar que se fuera y mi espíritu le hizo el amor al suyo como jamás lo había hecho. Al final tuve que dejarla ir, no tenía otra alternativa. Comprendí que las personas llegan a tu vida con algún propósito. En aquel momento no sabía cuál era el suyo, solo sabía que después de ella, mi vida se convertiría en un caos peor que el que había vivido. El miedo a la muerte no había desaparecido por completo, todavía quedaban sus remanentes, los cuales estaba dispuesto a enfrentar con gallardía.

Quería irme del planeta, a diferencia de Jessica, no quería que fuese por mi propia mano, es mucho el dolor, las interrogantes y la culpa que se deja detrás de ese tipo de decisión. Buscaba provocar ese parto prematuro, quería hacerle una cesárea a la muerte para que me pariera en otro mundo. Solo necesitaba de un cobarde al cual yo le infundiría tanto terror que su única alternativa fuese matarme. Iba cuesta abajo y no tenía frenos. Solo una vez encontré a alguien que le dio algo de sentido a mi vida, que me dio algo de esperanza, ella comenzó a hacerme sentir que recuperaba el control de mi vida, pero se desvaneció como la estela de una estrella fugaz.

Mi pensar siempre será que Jessica no tuvo la intención de abandonar este planeta. Ella amaba la vida, era feliz cuando cantaba, cuando escuchaba música. Era una soñadora, de esas que pelean para que sus sueños se hagan realidad. Sé que jamás quiso abrazarse a la muerte. Estoy seguro de que solo quería manipular un poco la situación para facilitarnos el camino. Lo que ella no sabía era que yo hubiera estado dispuesto a renunciar a ella si hubiera tenido el conocimiento de que mi sacrificio le permitiría vivir hasta sus años de vejez.

El suicidio no resuelve ningún problema, sino que complica todo alrededor del que toma ese tipo de decisión. Al principio podría aparentar ser un escape a los obstáculos que se nos presentan en la vida, pero no es así. El suicidio no es una solución. Debido a ella, después de un tiempo, comencé a enfrentar mis problemas con valor. Me atreví a mirar cara a cara a mis demonios para dejarles saber que yo estaba en control. Aprendí que los obstáculos que se nos presentan en la vida tienen el único propósito de ser superados y con cada uno que se supere, mayor será nuestra fortaleza para enfrentar el próximo obstáculo.

Suicidarse es rendirse ante la vida, aquel que abandona la vida sin pelear, simplemente no ha aprendido a identificar las maravillas que en ella se encierran. La vida es un campo de batalla, en ella se libran las peores guerras, solo aquel que no le teme a la lucha podrá entender que a veces se pierde y otras se gana, pero que aún en las derrotas existe ganancia, pues de ellas se adquiere conocimiento. Sin embargo, aquel que decide no enfrentarse a aquello que le obstaculiza el paso, jamás conocerá el sabor que emana de la sonrisa que surge de la obtención de una victoria, ni el de las lágrimas que brotan de una derrota. Escuché de un poeta callejero llamado Tupac Shakur algo que me ha servido en mis momentos de inseguridad ante el asomo de una nueva batalla, "Un cobarde muere mil veces, un guerrero muere una sola vez". El miedo a lo que nos pudiera acontecer como consecuencia del posible enfrentamiento nos podría paralizar, eso significaría una muerte tras otra antes de que pudiésemos ver cara a cara al obstáculo, a nuestro oponente. Franklin D. Roosevelt dijo: "A lo único que debemos temer es al miedo mismo".

Jessica Meléndez Bulat, no te deseo que descanses en paz, sino que hayas escuchado las combustiones y hayas visto los fuegos que inician nuevas vidas. Te deseo que hayas despertado en un mundo nuevo en el que hayas cumplido todos los sueños que llevas guardados en tu alma. Espero que hayas conquistado todos tus miedos y que hayas aprendido a dominar el arte de vivir. Que hayas transitado los derroteros que tienen el propósito de llevarte a la conquista de las metas de tu espíritu. Que hayas atravesado los umbrales que una vez estuvieron cerrados y que hayas descubierto los secretos de la existencia. Que hayas encontrado tu aliento en el viento para que le cantes a los mundos que jamás escucharon el dulce sonido de tu voz. Vive, vive para siempre y no dejes de volar sobre los horizontes que una vez dijiste que construirías. Gracias por tu tiempo, por tus instantes, por tu amor y por tu vida.

30

"Todo cambio de actitud debe provenir de una comprensión
y una aceptación interna. El hombre es la única criatura
que puede reinventarse cambiando sus actitudes".

Paul J. Meyer

La vida es solo una obra de teatro en la que todos somos actores y guionistas, por lo que el espectáculo debía continuar, a pesar del dolor que embargaba mi alma. *Balato*, quien era mi sombra, pues siempre andábamos juntos, comenzó a meterse *perico*, tal vez en busca de ahuyentar algunos de los fantasmas que había en su vida, entre ellos, el abandono de su padre, la actitud pasiva y permisiva de su madre ante las acciones de sus hijos, y otras cosas con las que la mayoría de nosotros jamás aprendió a lidiar. José, su nombre de pila, era un muchacho bueno e inteligente, que tenía sueños al igual que todos nosotros, pero un día todo cambió. Debido al color de su piel, pues era negro, José era víctima de lo que hoy se conoce como *bullying*.

Para nosotros en el caserío, era normal que nos pusieran apodos, que trataran de golpearnos y que nos molestaran con cualquier cosa que pudiera provocar nuestro enojo, lo cual era la finalidad de ellos para luego poder reírse. Tal vez podría parecer gracioso para el que está en la actitud de molestar a los demás, pero para el que recibe los agravios no es nada chistoso. Sin embargo, no hay mal que dure cien años, ni cuerpo que lo resista. Ese tipo de conducta tiene el efecto de provocar el surgimiento de mecanismos de defensa para dejar de ser la víctima y es en ese instante cuando surge la bestia que vive en cada uno de nosotros. Una bestia que tiene el propósito de protegernos ante cualquier persona que tenga la intención de lastimarnos y que sostiene un gran letrero que lee, *Cuidado, Peligro, hombre harto de los atropellos y de los abusos.*

Había llegado de Nueva York cuando me encontré que José se había convertido en *Balato*. Después de haber luchado tanto contra ese apodo, terminó aceptándolo como suyo. Ya no era un niño, era un hombre de seis pies y dos pulgadas de estatura. Tenía el control de la marihuana en todo el caserío. La *happy face* era su sello, se había convertido en un tipo agresivo y muy pocos se atrevían enfrentársele, pues metía miedo de solo verlo. Retomamos la amistad y no había cosa que no hiciéramos juntos. Su familia se había convertido en la mía, éramos como hermanos. El dúo se había convertido en uno de los más temidos en el área. Nunca rechazamos una invitación a un problema, sin importar si el enfrentamiento era al puño o a las pistolas. Llegó el momento en que no había rivales que enfrentar, así que peleábamos entre nosotros. Claro que no eran peleas reales, pero los golpes sí lo eran. Era un juego llamado *slap boxing*, consistía en boxear con las manos abiertas, y la mayoría de las bofetadas aterrizaban en su rostro. Sé que él no lo va a aceptar, pero la mayor parte de las veces, yo resultaba vencedor. La gente no se atrevía separarnos cuando nos veía en acción, pues actuábamos como si en verdad quisiéramos matarnos. Uno de esos encuentros terminó con una invitación de *Balato* a pelear de verdad. Me dijo que nos fuéramos al parque de la urbanización vecina para que nadie se metiera. Le contesté que lo hiciéramos allí mismo, que yo estaba seguro de que nadie se metería. La pelea nunca se llegó a concretar, terminamos abrazados, riéndonos y con un par de cervezas *Heineken* en las manos.

Balato se había convertido en el hermano que nunca tuve debido a que mi hermano de sangre, Julio Ángel, siempre estuvo preso. La primera vez que tuve la oportunidad de adquirir un celular, no pensé solo en mí, sino también en él. Tenía crédito para tres líneas, pero decidí tomar solo dos, una para él y otra para mí. No olvido la cara de sorpresa de *Balato* cuando le di el teléfono. Le di las instrucciones de cómo pagarlo, pues las dos líneas estaban bajo mi nombre y no quería dañar mi crédito. Era el año 1993, y el costo de un celular no era como en la actualidad, que solo se paga una mensualidad y puede ser utilizado cuantas veces sea necesario. Las grandes diferencias entre nuestros celulares y los de ustedes son muy marcadas. No tenían mensajes de texto, ni Internet, por lo cual teníamos la necesidad de utilizar un artefacto llamado *beeper* para recibir los mensajes. No tenían directorios telefónicos, por lo cual era necesario utilizar nuestra memoria para recordar los números de todo aquel a quien quisiéramos llamar. Tampoco tenían cámaras, o sea, no había *selfies*. Sin embargo, la diferencia más marcada era el costo que conllevaba utilizar un celular. Las llamadas tenían un costo de 35 centavos por minuto, no importaba si usted era el que llamaba o si lo llamaban a usted. Llegué a pagar seiscientos dólares mensuales por el uso del teléfono. Debido a eso decidí apagar el teléfono y solo recibir mensajes al *beeper*, llamaba desde mi celular si consideraba que el asunto era importante.

Balato y yo siempre salíamos juntos, él era mi carnada. Cada vez que me gustaba una chica que estaba acompañada de otra chica, me acercaba para decirle que mi amigo estaba interesado en su amiga. Al principio, *Balato* se sorprendía y no sabía qué hacer, después se fue acostumbrando, pues ser carnada para ese tipo de pesca tenía grandes beneficios. Las mujeres en nuestras vidas eran cosa de todos los días, las teníamos de todos los colores. Recuerdo cuando le presenté a Jessica, la amiga de una de mis novias. Jessica era de California y estaba de visita en la isla. Una tarde de verano estábamos en la playa *Crash Boat*, ella tenía un bikini que solo le cubría las partes más pequeñas de los senos. Todo el mundo estaba loco por ella y por lo que había bajo su bikini, pero ella era del negro. *Balato* se la llevó en el *jet ski* junto con nosotros. El mar estaba picado, por lo cual *Balato* y Jessica se cayeron de la máquina. Uno de los muchachos se le acercó con la intención aparente de ayudarlo. Primero ayudó a la dama que estaba en peligro, se subió al *jet ski* del negro y se lo llevó junto con la novia de *Balato*. El negro se montó en la máquina del ladrón de novias, pero la velocidad del *jet ski* del muchacho no era la misma que la del suyo, por lo que no pudo alcanzarlo. Eso nos ocasionó un ataque de risa, pues no solo le habían llevado la máquina, sino también la novia. Obviamente recuperó ambas cosas, pues solo era un vacilón entre nosotros.

Esos tiempos culminaron cuando el negro se decidió por las bondades del dios blanco oriundo de las colinas suramericanas. Con frecuencia yo llegaba al caserío con mujeres y no lo encontraba, aunque su carro estaba allí estacionado. Luego supe que se escondía al verme, para evitar que lo regañara por estar intoxicado con el maldito *perico*. También llegué a consumirlo, pero nunca me enamoré de él, como lo hizo Balato. Ese vicio lo llevó a cometer el peor error de su vida. Una noche estaban *Balato*, *Tito Bourdon* y *Michelín* bebiendo y metiéndose *perico*. Aún no estoy muy seguro de lo que pasó, pero se formó una discusión entre ellos a las siete de la mañana, los muchachitos del caserío estaban en la parada de guaguas escolares, cuando se escuchó la primera detonación del disparo que atravesó ambas piernas de Tito, un solo tiro había traspasado las dos piernas y había dejado sin bigote al *Sam Bigotes* que Tito tenía tatuado en una de ellas. A los pocos segundos se escuchó una segunda detonación, ese proyectil le atravesó la espalda a *Michelín* y le causó la muerte en el acto. Ese acto conmocionó al caserío, *Michelín* era uno de nosotros, aunque vivía en la urbanización vecina. *Traqueteaba* con nosotros en el caserío, pero no era de actuar con violencia, tampoco era un tipo de gustarle las armas.

Balatito me llamó al teléfono de mi casa para informarme lo ocurrido. Yo estaba dormido, contesté la llamada, pero mi mente no estaba en óptimas condiciones. No era mucho lo que había dormido, todavía tenía las huellas del alcohol que había consumido la noche anterior. No consumía la cantidad que antes acostumbraba, pero sí lo suficiente para adormecer mis demonios. Sabía que el asunto era importante, pero mi cuerpo se negó a obedecer las órdenes dictadas por mi cerebro. Transcurrieron algunas dos o tres horas. Desperté con la creencia de que había tenido un mal sueño en el que *Balatito* me decía que habían matado a *Michelín*. Me vestí lo más rápido que pude, subí a mi carro, un *Honda Civic* blanco que había comprado debido a que el *Tracker* azul me hacía un blanco más fácil para la policía y para los enemigos. No era tanta la diferencia, pues cometí el error de equipar el *Civic* de una forma que se distinguiera de los demás. Uno se piensa inteligente, pero le puse aros caros y un equipo de música más poderoso que el anterior. O sea, que no hice nada, pues en pocas semanas todos sabían cuál era mi vehículo. Siempre tenía dos o tres carros adicionales, preferiblemente *los cuentaloca*. Esos autos estaban bajo los nombres de otras personas que por alguna razón no los habían podido pagar. Yo hacía los pagos correspondientes y me quedaba con ellos durante un par de meses. De esa manera me protegía, pues los autos actuaban como un tipo de camuflaje. Con ellos me podría mezclar entre la gente, sin que supieran que estaba en su interior y cuando tenía que deshacerme de ellos por alguna razón, lo hacía sin ningún tipo de dolor.

Llegué al caserío, enseguida noté el aura negativa que flotaba sobre los edificios y sus habitantes. La policía se había marchado, solo quedaban los personajes del espectáculo que se presentaba allí todos los días, los hijos del Punto bochincheando sobre lo acontecido. Fui en busca de *Balato*, al principio no quería darme cara, pero tuvo que hacerlo. Lo cuestioné sobre lo ocurrido, pero todavía estaba en *shock*. Intentaba justificar lo que había hecho. La realidad es que no había justificación alguna. Sin embargo, no lo iba a abandonar, el error que había cometido era grande, pero era mi hermano y aunque no apoyaba lo que había hecho, tenía la obligación de caminar ese oscuro camino junto a él, pues él lo había caminado junto a mí en ocasiones anteriores. Intentó justificar su acto para reducir el sentido de culpa que experimentaba. *Balato* no fue la misma persona después de lo ocurrido. Comenzó a meterse más *perico*, peleaba con su propia familia, veía cosas donde no las había. Incluso veía gusanos que brotaban de la piel que cubría sus brazos. Mi amigo había cambiado para siempre, no es lo mismo terminar con la vida de alguien que representa una amenaza para uno, que matar a uno que considerábamos nuestro amigo. Pude atestiguar muchas noches de dolor y de sufrimiento que experimentó mi mejor amigo con la perdida de *Michelín*. Las armas y las drogas resultan ser una mezcla mortal y más en un ambiente como el nuestro. Pasaron algunas semanas para que *Balato* se pudiera recomponer, sin embargo, jamás regresó a la normalidad.

Recuerdo estar viendo la noticia en su casa, por supuesto él se negó a verla. Yo estaba junto a Carmen, la madre de *Balato*, cuando presentaron el cadáver de *Michelín*. Lo único que a ella se le ocurrió decir, fue que el difunto se parecía a mí. En cierta manera tenía razón, había algunas similitudes en el rostro. Yo era más alto que él, pero si lo miraban con rapidez, mientras estuviera sentado, podían pensar que era yo. El parecido era tanto, que esa noche me fui a *janguear* a La Cabaña como todos los fines de semanas. Al llegar, una chica se acercó a mí, casi llorando y me dijo que ella estaba muy sufrida porque había visto la noticia y pensó que era yo el que había sido asesinado. Se sentía tan sufrida por mi supuesta muerte, que estaba de fiesta en aquel concurrido lugar. Un gran luto que mi amiga me guardó, sí, claro. No la culpo, yo tampoco guardo luto, creo que la vida continúa y nada la detiene. Lo más increíble ocurrió cuando fui al velatorio de *Michelín*. Se llevó a cabo en la casa de sus padres. Su hermana Desiree era como una hermanita para mí, así que le dije que asistiría, no quería llegar sin avisar, pues todos sabían los detalles de lo ocurrido y quién lo había hecho. Llegué, me bajé del carro. La mamá de *Miche* estaba en el balcón y se descontroló al verme. Comenzó a decir, "Míralo ahí, *Michelín* no está muerto, hijo, hijo, ven". Me había confundido con su propio hijo. Aquellas palabras de dolor me llegaron hasta los huesos. Varios meses después, *Balato* fue arrestado y sentenciado a cumplir 18 años por la muerte de *Michellín*.

A veces hacemos daño y no imaginamos el dolor que le causamos a los seres queridos de esa persona. Causamos dolores y sufrimientos que, en algunos casos, jamás llegan a superarse. Esa madre todavía estará en la espera del regreso de su hijo. Imagino que despertará cada mañana con la esperanza de poder decir, "Fue solo una pesadilla". Sin embargo, es peor cuando ese a quien le quitaste la vida era padre de unos niños que tendrán que conformarse con el recuerdo de esa paternidad que no pudieron disfrutar y que solo la llevan en la memoria debido a las historias que brotaron de los labios de su madre. No resulta nada agradable escuchar a un niño decir que jamás pudo conocer a su padre porque alguien lo mató. Ese niño tendrá que crecer solo. Teniendo el apoyo de un padre, se nos hace difícil vencer las trampas que nos ponen las calles de nuestro país, imagine entonces cuando no se tiene ese apoyo. La verdad es que nunca se podrá devolver el gran tesoro que se les ha quitado a esas personas. Ojalá alguien pueda leer esto y evite causar ese irremediable sufrimiento a otra familia. Hoy es la de ellos la que llora, mañana podría ser la tuya.

Sé que surgen diferencias entre nosotros los seres humanos y a veces sentimos deseos de lanzar una bomba atómica sobre toda la humanidad. Sin embargo, si nos retiramos, oxigenamos nuestros cerebros y regresamos con la intención de resolver el problema con el diálogo, podríamos ver que existen otras alternativas mejores que la violencia. El derramamiento de sangre solo causa que se derrame más sangre. Un día nuestros charcos de sangre se convertirán en ríos que eventualmente desembocarán en el mar, si no nos detenemos ahora. Tal vez hoy estés detrás de un arma, pero te puedo asegurar que no tardará en llegar el momento cuando seas el que esté frente a ella esperando exhalar ese último aliento de vida. No hay vuelta atrás después de halar el gatillo de un arma contra la vida de alguien. Siempre he pensado que cada arma posee su propio demonio y no lo digo por decirlo. Tener un arma nos hace sentir poderosos, pero el arma solo nos utiliza para justificar y glorificar su existencia. Después de dispararla, habrá cien armas más que apuntan en tu dirección. La falsa gloria que brinda el quitarle la vida a una persona te traicionará, pues otro también querrá experimentar esa gloria al aniquilarte. Mientras más reconocimiento adquieras por tus hazañas de sangre, mayor será el hambre de tus enemigos, mayor será el deseo de que tus iguales quieran crearse una reputación cuando como dicen hoy día, *Te borren la cara.*

31

"De la misma manera que reclamas tu salario por el tiempo invertido en tus labores, así mismo se te pagará por el mal que viertas sobre aquellos que estaban destinados a recibir tus bondades".

Antonino Geovanni

Los muchachos del caserío desconfiaban de *Balato* en cuanto a la propia seguridad de ellos. Su inestabilidad lo había convertido en un hombre peligroso y difícil de manejar. Allí solo eran permitidos los monigotes que les encantaba ser manejados por los hilos que estaban sujetos a las manos de titiriteros sin cerebros. Todo pensamiento contrario a los que salían de sus mentes retrogradas, era considerado fruto de una posible traición. Para ser bien visto tenías que pensar como ellos. Sin embargo, tanto *Balato* como yo, éramos entes individuales. Nos metíamos en cualquiera de los caseríos y nadie atentaba contra nosotros. Por el contrario, ellos sentían un miedo espantoso de salir solos. Tanto era su miedo, que cuando salían para algún lugar, lo hacían en más de tres vehículos repletos de hijos del Punto. Sin embargo, el que frecuentáramos algún residencial, o habláramos con alguna persona procedente de él, para ellos constituía una posible conspiración en su contra.

Prohibieron que *Balato* tuviese acceso a las armas que estaban disponibles para cualquiera de nosotros que las necesitara. Lo apoyé durante un tiempo, me quedaba con él en el caserío y juntos nos metíamos el *perico* por el cual yo tanto lo criticaba. Tuve que tomar la decisión de alejarme, pues de haberme quedado junto a él, me hubiera sumergido en el abismo del vicio del que muy pocos logran salir. Él siempre tendría mi apoyo para eliminar todo lo que atentara contra su vida, pues era mi hermano. Sin embargo, no iba hundirme en el vicio para salvarlo. Él se negaba a ser salvado y me arrastraba con él a las profundidades de ese abismo sin fondo. Hay personas que están tan sumergidas en sus propios infiernos, que solo estando dispuestos a quemarnos junto a ellas podríamos alcanzarlas, pero ello no significa que las salvaremos. Decidí continuar mis negocios fuera del caserío. La motivación mayor para tomar esa decisión fue saber que Manuel, el que había sido testigo contra *Oby*, contra *Nicky*, *Pillo*, *Mongo*, Nayda y otros, regresaría al caserío. Incidentalmente, estas personas están muertas, con excepción de *Mongo*, quien se fue para Estados Unidos y cambió de vida, y de *Nicky*, quien sobrevivió a un atentado contra su vida en la ciudad de Nueva York.

Serrucho había decidido darle un tipo de amnistía a Manuel, perdonándole el haberse convertido en *chota*. Su perdón estaba basado en que su error había sido cometido cuando era menor de edad, lo cual era falso. Manuel debió tener algunos dieciocho años cuando decidió convertirse en el testigo estrella de la fiscalía y no solo lo había hecho una vez, sino en dos ocasiones, de las que tengo conocimiento. Sin embargo, solo hago referencia a las dos veces que fue testigo antes de la oportunidad que *Serrucho* quería darle, pues a Manuel todavía le faltaban más aventuras en los estrados testificales del país. Él había encontrado la clave para delinquir, sin tener que tocar la cárcel.

Manuel se había convertido en un criminal con una licencia otorgada por el Ministerio Público de Aguadilla, a dicha licencia, se le conoce como inmunidad. Esta es similar a una absolución católica, pero con una muy marcada diferencia. Para la obtención de la absolución o del perdón en la iglesia católica se requiere que el feligrés confiese sus pecados para ser absuelto. En las cortes del país no funciona de esa manera, para que los pecados del acusado sean borrados de manera total, el requisito es que el acusado confiese los pecados de otros, sean ciertos o falsos. Es una forma muy fácil de salir de un aprieto judicial, solo se requiere acusar a alguien y estar disponible para señalarlo en todas las etapas del juicio. La veracidad del testimonio es irrelevante, solo basta que parezca creíble y a veces, ni siquiera eso es necesario.

Hablaba con Manuel para conocer sus intenciones. Me confesó que quería convertirse en policía, que estaba cansado de la vida del crimen. Le dije de manera sarcástica lo orgulloso que estaba de él, que siguiera adelante. Enseguida le conté a los muchachos lo que Manuel me había dicho, lo cual estaba dispuesto a sostener si me lo traían de frente. Esas cosas no se callan, el silencio te hace cómplice del *chota*. Sin embargo, la decisión estaba tomada, Manuel sería parte de los de Las Muñecas, sin imaginar que eso les ocasionaría grandes dolores futuros.

Él no tenía nada que perder, ya tenía la tablilla *enfangá*, si le daban la oportunidad sería maravilloso para él, si no se la daban, continuaría en el clandestinaje como lo había hecho desde el día en que tomó la decisión de *chotear* a las personas con las que había cometido múltiples delitos.

Buscaban a Manuel para matarlo. En una ocasión, Nicky se apareció en el caserío y Manuel tuvo que ocultarse en el apartamento que su hermano Ramón compartía con su esposa e hijo. *Nicky* quería derribar la puerta, poco faltó para lograrlo. Le repetía a Ramón que se lo entregara, pero Ramón gritaba desde adentro que Manuel no estaba allí. *Nicky* le gritaba que protegía a un *chota* que más tarde traicionaría a todos los que lo habían ayudado. No imaginaba que Nicky tuviese el don de la profecía, aunque no era tan difícil saber que cuando una persona *chotea* una vez para salir de la cárcel, lo volverá a hacer cada vez que se le presente la oportunidad.

Una noche estaba en la cancha chiquita del caserío, junto a varios de los muchachos. De repente alguien a mis espaldas dijo, "Geo". Se me congeló el alma cuando miré hacia la procedencia de la voz y vi a este hombre encapuchado. Pensé que había llegado mi fin, pues así era la muerte, se aparecía como una sombra y segundos después, la vida se escapaba del cuerpo. Sentí alivio cuando se quitó la capucha y vi que era *Nicky*. Él y yo teníamos una amistad que nos unía desde que éramos pequeños. Sabía que él nunca vendría contra mí, ni yo contra él. Me preguntó por la ubicación de Manuel, le dije que no sabía. Él me dijo: "Espero que no estés protegiendo al *chota* ese". Él sabía que jamás iba a proteger aquello con lo que no estaba de acuerdo.

Me dijo que le ayudara a pillarlo, que solo tenía que decirle cuando estuviera por allí, para el aparecerse y matarlo. Le contesté que él me conocía. Él sabía muy bien lo que yo pensaba acerca de los *trambos*, si hoy yo se los hacía a otros, mañana me los harían a mí. El cazador verdadero disfruta de la persecución, de que su presa se escape en una o dos ocasiones, para luego tenerla en su mira y ver como el último aliento sale de su cuerpo. Ningún buen cazador le dice a su compañero, voy a dormir, despiértame si aparece la presa para dispararle. No existe diversión en ello. Nicky supo que no podía contar conmigo para atrapar a su presa, sin embargo, contaba con mi bendición. Pensaba que había alimañas que no merecían pasearse entre los mortales y Manuel era una de ellas. Era un ser dañino y manipulador. Podía manipular a algunos supuestos *jodedores* con poco o ningún cerebro y a policías y fiscales con la misma carencia de materia gris. Era muy bueno al esparcir veneno sobre los demás, ponía a las personas a creer en las estupideces que nacían de su mente enferma, con lo cual lograba poner a los unos contra los otros.

Abandoné el caserío casi por completo. Solo iba allí de visita, podía sentir que no pertenecía a aquel lugar. Sentía la envidia que corría en sus venas y brotaba de sus ojos cada vez que yo llegaba con una nueva adquisición, fuese un vehículo nuevo, una prenda o ropa. Muchos de ellos permanecían encadenados a una pobreza disfrazada de diversión y de *jangueos*. El único que progresaba en aquel lugar era *Serrucho*. Recuerdo el día en que Ramón trajo al caserío lo único que había podido adquirir a crédito, una guagüita *Hyundai* roja. Estaba muy bonita, pero no le duró mucho porque estaban en un lugar cerca de la entrada a la playa de Jobos en Isabela, un negocio de frutas. El establecimiento estaba cerrado. Decidieron abrir uno de los contenedores, en su interior hallaron una gran cantidad de chinas o naranjas. Comenzaron a meterlas en el interior de la inmaculada guagüita. Alguien los vio cometer la fechoría y llamó a la policía. Minutos después, los detuvieron. Al mirar hacia el interior del vehículo pudieron ver que estaba repleto de la evidencia del crimen. Solo Ramón fue arrestado, la policía dejó que los otros se fueran. Confiscaron la guagüita y Ramón estuvo preso durante varios días por el delito de robo de chinas. Yo tenía contacto con algunos oficiales de la ley y el orden que me informaban de cosas pertinentes a mi negocio, unos muy buenos policías, aunque a veces se salían de la raya y había que recordarles las reglas de nuestra alianza. (No se preocupen, sus nombres nunca serán revelados). Cuando me arrestaron por el arma, los chalecos y el *perico*, estos agentes me dieron la información completa del agente Collado, su dirección y las horas en que podía conseguirlo en su casa. No me dijeron de forma directa que lo matara, solo que si él moría, mi caso en la corte se caía de forma inmediata. Por un momento pensé en ello, pero la razón hizo acto de presencia y me dijo: "Matar a un agente de la policía para deshacerte de un caso de armas y drogas por el que te van a dar menos de diez años, no es negocio". Además, el agente Collado fue muy *cortés* conmigo, tuvo consideraciones que no había imaginado. Por eso lo traté con igual respeto una noche en que lo encontré en las fiestas patronales de Moca. Había policías abusadores, pero el agente Collado no era uno de ellos. Aunque *Balato* tampoco era un santo, la verdad es que le fabricó un caso, al incluirlo como responsable de las drogas y armas que ocuparon en la casa de *Nefty*, cuando todos fuimos arrestados en 1995.

Una noche estábamos en las fiestas patronales del pueblo de Moca. No recuerdo los cantantes invitados, pero el área de la tarima estaba llena. *Balato* y yo veníamos de los baños portátiles. Gran sorpresa fue la nuestra cuando nos topamos con el agente Collado. Él estaba acompañado de su esposa y de su pequeño hijo. El lugar estaba oscuro. Era el lugar perfecto para cometer cualquier tipo de fechoría. Su reacción al vernos me dijo que se sentía amenazado por nuestra presencia. Agarró con fuerza a su esposa e hijo, como si temiera por sus vidas. No tuvo más remedio que saludarme. Le devolví el saludo con un aire de sarcasmo. Le dije: "Mira cómo es la vida", como infiriendo, mira dónde te tengo. Enseguida me contestó que él solo había hecho su trabajo. Le respondí que lo sabía, que era cierto y solo por eso le respondía al saludo. Procedió a sonreír en el intento de ocultar el nerviosismo que sentía. Acto seguido, me presentó a su esposa y a su pequeño hijo. Me incliné para saludarlo y darle mi bendición. Nos despedimos, ellos prosiguieron su camino, y nosotros el nuestro.

En una ocasión, acababa de llegar de una pelea en la que tuve que desbaratarle la cara a un individuo. Llegué al caserío, estaba con los muchachos, de repente, aparecieron dos tipos, se notaba que eran agentes. Rodney les ofreció *perico* y marihuana. Lo miré incrédulo, le dije que eran policías. Ellos comenzaron a caminar hacia nosotros. Le indiqué que corriera. Nosotros no tuvimos que hacerlo, no teníamos nada ilegal encima. El guardia se me acercó, me dijo que era un abusador al darle drogas a un *chamaquito* para que la vendiera. Me preguntó que por qué no la vendía yo mismo. En realidad, la droga no era mía. Me limité a decirle que no sabía de lo que me hablaba. Entonces, *Emo* le dijo que Rodney había corrido porque su mamá lo había llamado. Eso provocó la ira del guardia, se viró y me dio una *bofetá* que sentí durante un tiempo prolongado. Me cogió desde la comisura de los labios hasta las orejas. No pude responderle de la misma manera que lo hubiera hecho con cualquier otra persona, tal vez fue el elemento sorpresa, o lo que el individuo representaba, lo que me hizo detenerme. Solo le maldije su madre y corrí. Sin embargo, me quedé con los deseos de vengarme, de verlo a la cara mientras suplicaba por su vida. La mayoría de ellos eran unos cobardes, solo se convertían en valientes cuando estaban acompañados. El problema era que no sabía quién era el policía, tampoco recordaba su nombre, ni su apariencia. En la actualidad, pienso que fue mejor así, la ignorancia suele ser una muy mala consejera.

Cuando los agentes vieron que no me habían convencido de actuar contra Collado, me tiraron otra carnadita, la cual me comí completa. No era lo que me dijeron, sino el sentido y la lógica que tenían sus palabras. Me dijeron que, si no me parecía extraño que hubieran efectuado un allanamiento en el apartamento, el único día que guardé el arma allí. No quería creer lo que me dijeron porque me había criado con la persona desde muy pequeño. Según estos dos agentes de narcóticos, Ramón había sido la persona que les había dado la información para que su registro tuviese resultados positivos. Uno de ellos dijo que tal vez yo no le creería debido a que Ramón había tenido problemas personales con él. Sin embargo, me dijo cosas que solo nosotros sabíamos. Nunca guardaba armas en mi apartamento. ¿Cómo podía ser que él tuviese conocimiento de ese detalle? Alguien debió habérselo comunicado.

Nunca he creído que la Policía de Puerto Rico tenga las facultades intelectuales que se ven en un episodio de la serie televisada CSI (*Criminal Scene Investigation*). Su sistema de inteligencia, en la mayoría de los casos, se basa en delincuentes que testifican contra otros delincuentes, con el único fin de evitar pisar la cárcel. Testigos que venderían a sus propias madres, si fuese necesario.

¿Qué les importa hacer una declaración jurada la cual no acarrea ninguna consecuencia para ellos, aunque hayan mentido? ¿Cuándo se ha visto que se le haya sometido un caso de perjurio a un testigo fraudulento en este país? Ocurre todo lo contrario, cuando las autoridades se percatan de que su testigo miente, hacen todo lo posible por protegerlo. De ninguna manera aceptarían que el sistema de justicia de este país puede ser y ha sido manipulado por individuos con menor escolaridad que los propios agentes del orden público y los fiscales. Aceptar que el sistema es vulnerable es admitir que en nuestras cárceles puede haber cientos de inocentes. Ello significaría un desvanecimiento total de la poca fe que aún se tiene en este sistema imperfecto y en las personas que lo manejan. No tenía evidencia que sustentara el dato que me habían proporcionado, sin embargo, Ramón había sido la persona que evitó que los muchachos me acompañaran hasta mi apartamento, la noche anterior al registro. Ese pequeño detalle fue lo que causó que tuviese que guardar el arma en el apartamento. En esos días, *Balato* había tenido un problema con Manuel, lo que se convirtió en una pelea injusta. *Balato* no podía defenderse porque tenía un nudillo lastimado debido a que se lo fracturó en una pelea que tuvo con Abraham (Q.E.P.D.). La verdad es que no fue una pelea, Abraham no pudo contestar el golpe, ni siquiera se lo esperaba, fue un ataque abusivo de parte de *Balato*. Eso le costó la pérdida de un diente.

Balato estaba en el proceso de curación, aún tenía los puntos de sutura en su puño. Sin embargo, tanto Manuel como Ramón se enfrascaron en una pelea contra *Balato*, a sabiendas de que él no podría defenderse. Me dio muchísimo coraje al enterarme de lo sucedido. La reputación de Manuel al haber *choteado*, le quitaba autoridad sobre cualquier verdadero hijo del Punto, pero no solo se sentía con el poder de ir contra los demás, sino que también lo ayudaban. Le dije a *Balato* lo que me habían dicho sobre Ramón. No teníamos una base suficientemente fuerte para demostrarlo y en nuestro mundo, la palabra de un funcionario de la ley no se toma como válida. Lo que le habían hecho a *Balato* era la excusa perfecta para reventarlo y sacarlo del planeta. Ramón era cuñado de *Balato*, eso no era un disuasivo para perdonarle la vida. Había que matarlo y no había otra alternativa. Él estaba en el interior de un negocio llamado *Charmaine*. *Balato* lo esperaba afuera, yo vigilaba desde lejos, quería asegurarme de que hiciera el trabajo. Sentí a *Balato* titubear. A veces el monstruo no es tan monstruo como lo pintan. Era algo personal, por eso le tocaba a *Balato* recuperar su honor al llenarlo de plomo. Lo vi salir del negocio, no se había fijado que *Balato* estaba en el carro. De pronto lo vi caminar hacia donde lo esperaba *Balato*. Metió su cabeza por la ventana del auto. *Balato* salió del auto y se abrazaron. Sentí unos deseos enormes de llegar allí y matarlos a ambos, pero me contuve. Fue una reconciliación tan emotiva, que hasta lágrimas hubo. *Balato* trató de explicarme, su explicación no me satisfizo. Era su problema, era su honor el que estaba en el suelo, no el mío.

Una noche, en el caserío, Ramón me contó que había tenido problemas con su madre y no tenía dónde quedarse. Me pidió que lo llevara hasta un motel donde pudiera quedarse por esa noche. Accedí a su solicitud, pero le dije que me diera una oportunidad para buscar un dinero. La realidad es que estaba desarmado y vi esa ocasión como una oportunidad para cobrar lo de *Balato* y sellarle la boca a un *roedor*, de esos que orinan sobre aquello que no se pueden comer. Llegamos al motel, le dije que pidiera unas cervezas antes de que me fuera. Tenía una preocupación, no había pensado que en los moteles anotan la tablilla del carro cuando se ingresa al área de la marquesina.

Miraba a Ramón detenidamente, aún no habían llegado las cervezas. Esperaba el momento preciso para sacar mi arma y vaciársela encima. El asunto de la tablilla representaba más que un obstáculo, un suicidio. De haber tenido tiempo para cambiar de carro hubiese sido distinto. Si lo mataba allí, tenía que llevarme el cuerpo, limpiar el lugar y rezar que nadie hubiese escuchado las detonaciones para que me diese tiempo de culminar la tarea. Era una misión imposible para una sola persona. La idea era eliminarlo y quedarme libre para seguir haciendo mis cosas. Para evitar pensar en las consecuencias, tenía que provocar que mi mente se nublara. Eso sucedía cuando el coraje se apoderaba de mis sentidos. Lo confronté con la información que me habían suministrado. Pensé que él se molestaría y que me enfrentaría enérgicamente, que se defendería de la acusación de ser una rata, un *chota*, un triste *soplón*, pero no fue así. Solo se limitó a llorar y decir que era la policía, que quería que nos enfrentáramos el uno al otro. Le dije que no tenía base para hacerle una acusación, así que le pedí que me explicara cómo ellos sabían que ese día había un arma en mi casa. El *perico* lo iban a encontrar de todas maneras, pues no lo recordaba, pero el arma no debía estar allí. Sus lágrimas no me convencieron. No había sacado la pistola, pero él sabía muy bien lo que podía suceder. Él solo quería apelar a mi misericordia, cosa que yo había olvidado, lo único que me detuvo fue la maldita tablilla. Opté por decirle que solo quería escuchar de su boca que no había sido él. Le dije que confiaba en él, sin embargo, era solo *un duérmete nene* en lo que me aparecía la oportunidad que nunca llegó. Me fui, lo dejé allí, tuve deseos de volver para terminar con aquello, era una idea loca, producto de la desesperación, hacer algo así no era inteligente.

La decisión de quitarle la vida a una persona cuando no se conoce el valor de la misma, ni cuánto sufrimiento se ocasionará con la realización del acto podría ser fácil. Lo que resulta difícil, lo que nos aguanta es el saber que las consecuencias de resultar atrapado son nefastas. Es eso lo que nos hace un poco más conscientes del acto tan barbárico que estamos cometiendo. Desde niños se nos ha programado para ver la muerte como algo de entretenimiento, lo vemos a diario en las películas, en los juegos de video y hasta en las noticias que le dan más cobertura a la vida del asesino que a la del asesinado.

En este país y en muchos otros, el convertirse en un asesino es sinónimo de poder. Nuestras culturas han decidido endiosar a los narcotraficantes, los cuales adquieren más notoriedad mientras más barbáricos sean los actos que cometan. Como ejemplo puedo traer a Pablo Escobar, su tumba es considerada como uno de los monumentos más visitados del país colombiano. Si analizamos bien la vida de este individuo que muchos ignorantes ven como la deidad del narcotráfico, podemos ver que asesinó a un gran número de inocentes, niños incluidos, para evitar su extradición y para proteger su imperio. También podemos mencionar a Joaquín Guzmán Loera, mejor conocido como el *Chapo* Guzmán. La acumulación de fortuna a base del sufrimiento de todo un pueblo lo hizo acreedor de una posición en la portada de la revista *Forbes* como uno de los hombres más ricos del mundo, aunque su alma estaba llena de pobreza.

Este tipo de hombres es lo que la mayoría de los jóvenes actuales admira y quiere emular. Solo persiguen el falso brillo que permea sobre la figura, pero no indagan en las oscuridades que pululan en su interior. La realidad es que el ser humano tiende a ser imitador de sus antecesores, sin embargo, pretende poseer un aire de originalidad. Los hombres de hoy, y tal vez los de ayer, son solo repetidores. Hoy día padecen del terrible mal de vestir, hablar, recortarse y vivir a la semejanza de aquel que goza de alguna popularidad. Si algún artista de fama mundial se viese a sí mismo como algún animal, por ejemplo, un conejo, podría muy bien dictar el mal vestir como moda y sus seguidores acatarían al mandato como si fuese ley. La triste verdad es que el hombre se ha convertido en un maldito *copy cat*, en una copia mal hecha de aquello que considera superior. Muchos se han convertido en clones que no se pueden distinguir entre ellos mismos. El ser diferente se ha convertido en un pecado mortal, todos le temen a la originalidad y por ello adoptan el ser igual que la persona del momento, para tratar de ser aceptados por una sociedad empobrecida de los valores fundamentales de la vida. Han acogido la uniformidad de la estupidez, como forma de vida.

Decidí no pensar más en matar a aquel que desde niño había sido mi amigo, lo dejé descansar en paz, pero con vida, para que algún día se pudiera dedicar a los hijos que había esparcido sobre el mundo. Busqué a mi chica de la madrugada, la que siempre estaba disponible para mí, no importaba la hora, la circunstancia, ni el humor en que ella o yo estuviésemos. En aquel tiempo la consideraba mi cura para la enfermedad de la vida.

En su piel podía ser quien yo era en realidad, no había máscaras ni disfraces. Todo lo que me tenía atrapado en la vida de un hombre llamado Geo, quedaba fuera de la habitación, allí podía ser Geovanni. En su piel podía ser libre. Solo tenía que llamarla, decirle que la necesitaba y sus puertas se abrían de par en par, las de su casa, las de su cuerpo y las de su vida. Allí no necesitaba armas, chalecos ni otro artefacto diseñado para proteger mi vida. Solo mis manos, mi boca y mis deseos eran requeridos para aquellas batallas cuerpo a cuerpo que se libraban en aquel campo lleno de vida que florecía entre las cuatro paredes de la habitación.

32

"El ser humano no destruye aquello que no represente una amenaza para sí, sino aquello a lo que le teme".

Antonino Geovanni

La amistad entre Miguel A. Soto Cabán, mejor conocido como *Sadistic*, y yo, fue fortaleciéndose. El apodo lo había obtenido por su fervor a un miembro de la lucha libre que respondía al mismo apodo. Sin embargo, el significado del apodo no se apartaba de la personalidad de mi querido amigo. Era un hombre leal, buen amigo y un personaje jocoso, pero en los aspectos de su vida que se forjaban en la oscuridad de su mente, Miguel Ángel era todo un sádico. En la utilización de violencia, no poseía reversa. Las mujeres se volvían locas por él, específicamente por sus piernas cubiertas de tatuajes orientales, lo cual no era muy común para aquel tiempo. Antes, los tatuajes nos daban un toque de distinción, en la actualidad aquel que no los posee es el que se distingue, pues los tatuajes han pasado a ser una norma. Incluso, los guardias que antes criticaban al tatuado, pues ello infería que poseían cierta inclinación a la delincuencia, hoy los lucen como si estuviesen orgullosos de parecer maleantes.

Sadistic aprovechaba el magnetismo que ejercía sobre las mujeres y con tristeza lo digo, dejó varios hijos que nunca experimentaron lo que era una figura paternal. Algunos de estos niños sufren la carencia de dicha figura debido a nuestra irresponsabilidad y a que algunos hemos sido forzados a abandonar la vida de manera abrupta. Él había llegado de Nueva York, aunque se había criado en Puerto Rico. Allá se había desempeñado como un próspero gatillero que a veces no mostraba control de sí mismo. Ejercer ese control que él no poseía, era mi trabajo. En ocasiones tenía éxito y en muchas otras fracasé. Estábamos de paseo en mi carro, pasamos por un residencial en el cual vivían individuos con los cuales yo tenía cuentas pendientes. Él me dijo que entráramos, le dije que no podía hacerlo, le expliqué mis razones, las cuales no resultaron convincentes para él. Me dijo que si atentaban contra mí, tendrían que meterse con él. Visualicé aquella oportunidad para medir su compromiso de lealtad hacia mí. Entramos al caserío, pero no solo eso, sino que nos bajamos y nos quedamos sentados en la cancha. La reacción de los residentes del caserío fue contraria a la esperada, comenzaron a irse hacia sus apartamentos. En cuestión de minutos, el caserío quedó desolado. Caminamos a través de los edificios, abordamos el carro y nos marchamos. El mensaje era claro, estábamos dispuestos a todo, aunque al principio yo no estaba tan dispuesto.

En una ocasión, estábamos en la barbería. Al terminar, lo dejé conducir. Cuando fuimos a sacar el carro había otro vehículo que nos impedía hacerlo. Él entró a la barbería y preguntó en tono amenazante que quién era el dueño de la porquería de carro que nos bloqueaba. El dueño le dijo que no tenía que decirle porquería, eso provocó que surgiera la ira de mi amigo, sacó su arma y quería asesinarlo frente a todos. Tuve que ponerme entre ellos para que no lo hiciera. Le grité, él parecía no escucharme, estaba en un trance. *Sadistic* era un perro rabioso que en el fondo solo necesitaba cariño y atención, pero estoy seguro de que debió haber tenido un aviso que leyera, "Danger Zone".

En otra ocasión estábamos en un puesto de gasolina ubicado en el *gate* 5 de la Base Ramey, era la última parada antes de que ingresáramos en el JD's. Dejé la música del carro al máximo de volumen. Los cristales del establecimiento se estremecían, pero nadie se quejaba. De repente, sentí que la música se desvaneció. Al mirar hacia afuera, vi a *Sadistic* que me mostraba la parte frontal de mi radio. Salí de prisa, pero ya estaba en su carro con rumbo hacia el JD's. Lo seguí, había un tapón de madre. No había estacionamiento. Yo ardía de coraje por la bromita de mal gusto que me había hecho el muy desgraciado. Tratando de evadirme metió su carro debajo de una guagua *pick up*. A él no le pasó nada, pues íbamos a cinco millas de velocidad. El único daño que resultó del choque fue una insignificante abolladura sobre el bonete del carro de *Sadistic*. Se puso como loco, se bajó del carro, sacó al muchacho de su guagua y comenzó a agredirlo. No podía ver bien lo que estaba sucediendo debido a que yo todavía estaba atascado en el tapón. Tan pronto pude percatarme de lo que estaba ocurriendo, bajé del carro para detener la furia de *Sadistic*. El muchacho estaba en el suelo, su cara estaba ensangrentada. Resultó que el individuo era hijo de una persona importante del gobierno. Luego surgieron rumores que me señalaban como el agresor. Pagar por los platos rotos de otros se había convertido en una costumbre en mi vida. Agraciadamente, no hubo acusaciones ni nada parecido, el asunto no pasó más allá de los rumores.

Sadistic era un buen muchacho, pero tenía problemas graves para manejar sus emociones. *Sadistic* se había convertido en un sepulturero, pues le había dado boletos de ida al más allá, a muchos. Me atrevería decir que podía pasar de la decena de víctimas, sin embargo, en aquel tiempo, lo consideraba un buen hombre. Tal vez el método de catalogar personas en ese mundo estaba algo defectuoso, pues hoy al mirar atrás, puedo decir que matar no es bueno, y el que lo hace no puede ser ningún buen muchacho, a menos que este triste y fatídico acto se haga en defensa propia.

Él era temido por muchos y amado por pocos. Un día lo llevé a Las Muñecas para visitar el lugar. Allí nos encontramos con mi hermano *Balato*. Evidentemente estaba bajo los efectos del *perico* cuando me preguntó que si *Sadistic* estaba allí para matarlo. Me suplicó que le dijera si ese era su propósito, para entonces matarlo primero. Lo miré con lástima y coraje al mismo tiempo y le dije: "Como te atrevas hacer una estupidez, voy a ser yo quien te va a matar. Él no está aquí para matarte ni para matar a nadie, solo estamos dando una vuelta". Creo que la gente veía la muerte sobre nuestras cabezas y se atemorizaban al vernos. Nos fuimos para que *Balato* se quedara tranquilo. No le comenté nada sobre las sospechas de mi hermano, pues eso hubiera sido suficiente para poner a *Sadistic* en alerta, lo cual hubiese provocado la muerte de uno de los dos, pero con gran probabilidad, la baja hubiese sido *Balato*. Eso era algo que yo no podía cargar en mi conciencia, ese era mi hermano con el cual, de manera literal, había firmado un pacto de sangre.

Sadistic conoció a una muchacha de la cual se enamoró perdidamente. Estaba tan enamorado de ella que comenzó a verme como un posible rival en el amor, debido a que ella se reía de mis ocurrencias cuando estábamos todos juntos. Él la amaba de forma enfermiza. Me reservaré su nombre por lo que contaré más adelante. Ella era hermosa, pero para mí, era terreno inhóspito, por ser ajena. No podía mirarla con otros ojos que no fueran los de un hermano, ella era la novia de quien se estaba convirtiendo en mi hermano y por esa razón, Pocahontas era piel prohibida para mí.

Me llegó información de que iban a llevar a cabo unos arrestos importantes en el área, por lo que aun estando en probatoria, me fui para Estados Unidos sin notificarle a mi oficial probatorio. Estuve casi tres semanas en Nueva York, en espera de la maldita redada que no acababa de darse. Casi había gastado los siete mil dólares que había llevado, cuando me dieron el mensaje de que llamara a *Sadistic*. Lo llamé, y tan pronto contestó la llamada dijo: "Cabrón, tienes que venir inmediatamente para acá". Pensé que había pasado algo malo y le pregunté. Él me dijo que había nacido mi hija y que era tan parecida a mí, que cualquiera podía pensar que yo la había parido. Las redadas no se habían llevado a cabo, pero el deber de padre me llamaba.

Regresé un día después de que sucediera el terrible accidente que le quitó la vida a tres jugadores del equipo de baloncesto de Los Gallitos de Isabela. Lo primero que hice fue ir a ver a Skylear, mi segunda hija reconocida, realmente era mi tercera hija, pues antes que ella hubo una niña que no pude reconocer debido a que la madre, por temor a mi reacción, le dio la paternidad a otro hombre. Esta niña, cuyo nombre no revelaré, se ha convertido en una mujer de bien. He seguido sus pasos sin que ella note mi presencia. Ese secreto me lo llevaré cuando abandone el planeta pues, aunque una mentira se ha convertido en su verdad, no creo que yo tenga el derecho de destruirle su mundo.

Tenía a Skylear en los brazos, era hermosa, sus ojitos eran claros, su pelo rubión, como el de su padre *jabao*. La olí, la mordí, la besé, era muy hermosa, bueno, tenía que serlo, había salido al padre. Me sentía afortunado de tener unas niñas tan hermosas. Casi no las pude disfrutar por el temor de que alguien viniera a atacarme cuando ellas estuviesen conmigo. Eso es algo que todo narco debe saber. Cuando se está en ese mundo, tus hijos se convierten en blanco de tus enemigos, ya sea intencional o accidentalmente. Perder a tus seres amados por las guerras del bajo mundo, que en ocasiones comienzan por las razones más estúpidas, no es un buen negocio. En ese mundo, las mayores pérdidas se disfrazan de ganancias. En ese ambiente, lo que pudiera parecer una victoria, resulta ser una trampa que poco a poco te roba la vida. La posibilidad de ser atacado y que alguna de mis hijas hubiese resultado lastimada pudo haber generado una guerra sin precedentes. Por esa razón, nunca puse papeles ahumados en mi carro, para que supieran quién estaba en su interior. *Sadistic* seguía cayendo en las profundidades de aquel amor. Cada vez se alejaba más de nuestra amistad y de frecuentar otras mujeres. Cada vez que le iba a presentar a alguna chica, la rechazaba haciendo alusión a su compromiso. Sentí que estaba perdiendo a otro amigo, uno por el vicio de las drogas y al otro, por el vicio del amor.

Yo había tenido muy malas experiencias en el amor, ello me había convertido en un ser insensible. Después de haber perdido a mi novia de manera trágica, solo una vez estuve cerca de liberarme de las cadenas de mi corazón. Estaba sentado cerca de la puerta del *JD's*. El tiempo se detuvo. Miré hacia el estacionamiento, mis ojos se hicieron rehenes de aquella mujer mientras se enfrentaba a la ley de gravedad, en una lucha sin tregua. Su cuerpo se movía al ritmo del planeta. Todo orbitaba a su alrededor. La oscuridad de su piel me llamaba a convertirme en su esclavo. Los contornos de su cuerpo me invitaban a perderme en ellos. Su mirada me recordaba a las misteriosas pirámides de Egipto. En su boca había jeroglíficos prisioneros y bajo sus pies, arenas de libertad. Trajo a mi memoria extractos de una vida pasada, en la que fui de ella y ella fue mía. Me reconocí en sus labios, en sus pechos, en los caminos que un día tracé sobre su espalda. Todos los ojos eran cautivos del vaivén de sus caderas, y yo, era prisionero de su alma. Su nombre era como ave cautiva que volaba sobre los jardines de la humanidad. Cada paso suyo dejaba una huella en mi pecho. Su voluptuosidad me llamaba por mi nombre. Sus ojos me decían que era ella, que había regresado del pasado. A su lado había un hombre invisible que se creía poseedor de sus pasos, pero sus días a su lado estaban contados. No sé cómo sucedió, la vida me llevó a sus brazos, a sus labios, a su pecho. Mi corazón palpitaba por ella, mi aliento esculpía su nombre sobre los canvas del viento que respiraba el pasado de nuestras vidas. Su piel volvía a ser mía, mi vida comenzó a moldearse bajo nuevos y mejores estatutos. Sin embargo, el destino nos tendió una trampa, en cuyas garras ella terminó cayendo. Ello provocó que nuestras vidas se separaran sin sospechar que en el momento más oscuro de mi vida, Eva regresaría a mí. Sin embargo, el amor entre rejas es igual de difícil e inestable que caminar sobre una cuerda floja

El novio anterior de la chica a quien *Sadistic* le había entregado su corazón era un muchacho que también estaba en sus andadas, aunque no estaba en las profundidades que nosotros. Una de las cuñadas de *Sadistic* le comunicó que él había hecho un comentario sobre nosotros, el cual podía interpretarse como una amenaza. Había dicho que *Cucho*, *Sadistic* y yo creíamos que por tener dinero no nos podían matar al igual que a cualquier otro. *Sadistic* me dijo que lo iba a matar, le dije que no era necesario, que las palabras que se le atribuían a su rival de amores eran alaridos de una bestia herida y abandonada. Él no tenía el valor para ir contra ninguno de nosotros. Me prometió que no le haría daño, me dio su palabra y le creí.

En esos días se había suscitado un problema en un Punto hermano, en el Punto de *Giorgito* y *Tinito*, en Camaseyes. Ellos tenían a *Chelo*, el matón del *Congo, trabajando en la mesa*, o sea, empacando el material. Las medidas salían exactas, pero como no tenían supervisión, *Chelo* estaba sustituyendo el material que le daban, con corte. Ellos lo supieron y le pusieron precio a la cabeza de *Chelo*. *Sadistic* se ofreció a cumplir con el trabajo requerido. De alguna manera llegó a oídos de *Chelo* que *Sadistic* había aceptado el ofrecimiento. Estábamos en la casa de las muchachas, en donde nos ocultábamos. De repente, llegó *Tinito* y muy nervioso, nos dijo que alguien había matado a *Giorgito*. Al principio no le creímos hasta que vimos sus lágrimas caer sobre el arma que había sacado jurando que vengaría la muerte de su amigo, de su hermano, de su socio.

Sadistic tenía sed de sangre, era un vampiro que le gustaba matar. Me dijo que quería matar a *Kike Fronte*, ese era un tipo que los guardias habían atrapado en varias ocasiones con material encima y siempre se las ingeniaba para salir airoso. Comenzamos a sospechar que los métodos que utilizaba para librarse de sus problemas con las autoridades tenían que ver con su lengua. Lo que colmó la copa fue

241

cuando estando en probatoria y bajo fianza, le ocuparon material en el auto. Lo dejaron libre y le devolvieron el carro.

Sadistic salió de cacería, yo no tenía sed de sangre, no padecía de ese tipo de adicción, así que salí con una chica que estuve frecuentando durante varios meses. Ella era una chica hermosa, su nombre era Evelyn, era modelo, había ganado el certamen de "Miss Piel Canela" del pueblo de Moca. Mi cita con ella tenía dos propósitos, vestirme con su piel y tener una coartada, por si acaso a alguien se le ocurría vincularme con el asesinato de *Kike*.

Primero fuimos al cine, luego me disponía a llevarla a su hogar, pero nos detuvimos antes de llegar. Sus besos eran interminables, su piel me invitaba a hacerla mi morada, sin embargo, los mensajes del *beeper* no cesaban. Me había llevado la *Pathfinder* de *Cucho*, pues él había acompañado a *Sadistic* esa noche. No les dejé las llaves de mi carro porque pensé que no lo necesitarían. La molestia causada por la insistencia de los mensajes me obligó a prescindir de las dádivas que ofrecían los labios de Evelyn. La llevé a su casa y me dirigí hacia Aguadilla. No tenía idea de lo que me encontraría. Me detuve frente a un negocio que estaba en la ruta hacia la residencia en donde ellos esperaban por mí. Compré una Heineken y una caja de cigarrillos. Noté que algo estaba fuera de lugar, todos miraban hacia un sitio en específico mientras yo estaba enfocado hacia el mostrador del establecimiento. La curiosidad dirigió mis ojos hacia el punto de enfoque donde todas las miradas se posaban con intriga. Al mirar, vi la famosa cinta amarilla con la que las víctimas de muertes violentas se despedían de sus vidas, en ella leía el siguiente mensaje, *Crime Scene*. Pregunté a uno de los clientes del negocio sobre lo que había ocurrido. Me contestó que habían matado a alguien, mencionó un nombre que no reconocí, me pareció que era el apellido del pobre joven cuyo cuerpo estaba tendido sobre el pavimento. Luego me dijo el apodo de la víctima, fue cuando entendí que *Sadistic* había faltado a su palabra de no matar al ex de su novia.

No lo podía creer, le dije varias veces que aquel muchacho no representaba una amenaza para nosotros. El chamaquito solo tenía el corazón roto por ver en brazos de otro a quien había sido su novia desde la escuela. No negaré que eso es una señal de peligro, pues para muchos hombres basta una excusa similar para convertirse en animales y así despedazar a su presa y en ocasiones, también despedazan al blanco de su supuesto amor. Este no era el caso, el muchacho era solo un fanfarrón que buscaba llamar la atención de su novia al expresarle a quien había sido su cuñada, lo que tenía en su mente. Él desconocía que ello había sido un gran error, sus palabras se habían convertido en su sentencia de muerte. El refrán que dice: "Somos dueños de lo que callamos, y esclavos de lo que decimos", cobró mucho sentido para él.

El muchacho jamás pensó que sus palabras tendrían el efecto de convertirse en el plomo que terminaría con su corta vida. Mis ojos no podían creer lo que veían, allí sobre el pavimento, estaba tirado el cadáver de un chico enamorado que cometió el único pecado de hablar contra quien dejaba huellas sobre el cuerpo de quien un día había sido su novia. Es por eso que digo que aquel que mata, no es debido a que sea valiente, sino todo lo contrario. El chico había expresado que *Sadistic* no era de metal, que aunque él y los que andaban con él tuviesen dinero, podían morir igual que cualquiera. *Sadistic* interpretó sus palabras como una amenaza y ante ese temor, activó su mecanismo de defensa y le tiró primero para prevenir un posible ataque.

Subí a la *Pathfinder*, estaba fumándome un cigarrillo mientras observaba otro fruto de la violencia que tiene secuestrada a nuestra isla. La vida me parecía tan frágil. A mis escasos veintidós años había presenciado decenas de escenas similares. En un sinnúmero de ocasiones llegué a pensar que terminaría igual que ellos. Me veía en cada uno de los cadáveres que abandonaban la vida en medio de una multitud de personas y una cinta amarilla. Boté el cigarrillo y salí lentamente del lugar. No quería llamar la atención de nadie. Aunque no sabía lo peligroso que era para alguien de mi reputación estar en la escena de un crimen, tomé mis previsiones para no ser notado. Es que algunos policías teorizan que el asesino suele regresar a la escena del crimen, lo cual puede ser cierto, pero a veces depositan sus sospechas sobre el sujeto equivocado.

Llegué a la casa donde estaban *Sadistic* y *Cucho*. La cuñada de *Sadistic* me recibió en medio del llanto y quejándose de lo que ellos habían hecho. La abracé, solo eso podía hacer, no tenía el don de resucitar personas, que era lo que ella hubiese querido. Estaba muy molesto, la molestia aumentó cuando vi a la exnovia del difunto y novia del autor de su muerte, llorar desconsoladamente. Ella se sentía culpable de lo sucedido, creía que el hecho de haber depositado su amor en *Sadistic* había sido la razón que catapultó la muerte de quien había sido su novio. No puedo decir que ella lo amara, pero sí sentía algo especial por él y sé que lamentaba muchísimo su muerte.

Le reclamé a *Sadistic* por lo que había hecho, él solo me contestó que ya no había vuelta atrás, lo hecho estaba hecho. *Cucho* se montó en su guagua y desapareció. *Sadistic* me preguntó si podía quedarse en mi casa, no estaba muy contento con él, pero no lo iba a abandonar. Él vivía en el caserío José de Diego y ese lugar era una trampa mortal. Se montó conmigo en mi carro. Ahí le hice el reclamo de manera más enfática. Él me contestó que cuando él decía que alguien iba a morir, moría. Al contrario de como yo actuaba, que decía que iba a matar a alguien y luego terminaba arreglando mis diferencias con la persona. Es que muchos están equivocados. El asunto del narcotráfico no se trataba de matar personas, se trataba de hacer dinero y sí se puede arreglar un problema de manera diplomática, pues es preferible así. En el momento en que conviertas un enemigo en amigo, tendrás un aliado. En cambio, cuando matas a un enemigo, tus enemigos se multiplicarán.

Le cuestioné el porqué de hacerlo cuando él me había prometido que no lo iba a matar. Me contestó con unas palabras que jamás olvidaré. Me dijo: "Yo iba de camino a matar a *Kike,* pero lo vi mientras me dirigía a José de Diego, y lo maté de una vez". Fue como decir, fui a comprar leche, pero como vi un helado de chocolate, lo compré de una vez. Para él, parecía que aquella vida no tuviese ningún valor. En ese momento no percibí su insensibilidad y falta de empatía, pero con los años uno adquiere madurez y puede ver la vida desde una perspectiva muy diferente.

Sadistic me mostró el arma y apuntando hacia mí, dijo: "No me fastidies o te mato a ti también", lo miré fijamente, le cogí la pistola, y le dije enérgicamente, "La próxima vez que me apuntes con una pistola, va a ser el último día en que respires". Él me miró y sonriendo, me dijo, "Usted sabe que yo no tengo balas pa' usted, eres mi hermano". Nos fuimos hacia mi casa mientras me contaba lo que había sucedido. Se detuvieron en un *dealer* de autos, él se bajó del carro, caminó hasta donde estaba su víctima, levantó su arma y le disparó en múltiples ocasiones. Él tenía miedo de que lo hubieran reconocido, pues de manera poco inteligente, lo había hecho en pantalones cortos y las personas le reconocieron los tatuajes, pues tener tatuajes en aquella época no era tan común como hoy día. Lo llevé a mi casa y descubrí algo que no sabía.

Sadistic, literalmente se bañó en gasolina. Él me explicó que era para deshacerse de la pólvora en su cuerpo, por si acaso lo identificaban y le realizaban la prueba de absorción atómica. Sabía que él no se detendría con esa muerte, la sed de sangre se notaba en sus ojos. Sus glándulas salivares estaban activadas, era un animal que no tenía conciencia, tenía miedo de morir y estaba dispuesto a matar para preservar su vida. Sin embargo, el miedo es algo contagioso. *Sadistic* había mostrado sus dientes y lo mortal que era su mordida, y eso despertó el miedo de los demás.

El miedo es uno de los factores más peligrosos que existen, pues como he dicho antes, el miedo tiene el poder de convertir a cualquier cobarde en un aparente valiente.

La muerte estaba en el aire, se podía respirar, palpar, sentir, incluso se podía ver. Cuando vivimos esa vida se tiende a pensar que nadie va a atreverse a atacarnos, sin embargo, a veces, el miedo infundido, no es suficiente para aplacar los demonios que viven en el interior de los demás. Cuando moría alguien, era cuestión de días para que hubiera otra muerte similar. Al parecer, el olor a pólvora despertaba a los habitantes de ese infierno que era nuestro mundo. En un periodo aproximado de cuatro días surgió la muerte de *Giorgito* y del caballero del cual les hice mención. Estábamos en espera de ver quién sería el siguiente. ¿A quién matarían después? Esa era la pregunta que todos nos hacíamos mientras cuidábamos de nuestras espaldas para que el próximo cadáver no fuera uno de los nuestros, pero al transcurso de unos cuantos días se regresa a la normalidad. El exceso de confianza es lo peor que se puede tener en el mundo del trasiego de drogas, pues en él no solo se trafica con drogas, sino también con sangre.

33

"En el bajo mundo no hay muchas garantías, excepto una, que las balas que dispares contra otros, debido a su efecto *boomerang*, tarde o temprano regresarán a ti".

Antonino Geovanni

Mi vida seguía igual, no tenía enemigos visibles, estaba fuera del negocio de la sangre, o sea, mi pistola estaba en desuso, así que no tenía grandes preocupaciones. Sin embargo, no me confiaba del todo, pues existe un enemigo que surge a la menor provocación y ese enemigo responde al nombre de *Envidia*. Solo basta tener algo más que los demás, para espantar su sueño. En algún lugar leí, que "No debes gritar tu felicidad muy alto, pues la envidia tiene el sueño liviano".

Era de tarde, tenía que preparar un material para entregarlo a los muchachos de San Sebastián, debido a que el Punto se había quedado sin *perico*. Le pedí ayuda a *Sadistic*, era un material de emergencia en lo que les entregaba el paquete grande. Como era algo rápido, me metí al cuarto que tenía en la casa de mis padres para hacerlo. No había nadie en la casa, así que entramos. Usualmente trabajaba ese tipo de cosas en un motel, hasta que un día descubrí lo inseguros que podían ser.

Una tarde fui a trabajar con Nesty el *Gordo*, pero al llegar descubrí que se me había quedado la selladora, instrumento esencial para culminar el trabajo, ya que la selladora le daba la garantía al cliente de que el producto no había sido adulterado por los *tiradores*, aunque no había tales garantías, ya que uno de mis muchachos había adquirido una selladora para colar su propio material con el mío. Ese disparate le salió muy caro. Volviendo al tema del motel Girasol en Aguadilla, le dije al *Gordo* que se quedara allí preparando las cosas, en lo que yo buscaba la selladora en mi casa, que estaba a algunos siete minutos de distancia. Cerré la puerta de metal de la habitación y abandoné el lugar. Al regresar me percaté de la presencia de un sinnúmero de patrullas de la policía. Pasé lentamente por el frente de la habitación que había pagado y vi que la puerta estaba abierta. El interior estaba lleno de guardias, señal indicativa de que tenía que desaparecer. No tenía manera de saber lo que había ocurrido. Ni siquiera había trascurrido veinte minutos desde mi partida. Imaginé que alguien nos había delatado, pero ¿quién? Nadie sabía que estaríamos allí. Fui a casa de Richie *Cuenta*

Loca, para que me ayudara. Cambiamos de vehículo para intentar averiguar lo que había sucedido. Acompañados de dos mujeres, para no levantar sospechas, acudimos al motel. Una de las muchachas le preguntó a uno de los empleados sobre lo ocurrido. Él le contestó que al parecer habían atrapado a *Bizcochito.* Él era uno de mis conocidos, quien tenía un truco distinto para hacer dinero. *Bizcochito* se había dedicado a asaltar todos los bancos de la región, no hubo sucursal bancaria que se salvara de su furia, y por ello lo buscaban como aguja en un pajar.

Al menos tenía un indicio de lo ocurrido. Mi preocupación era el *Gordo.* Se lo habían llevado arrestado, tenía dos octavos de *perico,* lo que equivale a doscientos cincuenta gramos del producto. Eso era mucho *perico,* o sea, teníamos un gran problema. Logré comunicarme con su hermano y me dijo la cantidad de la fianza que le habían impuesto. Le di el dinero para que el *Gordo* no pisara la cárcel. Cuando finalmente logré hablar con el *Gordo,* me explicó que los guardias se metieron en la habitación creyendo que él era *Bizcochito,* lo que los hizo sospechar fue que yo saliera y lo dejara allí adentro. Ellos pensaron que lo había dejado allí para que se ocultase. Quien alertó a la policía fue un empleado del lugar. Por suerte, el *Gordo* logró botar el material por el inodoro. Abrieron la tubería y hallaron algunas bolsas, pero no pudieron adjudicárselas. El resto del material del que no pudo deshacerse, lo había puesto en los plafones que cubrían el techo. Fue arrestado, pero al final, el caso no progresó. No saben cuántas veces maldije a *Bizcochito,* por culpa suya había perdido una cantidad sustancial de material y el dinero de la fianza, el cual fue devuelto, pero se lo dejé a *Nesty,* por el susto y por la lealtad demostrada al haber permanecido calladito.

Lo ocurrido en el motel fue la razón por la cual comencé a trabajar en ambientes que pudiese controlar. *Sadistic* comenzó a ayudarme en el trabajo de urgencia que tenía pendiente. Luego se quedó dormido en el suelo. Al despertar, me pidió un carro prestado porque él había destruido el suyo en un accidente en el que casi muere al chocar con una verja y terminar de capota en el patio de la *Hewlett Packard.* El único vehículo que tenía disponible era un *Galant* que también me habían chocado por la puerta del conductor. Dicho accidente se suscitó mientras manejaba en medio del huracán Hortensia, realicé un viraje indebido y un *Suzuki Samurái* me golpeó con el rompe monte. La realidad es que ese día vi la luz al final del túnel de la que tanto hablan los que mueren y por alguna razón regresan a la vida. Excepto que, en mi caso, lo que yo creí que era la luz de otro mundo, de un paraíso espiritual, realmente eran las luces del vehículo, las cuales al impactar el *Galant* me lanzaron al asiento del pasajero. Si pudieran ver la magnitud del accidente, producto de mi brutalidad, podrían deducir que estoy vivo de milagro. Tengo que admitirlo, era un peligro al volante.

Le presté el carro a *Sadistic*, regresó enseguida. Me dijo que yo lo quería matar. Comencé a reírme y le pregunté a qué se debía su comentario. Me mostró el rastro de gasolina que dejaba el carro sobre el pavimento cuando se desplazaba. Saqué mi *lighter* y comencé a vacilar con pegarle fuego. Le pregunté que si iba para el *party* de esa noche, me dijo que no sabía, que iba a recoger un dinero para celebrar el cumpleaños de su novia. Ofrecí prestarle el dinero, me dijo que no, que ya me debía bastante. Le insistí que se quedara conmigo un rato, en lo que venían los muchachos de San Sebastián. A pesar de mi insistencia, se fue, cuando se hablaba de terquedad, él era el rey.

Llamé a los muchachos del Punto para que vinieran a recoger el *perico*. Cuarenta y cinco minutos después, recibí una llamada de *Cucho* diciéndome que habían tiroteado a *Sadistic*. Le pregunté si estaba bien y me contestó que había resultado ileso. Me reí y me dije, "Ese es mi muchacho". Supe que estaríamos muy ocupados, pues eso significaba el comienzo de una guerra. Le dije a *Cucho* que me llamara y me mantuviera informado. Luego recibí una llamada de *Cuca*, a quien *Sadistic* y yo considerábamos como una segunda madre. Entre lágrimas, me dijo que lo habían matado, que su cuerpo estaba tirado en el pavimento, justo al lado de su casa.

No podía creer que Sadistic estuviese muerto. Me dijo que necesitaba que llegara allí lo más pronto posible. En ese momento llegaron los muchachos de San Sebastián. El asunto me había hecho olvidarme de ellos. Les dije lo que había ocurrido, les di el material y me fui a toda velocidad hacia José de Diego. Vi la multitud de personas, no quise acercarme, no quería verlo así. De todos modos, *Cuca* hizo que me acercara. Estaba vestido según se había ido de mi casa, pero todo ensangrentado. Yo me consideraba bravo, pero al lado de *Sadistic* yo era solo un niño, pues él era un sanguinario que no tenía reversa. Al parecer, se sobreconfió por el temor que él infundía en los demás. Me contaron que estaba recostado de un carro, que vinieron dos individuos desde la parte trasera del caserío y comenzaron a dispararle sin misericordia. Imagino que solo logró escuchar las primeras detonaciones de todas las que emergieron de aquellas dos pequeñas, pero mortales pistolas. En total, *Sadistic* tenía más de una veintena de perforaciones en su cuerpo. La leyenda de su vida había terminado sobre el charco de su propia sangre, en aquel asqueroso asfalto plagado de basura.

Ese día fue trágico para mí, comencé a comprender la magnitud de la peligrosidad del mundo en el que me había metido. La muerte me pisaba los talones. Le dije a *Cucho* que teníamos que averiguar quiénes habían sido. Estaba decidido a vengar la muerte de mi amigo, aunque sabía que de una forma u otra, él se lo había buscado. El hecho de haber matado al muchacho del que les conté había dejado furiosos a muchos, y preocupados

249

a otros. Sabían que la bestia se había soltado y que no pararía de matar, así que lo silenciaron para siempre. Esa era la mejor forma de terminar con una amenaza, y *Sadistic* era una amenaza para cualquiera. Le gustaba crear fuegos en lugares peligrosos. Tuve que regañarlo en varias ocasiones por estar saliendo con la esposa del *Congo*. En el aspecto económico y las conexiones, *el Congo* era uno de los narcos más poderosos del área, aunque bastante cobarde, pero eso es tema para otro libro. Le decía a *Sadistic* que iba a provocar situaciones innecesarias por su estupidez e insistencia de recorrer la piel de aquel cuerpo prohibido, pero a él no le importaban los rangos, estaba dispuesto a matarse con cualquiera.

Esa noche se iba a celebrar un *party* grande en el *shopping center* de la Base Ramey. Tenía la intención de presentarme allí para demostrar que estaba dispuesto a todo. En ese momento no sabía lo que era el temor. Estaba dispuesto a morir si fuese necesario, pero el truco era no hacerles el trabajo fácil a los rivales. Mis expectativas de vida no pasaban de los veinticinco años. Hay muy pocas probabilidades de salir ileso de ese tipo de vida y yo lo sabía. La envidia y el miedo son la pólvora que hace que los cañones apunten hacia uno. Le dije a *Cucho* lo que pensaba hacer. Él me miró y me dijo que no iría, yo insistí. Entonces le dije que iba a matar a los que habían matado a mi amigo y hermano. En ese momento no me importaban sus pecados, no me interesaba si se lo merecía o no, porque la verdad es que nadie merece morir de esa manera.

Cucho me preguntó si yo sabía quién o quiénes lo habían matado, contesté que no. Entonces me dijo: "Tú no sabes quiénes son ellos, pero ellos saben quién eres tú. Eras uno de los más cercanos a *Sadistic* y ellos saben que vas a ir tras ellos". Lo que me convenció de seguir su consejo fue cuando *Ivy*, la gorda del negocio *Good Times*, mi amiga y hermana, llamó al celular de *Cucho* llorando, diciéndole que me habían matado mientras entraba a mi casa. Yo había dejado el carro en mi casa, por lo que pensé que alguien había visto a mi hermanita junto a mi cuñado y lo habían confundido conmigo. Hablé con *Ivy* para convencerla de que estaba bien pues, aunque el *Gordo* le dijo que estaba a su lado, ella no lo creyó. Ella quería asegurarse de que realmente estuviese con vida. Sentí el alivio en su voz cuando me escuchó. Me contó que le había dicho que entrando por el callejón que conducía a mi casa, me habían tiroteado y que estaba muerto en el interior del carro. Le dije que no se preocupara, que estaría bien. Llamé a mi casa para asegurarme de que todo estuviese bien y sentí un gran alivio al saber que no había ocurrido nada.

Cucho me dijo que llamara a Evelyn para que la invitara a salir esa noche y que se llevara a una amiga para él. Esa noche nos fuimos lejos de Aguadilla, a un lugar en San Germán en donde nadie pensaría en buscarnos. Estuvimos toda la noche bebiendo y riendo, aunque en el interior me sentía vacío. No había llorado a mi amigo, todavía no creía que estuviese muerto. Miraba mi *beeper* y mi celular y extrañaba que el teléfono no hubiese sonado y que en el *beeper* no hubiera un mensaje estúpido de los que *Sadistic* solía dejarme. Salí del establecimiento, me recosté de la *Pathfinder* con Evelyn, comencé a hablarle sobre lo que le había sucedido a mi amigo y mis fortalezas se quebraron, el dique se rompió y mis lágrimas comenzaron a brotar. No podía creer que mi amigo ya no estaría. Así era la vida del Punto, te daba amigos y te los quitaba de la forma más sangrienta posible. Ayer veía una foto que me tomé junto a varias personas en el caserío José de Diego y me sorprendió ver que todos estaban vivos aún, pero de los hijos del Punto esos eran los más pasivos, entre ellos, el más atrevido era mi pana *Pamper*, del caserío Ducos. Ellos decidieron quitarse a tiempo cuando vieron que el fuego de ese infierno que tú llamas vida se volvió insoportable.

Después de eso, *Cucho* me aconsejó que me fuera a Ponce, mi pueblo de origen, en lo que todo salía a la luz. Las ironías de la vida, mi padre había terminado en Aguadilla huyendo de los bandidos de Ponce y yo había terminado en Ponce huyendo de los de Aguadilla. Lo mío era un tanto diferente, él tenía una persona que lo amaba y se preocupaba. Por el contrario, yo solo me tenía a mí. No fui a Ponce a rehabilitarme, ni a esconderme, sino a ver las cosas desde afuera hasta que pudiese saber quiénes habían sido los que mataron a mi amigo. Fue entonces cuando sonó el nombre de *Chelo* como el principal de los dos gatilleros. *Chelo* era un asesino silencioso, su cara pasiva y despreocupada producía confusión, pero era el arma mortal del *Congo*. Yo estaba en el pub *Red Baron* la primera vez que él mató a una persona. Llegó asustadísimo, pidió mis consejos. Le dije que se veía culpable, que solo él sabía lo que había hecho, nadie más. *Chelo* había matado a un tipo que había sido testigo, e hirió a la chica que lo acompañaba. Le aconsejé que se quedara tranquilo, que se deshiciera del arma, y que procurara que mucha gente lo viera en el establecimiento. *El Congo* tenía el arte de identificar personas que evitaran que sus manos se mancharan con sangre, gente que pudiera utilizar y manipular. Lo haló para su lado y lo utilizó a su favor.

Era hora de regresar a Aguadilla, ya sabía hacia quién dirigir mis cañones. Sin embargo, había algo que me detenía, era el cariño que sentía por su hermana Evita y su hermanito *Puchy*. Comencé a visitar Aguadilla cuando nadie me esperaba. Mi primo Bryan era el *bichote* de Nueva Atenas en Ponce, digo era, porque en el 2017, unos meses después del terrible huracán María, lo asesinaron en la calle, en presencia de sus hijos (Descansa En Paz). Bryan, preocupado por mi bienestar, me dijo que no bajara solo. Me prestó a uno de sus gatilleros, pues de Aguadilla solo podía confiar en *Cucho*.

Comencé a moverme en carros alquilados. Una tarde estaba con *Buba*, el gatillero que mi primo me había cedido. Transitaba a través del callejón que conducía a mi casa. Vimos un carro que se acercaba rápidamente, con las luces frontales encendidas. Supusimos que eran los enemigos. *Buba* se sentó en el borde de la puerta. Tenía la mitad del cuerpo afuera, listo para disparar. Solo estaba en espera de que le diera la orden. Yo miraba el carro por el retrovisor, pero no lograba identificarlo. Le dije que esperara a que llegara la curva, fue cuando miré y agarré a *Buba* por el pantalón y le dije que no disparara, que era mi mamá que venía con mi hermanita. Esa tarde, mi mamá se ganó todos los insultos que le di, se los merecía. Me dijo que solo trataba de asustarme. Le pregunté que si había olvidado que habían matado a *Sadistic*. Me pidió mil disculpas, no sé qué hubiera pasado conmigo si *Buba* hubiese disparado contra mi familia. Lo más seguro es que me hubiera vuelto loco. Siempre estaré agradecido con Dios, el Gran Arquitecto, por haber protegido a mi madre esa tarde, pues jamás hubiera podido encontrar el camino de vuelta a la cordura.

Luito, de José de Diego, me contó los detalles sobre la muerte de *Sadistic*, e hicimos una alianza para destruir a la gente que tuvo que ver con su muerte y que ahora venían contra nosotros. *June*, el *chota* de José de Diego era quien había avisado que *Sadistic* estaba allí para que vinieran a matarlo. Eran siete los que pertenecían a la lista de los que tenían pasajes gratuitos para abandonar el planeta. Teníamos que ser estratégicos, no conocía nada sobre El Arte de la Guerra. Así que decidí ir por los brazos de la organización del *Congo* antes de ir por él, que era la cabeza. Por encima de él solo estaban Raúl, el *Colorao* y los colombianos, esos eran los verdaderos jefes. Él solo era un *recoge kilos* con suerte, o sea el que rescataba los paquetes que venían por mar. Ser un *recoge kilos* era algo riesgoso, pero muy lucrativo.

Me uní a gente del pueblo de Manatí, *Carlitos Way*, Omar y Pedro. El primer intento que hicimos fue contra *Zurdo*. En la actualidad, este se encuentra en la prisión federal cumpliendo una sentencia de por vida por la muerte de un testigo que señalaba a Nicky y al *Congo* como los autores de la muerte del *Colorao*, su propio jefe. Mataron a su propio jefe para que no los delatara con los colombianos, sobre un desfalco de 40 kilos. Aquí vemos un ejemplo de que en esa vida no existen lealtades. Secuestraron al testigo del asesinato del *Colorao*, en Yauco, y no muy inteligentemente, lo llevaron hasta Aguadilla en donde con un machete lo picaron en pedazos, hasta que la vida se escapó de su cuerpo. Luego, lanzaron sus pedazos en el vertedero, pero el hambre de un perro hizo que descubrieran el cadáver cuando vecinos del lugar lo vieron con un brazo del infortunado entre sus mandíbulas.

Estábamos en el club llamado La Cabaña, los muchachos estaban en una *Suzuki Swift* consumiendo un poco de *perico* para estar alertas cuando llegara *Zurdo*, su víctima. Les dije que él vendría en una motora y cuando me viera, me iba a abrazar. Sucedió como lo había previsto, cuando *Zurdo* llegó, me abrazó y me dijo mil cosas para convencerme de su lealtad, pero la verdad es que era un traicionero. Las traiciones vienen envueltas en papel de obsequio, ves la decoración, pero no el interior. Lo abracé, miré a los muchachos para asegurarme de que ellos lo habían visto. Lo miraron fijamente como aves de rapiña que vuelan sobre su víctima, en espera de que se convierta en cadáver. Estuvimos un rato en el lugar, *Zurdo* me dijo que se iba, llegué hasta donde los muchachos y les dije que lo siguieran y lo mataran en el camino. Yo permanecería allí para no generar sospechas, pues tenía que ganar tiempo hasta que pudiera llegar a la cabeza. Estaba esperando las detonaciones que nunca se llevaron a cabo. Vi a los muchachos llegar al estacionamiento de La Cabaña. Cuando les pregunté sobre lo sucedido, me dijeron que el *Zurdo* se había escapado. Ellos creyeron que él se había ido con dirección a la carretera número dos, pero su casa era en dirección al barrio Aceitunas de Moca. Ellos no conocían el pueblo, no podía culparlos por eso, pero sí me molesté muchísimo porque si hubieran salido inmediatamente detrás de él, no se hubiera librado del plomo que le caería como lluvia sobre tierra fértil.

Habría más días para alcanzarlo. Un amigo de *Zurdo* me dio información de donde estaba ubicada su casa. Fuimos a darle una visita, esta vez fui con ellos para asegurarme de que se hiciera el trabajo y que se hiciera bien. Llegamos hasta la casa, preguntamos por Zurdo, nos dijeron que no estaba. El que nos contestó se identificó como su hermano. Omar sacó su arma y me dijo, "Vamos a matar a ese *mamabicho pa'* darle un mensaje al cabrón de *Zurdo*". Él pertenecía a otra generación, mi generación iba contra el individuo, no contra su familia. Le dije que eso no era así, que, si yo le permitía hacer eso, abriría una caja de Pandora. Estaría dando entrada a la posibilidad de que cualquiera fuera a mi casa, saliera mi mamá o cualquiera de mis familiares y los mataran para enviarme un mensaje. Nos fuimos del lugar. Al llegar al semáforo de Moca en donde estaba ubicado el antiguo negocio El Velero, vimos a *Zurdo* que venía en un *Mazda* color turquesa, me bajé para que no me viera. Dimos la vuelta para tratar de alcanzarlo, pero resultó imposible, llegamos a su casa, pero él no estaba allí. Sospeché que me había visto, luego lo confirmé en el lugar menos esperado, en la cárcel federal (MDC de Guaynabo), con la sombra de los barrotes en nuestros rostros, cuando *Zurdo* me dijo que sabía que tenía balas para él. El último suceso requería de un cambio inmediato de planes. Debía ir directamente a la cabeza de la organización para que sus extremidades no supieran qué hacer.

La primera vez que fui contra *el Congo* fue en la casa de Sasha, su chilla, segunda novia, amante, o como usted quiera llamarle. Su casa estaba ubicada en la parte superior de un puesto de gasolina, contiguo al barrio Corrales. Lo teníamos vigilado desde una casa que teníamos al cruzar la calle. Sabíamos cuándo llegaba, cuándo se iba y en qué se desplazaba. Llegamos, verifiqué mi 9mm, me bajé con *Carlitos Way*, los demás se quedaron en el carro que estaba estacionado en Corrales. Esperaba que *el Congo* bajara por la escalera, pues no podía entrar debido a que el portón estaba cerrado. El perrito de Sasha estaba familiarizado conmigo por las veces que visité el lugar, pero no con Carlitos, por lo que comenzó a ladrar y nunca dejó de hacerlo. Sabía que sus ladridos alertarían al *Congo*, por lo que activaría su escuadrón, pues él no se iba a atrever a verificar por sí mismo. Le dije a Carlitos que teníamos que irnos. Nos fuimos a través del matorral, subimos al carro y nos perdimos. Nos enteramos luego, de que cinco minutos después de habernos ido, llegaron como cuatro carros para escoltarlo. Luego de ese incidente, dejó su *Porsche* color rojo guardado y comenzó a manejar una *Suzuki* 310, también de color rojo. Imagino que pensaba que era el carro lo que lo delataba, por lo que comenzó a utilizar distintos vehículos.

Me reuní con *Luito* para discutir un nuevo plan para terminar con la vida del *Congo*. Me dijo que sabía con exactitud la ubicación de su residencia en el pueblo de Aguada. El pueblo no era desconocido para nosotros, allí se celebraban las segundas mejores fiestas patronales de Puerto Rico, obviamente las mejores eran en Aguadilla. Conseguimos una *truck* tipo *pickup*, nos vestimos como trabajadores de la construcción y nos dirigimos al lugar. Fuimos armados, aunque nuestra única intención en ese momento era observar el lugar y las rutas de escape.

Por un momento se me ocurrió no hacerlo en la calle, pues era más beneficioso adentrarnos al hogar del *Congo* y de una vez recoger el dinero y las prendas que le habían ofrendado los adictos del país. Hacerlo de esa manera no sería fácil, por lo que se me ocurrió la idea de buscar personas con aspecto de policías, para que ingresaran a su hogar con una supuesta orden de allanamiento. Matarlo allí no era la idea, yo era un ferviente seguidor de las leyes de la calle, hacerlo frente a sus hijas hubiera constituido un acto abusivo que le hubiera desgraciado la psiquis de sus pequeñas hijas, pues el evento hubiera marcado sus vidas para siempre. La intención era llevárnoslo secuestrado y en un lugar seguro, torturarlo como ellos querían hacer conmigo, y luego acabar con su vida. Mi idea de incluir más personas requería una mayor inversión de dinero en el asunto. La inversión se recuperaría solo con las prendas del individuo, pues solo una de sus cadenas estaba valorada en veinte mil dólares, pero meter a más personas implicaba la posibilidad de que alguien *se virase*. De todas maneras, decidimos descartar la idea que había producido mi mentalidad cinematográfica, por no decir peliculera.

Observamos la casa, era de dos plantas, había que subir una escalera, o sea que, si lograba escapar las primeras ráfagas, lo podríamos alcanzar en la subida. Él no siempre estaba armado, aunque eso no tenía importancia alguna para nosotros. Vimos llegar la guagua de *Wandy*, su esposa, nos movimos para no ser detectados. Vi a sus nenas bajarse del carro, ese es el asunto más triste de cuándo vamos tras la vida de alguien, los niños o niñas que quedan sin el amor de ese padre que se va, no por su voluntad, sino por la de otros, son los más que sufren. Nos fuimos de allí, pero yo me quedé con la imagen de sus niñas, pensaba en las mías y en qué sería de ellas cuando alguien decidiera que era la hora de marcharme de este mundo. Pensar en esa realidad me debilitaba, así que traté de sacar de mi mente las caritas de aquellas niñas llenas de inocencia.

Llamamos a los muchachos de Manatí, era hora de comenzar la cacería del *Congo*. Nos dirigimos a Piedras Blancas, en Aguada, aguardamos en un *pub* llamado El Cuadrilátero. Subí con los muchachos en dos autos, para mostrarles el lugar. Como ellos eran unos nenes de los cuales él jamás hubiera sospechado y no los conocía, decidí que serían los primeros en atacar. Lo vi subir en su motora *Ducati*, los muchachos ya estaban ubicados frente a su casa. El plan era sencillo, ellos saldrían por la misma calle angosta que él entraría y como las limitaciones del camino no le permitirían acelerar la motora para escapar, se le dispararía desde el carro hasta verlo caer, luego se bajarían para asegurarlo, se supone que *Luito* y yo hubiéramos llegado al lugar y procederíamos a terminar con el trabajo. Lo dejamos pasar, encendimos el auto, avisamos a los muchachos y lo seguimos desde una distancia prudente para que no se percatara de lo que le iba a acontecer. Subimos la cuesta, dobló hacia la derecha, esperaba escuchar las primeras detonaciones, en lugar de eso, vi a los muchachos que venían en el *Honda Prelude*. Visiblemente *encabronao*, les pregunté qué había pasado. Me dijeron que no pudieron hacer nada porque el carro había cogido un fallo y así no tenían manera de escapar. Pensé que les había invadido la cobardía, llegamos hasta El Cuadrilátero, y yo mismo verifiqué el carro. Lo aceleré varias veces y el maldito carro, aunque estaba encendido, no respondía, estaba corriendo como a veinte millas por hora. Desde que lo compramos para la misión no había dado problemas, tenía que ser en ese preciso momento. Al parecer Dios, o alguna de las deidades a las que él le rendía culto, preservaron la vida del *Congo*. Llegamos a mi casa, les di la *Suzuki Swift* para que llegaran a Manatí.

Al día siguiente, estaba en el patio de mi casa. Golpeé el baúl del carro porque no me había servido bien, me había fallado en el momento que más lo necesité. Necesitaba al *Congo* muerto, pero descubrí que las deidades tenían planes distintos cuando miré el *muffler* del carro y lo vi lleno de hierba y tierra. Le metí un palo para despegarlo, busqué las llaves y lo encendí. El fallo había desaparecido. Llamé a los muchachos y les dije que me explicaran cómo había surgido el fallo. Me dijeron que giraron el carro para poder salir de frente, pero al ir en reversa golpearon un talud de tierra, fue entonces cuando comenzó el fallo. Imagino que la tierra estaba mojada y por eso se incrustó en el escape del carro. Como quiera que haya sido, un poco de tierra y de hierba fue lo que le salvó la vida al *Congo*.

Semanas después, conducía a través de la carretera número dos de Aguadilla hacia Mayagüez. Casi llegaba al antiguo establecimiento de *Walgreens* en Aguadilla, de repente algo en el carril contrario me llamó la atención. Era *el Congo* en su *Ducati*, yo iba en un Honda Civic, el cual no representaba competencia ante la motora, en aspectos de velocidad. A pesar de ello, llegué hasta el semáforo, hice un viraje en U y fui tras él. No sé si él se percató de que había decidido tratar de alcanzarlo. Había intentado terminar con su vida en varias ocasiones, pero había fracasado. Pensé que tal vez, sin una planificación previa, podría concluir el asunto. El auto era veloz, aunque no tan veloz como la motora. Llegué hasta el parque acuático Las Cascadas, no lo vi. Al parecer, lo había perdido de nuevo. Decidí proseguir mi camino, habría otras oportunidades para concretar lo deseado.

Mi única preocupación era que si él había adquirido conocimiento de mis intenciones hacia él, tendría que tener mucho cuidado debido a que quien podría convertirse en cadáver, sería yo, en lugar de él. El narcotráfico es un juego peligroso, aunque no toda muerte que ocurre entre narcotraficantes tiene que ver con el narcotráfico. A veces, la muerte puede surgir por las razones más estúpidas. Pensaba que para que me mataran, era mejor matar a quien representaba una amenaza. Eso constituye un grave error que más tarde nos pasará factura. El que a plomo mata, a plomo muere. El diálogo es un factor importante para la solución de cualquier conflicto, sin embargo, su uso está descartado entre estas personas que ven las armas como únicas herramientas para resolver sus problemas, no sabiendo que la pólvora es el detonante de problemas mayores. Vivimos en una crisis de valores en los que la vida vale menos que cualquier cosa material. Por esa razón, es importante que repensemos nuestra forma de actuar ante la vida, antes de que sea demasiado tarde. No importa los problemas que creas tener, la vida es bella, muy bella.

34

"Las memorias y las experiencias vividas son nuestro mayor tesoro, pues es lo único que llevaremos con nosotros cuando partamos, debido a que es lo único que ningún hombre puede quitarnos".

Antonino Geovanni

La situación se agravaba mientras las manecillas del reloj transitaban sobre nuestra existencia. Nos llegamos a pensar inmortales, pero ese pensamiento dura hasta que nos vemos reflejados en los ojos de la muerte. Era una noche de julio del año 1997, me dirigía hacia el *pub* La Cabaña. El *pub* estaba *encendío'*, repleto de personas con la intención de encontrar algo que llenara sus almas vacías, o de las que querían vaciar sus penas en el fondo de una botella de cerveza o de una copa de vino.

En La Cabaña recibía trato especial, ni siquiera tenía que pagar la entrada. Ese pago era requerido solo al resto de los mortales, para asegurar la ganancia de los que solo iban para ocupar un lugar en el establecimiento y no a gastar. La primera persona que encontré cerca de la entrada fue a *Chelo*. Él llamó mi atención al llamarme por mi nombre de pila. Me llamó Antonino, me sorprendió que lo hiciera porque muy pocas personas conocían mi nombre. Él me dijo que su nombre de pila era José Antonio, compartíamos nombres parecidos y vidas paralelas. Hablamos durante un rato, hasta que me marché para encontrarme con *Glory*, mi pareja del momento. Estuvimos toda la noche en el *pub*, como de costumbre, hasta que llegó la hora de marcharnos. *Chamo* se suponía que se fuera con la amiga de *Glory* en su carro, y yo con *Glory*, en el mío. Iríamos en parejas hacia el motel El Girasol. Al salir del *pub*, me encontré con *Tito Fat*, en el estacionamiento del lugar. Él se antojó de irse conmigo. Le dije que no, pero él insistió hasta que logró convencerme. Era de madrugada, íbamos rumbo al *JD's*, el *pub* ubicado en las cercanías del *gate* 5 de la base Ramey. Pasamos por el motel, lo miré con tristeza, pues en lugar de estar allí con la chica que me acompañaba, estaba en el carro con ella y con el maldito gordo que había sido mi amigo desde la niñez.

Nos detuvimos en el puesto de gasolina ubicado cerca del *pub*. Compré una caja de Newport, varias cervezas y una cajita de *chiclets*. Al llegar al estacionamiento del *JD's*, Laurita, una antigua amiga, me dijo que tenía que ponerle orden a los del caserío, según ella, estaban disparando al aire. Mi expresión inmediata fue, "Que se maten entre ellos, ya estoy cansado de lo mismo". No imaginé que se trataba de algo mucho más serio, de algo que me cambiaría la vida.

Seguimos el vacilón hasta que se hicieron las cinco de la mañana. *Chamo* y yo tuvimos que llevar a las muchachas a su casa porque teníamos a *Tito* el invasor con nosotros. Las llevamos a la urbanización Victoria, en el casco urbano aguadillano, debido a que Cinthia le había dicho a su mamá que pernoctaría en la casa de *Glory*. Después de dejarlas allí, nos dirigimos hacia nuestros respectivos hogares. Al llegar al semáforo de Plaza Ferram, me despedí de *Chamo* con un gesto manual. Él prosiguió hacia la urbanización Vista Verde, en donde residía. Yo tuve que doblar hacia la izquierda para dejar a *Tito* en el residencial Las Muñecas, de no haber estado con él, hubiera seguido de largo.

Al pasar cerca del servi-carro de *Burger King*, *Tito* se percató de algo inusual, había un gentío en el estacionamiento del establecimiento de comida rápida. Yo estaba demasiado borracho para percatarme de cualquier cosa. Enseguida, Tito me dijo: "Parece que mataron a alguien porque ahí está la *capilla*". Al mirar, le contesté que eso no era ninguna capilla, sino una carroza fúnebre. No solo estaba la carroza fúnebre, sino también un contingente de policías de homicidios. Me preguntó si nos estacionábamos, le dije que sí y me estacioné frente a *Church's*, que estaba justo al lado del *Burger King*. Los oficiales de policía me seguían con la mirada, pero no me incomodó, pues estaba acostumbrado a ello. Al bajarme, me encontré con varios conocidos, entre ellos estaba *Puchy*, el hermano de *Chelo*, lo vi llorar, fue entonces cuando pude ver que el cadáver que estaba en el suelo era el de *Chelo*. Me acerqué a *Puchy* y lo abracé. Saqué mi celular y llamé a *Glory* para dejarle saber lo que había ocurrido. Ella me dijo que ya lo sabía porque la habían llamado para dejarle saber que su primo Luis López Lorenzo, mejor conocido como *Luis Millo*, había sido uno de los perjudicados. Agraciadamente no había resultado herido en el atentado. Luego se supo que él y otro individuo acompañaban a *Chelo* al salir del restaurante de comida rápida y fueron emboscados por dos individuos mientras un tercero se quedó al volante del carro.

Estuve el tiempo suficiente para ver cómo crecía la multitud de personas que venían a ver el cadáver de *Chelo* que estaba tendido sobre el pavimento que el sol comenzaba a calentar. Vi a una muchacha que compartía sentimentalmente con él, el carro que la trajo se estacionó en el paseo de la carretera número dos. Ella se bajó, se acercó al cadáver hasta que logró identificarlo, luego se desmayó y tuvieron que cargarla para llevársela. Yo tenía sueño y estaba ebrio, así que decidí irme a dormir. Llevé a *Tito* al apartamento que compartía con sus padres en el residencial Las Muñecas y me fui por la ruta de la Universidad Interamericana rumbo a mi casa en Ceiba Baja. Mientras conducía, hice varias llamadas, primero llamé a Carlitos para saber si habían sido ellos los que habían matado a *Chelo*, pues ellos sabían que los planes habían cambiado. *Chelo* no representaba una amenaza, o sí lo era, pero el lazo que me unía a su familia me impedía ejecutarlo como a cualquier fulano de barrio. Habíamos decidido cortar el tronco para que así las ramas se cayeran por sí mismas. Carlitos me dijo que no había bajado para Aguadilla en esos días. Que habiéndose enterado de lo de *Chelo*, pensó que por alguna razón yo había cambiado el orden cronológico de las muertes de los integrantes del combo del *Congo*. Llamé a *Luito* para concertar una reunión en la casa que él tenía en el barrio Guerrero. La reunión se llevaría a cabo más tarde ese mismo día. El tema de la reunión se circunscribía a una sola pregunta, ¿Quién había matado a *Chelo*?

Después de varias semanas he regresado a escribir, carecía de las fuerzas y de las ganas de hacerlo. Sentí caer en el abismo profundo de la depresión. Llegué a pensar que no saldría de ese estado, sin embargo, mi capacidad de recuperación me sorprende cada vez más. Cuando menos pensé que me levantaría, lo hice con una gran sonrisa en la cara y con mi alma llena de muchas ganas de continuar luchando por mi libertad, una meta por la cual pelearé hasta el día de mi muerte. No les puedo adelantar los detalles de lo ocurrido, pero les diré que el viernes 2 de agosto de 2019 me recibieron con la mejor noticia de mi vida. El martes 6 de agosto de 2019 me informaron que la noticia había sido un error. Mi vida se desinfló, vi desvanecerse en un segundo las libertades que había imaginado durante más de dos décadas. Sentí que no soportaría ese gran golpe que me había dado la vida, pero al cabo de unos días recordé que, "No es cuan fuerte le pueda pegar a la vida, sino cuán fuerte la vida me pueda pegar y aun así, me ponga de pie para seguir adelante". No fue fácil, tuve que solicitar un poco de ayuda de nuestro creador, pero lo logré, y estoy de pie para la próxima batalla.

Varios días después, fungía como el operador de un toro mecánico para el disfrute de unos niños de escasos recursos económicos en el pueblo de Morovis. La diversión consistía en derribarlos, sin embargo, ellos volvían a hacer su turno para volver a montar la bestia mecánica. Una niña llamada Mimi, quien resultó ser más fuerte y ágil que los varones, me enseñó una gran lección. En una de sus caídas, el toro la golpeó en su costado, pensé que aquél había sido el final de Mimi, pero cuando ella asimiló su dolor, regresó a montar a la bestia que la había lanzado sobre el suelo y no solo eso, sino que ella misma me pedía que hiciera que el toro mecánico girara más rápido. Entonces pensé que la vida era muy similar a ese toro y me dije, "La vida es como un toro mecánico, no importa cuántas veces nos golpee y nos lance al suelo, debemos levantarnos, asimilar el dolor y volver a montarla hasta que finalmente resultemos vencedores".

Aquí estoy, haciendo mi turno para volver a montar la bestia, gracias al apoyo de mis compañeros de clase en la universidad de la vida, al de mi hija Grace, quien era la única que sabía lo que estaba ocurriendo y al de mi esposa, quien lo sufrió y lloró junto a mí. Ahora quiero adoptar la actitud de esa niña maravillosa llamada Mimi cuando me decía, "Míster, Míster, dale más rápido". Dale más rápido, operador, que estoy preparado para ser lanzado al suelo todas las veces que sean necesarias, me verás llorar, me verás sufrir, pero jamás me verás rendirme.

Íbamos a reunirnos en la casa de *Luito,* en Guerrero, estábamos en el *Honda Prelude* que antes había fallado y en la *Suzuki Swift.* Yo iba con Carlitos y Omar en la Swift, les mostraba una pistola que había recién adquirido, era una pieza de colección. Era la primera vez que veía una pistola como aquella, la parte frontal era la que expelía los casquillos, pero yo desconocía cómo funcionaba. Era una pistola calibre 25 que solo disparaba 7 pequeñas balas. Me fascinaban las pistolas pequeñas, no para el uso diario, pero sí para admirarlas y para librarme de algún apuro cuando alguien pensara que no estaba armado. Siempre tenía pistolas similares en el interior de mis botas *Timberland,* especifico la marca para que no vayan a pensar que iba por la calle con botas de vaquero y en caballo.

Habíamos pasado el establecimiento donde se solicitaba y se pagaba el servicio de cable TV. De pronto, un carro comenzó a acercarse. Los muchachos y yo estábamos alterados por todo lo que estaba sucediendo, alguien estaba matando y no sabíamos quién o quiénes eran. La desinformación puede crear nubarrones en el cerebro, que impiden pensar con claridad y ello, combinado con el temor, puede convertirse en el combustible que genere una gran cadena de errores. Desconocíamos si las personas que se acercaban en el vehículo eran nuestros enemigos. De una cosa estaba seguro, no eran mis amigos. En ese universo, los amigos son escasos y muchos de los que dicen serlo, solo utilizan disfraces para atacarnos cuando más desprevenidos nos encontremos. Muchas veces no sabemos quiénes son nuestros enemigos hasta que es muy tarde. Los muchachos agarraron sus armas, pero les ordené que no hicieran nada. Los individuos del otro carro nos pasaron por el lado y se colocaron frente a nosotros. Comenzaron a frenar, imagino que para que nos detuviéramos. Pensé que eran chamaquitos más jóvenes que nosotros, que solo buscaban divertirse, pero el exceso de confianza es el peor enemigo que se puede tener en ese mundo.

Les ordené a mis muchachos que no dispararan porque no estaba seguro de que tuvieran intenciones de ir contra nosotros. La realidad es que los enemigos no actúan de esa manera. Ellos llegan de forma silenciosa, muchas veces lo último que se escucha es la primera detonación que sale de sus armas, luego, solo un silencio profundo. No sabemos lo que haya después de la muerte, pero posiblemente no sea tan maravilloso como la experiencia de vida que tenemos en este planeta. Cuando la muerte llega de manera súbita dejamos asuntos inconclusos y nuestra mente no carnal no puede comprender lo ocurrido. El ensordecedor estallido de las armas, el hedor a pólvora y las huellas de plomo en nuestro cuerpo nos deja en un estado profundo de confusión. Imagino que el tormento que llevarán en sus almas los que se fueron cuando no era su tiempo, debe ser insoportable. No creo en esa teoría que nos dice que dejamos de existir y ya, eso es todo. Pienso que a pesar de la mortalidad de nuestros cuerpos, nuestros espíritus, en donde se encuentra nuestro verdadero ser, sí gozan de las bondades de la eternidad. He hecho mío el lema científico que dice: "La materia no se destruye, se transforma". Pienso que la vida en este planeta es solo una etapa de nuestra existencia infinita, pues somos partículas de un gran todo al que eventualmente debemos regresar.

No quería asesinar a ningún inocente, pues para nosotros existía un código ético que debíamos seguir al pie de la letra. El código no era exigido por nadie en particular, sino por cada cual que había aprendido que cuando se tratara de asuntos de muerte, no se podía matar a inocentes. Tuve un gran maestro, mi hermano, el cual a pesar de haber estado la mayor parte de su vida en la cárcel, me enseñó varias cosas que me ayudaron a sobrevivir a esa jungla de concreto llena de animales que solo desean ver nuestra sangre convertirse en un hermoso río color carmesí. El ataque debía ser dirigido al blanco, y solo a él o a ellos. Si se tenía que esperar para atacarlo cuando estuviese solo, se esperaba. Algunas personas abusaban de ese código y de la integridad de los que lo seguíamos al pie de la letra. Conozco de muchos que se autodenominaban *jodedores*, que al verse reflejados en los ojos de la muerte tomaron a niños en sus brazos para cubrirse con la fragilidad del cuerpo del infante. En muchas ocasiones, ese tipo de acto logró que los que seguían el código al pie de la letra, abortaran la misión. Sin embargo, también hemos visto los noticiarios reportar la trágica escena de infantes muertos al lado de sus padres. Por suerte, nunca viví ese tipo de experiencia, pues el hecho de saber que pude haber acabado con la vida de algún niño inocente, hubiera acabado con mi cordura y eventualmente con mi vida. En la actualidad condeno todo tipo de violencia, pero mayormente aquella que es dirigida hacia seres que no pueden defenderse, los que menos culpa tienen de las decisiones de sus padres, los niños.

Muchas veces se iba a acabar con la vida de alguien y se salvaba porque estaba con su familia. Para que quedara grabado en la memoria del blanco, o de la *tarjeta* como muchos dicen ahora, se le saludaba como acto de cortesía para que supiera que estuvo muy cerca de la muerte. Que solo se salvó por la presencia de su familia, eso hacía que ellos también respetaran cuando alguien estaba junto a su familia. Debido a que los matones de hoy son bastante peliculeros, quiero mencionarles una escena de una de las películas más famosas sobre el narcotráfico, *Scarface*. En una de las escenas de la película se había emitido una sentencia de muerte sobre un individuo que representaba un peligro inminente para el cartel colombiano. Se le había colocado una bomba en el auto, pero Tony Montana se negó a activarla cuando se percató de que el blanco estaba acompañado de sus niños pequeños. Sabemos que seguir el código le costó la vida al protagonista de la película, pero se fue con valentía y sin la sangre de aquellos niños inocentes, en sus manos.

Era momento de probar mi nueva adquisición, la pistola calibre 25, así que apunté hacia el baúl del carro de los individuos que trataban de hacernos una broma al pretender que venían a atacarnos, y disparé. Debieron ver los rostros de los que iban en el asiento trasero. No podían creer que aquella pequeña bestia había vomitado fuego y plomo. Solo disparé una vez, ya que no había podido probar la pistola debido a lo difícil que resultaba conseguir las balas de ese calibre y desconocía cómo funcionaba. Así que oprimí un botón ubicado en la parte frontal de la pistola y ante mi atónita mirada, la pistola se desarmó.

No hubo necesidad de disparar con las otras armas que teníamos, pues aquel carro parecía que volaba. A nosotros no nos quedó más remedio que reírnos de lo ocurrido. Decidí que más tarde iría donde Salcedo, a reclamarle por la porquería que me había vendido. Proseguimos la marcha, pasamos frente a una panadería que estaba ubicada cerca del cruce del barrio Guerrero. Allí estaba el carro con los muchachos que pretendían asustarnos y fueron ellos quienes terminaron embarrados. Los individuos estaban alejados del carro, como si no les perteneciera. Le dije a *Luito* que se detuviera, saqué mi cabeza y les dije: "Con todo lo que está sucediendo en nuestras calles, esa no es manera de bromear, espero que les sirva de enseñanza". No sé quiénes eran, tal vez nunca lo sabré, pero estoy seguro de que ellos jamás olvidarán ese día. En días recientes vi a unos nenes ignorantes saltando sobre los carros que visitaban el viejo San Juan y rogué porque ninguno de ellos se topara con un tipo de estos aborrecidos que sacara una pistola y la vaciara sobre uno de ellos, aunque noté que los chicos eran selectivos en el escogido de carros que atacaban. Creo que es cierto lo que dicen en cuanto a que "El mono sabe el *carro* que trepa". El Cirujano General debería advertir que la ignorancia y la temeridad es una combinación fatal que podría afectar seriamente la salud física, y en casos extremos, podría ocasionar la muerte. Proseguimos hacia la casa de *Luito*, pues en ese lugar nadie nos buscaría. Me preocupaba desconocer quién había matado a *Chelo*. La persona o las personas que lo habían asesinado podrían ser nuestros aliados, o nuestros enemigos. Esa preocupación estaría presente hasta el momento en que finalmente supiera quién había sido él, o los autores de la muerte. Culminamos la reunión en la cual decidimos guardarnos un poco hasta que tuviéramos más información sobre lo que estaba pasando, pues nosotros podríamos ser los siguientes. Esa era la importancia de conocer el rostro de quien le había quitado la vida a *Chelo*. Desconocía que no tardaría mucho en hallar respuestas a mis interrogantes.

Como dije antes, iría a reclamarle a Salcedo por el arma que me había vendido. Esa tarde visité el caserío Las Muñecas, del cual me había alejado debido a la presencia de Manuel. Recuerdo que llegué y vi a los muchachos reunidos en la escalera ubicada frente al edificio número once. Entre ellos estaba Salcedo. Después de saludarlos, lo primero que se me ocurrió preguntar fue que, si habían visto lo que le había pasado a *Chelo*, e inmediatamente, Salcedo respondió de manera burlona: "¡Y como brincaba!" Los demás lo miraron como dejándole saber que el comentario había estado de más. Ahí apliqué lo que dicen, que para un buen entendedor, con pocas palabras basta. No hice más preguntas, ya sabía más de lo que pretendía averiguar. Supe que ellos sabían más de lo que querían expresar y que no confiaban en que obtuviese dicha información. No imaginé el porqué de no querer compartir ese detalle tan importante conmigo, hasta que fue muy tarde.

Serrucho me llevó aparte para hablar conmigo. Se sentó junto a mí, en el tope de la montañita sobre la cual, durante nuestra niñez, muchas veces nos deslizamos sobre cartones. Me dijo que deberíamos tener cuidado, en especial yo, pues la orden que había del grupo rival era que no nos mataran a tiros, sino que nos secuestraran para cortarnos en pedazos y desaparecer nuestros cuerpos como ya lo habían hecho con otros. Añadió que, si me atrapaban e intentaban montarme en un carro, hiciera lo posible para que me mataran en el lugar, lo cual era mejor que ser torturado y desaparecido. Morir de la manera que ellos pretendían implicaría un dolor mayor para nuestros familiares. También me dijo que tenía la sospecha de que *el Congo* se había dado un autogolpe, o sea, una *operación de bandera falsa*. Que había asesinado a *Chelo*, quien era como su mano derecha, para provocar una guerra entre nosotros. No soy un genio, pero mi inteligencia supera la del tipo promedio que se desplaza sobre los derroteros de ese mundo. No me tragué ese cuento, lo que logró con ese comentario fue que confirmara que no confiaban en mí. Siempre había demostrado lealtad, no a ellos, sino a mis preceptos educativos en el bajo mundo, los cuales me hicieron sobresalir entre los demás. Ese era uno de los síntomas de la envidia que había provocado entre los narcotraficantes que solo ganaban el salario mínimo federal de 250 dólares a la semana.

Me disfracé de ingenuo y pretendí haberle creído el cuento de que el asesinato de *Chelo* era solo una excusa para comenzar una guerra. En el bajo mundo no se necesita una excusa para iniciar una guerra, solo basta con una mirada que actúe como chispa para encender un infierno. En el Punto, las guerras son cuasi necesarias para mantener el control, y la sangre es el lubricante ideal para mantener su maquinaria en óptimo funcionamiento.

El ataque a las Torres Gemelas de Nueva York fue algo bien planificado y había muchísimo dinero para ocultar las huellas de los autores, pero aun así, no lograron convencerme de que fuera un golpe causado por terroristas externos, sino más bien, por los habitantes internos que maximizan sus ganancias con el terror, por los poderes económicos que se ocultan detrás del trono. Si no me convencieron de que el ataque del 9/11 fue orquestado por terroristas con ninguna experiencia de vuelo en el tipo de aviones que utilizaron para derrumbar el World Trade Center, no iba a convencerme un hijo del Punto de que los asesinos de *Chelo* habían sido su propia gente. Lo único que me interesaba saber es que no confiaban en mí, eso significaba que alguien estaba envenenando las mentes de estos pseudointelectuales. Eso representaba una bandera roja, lo cual era un peligro inminente, pues para una persona con poca mentalidad basta cualquier comentario para encender los fuegos que vomita la pólvora. No sabía qué niveles había alcanzado el veneno en su sangre, pero eso no era importante, solo bastaba una pequeña dosis para contaminar el resto del cuerpo.

La vida continuaba igual, pero con algunos cuidados adicionales. Grace, mi hija mayor, tenía una cita médica para tratarle sus piernas. Requería de unos aparatos metálicos para corregir su problema. Para mí, sus piernas estaban bien. Nunca diré que la consideraba totalmente perfecta, pues eso se convertiría en combustible para su ego, el cual está en estado avanzado de crecimiento. La verdad es que creo que todas mis hijas son perfectas, obviamente, llevan mi ADN. Estaba con ella y su mamá en una clínica en Arecibo. Skylear, mi nena más pequeña, estaba con su abuela Mildred, la mejor de las abuelas. Los médicos tardaban demasiado, por lo que decidí posponer la cita ya que tenía un asunto de vida o muerte que atender. Tenía que acudir al velatorio de *Chelo* porque sabía que, si no lo hacía, las sospechas caerían sobre mí.

Grace se sintió aliviada de haber salido de aquel trance en el que esperaba ser intervenida. Un helado compensó todos los agravios que sufrió bajo aquel sol inmisericorde. Las llevé a la casa y me dirigí a Las Muñecas. Allí pregunté la ubicación del velatorio de *Chelo*, me sentí algo indeciso cuando obtuve la respuesta. Velarían el cuerpo de *Chelo* en

Montaña, uno de los caseríos enemigos. Tenía que tomar una decisión; *ir o no ir*, esa era la pregunta.

Decidí acudir, llegué por la parte trasera en donde estaban ubicadas las fábricas que por muchos años fueron la columna vertebral de la economía aguadillana. La parte posterior era la ruta más cercana desde nuestro caserío, aunque era más peligrosa, por lo solitario del lugar. Estacioné mi carro y me bajé. Comencé a caminar entre los edificios. No sabía la ubicación exacta del velatorio, pero lo sabría tan pronto viera la multitud aglomerada. Comencé a escuchar las voces de las personas que estaban reunidas en el lugar, aunque todavía no las podía ver. Tampoco ellas podían verme. Caminaba entre dos edificios que me cubrían, tan pronto salí de la protección de sus paredes, la multitud y yo, quedamos al descubierto. De inmediato el silencio se apoderó de aquel lugar, el mismo era tan profundo que pude escuchar el sonido que hicieron las telas de las ropas de los asistentes cuando se voltearon para mirarme. En ese momento supe que había cometido un grave error y que tal vez no saldría con vida de aquel lugar. Ya era tarde, tengo que admitir que sentí algo de miedo, pero exteriorizarlo estaba prohibido, pues las bestias podían olfatearlo y eso sería mi fin.

Seguí mi camino como quien viene acompañado de un ejército, la verdad es que estaba totalmente solo. Sentía que me seguían con la mirada, que podían escuchar mis pisadas y los latidos de mi corazón, pero seguí adelante. De repente se escuchó un grito acompañado de un llanto bañado con la más triste de las tristezas. Era Evita, la hermana de *Chelo*, quien corría hacia mí. La gente se quedó observándola para ver como actuaba la líder de aquella manada, pues era ella quien cargaba el mayor de los dolores. Saltó encima de mí, me abrazó con fuerza y comenzó a decir: "Me lo mataron, Geo, me lo mataron". Agradecí a Dios por no haber sido el causante de aquel terrible dolor. Fue entonces que me percaté de que detrás de aquel hombre que la vida había convertido en gatillero, había una familia que sufría la pérdida del ser humano, del hermano, del hijo, del papá y del niño que un día fue. No encontré palabras para apaciguar su dolor, solo alcancé a decirle que no se preocupara, que encontraríamos quién había sido el asesino, como si la venganza fuese a compensar su pérdida.

Evita rompió en pedazos aquel silencio. La tensión disminuyó un poco. Saludé a los presentes. Me quedé a hablar con Luis *Millo*, uno de los muchachos que acompañaba a *Chelo* la noche de su deceso. Luis me dijo que el juego se había acabado, que ya no vendrían con *las nenas*, sino con *las perras*, haciendo referencia a que atacarían con rifles. Sé que era un mensaje subliminal dirigido a mí, por si acaso yo tenía algo que ver con su muerte. Le dije que fueran como les diera la gana, pero que se aseguraran de atacar a las personas responsables y no a inocentes. Evita me sacó de allí y me condujo al interior del apartamento en donde estaba el ataúd que transportaría el cuerpo de *Chelo* a otro nivel existencial. Me tomó del brazo y me dijo: "Mira lo lindo que está mi hermanito, parece que está dormidito". Entiendo que era su forma de superar la pérdida de quien ella tanto amaba. Miré el cadáver de quien una vez fue un tipo temido y respetado y vi aquella escena como un posible futuro para mí. Ninguno de los que estamos en ese mundo somos eternos, somos más mortales que cualquier otro que escoge un camino distinto al nuestro, pues la muerte nos asecha, nos susurra poemas al oído, en el intento de seducirnos para que seamos de ella; solo de ella.

Una vez cumplido mi objetivo, decidí abandonar aquel lugar lúgubre en el que el sufrimiento era rey. Me fui con mucho dolor en el corazón, no por lo que le había sucedido a *Chelo*, pues ese fin nos toca a la mayoría de los que transitamos sobre ese derrotero. Mi dolor era por la familia que lo lloraba, por el sufrimiento que quedaba atrás y por las memorias utilizadas para suplantar la ausencia de aquel que se ama. Sé que hoy hay muchos que han escogido ese tipo de vida para adquirir notoriedad, respeto y prestigio, que al final, resultan ser falsos, pues no existe ningún tipo de prestigio ni de respeto al asesinar a alguien. El respeto que se cree tener es solo miedo. A ti que has escogido vivir detrás del gatillo, te invito a que veas el llanto de un niño cuando se entera de que ya no volverá a ver a su padre. Te invito a que veas el sufrimiento de una madre cuando tiene en un ataúd, el cadáver de aquél a quien cargó durante nueve meses en su vientre. Hermano, es mucho el dolor que ocasiona una maldita bala que es disparada por nuestras malas decisiones. Sé que pensarás que para que llore tu madre, que llore la del otro, pero ¿acaso no sería mejor que no llorara, ni la tuya, ni la del otro? Todavía podemos tomar decisiones que nos libren de esos errores que nos perseguirán el resto de nuestras vidas. Cuando vayas a accionar el gatillo de cualquier arma, contra alguna persona, piensa en tus hijos, o en tus padres, no en los de la persona que te dispones a matar, sino en los tuyos, y pregúntate si quisieras que tus seres queridos sufrieran el dolor que tú estás a punto de ocasionarle a los seres amados de ese cuya vida vas a tomar. No olvides que el carro más rápido del mundo posee un mecanismo de frenado para detener la marcha, pero cuando una bala sale del arma, jamás se detiene hasta que llega a su destino. El único que la puede detener eres tú, sin embargo, solo puedes hacerlo antes de que la pólvora la impulse hacia adelante. No olvides que cada vez que aprietas ese gatillo, es a ti mismo a quien matas.

35

**"Permite que todo te suceda, la belleza y el terror,
no te detengas, sigue adelante, ningún sentimiento es final".**

Rainer María Rilke

Después de sepultar a *Chelo*, hubo un tiempo de aparente paz. La verdad es que la paz no existe en la calle, cuando se siente paz, podrían estar planificando tu muerte o dándote cuerda para que te confíes, y en el momento en que te acostumbras a dicha paz, llega la muerte para arrancarte la vida. A pesar de la sensación de paz que parecía reinar, el ambiente se sentía cargado, no se sabía por dónde iba a reventar, lo que sí se sabía es que lo iba a hacer de forma muy violenta.

Me encontraba en el desaparecido establecimiento llamado *Blockbuster* para alquilar algunas películas y así quedarme tranquilo en mi casa, mientras visualizaba los acontecimientos desde afuera, para así saber de quién o de quiénes debía cuidarme. Allí me topé con *Pitirre*, un antiguo amigo de la juventud. Me preguntó si había visto las noticias. La realidad es que no me interesaba ver las noticias, a menos que fueran a cubrir algo en lo que tuviera un interés personal. Los medios noticiosos no son de interés para el individuo que está metido en ese tipo de negocio. Ese tipo de personas es muy diferente al ciudadano común. Cuando yo me encontraba metido hasta el tuétano en el narcotráfico no podía ver con otros ojos que no fueran los de un narcotraficante. Coexistimos en mundos paralelos, pero nuestros intereses y prioridades son totalmente distintos.

Pitirre me dijo que habían arrestado a Salcedo por el asesinato de *Chelo*. Lo único que yo sabía era que Salcedo estaba demente y debía cuidarme de su locura y tenía exactamente la medicina que él necesitaba para curarse de su demencia temporal. Salcedo le había disparado de abuso, a un señor mayor, porque el pobre señor le había chocado un carro que ni siquiera era de su propiedad, pues él no tenía en qué caerse muerto. Esa acción abusiva era la excusa perfecta para eliminarlo.

Meses antes había tenido un problema con él. Debo admitir que fue causado por mi estupidez de creerme superior. Había llegado al caserío con el equipo de música a todo volumen, como si fuera el dueño del mundo. Me detuve y bajé al ver a una de mis chicas allí. Le cuestioné

269

sobre su propósito de estar en el caserío. Ella me contestó que estaba allí con Salcedo. Ya no éramos pareja, habíamos puesto fin a nuestra relación. Bueno, siendo sincero, fue ella quien terminó conmigo. Comencé a retar a Salcedo a que se atreviera a mirarme, le cuestioné si estaba con ella. Él no se atrevió a responderme, continué faltándole el respeto para que me diera una razón para actuar en su contra. Le dije que solo quería que me mirara, para volarle los sesos. Nunca me dio la razón que necesitaba para cometer esa gran estupidez. Tuve que montarme en el carro y salir de allí a toda velocidad porque mi coraje no me permitía seguir en aquel lugar.

Él actuó de forma inteligente. Tal vez había pensado en el refrán que dice: "Vivir hoy para pelear mañana". Sabía que me había ganado un nuevo enemigo. No lo consideraba una amenaza, pero había aprendido que un pequeño palillo de fósforo tiene la capacidad de generar un gran incendio forestal, por lo tanto, no existe enemigo pequeño. El hombre me había demostrado tener miedo y eso era peligroso. Sabía que él vendría contra mí en algún momento. Lo que no sabía es que vendría con un arma contra los que muy pocos saben combatir y casi ninguno resulta airoso. Una lengua cargada de mentiras es un arma mortal. Esa arma resultó ser más peligrosa que una pistola de 9mm, o un rifle AK-47. Sabía que nadie podía delatarme sobre las cosas que había hecho porque había actuado solo, o con *Balato*, o *Sadistic*. Uno de ellos estaba preso y el otro estaba muerto, pero la vida te golpea de la forma más inesperada.

Las autoridades buscaban a Salcedo debido al incidente que tuvo con el anciano. Efectuaron una orden de allanamiento en el apartamento que este pernoctaba, en busca de Ramón, el cual también estaba prófugo, pero a quien encontraron fue a Salcedo. En su apartamento encontraron las armas que habían sido utilizadas para matar a *Chelo*. No sé si ellos habían cometido el asesinato, pero si lo habían hecho, el conservar las armas había sido un grave error. No sabía la efectividad de una prueba de balística, pero siempre me cuidé; arma usada, arma botada. Salcedo nunca fue mi amigo. Él solo era un monigote que conocí porque le habían dado la oportunidad de tener un turno en el Punto del caserío. Por eso me sorprendió en gran manera que la policía le creyera los cuentos que nacieron de su lengua, cuando se tornó en mi contra. Me despedí de *Pitirre* y seguí mi camino.

Ya había muchos muertos, nos había llegado la información de que los federales estaban detrás de muchos de nosotros. Al decir nosotros, no me refiero a un grupo específico, sino a todos los que teníamos algo que ver con el trasiego de drogas en el área de Aguadilla y pueblos cercanos. Los federales siempre estarán interesados en atrapar a los narcos, pero lo que hace que ellos agilicen sus pasos para atraparlos es el aumento de las muertes. Las guerras entre los narcotraficantes, aunque no sean por el control de la droga como dicen los medios noticiosos, llaman la atención de estos individuos y créeme cuando te digo que no tardarán mucho en tocar a tu puerta. Entonces verás en quién podías confiar y en quién no. Sin embargo, será muy tarde. No dudes que dos o tres de tu organización decidirán abrir la boca para librarse de los barrotes. En el momento en que eso suceda, estarás más asado que un lechón en Guavate y lo que te espera serán muchos años en prisión.

Era de noche, estábamos de *jangueo*, casi siempre estaba solo, pero esa noche decidí compartir con los muchachos de Las Muñecas. Estábamos en la base Ramey, decidimos irnos hacia La Cabaña. Ellos insistían en tomar un supuesto atajo, no entendía su insistencia en ir a través de aquella carretera del barrio La Charca. Yo insistía en irme por la carretera principal, pues era más segura. Ellos insistieron y me convencieron de ir con ellos. Iban en dos carros que estaban frente a mí. Cuando nos adentramos en aquel estrecho camino, me percaté de que había muchos boquetes en el camino. Solo pensé en los aros de mi carro, que me habían costado tres mil dólares. Me detuve y di la vuelta. Ellos me gritaron que los siguiera, pero ya mi mente estaba hecha. Aquel lugar era una trampa mortal, era una carretera angosta y oscura y los únicos testigos si algo negativo ocurría, eran las vacas que estaban a ambos lados de la carretera. A pesar de que me demostraron que no confiaron en mí cuando ocurrió la muerte de *Chelo*, eso no significaba que quisieran matarme. Había muchas cosas que yo no les contaba a ellos, sin embargo, eso no quería decir que yo los quisiera matar. Estaba cometiendo el mismo error de siempre, estaba juzgándolos por como yo haría las cosas, pero cada cabeza es un mundo y no todos pensamos, ni actuamos igual.

Al llegar a La Cabaña, Henry, uno de los monigotes de *Serrucho*, me dijo en forma de vacilón, que yo había cogido miedo pensando que ellos me iban a matar. Me alteré cuando el tipo mencionó las palabras matarme y miedo, pues nosotros, los hijos del Punto, nunca sentimos miedo, *ujum*. El miedo existe en cada uno de nosotros, pero está prohibido exteriorizarlo. Ellos tuvieron que aguantarme porque lo quería matar allí mismo, no por lo que había dicho, sino porque me había abierto la mente a una posibilidad que yo aún no había contemplado. Mis amigos, con los que yo me había criado, querían matarme. Yo nunca los hubiera traicionado, pero alguien había estado envenenando sus mentes al decir que yo era aliado de los rivales. Que querían matarme fue algo que vine a confirmar muchos años después. Uno de ellos, al percatarse de que era en los otros en los que no se podía confiar, decidió confesarme todos los atentados que habían dirigido contra mí. Me movía con sigilo. Me alejé aún más del caserío y de su gente. No quería tener nada que ver con ellos. Sabía que estar cerca de ellos significaba la muerte o la cárcel, pues sobre ellos estaba la nube negra de los federales y de esa lluvia, no hay paraguas que te proteja. Siempre tenía que visitar el caserío, a pesar de que la probatoria de cinco años que me habían dado por lo que habían ocupado en mi apartamento me lo prohibía. Allí vivían mis hijas con su madre quien, al removerme del apartamento, se quedó allí junto a ellas. La realidad es que no seguía ninguna de las directrices impartidas por mi oficial de probatoria. No le temía a la cárcel, pero es que no había experimentado a profundidad el sufrimiento que ocasiona la pérdida de la libertad, por tiempo indefinido. Hay personas que piensan que la cárcel es un vacilón, que se puede hacer lo que se quiera y más cuando se tiene dinero. Están muy equivocados al pensar así, pero eso no te lo puedo explicar, pues no vas a entender hasta que te veas en una celda. No lo vas a entender hasta que veas que tus padres murieron y que no estuviste a su lado para cuidarlos. No lo vas a entender hasta que veas que tus hijos e hijas crecieron, que se hicieron hombres y mujeres y que no pudiste disfrutar de ninguna de las etapas de su crecimiento. No lo vas a entender hasta que una de tus crías te diga que fue tocada por uno de los padrastros con los que le tocó crecer y te veas imposibilitado de protegerla. La cárcel no es un juego, eso es algo que descubrimos muy tarde y te aseguro que los más matones, los más malos, los que todo el mundo veía en la calle y corrían por el miedo que les tenían, lloran al verse encerrados entre cuatro malditas paredes que no sentirán ningún tipo de lástima por su sufrimiento.

Esa vida me tenía haciendo cosas de las que hoy me avergüenzo. En una ocasión fui a cobrarles un dinero a unas personas. No era una cantidad exorbitante y yo no tenía por qué hacerlo. Pero decidí darme a respetar, sí, esa es la excusa que damos para justificar nuestros actos. Acudí a la casa de las personas para recuperar mi dinero. Al ingresar al hogar, saqué mi pistola y se la puse en la cabeza al individuo. Su esposa se exaltó, pero ella también era parte de la situación, no era inocente, pero los que sí eran inocentes eran los niños que vivían junto a ellos, en el hogar nauseabundo y maloliente. No sé cómo podían vivir en aquellas condiciones, pero aun así, para los pequeños niños, aquellos dos individuos que se habían convertido en adictos al *crack*, eran sus héroes y sus protectores. Los niños lloraban por el temor que causaba nuestra presencia y por la posibilidad de que sus padres perdieran sus vidas. Jamás podré olvidar las caritas de aquellos dos niños que despertaron en la madrugada para suplicar por sus padres. Agraciadamente, todavía me quedaba algo de humanidad en mi ser, pensé en mis hijas. Me llevé al padre aparte, no sin antes acercarme a los niños para decirles que era solo un juego y prometerles que nada les pasaría a sus padres. Le dije que sus niños le habían salvado la vida y que tenía una semana para conseguir mi dinero. A eso le añadí que esperaba que la experiencia de ver a sus hijos suplicar por sus vidas fuera suficiente para hacerlo cambiar de vida y para que comenzara, junto a su esposa, a preocuparse por ellos. Me fui con el corazón despedazado. Debí aplicarme el consejo que le había dado al individuo. El diario vivir en ese mundo de violencia, el estar constantemente probándonos ante los demás para que se nos respete o se nos tema, es extenuante, y actuar de esa manera para no mostrar ningún grado de debilidad ante los rivales, tiende a deshumanizarnos, nos convierte en robots programados, carentes de cualquier pensamiento racional.

Días después, escuché que los muchachos de Las Muñecas habían cometido una atrocidad, lo cual violaba todo lo que yo había aprendido. Vieron a *Chester*, uno de los individuos del *Congo*. Lo siguieron cuando salió del JD's. Se le acercaron al carro y le dispararon. *Chester* resultó ileso, pero su novia Leslie, recibió varias heridas, una de ellas, la más peligrosa, fue en el área del cuello. Ella era mi amiga, era del pueblo de Isabela. Era alguien a quien apreciaba muchísimo y me dolió lo que le ocurrió. Al conocer la identidad de los que habían ejecutado el terrible acto que violentaba todas las normas del mundo en el que vivía, me molesté aún más. Johnny era uno de los novios de la mamá de mis nenas y eso no era lo que me molestaba, sino que mi hija mayor me había dicho, en sus palabras de niña inocente, que había entrado al cuarto de su madre y había visto al individuo desnudo. Eso era una sentencia de muerte para él, pero todavía no se había dado el momento, ni la situación indicada. La madre de mis hijas siempre me negó la veracidad del suceso. El otro individuo había sido Manuel, el delincuente-testigo que había sido aceptado en el caserío al perdonarle todos sus pecados de *chotiaera* que había cometido en el pasado. Esos tipos no componían nada y de seguro, las consecuencias de sus actos no tardarían en revelarse.

Los actos de los demás siempre salpican a los que nada tienen que ver con sus acciones, pero jamás pensé que me sucedería a mí. Estaba con mi amigo y hermano Roberto. Habíamos decidido hacer un *pool party* privado en el cual estaríamos él, varias amigas y yo. Eran muchachas de la escuela superior del pueblo de Moca. Habíamos traído bebidas y marihuana para las que fumaran, pues ninguno de nosotros consumía la yerba mágica. Fue un día espectacular, yo compartía con *Sirena*, una hermosa chica que había dejado su mar para anclarse en mis orillas. Roberto estaba empecinado en que ella era la que le gustaba, pero no se la podía ceder, mi interés por ella era genuino. Al menos, eso era lo que yo pensaba, porque allí también estaba una de sus amigas, con la cual yo también tenía una relación. La infidelidad y la abundancia de mujeres era la norma en ese mundo. Sin embargo, muy pocas relaciones resultan ser genuinas, pues lo que las atrae es el falso brillo con el que nos cubrimos, para ocultar la pudrición que consume nuestros interiores. Estuvimos allí hasta horas de la tarde, pues las chicas tenían que presentarse en sus casas como cualquier día normal, para así evitar que sus padres descubrieran que no habían asistido a la escuela.

Me dirigí a mi casa, comí algo y me quedé dormido. No recuerdo la hora, debían ser alrededor de las diez de la noche cuando desperté. Mi *beeper* estaba en el piso, parecía un carrito de control remoto por lo mucho que se movía al estar en modo de vibración y estar recibiendo tantos mensajes. Lo recogí del suelo, vi que tenía decenas de mensajes, la mayoría pertenecían a mujeres. Solo dos de los mensajes llamaron mi atención, uno era de la chica de mis madrugadas, con la que me disponía a dormir esa noche y el otro, era de *Tito Fat,* reclamándome por qué no le había devuelto unas revistas de tatuajes que me había prestado. Me di un baño, me puse bonito, aunque para eso no tenía que pasar mucho trabajo, ja, ja, ja. Me disponía a salir cuando vi a mi madre con su acostumbrada cara de sufrimiento y preocupación que ponía cuando me iba para la calle. Busqué las llaves de mi carro. No las encontré donde pensé que las había dejado. Las busqué por todos lados y no aparecían. Mientras las buscaba, escuchaba sin ningún interés la letanía de mami suplicándome que me quedara en la casa. Se ofreció salir a esa hora para alquilar algunas películas con el propósito de que yo no saliera. Me advirtió de los peligros que había a esa hora en la calle, pero yo pensaba que era todo un hombre. No tenía miedo, además, ¿quién se atrevería a hacerme daño? Mi papá, el Sr. Julio Sánchez Rivera, me decía constantemente que tuviera cuidado, que no fueran a hacerme algo para quitarme las prendas. Mi contestación era que nadie se atrevería a intentar nada contra mí. Es que la gran mayoría de las veces, la prepotencia y la ceguera que genera el falso poder que se obtiene del narcotráfico, nos vuelve estúpidos y nos hace creer que somos intocables y que las calles nos han otorgado el don de la inmortalidad; pero ¡qué ciegos estamos!

Estaba seguro de que mami me había escondido las llaves para que desistiera de salir. También buscaba las revistas, pero solo había encontrado una. La que más me interesaba, en la que había un tatuaje que quería para mi espalda, era de un demonio sentado en un trono, vomitando todo lo que representaba a Dios y a la humanidad, nunca apareció, persistí en mi interés de salir esa noche. Quería cumplir con mi amigo y con la chica con la cual derramaría los deseos de mi piel. Le reclamé a mami por las llaves, pero de buena manera, pues sabía que ella solo quería mi bienestar. Me dijo que recordara el sueño que había tenido Lucy en el que veía mi cuerpo en la cancha, tirado sobre un charco de sangre. En el sueño trataron de despertarme, pero estaba muerto. Le dije que no le hiciera caso a la loca de Lucy, que eso eran locuras de cristianos. Sí, tenía una profunda rebeldía con todo lo que representaba al cristianismo y mami era una creyente ferviente de esa religión. Sabía

274

que la ofendía cada vez que decía algo contra el cristianismo y contra Dios. Mi intención era recordarle cuán defraudado estaba con esa y con todas las religiones que pretendieran someternos a servirle a un Dios invisible, que solo quería que nos arrodilláramos para que le rindiéramos culto y pleitesía. En una ocasión ofendí tanto a mami con un comentario que hice sobre Dios, que ella lloró desconsoladamente; todavía me duele recordarlo. Mami no era perfecta, pero siempre quiso lo mejor para mí, como muchas madres desean el bien para sus hijos.

Verme muerto era una posibilidad que estaba latente en mi mente, pero ante mami eso no existía, no quería preocuparla más de lo que ya estaba. Ella sabía que estaba en malos pasos. Mi madre era experta en identificar a elementos del bajo mundo. Su *expertise* más bien estaba basada en los usuarios, debido al pasado de mi papá y a la adicción que llevó a mi hermano mayor a la muerte. Yo no utilizaba lo que vendía, excepto en algunas dos o tres ocasiones que tuve que meterme un poco de *perico* para quitarme la borrachera, o para mantenerme despierto en espera de la llegada de los enemigos. Ella se fijaba en las cosas que llevaba a la casa sin tener un trabajo, mis carros, las prendas, la ropa que compraba semanalmente. Un día me cuestionó sobre su procedencia y le dije que trabajaba en una pizzería. Me dijo que la llevara para verme trabajar. Le dije que yo era uno de los dueños. Me preguntó si las pizzas que yo vendía en ese lugar tenían el polvito blanco que le ponía los ojos a la gente como dos faroles. No me quedó otro remedio que reírme ante su comentario. Ella era el amor de mi vida, aunque no siempre se lo demostraba por mi rebeldía. Mi rebeldía provino de muchos eventos que se acumularon en mi psiquis hasta convertirse en un odio hacia todos los que querían el bien para mí. El odio era tanto, que en muchas ocasiones me vi empuñando un arma hacia mi cabeza, solo pensaba en halar el gatillo, pero la cobardía o la valentía de seguir con mi vida a pesar de sus obstáculos, no me permitían meterme un tiro. Nunca encontré las llaves, pero lo que mami no sabía era que tenía las llaves del otro carro en mi gavetero. El carro era un *Chevrolet* Z-34 color negro, que recién había adquirido para ocultarme de los que perseguían el color blanco de mi *Civic*. Le mostré las llaves y me reí, ella me miró como si hubiera perdido la batalla. Me volvió a pedir que me quedara. Le dije que no me pasaría nada, que se quedara tranquila, que iba para un motel y que la llamaría al llegar. Me monté en el Z y emprendí la marcha hacia Las Muñecas para llevarle una de las revistas a *Tito*, para que dejara de fastidiar. Mientras conducía, llamé a mi chica para decirle que se preparara que iba a recogerla en algunos minutos. Creo que ella debió ser mi prioridad, pero nadie conoce lo que nos depara el futuro. Lamentaré toda mi vida el haber atendido primero el maldito asunto de las revistas y no los placeres con los que me deleitaba en las hermosas carnes de Lorraine.

36

"Recordar que uno va a morir es la mejor manera que conozco
para evitar la trampa de pensar que hay algo que perder.
Ya se está indefenso, no hay razón alguna para no seguir
tus sueños, para no escuchar la voz de tu corazón".

Steve Jobs

Al llegar al caserío, estacioné el carro cerca de la cancha grande. No creía que el sueño de Lucy fuera a materializarse, pero tomaba mis previsiones por aquello de las dudas. En su sueño, ella me había visto muerto en la cancha chiquita, así que no volví a estacionarme cerca de la canchita. Estaba muy cerca del apartamento de *Tito*. Él me esperaba en el balcón de su apartamento. Le expliqué que no había podido conseguir la otra revista, que se la entregaría tan pronto la encontrara. Hablamos unos minutos, yo tenía prisa, no quería estar allí mucho tiempo. Me llamó la atención ver un grupo de personas reunido en la cancha. Le pregunté a *Tito* de qué se trataba la reunión y me contestó que era una fiesta de despedida para algunos de los muchachos que tenían casos pendientes y se iban fugados hacia los Estados Unidos. Ver a los muchachos allí me recordaba el principio de los años noventa, cuando la mayoría de nosotros había llegado de Nueva York. La gente de todos los caseríos se reunía en Las Muñecas. Nuestro caserío era el punto de las reuniones sociales hasta que cada cual creció en sus propios negocios. No había problemas entre nadie, si acaso podía surgir una que otra pelea a puños, eso era cosa normal en nuestro ambiente. Si surgía alguna muerte, era un caso aislado y tenía que ser por una razón de peso. No existía la modalidad que se ve en la actualidad de asesinar a personas por estupideces, como que alguien te miró mal, o te derramó un trago accidentalmente sobre la camisa nueva. No se asesinaba a una persona porque pensabas que te habían robado el celular, sino que se le agradecía porque lo encontró y lo devolvió. La vida era más fácil, se hacían enemigos, pero no como ahora que cualquiera se convierte en nuestro enemigo y nos revienta solo por adquirir notoriedad y poder.

Le dije a *Tito* que bajara para que me acompañara hasta la cancha. Sabía que ellos me veían de otra forma, como un enemigo, pero el miedo a la muerte no guiaba mis decisiones. Siendo honesto, quería que alguien hiciera lo que yo no me atrevía hacer, terminar con mi vida. *Tito* me dijo que no, que estaba bien allí. Me despedí y le dije que iría a saludar a mis *aminemigos*. Él insistió en que no fuera, me dijo que allí no se me había perdido nada. *Tito* sabía que ellos me visualizaban de mala manera, es que la envidia es la madre de todos los males. Tenía todo lo que ellos no tenían, el único que podía superarme en términos económicos era *Serrucho*. Los demás eran unos muertos de hambre que solo vivían de las apariencias que les brindaba el estar bajo la sombra de *Serrucho*.

Ignoré el consejo de *Tito* y las señales que se estuvieron presentando durante toda la noche. Llegué a la cancha, saludé a los muchachos y me dirigí hacia la neverita en donde estaban las cervezas Heineken. Tomé una y me uní al grupo. Ramón, el hermano de Manuel, quien también estaba allí, era uno de los festejados. Muchos de ellos estaban armados. Vi que tomaron los rifles, los pusieron en el bulto y los guardaron. Solo unos cuantos se quedaron con sus armas. Yo estaba desarmado, mi pistola estaba en el carro. Me senté al lado de *Balatito*, el cual estaba junto a las muchachas y el bebé de una de ellas. *Balatito* me comentó que había visto una guagua sospechosa pasando por el área. Mi cerebro aún no había despertado del todo, aún no computaba correctamente. Me describió la guagua, era una *Astro Van* para varios pasajeros.

No le hice mucho caso a su comentario, entonces me señaló y me dijo: "Mírala, ahí va de nuevo". Pasó por la parte frontal del caserío, con ruta desde las parcelas Cabán hacia el *shopping center*. El asunto traído por *Balatito* cobró importancia para mí. Me levanté y comencé a caminar, le dije que me iba por si acaso. Fue cuando me dijo: "Ahí viene la guagua de nuevo y parece que se estacionó frente a la oficina del caserío porque no se vio salir". Aceleré el paso, pero algo me detuvo, creo que mi cerebro no respondía adecuadamente a la amenaza, o me sentía seguro de que nadie se atrevería atacar mientras yo estuviera allí. En otras palabras, estaba *dormío*. Me detuve unos segundos para hablar con *Serrucho*, de repente escuché la voz de *Balatito* gritar, *CUIDAOOO*. Todos miramos hacia atrás, yo necesitaba lentes para ver mejor, pero no los usaba por aquello de las apariencias.

Debido a eso, no pude diferenciar si los que llegaron vestidos de negro, eran agentes de la policía o maleantes. Esa fue la razón por la que no tomé una decisión rápida sobre mi ruta de escape. Pensé que si iba hacia el carro a buscar la pistola y resultaba que eran policías, estaría frito. La toma de decisión duró solo unas milésimas de segundos, sin embargo, todo se sentía en cámara lenta. Era como si hubiera una falla en la *Matrix* que nos mantiene con la ilusión de que realmente existimos en esta parte del universo. Decidí correr en línea recta hacia el carro. Escuché la primera detonación, ya no había tiempo de pensar, el instinto de supervivencia tomó el control de mi cuerpo. Afirmé mi pierna izquierda para correr a toda velocidad, pero cuando fui a poner la pierna derecha sobre el suelo, no encontré apoyo, no la sentía. Solo sentí que mi cuerpo caía hacia el frente y no lo podía detener. Caí de boca sobre el cemento en donde antes estuvieron los zafacones de cemento que habían sido sustituidos por *tangones* de metal. No sabía lo que me había ocurrido. Pensé que me habían dado con algo tan fuerte que me habían arrancado la pierna. No tenía tiempo para ver si mi pierna todavía estaba pegada a mi cuerpo. Solo estaba enfocado en escapar de la lluvia de balas que me estaba pasando por encima. Escuché el ladrido de las *perras* que *Millo* me había mencionado en el funeral de *Chelo*. No pude hacer otra cosa que arrastrarme hasta el pavimento del estacionamiento para refugiarme tras la altura de la acera. Quedé entre la acera, la cual utilicé como trinchera, y un carro que estaba estacionado en el lugar. Escuché la voz de *Serrucho* que estaba tirado al otro lado del carro. Supe que era él, por la mira láser que tenía su pistola calibre 45. Le dije que me habían dado, me contestó que también estaba herido. Le pedí que no dejara que me mataran, que no estaba armado. Él disparaba, aunque lo hacía desde un lugar incómodo para contraatacar a quienes procuraban matarnos. Escuchaba los gritos desesperados de los muchachos que eran impactados por la lluvia de plomos. Escuchaba el sonido de los cristales de los carros al romperse y el crujir de la carrocería que era atravesada por los plomos. Aquél era un campo de batalla al que no pertenecía. Fue cuando descubrí que realmente no quería morir de aquella manera. Mi único deseo era salir de allí con vida.

Entre los gritos de los heridos, algunos gritaban "me dieron", otros, solo gemían de dolor, uno de ellos lloraba diciéndole a su hermano gemelo que lo sacara de allí, y la devastadora explosión de la pólvora que se activaba cada vez que se presionaban los gatillos de aquellos siete rifles que apostaban a nuestras muertes, hubo un momento de lucidez y silencio en mi mente. Contrario a los gritos de los chicos malos que nos quejábamos por haber chocado con la realidad, con la que tarde o temprano nos íbamos a topar, estaban las muchachas sentadas y calladitas sobre las bancas de la cancha. Los que pudieron correr, corrieron por sus vidas. *Balatito* había saltado desde el último nivel de las bancas, pasó sobre la verja y se internó en la maleza al otro lado de la carretera. Sin embargo, las mujeres no se habían movido, sino que formaron un círculo en cuyo centro estaba el bebé de una de ellas siendo protegido por sus cuerpos. Aquellas chicas, a quienes hemos denominado como el sexo débil, demostraron tener más valor que todos nosotros juntos. Ellas estaban dispuestas a dar sus vidas para salvar aquel pequeño niño. Vi aquella escena como un gran ejemplo de fortaleza, de valentía y de compromiso. Fue una lección de vida que nunca olvidaré.

Pensé que las detonaciones iban a continuar para siempre. Supuse que ese era mi último día de vida, así que olvidé todo el rencor y la guerra que tenía contra Dios y contra todo aquello que lo representaba, cerré mis ojos y dije: "Perdóname por todo el mal que he hecho, y que sea lo que tú quieras". No tenía otra opción que esperar a que mis atacantes se acercaran para terminar lo que habían empezado. Decidí hacerme el muerto para intentar salir de aquel trance en el que estaba mi vida. De repente, un profundo silencio cubrió todo, no les puedo decir lo que ocurrió porque no lo sé. Lo único que puedo decirles es que en medio de aquel momento de oscuridad y silencio, escuché una voz que gritaba: "Mataron a Geo, mataron a Geo". Era una voz femenina, se escuchaba lejos, pero captó toda mi atención. La frase se repitió en varias ocasiones. Conocía la voz que me invitaba a regresar y a no quedarme en la oscuridad en la que estaba, pero en ese momento no pude descifrar quién era. Mientras escuchaba la voz, experimenté una sensación de estar en un plano más alto que la voz. Su sonido era casi imperceptible, pero mientras el sonido de la voz aumentaba, yo sentía que bajaba hasta donde la voz estaba ubicada. Eso ocurrió hasta que mi conciencia y la voz se encontraron en un mismo nivel, fue entonces cuando desperté y supe que todavía estaba vivo.

No movía ni un solo músculo de mi cuerpo, con excepción de mi corazón y de mis ojos. Pensaba que justo a mi lado, alguien esperaba verme hacer algún movimiento para rematarme. Decidí que si era así, la persona se quedaría con el recuerdo de mi rostro. Levanté mi rostro con rapidez y miré al individuo que imaginé estaría allí cuando levantara mi vista. Lo miré con coraje y con un gesto de reto. Fue grandioso el alivio que sentí cuando me percaté de que no había nadie. Tenía una oportunidad de vivir. Volví a escuchar la voz, esta vez gritaba con alegría, "Geo está vivo, ayúdenlo". Reconocí que era la voz de *Sonny*, la mamá de *Hakeem*, a quien le estaré eternamente agradecido por haberme traído de vuelta. No les puedo explicar lo que me ocurrió porque lo desconozco, solo sé que la voz de esa dama me hizo despertar y regresar del lugar en el que estaba.

A mi alrededor, todo era caos. Estaba cubierto de sangre, mi ropa y mis prendas también. No sé cómo, pero mi cabeza también estaba cubierta de sangre. Eso fue lo que hizo pensar a *Sonny* que estaba muerto. Estaba sobre el charco de mi propia sangre y entonces pensé en el sueño de Lucy, la cristiana loca. Recogían a todos los heridos. El caserío completo estaba ayudándonos. Pensaba en mis nenas, en que las ventanas de su cuarto daban para la cancha. Todo pensamiento se desvaneció cuando me cogieron por las piernas para montarme en la parte trasera de una guagua *pickup*. Mi pierna estaba allí, lo supe por el dolor que estaba comenzando a sentir. El maravilloso cerebro que nos instaló nuestro creador se había desconectado del dolor de mi pierna para autoprotegerse, pero ahora se estaba reconectando. Jessy *el Mudo* se dirigió a toda prisa hacia el hospital. En la parte trasera de la *pickup*, junto a mí, estaba un chamaquito que vivía en los altos de la panadería de la urbanización Vista Verde. Había ido a comprar un saquito de marihuana y salió con dos tiros, uno en el cuello y otro en el hombro. Pensé que él moriría, pues nos habían disparado con rifles AK-47. El tiroteo había durado como un minuto y medio, aunque a mí me pareció que había durado una eternidad.

Le gritaba a *Jessy* que le diera suave porque lo que no hicieron las balas, lo iba a hacer él, si teníamos un accidente. De camino, vimos una patrulla, *Jessy* se detuvo para indicarles que nos acompañaran. Le metí un cantazo en el cristal y le dije que lo siguiera, que la policía no tenía parte con nosotros, ni con lo que había pasado. Ellos como siempre, aparecían cuando el acto estaba consumado. Estoy seguro de que escucharon las detonaciones y esperaron a que cesaran para ellos entrar en acción. Sí, una gran demostración de valentía es aparecer cuando todos están muertos o heridos, pero nunca dependimos de ellos, ni hubiéramos aceptado su ayuda, ello iba contra nuestros principios.

Llegamos al hospital, me agarraron por los brazos y por las piernas para subirme a una camilla, en ese instante debido al dolor que experimenté, vi la gloria de Dios y el infierno de Dante al mismo tiempo. El pasillo del hospital estaba lleno de sangre, los otros muchachos habían llegado antes que yo y habían dejado un poco de su ADN sobre el piso del Hospital Buen Samaritano. Nunca imaginé llegar allí. Había pensado que la próxima vez que me viera envuelto en un tiroteo, entraría al hospital por la puerta trasera, en donde estaba ubicada la *morgue*, el patio de juegos de mi niñez.

En aquel hospital había muerto *Nefty*, mi hermano Julio Ángel y mi novia Jessica. No eran buenos recuerdos los que me traía, pero el dolor que sentía no me permitía pensar en nadie más. Los doctores comenzaron a entrevistarme y me pidieron un número telefónico para llamar a un familiar. Les dije que no tenía número alguno. Ellos insistieron, pero no podía permitir que llamaran a mami y le dijeran que yo había sido tiroteado, o mejor dicho, que su hijito había resultado herido en una balacera. Ella no soportaría la noticia, seguramente pensaría lo peor, su presión sanguínea se elevaría y podría sufrir algún percance debido al mal rato. No iba a ser partícipe de que le ocurriera algo malo a mami. Era suficiente con el sufrimiento que ya le había causado. Tomé la decisión de darles el número telefónico de la abuela de mis hijas. Estaba seguro de que ella se mantendría ecuánime, pues no le afectaría mucho lo que me sucediese. Llegó con una almohada y una frisa que le mandé a pedir con la persona que hizo la llamada. Traté de explicarle lo ocurrido, pero no fue necesario, las detonaciones, y tal vez nuestros gritos de dolor, se habían escuchado en casi todo el pueblo de Aguadilla. Los ladridos de *las perras* metálicas habían despedazado la fina piel del silencio que arropaba la noche. Todos sabían que había ocurrido algo muy malo, aunque la mayoría desconocía los detalles y las identidades de los protagonistas.

Llegaron los chicos de azul en busca de que le facilitáramos el trabajo, pero fue en vano. La información que se les dio fue la básica, individuos enmascarados, los cuales ninguno de nosotros podía identificar, esa era la realidad, pero aunque no sabíamos con exactitud quiénes eran los siete rostros que se ocultaban bajo las máscaras, sí sabíamos la apariencia del rostro del que manejaba los hilos de los monigotes que fueron a dispararnos. Él no se presentaba para esos eventos, le gustaba contemplar desde las gradas. *El Congo* era un cobarde que prefería no ensuciarse las manos en esos eventos. Debo recalcar que aquel que quita una vida, nada tiene de valiente. Le he agradecido a los cielos una y otra vez por la mala puntería de los *tiradores*. Me dicen que hasta las paredes de los pisos superiores tenían orificios. Era mala puntería, o se acobardaron cuando vieron que los muchachos de Las Muñecas les respondían con el mismo lenguaje que ellos pretendían llevar su mensaje, a plomo limpio.

Los doctores me informaron que la única bala que logró alcanzar mi cuerpo había destrozado mi cadera derecha y la punta del fémur. No sabía el significado de eso, ni siquiera sabía lo que era el fémur, parecía una palabra francesa. Pensé que me recuperaría como siempre lo había hecho de las peores situaciones en las que había resultado herido. La verdad es que desconocía la gravedad de la situación en que me encontraba.

La mayoría de nosotros fuimos trasladados al hospital del pueblo de Mayagüez. Allí llegó la mamá de mis hijas, no la quería allí, pero opté por dejarla ayudarme, pues estaba solo. Me encontraba en una habitación cerca de la escalera de emergencia. Era una vía accesible para cualquier persona que quisiera terminar el trabajo empezado, por eso cambié de habitación. Tenía el presentimiento de que vendrían a hacerlo, pues su ataque no había quedado impune.

Al día siguiente de lo que nos sucedió, uno de los muchachos de Las Muñecas fue al apartamento de Ailéd, una de las chicas de nuestro caserío. Se decía que ella nos había vendido con los enemigos, pues al momento de la muerte de *Chelo*, ella era una de sus novias. *El Loco*, como le decíamos, se le metió al apartamento por el balcón. Ella vivía en un primer piso, lo que facilitaba el ingreso de cualquier persona. El *Loco* sacó su pistola, le apuntó, pero ella se cubrió con su hija más pequeña. Ella le suplicaba que no lo hiciera. Lo llamaba por su nombre de pila, pues a pesar de que estaba enmascarado, ella lo reconoció debido a los años de compartir unos con los otros. Él le decía que soltara la niña, pero ella nunca lo hizo, así que el *Loco* no vio más opción que dispararle en una de sus piernas. Después de ese suceso, varios de los muchachos dieron una visita casi suicida al residencial La Montaña y esparcieron plomo a diestra y siniestra. En ese residencial no vivía el que manejaba los hilos de los que nos habían disparado, pero era uno de sus territorios. Sabíamos que varios caseríos se habían confabulado para atacar al caserío más pequeño de Aguadilla, Las Muñecas, y uno de ellos era La Montaña.

Era la continuación de una guerra que había permanecido ignorada, la cual tenía visos de que terminaría muy mal. Una guerra que se había suscitado por el abuso pues, aunque muchos piensen que fue por el control del trasiego del narcotráfico como dicen en los noticiarios cuando no pueden o no quieren investigar las verdaderas razones de las matanzas que suceden a diario en nuestro país, no siempre es así. El verdadero comienzo de esta guerra sin sentido ocurrió en la playa de *Crash Boat*. Allí estaban los de Las Muñecas y varias personas importantes de los otros caseríos, entre ellos, el Congo y su gente. Era verano y no ir a la playa en verano significaba un sacrilegio.

También había gente común, como *Koki el barbero*. Él era un muchacho buena gente, no se metía con nadie, pero tenía un singular sentido del humor con el que se pasaba vacilándose a todo el mundo y eso, no era del agrado de todos. Incluso, en varias ocasiones fui una de sus víctimas, pero sus vacilones eran sanos. Ese día no era la excepción, *Koki* estaba con la gente del *Congo*, haciéndolos reír. Los de Las Muñecas se acercaron y de alguna manera el vacilón se dirigió hacia ellos. Dicha situación provocó que Salcedo le metiera una *bofetá* al pobre bufón que solo quería hacer reír al *Congo* y sus súbditos. Enseguida, las risas se convirtieron en reclamos y en amenazas entre los de allá y los de acá. *Koki* solo puso cara triste y permaneció en silencio, no podía hacer otra cosa.

Jun el Chota, uno de los principales asesores del *Congo*, quien adquirió el apellido de *Chota* cuando varios años después se sentó a declarar contra su jefe, llegó a Las Muñecas esa misma noche con la intención de arreglar el problema ocurrido en la playa. Habló con Ramón, pero este se negó a escucharlo. Contrario a lo esperado por *Jun*, pues había pensado que sería bien recibido en el lugar, le pusieron una pistola en la cabeza y le dijeron que se fuera si no quería que lo mataran allí mismo. La intención no era matarlo, pero como he dicho antes, una pistola no se saca si no se va a usar, pues se alienta al rival a que sí saque la suya y la utilice. *Jun* se marchó derrotado y con su orgullo lastimado. Unas horas después, pasaron por la parte delantera de Las Muñecas y dispararon varias veces hacia donde estaban los muchachos. El único que resultó herido fue el papá de *Sonny*, un señor mayor de edad. Agraciadamente, solo fue un rasguño en su oreja izquierda. De ahí en adelante, las palabras murieron para darle vida al plomo que venía de ambas direcciones.

Estaba en la habitación del hospital cuando vi llegar a varios policías. Pensé que venían a arrestarme por haber violado las condiciones de la probatoria, pues uno de sus requisitos era que no podía visitar Las Muñecas. Sin embargo, ese no era su interés, ellos ni siquiera sabían que me encontraba en probatoria. Me dijeron haber hallado una guagua quemada que tenía las mismas características de la que había sido utilizada para el atentado en nuestra contra. De forma sarcástica, me informaron que la habían encontrado en las cercanías del residencial La Montaña. Esperaban que yo respondiera algo sobre su insinuación. Solo los miré y les contesté, "Eso no es asunto mío".

Los agentes me miraron fijamente y me preguntaron si yo conocía a tal persona. Mencionaron un nombre de mujer que jamás había escuchado. Les respondí que no sabía de qué me hablaban. Mi intención era que se fueran rápido, pues tenía mi pistola debajo de la almohada. Al escuchar el apodo de la mujer fue que comprendí que me preguntaban por una exnovia de *Balato.* Ella había sido asesinada a puñaladas días después del tiroteo que hirió a cinco de nosotros y a un visitante. Ella había sido encontrada cerca del residencial La Montaña. Les pregunté si también me iban a acusar de eso, pues a menos que hubiera ocurrido un milagro, yo ni siquiera podía caminar. Se había convertido en costumbre vincularme con los crímenes que ocurrían en el área, pero solo era el chisme regular de la gente que no tenía nada que hacer, e inventaban historias para hacerse los interesantes. El hecho que les llamaba la atención era que ella había estado con Balato, sin embargo, eso tampoco tenía que ver con él, pues cuando eso ocurrió, él llevaba dos años en la cárcel. Luego arrestaron y acusaron a su pareja quien supuestamente estaba vinculado con el terrible hecho que la despojó de su vida. No obtuvieron nada de mí y se marcharon hacia las otras habitaciones en busca de obtener algún dato que los ayudara en la investigación.

Yo seguía esperando que los enemigos llegaran a terminar lo que habían empezado, nunca llegaron. Lo único que llegó a mis oídos fue que habían arrestado a varios de ellos en un puesto de gasolina, incluyendo al *Congo,* cuando aparentemente se disponían a realizar un segundo ataque. Desconozco si se dirigían hacia el hospital o hacia el caserío, lo único que sé es que les ocuparon más de diez armas de fuego en la guagua.

Pasaron los días y el dolor aumentaba, lo único que lo calmaba era la combinación milagrosa de *Demerol* y *Victaril.* Muchas veces me quejaba solo para que me medicaran. Tenía el brazo lleno de huellas de agujas.

Se suponía que no me inyectaran en los brazos, sino en las nalgas, pero yo tenía los brazos bastante gorditos para aguantar el medicamento. Los muchachos fueron siendo dados de alta. La cantidad de los hermanos que cuidaban nuestras espaldas fue reduciéndose drásticamente. El primero que fue dado de alta había sido el que había recibido dos impactos de bala, uno en el cuello y otro en el hombro. Me quedé en el mismo cuarto que *Cheo*, uno de los gemelos que había sido herido aquella noche. En una ocasión fue intervenido en el quirófano, aún tenía residuos de la anestesia en su cuerpo cuando llegó a la habitación. Llegó llorando y lo único que decía era mi nombre y que yo no iba a volver a caminar. Él y su hermano siempre demostraron un cariño genuino hacia mí. Repetía que yo no merecía eso. Me reía porque siempre he podido reír en medio de las peores circunstancias y porque era gracioso verlo hacer un análisis de lo ocurrido estando aún dormido por la anestesia. Él y su familia siempre ocuparán un lugar especial en mi corazón.

Las muchachas con las que mantenía una relación fueron a visitarme. Desagradable sorpresa para ellas fue encontrar allí a la madre de mis hijas. De más está decirles que decidieron culminar con los vínculos que tenían conmigo. En ese momento solo me importaba que me pusieran a funcionar de forma normal y que me dieran de alta. Estaba harto de estar en aquel lugar, mis negocios seguían funcionando, pero no de la misma manera. En medio de la situación había decidido aceptar a Dios, pero sabía que no duraría mucho en ese estado. Tenía la calle en mis venas y ella me llamaba insistentemente. No podía utilizar el celular porque me dijeron que la señal interfería con la maquinaria del hospital, pero lo utilizaba de todas maneras. Era importante mantener el contacto con mi gente para saber lo que estaba ocurriendo. Lo más triste era que tenía que hacer mis necesidades biológicas en pañales desechables. La pierna derecha no me funcionaba, no sentía los dedos, no los podía mover. Tenía que sostenerme con la pierna izquierda para poder hacer todo el proceso de limpieza y era la mamá de mis hijas quien lo llevaba a cabo.

Comencé a sentir que los dedos del pie izquierdo perdían movilidad. Los tenía muy hinchados. Le informé al médico, pero él dijo que no era nada. Varios días pasaron cuando otro médico se percató de que tenía un coágulo de sangre. Tenía la pierna inflamada, no la podía mover, me dolía y no podía realizar mis necesidades. Los médicos se alarmaron, eso fue lo que me asustó, pues ni siquiera sabía la gravedad que implicaba tener un coágulo de sangre. Llegó una de las jefas de los médicos y al examinar mi pierna, me dio su veredicto como cualquier verdugo barato. Me dijo: "Hay que amputar la pierna". La miré y poco me faltó para mentarle la madre. Le dije que nadie me tocaría la pierna, que no iba a convertirme en un ser que inspirara pena. Mi pierna derecha no me funcionaba y la izquierda, estaba sentenciada a morir. La primera visión que me llegó fue verme desplazándome sobre una patineta y pidiendo limosna. Mi negativa a que me amputaran la pierna fue rotunda, no había nada que pensar. La doctora me indicó los riesgos y las consecuencias que conllevaría ignorar su consejo. Me dijo que mi vida estaba en peligro, pues una de las consecuencias era la muerte. Le dije que prefería morir antes de quedar como un inválido que tuviese que depender de otros para subsistir. No señores, no iba a dejar que me cortaran la pierna.

Me transfirieron a la unidad de cuidado intensivo. Mi pierna parecía la de un elefante y su color había cambiado a morado. La doctora no se rindió, fue a verme de nuevo con varios doctores. Después de regañarme por ser tan testarudo, me dijo que existía una posibilidad de salvarme la pierna. Esa posibilidad implicaba el riesgo de perder la vida en el intento, pues el tratamiento consistía en administrarme un medicamento llamado *Estreptoquinasa*. Este medicamento licuaría aún más mi sangre. El riesgo consistía en que si había alguna herida interna que no hubiera sanado totalmente, el medicamento podría ocasionar una hemorragia que no tendría posibilidad de ser contenida. Al hablarme de los riesgos, inmediatamente me negué al tratamiento. Ella me dijo que de todas maneras moriría en aquella cama. No quería morir, tampoco quería perder mi pierna. Entonces aquella mujer con la que había tenido dos hijas, sabiamente dijo: "Yo siempre te he conocido como un hombre luchador, que no se rinde ante nada. Por lo que es preferible que mueras intentando salvarte, a que te llegue la muerte mientras estás en esa cama por el temor al riesgo". Tomé su palabra como un mandato. Era cierto, no le tenía miedo a nada, o al menos, eso intentaba aparentar, y, ¿ahora me iba a acobardar ante un medicamento? Acepté el reto, era un tratamiento experimental. Tenía que estar 72 horas con el medicamento viajando a través de mis venas. Ni siquiera podía afeitarme, cualquier herida que me causara se convertiría en una hemorragia y moriría desangrado. No permitía, ni quería, cerca de mí a los mosquitos, pues no deseaba que esos *tragasangres* se convirtieran en mis asesinos.

Debido a algún movimiento brusco que debí haber realizado, se desprendió el mecanismo conectado a la aguja que tenía incrustada en la piel. La sangre comenzó a brotar del tubo plástico como si se hubiera roto una tubería de agua en la calle. El chorro de sangre subía hasta el techo de la habitación, lo primero que dije fue la palabra preferida del puertorriqueño que rima con muñeca. Pensé que aquella insignificante agujita era la que iba a terminar con mi vida. Había salido ileso de tiroteos, de accidentes automovilísticos, había visto la cara de la muerte y me había burlado de ella, y ¿una pendeja aguja era la que me iba a matar? Comencé a gritar como todo un hombre, sí, nosotros también nos asustamos, gritamos y lloramos, así que la comparación que se hace cuando se utiliza la frase, "Lloré como una nena", está equivocada. De ahora en adelante aprenderé a decir que lloré como un varón. Estaba asustado, la doctora me había advertido de los riesgos del tratamiento. No lo tomé tan en serio como lo hice cuando pensé que me desangraría sobre aquella cama. Gritaba desesperadamente el nombre de la madre de mis hijas, ella llegó corriendo junto a una enfermera, que rápido conectó la manga transparente con la aguja y el pozo sanguíneo se contuvo. Aquella habitación era un desastre, el piso, las paredes, el techo, la cama y yo estábamos cubiertos de sangre. Parecía una escena extraída de una película de misterio. Unos días después, mi pierna regresó a la normalidad. Gracias a Dios, no tuvieron necesidad de amputarla.

Una vez me estabilizaron, me cambiaron de cuarto, ya no corría peligro, sin embargo, tenía que velar que el coágulo no volviera a formarse. Me llevaron a la sala de ortopedia para ver qué iban a hacer con lo que quedaba de mi cadera, que eran partículas, pues no había quedado una pieza sana. La radiografía de mi cadera reflejaba estar tan destrozada que mi interior parecía una réplica del *Big Bang*. El ortopeda era un conocido mío, me dijo que me iba a administrar anestesia general para que no sintiese dolor alguno. Me preguntó si quería escuchar alguna música en específico. Le contesté que pusiera un poco de *reggae*, e inmediatamente comencé a escuchar la voz de Bob Marley. Sentí la aguja atravesar mi piel, escuché al anestesiólogo contar en retroceso y me fui del mundo. Sentí que me sumergía en un mundo donde me transportaba a través de tubos similares a tubos de ensayo. La experiencia fue extraña pero divertida. Me deslizaba a través de los tubos como si estuviese en un parque de diversión y en el fondo, estaba Bob con su música. No sé cuánto tiempo estuve en ese estado, pero me sentía feliz.

El médico me había advertido que cuando despertara me iba a sentir extraño. No imaginé a lo que se refería hasta que desperté sobre una camilla que estaba ubicada en uno de los cuartos de monitoreo. Abrí mis ojos, no reconocí la figura corporal de la madre de mis hijas, cuando digo que no la reconocí, me refiero a que no podía descifrar qué cosa era. Me quedé observando mis manos durante 45 segundos aproximadamente, pero no podía discernir sobre el significado de aquellas dos masas, con cosas alargadas adheridas a ellas. Deslicé mi mirada sobre mis brazos, desde las manos hasta mi pecho. Todo lo que me rodeaba me parecía extraño, pero tan pronto mis ojos se posaron sobre mi pecho, comprendí lo que sucedía, y de la nada dije una frase que jamás olvidaré, dije: "Ah, es que estoy en un cuerpo". ¿Qué significado tenía esa frase? No lo sé, aunque después de eso comencé a interesarme por las cosas espirituales, no por las religiosas. Tal vez la anestesia abrió una puerta hacia otras dimensiones de conciencia o de existencia, como en la película *Flatliners*. Tal vez algún día obtenga la respuesta, pero ahora mismo solo tengo ideas vagas de lo ocurrido. De lo que sí estoy seguro es que ese día desperté a la realidad de que mi cuerpo es solo el vehículo con el que me desplazo sobre este hermoso planeta.

Llegó el momento de darme de alta. Llegué a mi casa. Mi habitación había sido preparada para mi nueva condición de impedido. Desconozco si ese es el término correcto para una persona en silla de ruedas, pero así me sentía. Estaba feliz de haber sobrevivido al atentado que provocó que la policía hallara casi 400 casquillos de balas. Sin embargo, no me sentía a gusto de tener que desplazarme en una silla de ruedas. Siempre había sido un hombre independiente. No me gustaba que nadie hiciera nada por mí, pues de esa manera no me sentía en deuda con nadie. Comenzó el proceso de adaptarme a las nuevas circunstancias que mi comportamiento pasado había provocado. Al principio, derramé las peores lágrimas que cualquier hombre o mujer puede derramar, lágrimas de autocompasión. Quería que los demás también sintieran lástima por mí y los hacía sentir culpables cuando no podía realizar alguna tarea y no recibía ayuda. Ese es el último sentimiento que cualquier ser humano quisiera provocar en los seres que lo rodean.

Lo único bueno de mi condición es que me había unido más a mis hijas. Dormía y despertaba con ellas. Jugaba *Play Station* con ellas, en especial con Grace, que era la mayor. Lo único que no me agradaba mucho era cuando aquella niña de solo cuatro años me ganaba. Yo le daba con mi codo en su brazo para tratar de descontrolarla, pero no lo lograba. Estoy casi seguro de que ella no sabía cómo me estaba venciendo, lo importante para ella era hacerlo y ver mi cara de perdedor, era un absoluto disfrute para ella. Disfrutaba estar con ellas, pero quería moverme por mi cuenta. Su mamá era la que me llevaba a todos lados. Yo quería mi independencia.

Una tarde le dije a mi mamá que me ayudara a subirme al carro. Al principio, ella no quería. No le quedó más remedio que ayudarme cuando vio que estaba dispuesto a hacerlo por mí mismo, aunque me lastimara. Me acomodé lo mejor que pude, comencé a probar los pedales con mi pie izquierdo, pues el derecho no funcionaba y no funciona aún. Encendí el motor de mi *Civic* blanco, el cual tenía los aros más brutales del momento y un equipo de música que era la envidia de muchos. Lo puse en *drive* y lentamente comencé a oprimir el acelerador con el dedo gordo de mi pie izquierdo. Miré a mami y le dije que no se preocupara, que solo iba a probar si podía manejar. Mis palabras no funcionaban con mami, ella había demostrado que sus aciertos eran mayores que los míos, pero a pesar de eso me fui. No sé de dónde vi venir un carro que al dar la curva para salir de mi casa, frené abruptamente, un poco más y me comía el cristal delantero. Mi cadera sufrió mi equivocación. Sentí que se me quería salir de la piel. Miré hacia atrás para ver si mami había visto lo acontecido. Sí, lo había visto todo y su rostro me dijo en silencio que por favor regresara, yo ignoré su súplica silenciosa y le dije adiós con una sonrisa. Manejé como todo un profesional, di un par de vueltas y regresé varias horas después. En el balcón me esperaba la madre de mis hijas y en lugar de alegrarse por el logro que recién había alcanzado, ardía de coraje. No entendí el por qué hasta que abrió la boca y comenzó a decir necedades. Su temor era que había descubierto el camino hacia mi independencia y que ya no la necesitaría.

Seguí supliendo a los muchachos de San Sebastián. Mi mano derecha, *Tito Cobarde*, nunca supe de dónde había salido ese apodo, siempre me fue leal. Tuve que cambiar algunas estrategias que fueran acorde con mi impedimento, para poder sobrevivir en el juego estando en silla de ruedas. Por ejemplo, me sorprendí muchísimo al enterarme de que la preocupación de muchos que me conocían era que tal vez, mi miembro viril no funcionase. Una noche en La Cabaña se acercó una muchacha para pedirme hacer una pregunta personal. No imaginaba de qué se trataba. Me preguntó si esa parte de mi cuerpo aún funcionaba. Le contesté, "No, ya no me funciona, pero yo soy un hombre de fe y tengo la certeza de que, si pones tu mano sobre la parte afectada y haces una oración, lo que está muerto, resucitará entre tus manos". Inmediatamente supo que estaba en un área de peligro y decidió irse, no sin antes decirme que yo seguía siendo el mismo charlatán de siempre. ¿Qué esperaba la gente, que una pierna lastimada me convirtiera en un impotente?

Estuve un mes y medio en el hospital y aproximadamente el mismo tiempo encamado en mi casa. Había bajado de peso en forma drástica. De 202 libras que pesaba antes de ser herido de bala, había bajado a solo 150 libras de peso.

El primer comentario que se le ocurrió esparcir a la gente sobre mi situación, fue que me había explotado el SIDA. O sea, me dieron un tiro, casi me muero en el hospital y lo que se les ocurrió decir a las personas era que ya no funcionaba de manera sexual y que el SIDA había hecho acto de presencia en mi vida. Ya estaba acostumbrado a vivir con todo tipo de chismes o bochinches. Sabía que lo que la gente no sabía, se lo inventaba. Me reía de casi todas las historias que escuchaba sobre mí, historias que yo mismo ignoraba, historias reales con escenas alteradas e invenciones mal intencionadas, provenientes de mentes maquiavélicas que solo procuraban crear disociación y caos en las vidas ajenas. A veces, una que otra historia falsa regresaba a la vida para crear situaciones negativas y así intentar destruirte.

Debes tener presente que si estás en la palestra pública del barrio, del caserío o de cualquier lugar sobre el cual el Punto tenga puestas sus garras, tienes que aprender a identificar el calor y el hedor que produce la presencia de las personas que solo desean acercarse con el propósito de hacer daño y empañar lo poco bueno que pueda quedar de ti. Ese tipo de personas abundan en ese mundo, solo desean verte caer, y son capaces de crear las situaciones idóneas para verte sumergido en la peor de las desgracias. Son vampiros que se alimentan del dolor y del sufrimiento de los demás. Lo único que se necesita para despertar su hambre desmedida es brillar más que ellos, así que cuidado con el que está a tu lado, pues podría ser uno de ellos.

37

"Cuando los malvados conspiran, los buenos deben planificar. Cuando los malvados queman y bombardean, los buenos construyen y unen. Cuando los malvados gritan palabras de odio, los buenos se comprometen con las glorias del amor. Donde los malvados pretenden perpetuar condiciones injustas, los buenos se ponen en pie de lucha, en busca de crear un verdadero estado de orden y de justicia".

Martin Luther King, Jr.

Waldy era uno de los mejores tipos que conocí en el ambiente del narcotráfico. No le deseaba el mal a ninguna persona y quería ver a todo el mundo progresar. A veces era tan bueno que se aprovechaban de él. Tenía varios secuaces que se hacían los fieles, pero yo sabía que se le irían a correr al primer problema que tuviera. Ante él, se hacían los más bravos, pero a sus espaldas eran solo un grupo de oportunistas y traidores. La mayoría de ellos esperaba verle caer para alimentarse de él, al igual que hacen las aves de rapiña con un cadáver. No tan solo lo querían a él, sino también a sus posesiones, incluyendo aquellas que no se pueden comprar con dinero.

A él se le dificultaba entender el hecho de que los individuos del bajo mundo me respetaran, aun en una silla de ruedas. Me habló sobre el tema con la intención de poder comprender aquello que para él resultaba un fenómeno. Le contesté que el respeto que yo infundía en los demás no provenía de mis piernas, sino de lo que yo había demostrado antes de que me quedara sin poder caminar. En ese mundo oscuro hay que implementar el terror para que las personas que están bajo tu mando se mantengan en línea, pero existen elementos importantes que no deben faltar, como el respeto y el cubrir cualquier necesidad que se les pueda presentar a ellos o a la comunidad. Esos detalles son los que te aseguran un puesto cómodo y de larga duración en ese mundo oscuro, aunque la realidad es que, en él, nada dura para siempre.

Al parecer, había otras personas que tenían esa misma percepción, que había que caminar para mantener el control y darse a respetar. Pensaban que no poder caminar me convertía en un tipo débil. Estaba en el pub La Cabaña, rodeado de mi gente y de Johanna, una chica muy hermosa del pueblo de Manatí. La gente que estaba en el pub me miraba raro y con insistencia. Imagino que se preguntaban cómo era posible que estando en silla de ruedas, tuviera tanta gente a mi alrededor y a una bella mujer a mi lado. El dinero y la notoriedad hacen maravillas, sí, porque no es fama lo que se obtiene cuando se brega en ese mundo, es notoriedad.

Estaba inundado de licor, mi mente no funcionaba igual, pero mis sentidos estaban muy alertas. Las Heineken comenzaron a mostrar uno de sus efectos secundarios y tuve que ir al baño. Los muchachos me ayudaron a entrar. Me encontraba solo cuando llegaron dos individuos. Uno de ellos era *Michael el Gordo*, un niño insignificante al que se le había metido en su cerebro la idea estúpida de que yo lo quería matar. Conocía de su descabellada e irracional idea porque cada vez que iba a visitar a Tita, una novia que tenía en el barrio Guerrero, sus vecinos, los padres de *Michael el Gordo*, cerraban puertas y ventanas. Al notar eso, le pregunté a ella a qué se debía aquella actitud. Mi novia me explicó que alguien le había dicho a Michael que yo la visitaba porque quería matarlo. No le presté importancia al comentario. Era solo un chamaquito y pensé que no representaba una amenaza para mí, pero a veces nos equivocamos. Recuerden que el miedo es un combustible poderoso para encender el motor de cualquier cobarde.

Al verlo dentro del baño junto a otro individuo supe que venían a reclamarme por lo que alguien le había puesto en la cabeza. Efectivamente, no me equivoqué. Comenzó a preguntarme si yo lo quería matar. Lo interrumpí abruptamente y con mucho coraje. Pensé, venir a donde mí a reclamarme, ahora que estoy en silla de ruedas, ¿con quién diablos se cree que está hablando el tipo este? Saqué mi pistola para que ellos vieran cuán seria era la situación. No quería darles oportunidad a que ellos sacaran las suyas primero. Mirando a Michael directo a los ojos y apuntándoles a ambos, le pregunté si él me debía dinero, si me había intentado matar, o si había hecho cualquier cosa en mi contra. Él respondió que no. Entonces, ¿por qué diablos querría yo matar a un tipo tan insignificante como tú?, le pregunté. Y le añadí: "No creas que porque esté en silla de ruedas vas a venir a apuntártela. Me avisas ahora mismo qué es lo que hay, si acaso quieres salir vivo de aquí." Él se disculpó conmigo, aunque sus piernas temblaban, a pesar de ello pudo salir rápidamente del baño hacia cualquiera que fuese su destino. Al salir del baño, me reuní con aquellos que creía mis amigos, los mismos que ni siquiera se percataron de que estuve a punto de convertirme en cadáver. Les conté lo sucedido y tuve que invertir gran parte de la noche en evitar que mataran al pobrecito de Michael.

No fue fácil acostumbrarme a la nueva vida de tener que desplazarme en una silla de ruedas. Quería vivir como si nada hubiese ocurrido. Frecuentaba mujeres, aunque tenía una familia en casa. Ella no era ninguna santa, pero sus actos no justificaban los míos. Solo quería ahogar el dolor que sentía al verme inútil. En algunas ocasiones, preferí estar muerto que verme prisionero en aquella cárcel sobre ruedas. No sabía lo que deseaba, no podía ver que aunque estar en una silla de ruedas no era una bendición, sí era un milagro que solo hubiese sido impactado por un solo proyectil, cuando habían disparado casi cuatrocientos. Conocía el refrán que dice "No hay mal que por bien no venga", pero en ese momento, no veía lo bueno en ninguna parte. Lo único bueno que había de mi nueva condición era el tiempo ilimitado que tenía para compartir con mis hijas. Su madre quedó embarazada nuevamente, realmente no era lo que yo quería, no por la criatura que venía, sino porque no estaba seguro de la duración de nuestra relación, y mi estadía en este mundo era incierta.

En realidad, había decidido regresar con ella en un momento en que no tenía las cosas claras. Había heridas en ambos, la relación entre nosotros era un caos. Era una guerra que esperaba en silencio para resurgir en cualquier oportunidad que se presentara. Ninguno de los dos había sanado de los ataques que nos habíamos propinado el uno al otro, por lo que aprovechábamos cada momento para lanzarnos saetas. Con todo lo negativo que había sucedido entre nosotros, resultaba imposible regresar a lo que había sido la relación en un principio. Ella sospechaba que yo estaba en mis andadas, en asuntos relacionados a mujeres, y ello generaba demasiados problemas en nuestra relación, pero como dije antes, ella no era ninguna santa, por lo que estaba imposibilitada de lanzarme la primera piedra. Entre ellas hubo una chica que nunca me abandonó, aún en los momentos más difíciles de mi vida, estuvo a mi lado. Cuando más frustrado me sentía, acudía a ella porque era la única que me entendía. Me veía llorar y no emitía juicios al respecto. Le confesaba mis pecados y no había penitencias que me obligara a cumplir. Ante ella no tenía que utilizar disfraces porque conocía muy bien al ser que se ocultaba tras la máscara de maleante. Ella sabía lo infeliz que me sentía en el mundo que habitaba. Sabía que buscaba una razón que desvaneciera mis miedos, para atreverme a abandonar la vida, para abrir la puerta que llevara al mundo de los muertos. No puedo decir que fuese el amor de mi vida, pero sí que era una compañera de viaje con la que podía contar para apoyarme en sus hombros en todo momento.

Luego de ella hubo otra chica con la que perdía la noción del tiempo cuando estábamos juntos. Era una chica de otra clase, no era de gustarle la calle. Estaba seguro de que se convertiría en una gran mujer, en una gran profesional y en una gran madre. Ella insistía en que incursionara en una vida diferente, que me convirtiera en un mejor hombre y que sacara a la superficie las capacidades y talentos que mantenía ocultos en algún cajón olvidado en mi interior. Veía en mí, un futuro muy distinto al que yo imaginaba. Realmente, no sé qué hacía con un tipo con mis características. Recuerdo la noche en que estuvimos juntos por primera vez, también era la primera vez que entregaba su cuerpo a un hombre. Me adentró en un mundo desconocido en el que todo era distinto. Sentía que mi piel atravesaba su piel, pero al mismo tiempo, mi alma podía sentir la suya. No quería que aquella noche terminara, pero tenía que llevarla a su casa. Le insistí que se quedara conmigo. Todos mis esfuerzos fueron en vano. Ella vivía con su madre y hermanos y no tenía autorización para pernoctar fuera de su casa. Habíamos llegado a su casa cuando recordó que había dejado su preciado reloj de *Precious Moments* en la habitación del motel. Al saber que era un reloj de plástico, minimicé el valor que tenía para ella y ofrecí comprarle otro porque no quería llegar tarde a mi casa, pero ella quería el suyo. La molesté un poco porque a su edad, todavía le gustaban los benditos *Precious Moments*. No tuve otra opción que regresar al motel para recuperar el reloj de la flaca. Después de dejarla en su hogar, me dirigí a mi casa. Al llegar, todo estaba normal. La madre de mis hijas ni siquiera notó que había sido ofrendado con las bondades de otra piel.

Sin embargo, otro día estaba con Waldy en el caserío Cuesta Vieja. Él fue el anfitrión del fiestón del Día de Reyes. Había comida, juego de dominós y muchas cervezas. Pasé todo el día con los muchachos. Allí descubrí que también podía utilizar el andador para desplazarme, aunque con la borrachera que tenía era mejor usar la silla de ruedas. Sabía que al llegar a la casa tendría problemas, pues el celular había estado apagado todo el día y había puesto el *beeper* en silencio. Era de noche cuando llegué a mi casa, llamé a la mamá de mis hijas y le dije susurrando, que me ayudara a bajar del carro. Ella se alteró y me reclamó por el estado en que me encontraba. Se acercó a la puerta del carro y me dio una *bofetá*. No pude hacer nada, al tratar de ponerme de pie para alcanzarla, se fue corriendo. Me acusó de que en esa condición pude haber estado con cualquier mujer, sin embargo, ese día estaba libre de pecado. Eso provocó la ruptura de nuestra relación, pero el embarazo hizo que lo volviésemos a intentar. Yo había crecido con el amor de mis dos padres, los cuales, con sus errores y aciertos, me dieron una buena crianza. Quería que la crianza de mis hijas no fuese diferente.

Nos mudamos para la urbanización Vista Verde. Allí no tendríamos la intervención de mis padres, que era la razón a la que ella apuntaba para justificar su constante estrés y malos humores. Las cosas habían cambiado, aunque no del todo. Me esforzaba para no caer en los brazos de otra mujer. Me pasaba en la casa viendo películas. Solo salía para hacer negocios, pues no quería que el propietario de la casa supiera de mi otra vida.

Una tarde llegué a la casa con unos video *cassettes* (VHS). Sin siquiera ver su contenido, ella me acusó de que en esos videos había grabaciones mías teniendo sexo con otras mujeres. Mencionó orgías, *threesomes* y todo tipo de relación sexual que fuese considerada una aberración. No creía el nivel tan extremo al que había llegado su imaginación. Sabía que ella estaba estimulada por los rumores y bochinches que afirmaban que esas grabaciones sí existían, pero no imaginaba que ella los creyese. Quiso arrancarlos de mis manos. No lo permití, terminé tirándolos contra el suelo, lo cual provocó que se desarmaran. Eso fue un grave error, pues ella pensó que los había roto porque había algo escondido en ellos. Le ofrecí dinero para que los llevara a *Blockbuster* y se los compusieran, para que así ella pudiera ver su contenido, pero eso no fue un disuasivo para su coraje. Me fastidió con el tema durante toda la tarde y continuó hasta la noche. Yo limpiaba y aceitaba una de mis armas debido a que tenía que estar listo para cualquier eventualidad. Solo la escuchaba refunfuñando y reclamándome por las supuestas grabaciones sexuales que, según ella, había en los videos

Su voz era como un dedo que golpeaba el gatillo de mi mente, la cual estaba aceitada y cargada. No quería que se activara el mecanismo que me haría cometer alguna estupidez. Llegó el momento en que ya no pude aguantar más, el cerebro se me desconectó y solo quería que se callara. Tenía el arma en mis manos, y no sé cómo ocurrió, pero terminé poniéndosela en la cabeza mientras le repetía que se callara. No era yo, estaba desquiciado. Mis nenas estaban en su habitación, ni siquiera había pensado en ellas. Solo quería que aquella discusión culminara. La invité a que se atreviera a pronunciar una palabra adicional. Ella sabía que era mejor quedarse callada, no le convenía acceder a mi estúpida petición que conllevaría a cometer una estupidez mayor. Ella conocía muy bien mis gestos cuando estaba próximo a perderme en el abismo de la locura momentánea que me alejaba del mundo de la sensatez. Se quedó callada, comenzó a llorar y mi mente volvió a su lugar.

Le doy gracias a Dios que no ocurrió ningún incidente que tuviera que lamentar. Jamás me lo hubiese perdonado, tampoco mis hijas hubieran podido perdonarme por haberles arrebatado a su madre.

A veces, las situaciones nos llevan a perder el control de nuestras emociones, pero no hay excusas que justifiquen la violencia de género. Los componentes de una relación deben respetarse uno al otro. Hallar alternativas a la violencia que se utiliza comúnmente para resolver los conflictos en el hogar, es nuestra obligación. En muchas ocasiones visualizamos a la mujer como una simple posesión. Es lo que los hombres hemos aprendido de generación en generación. Es la forma que se nos ha programado para funcionar en esta sociedad machista. Es por ello que hemos adoptado la violencia como herramienta para controlar, en lugar de abrazar la comunicación, para comprender y amar. No debemos utilizar el factor generacional como una excusa para seguir haciendo lo incorrecto, sino todo lo contrario, debería ser una alerta para despertar del sueño de ignorancia en el que hemos estado atrapados y cambiar lo que hasta ahora ha sido nuestro comportamiento. Nada justifica el aumento en las muertes de nuestras mujeres. Ni siquiera la infidelidad debería ser un motivo para quitarle la vida a una mujer. Ellas no solo son las columnas principales de toda sociedad, sino también de la raza humana, por lo tanto, deberían ser tratadas con el máximo de los respetos, aunque a veces, algunas de ellas no sepan dárselo. No hemos llegado aquí para destruir lo que Dios ha creado, eso lo puede hacer cualquier idiota, pero cuidar y valorar a esas criaturas que son nuestras compañeras de viaje sobre el terreno inhóspito de la vida física, eso requiere de verdadero coraje, y eso se desarrolla solo en los hombres verdaderos. Así que hombre, oxigena tu cerebro antes de poner una mano sobre una de ellas, es mejor detenerse antes de cometer un error por el cual te arrepientas el resto de la vida.

38

"No mido el éxito del hombre por la magnitud de sus victorias, sino por su capacidad de alcanzar la cima de su vida después de haber tocado el fondo del abismo de sus derrotas".

George S. Patton

Tomate y *Nesty* eran dos amigos que se la pasaban conmigo. Intentaba controlar mi medio ambiente y las personas que permitía en él. Ellos eran personas que no estaban de lleno en el mundo sobre el cual yo transitaba, aunque por mí, estaban dispuestos a ingresar cuando se los pidiera. *Cucho* me iba a presentar a un colombiano que quería trabajar conmigo, pero la condición que me imponía era que tenía que despegarme de la calle. O sea, tenía que aparentar ser un hombre de bien. Ello es un camuflaje necesario para los que quieren sobrevivir en el negocio, sin ser atrapados. A la mayoría de nosotros nos gustaba demostrar lo que teníamos, que éramos dueños y señores de ese mundo. Muchas veces aparentábamos tener más de lo que realmente teníamos. Era una forma de mostrar el poder sin la necesidad de exhibir las armas. El mensaje era el siguiente, si teníamos dinero para lujos, obviamente, teníamos el efectivo para comprar un arsenal para defendernos de cualquier ataque, aunque no fuese realidad. La idea era mantener al monstruo alejado. Ese detalle hacía que los enemigos lo pensaran muchas veces antes de intentar atacar. Estaba en el proceso de subir de nivel, pues mi condición de salud requería que no estuviese metido en puntos de droga en los cuales mi imposibilidad de caminar me convertía en una presa fácil.

Los muchachos eran los que se encargaban de transportarme a todos lados cuando yo no quería o no podía manejar. Eran los encargados de mover mi silla cuando había escaleras o cualquier cosa que impidiera mi acceso a los lugares.

Una noche en que estaba con *Tomate*, nos dijeron que en la casa de playa de *Conejo* celebraban la despedida de soltero de *David Corillo*, uno de los chamaquitos de Las Muñecas. Llegamos al portón principal que daba acceso a la casa, tocamos el timbre, cuando *Conejo* me identificó a través de las cámaras, me *dejó* entrar. Allí estábamos todos los muchachos, los que habíamos sido heridos en el tiroteo y los que habían salido ilesos. Todos bebían y se gozaban de las hermosas chicas que amenizaban la fiesta. Las dos mujeres que habían sido contratadas para alegrar el *party* estaban durísimas, pero a mí no me gustaba acercarme a mujeres de ese tipo. No tenía nada en contra de ellas, solo que no era la clase de mujer con la que estaría. Aunque a veces estuve con mujeres de peor clase, la única diferencia era que esas no tenían el título de *stripper*.

Una de las chicas, motivada por los presentes, se me trepó encima. Yo estaba en la silla de ruedas. Puso sus rodillas sobre mis muslos, el dolor que sentía era inmenso, la cadera aún no había sanado. Durante su ritual de danza, me golpeó con sus pechos en el rostro. No me pareció agradable, aunque a los demás les pareció graciosa mi reacción de desaprobación. No es que no me hubiese gustado, pero la maldita me quemó los cachetes con sus senos. David se veía muy gracioso vestido de bebé corriendo por toda la casa sobre un carrito de juguete, de eso existe un video para demostrarlo, pero lamentablemente está en poder de las autoridades federales. Ese video fue utilizado para intentar demostrar que, aunque muchos habíamos tomado caminos distintos en cuestión de la localización de los negocios, sí existía un vínculo entre todos nosotros. En realidad, lo único que nos unía era el frágil lazo de amistad que habíamos creado en nuestra niñez.

Yo era una persona que no demostraba emociones, sin embargo, la última experiencia cercana a la muerte me había sensibilizado bastante. Escuché que el DJ puso la canción que *Puff Daddy* le dedicó a *Biggie Smalls* cuando este último falleció víctima de un tiroteo. Se titula *I'll Be Misssing You*. No sé qué tenía aquella canción, que junto a la experiencia de ver aquella escena en la que muchos estábamos heridos, provocó en mí un llanto inexplicable. Justo ahí agradecí a Dios que todos estuviéramos vivos. Al salir de la casa hacia la piscina, noté que uno de los muchachos me miraba raro. No le aparté la mirada en ningún momento. No supe descifrar el significado de su mirada, lo que sí sé es que su mirada me dio muy mala vibra. Él no era del caserío, era solo un arrimado que le *lambía* el ojo a *Serrucho* para sentirse parte del *corillo* y hacía lo que fuese, para demostrar su lealtad. Después de un rato de intercambiar miradas, sin decir palabra alguna, se cansó y se fue a beber con los demás.

Creo que el Teso y yo desperdiciamos una gran oportunidad para hablar sobre cualquier tema que nos estuviera molestando, pues en la actualidad no me interesa saber nada de esa vida, pues todo quedó en el pasado. Meses después vine a enterarme de que Manuel había tenido la ingeniosa idea de poner a algunos de ellos en mi contra, con el increíble y estúpido cuento de que yo le había prestado mis armas al *Congo* y que me había dejado dar un tiro en la cadera para que nadie me creyera responsable del tiroteo de Las Muñecas. Que eso saliera de la mente de Manuel, no me sorprende, lo que sí me sorprendió fue que hubiera gente de inteligencia tan escasa como para creer semejante disparate, y más si habían estado allí para ver el caos que formaron los que nos dispararon. Ellos le dieron a todo menos a lo que realmente querían darle. Nos salvamos de morir aquella noche, primero, por la misericordia del Gran Arquitecto y segundo, porque los gatilleros no pudieron controlar las armas que dispararon. Si hubiera deseado quedarme con todo y para concretar mi plan tuviera la necesidad de matarlos a todos, lo hubiera podido hacer sin la participación de la gente del *Congo*. Solo tenía que darle al tronco del árbol, y las florecitas se hubieran caído solitas, pero eso nunca estuvo en mi mente. Tenía ambiciones, pero tener el control total de mi caserío no era una de ellas. Una de mis ambiciones era salir de los puntos para moverme a un nivel en que hiciera más dinero, con el menor esfuerzo y riesgo posible.

La vida es un torbellino de situaciones conflictivas cuando se brega con droga. Te encontrarás con gente que no quiere esforzarse para estar a un nivel similar al que tú has llegado. Su deseo es quitarte del medio para ellos poder ocupar tu lugar, o sea, quítate tú pa' ponerme yo. Estaba harto de esa vida, no encontraba la forma de quitarme por mi propia cuenta. Muchas veces, las personas contra quienes atentamos en el pasado, aprovechan los momentos de debilidad para llevar a cabo cualquier venganza que tuviesen en sus corazones. Una de las razones por las cuales preferí aceptar el acuerdo de 5 años de probatoria, en lugar de 3 años de cárcel, los cuales hubiera cumplido en menos de 2 años, en la acusación sobre el arma y el *perico* que ocuparon en mi apartamento, era no estar a la merced de nadie que quisiera aprovechar mi ausencia para despojarme de lo que había logrado. Aceptar el tiempo de cárcel hubiera evitado muchas de las cosas que me ocurrieron mientras estuve en libertad bajo probatoria, tales como vincularme con delitos que no había cometido. Sin embargo, no tenía el don de ver el futuro. Si quería continuar con mis negocios desde la cárcel, tenía que cederle su control y manejo a alguien, y eso es peligroso. Muchas veces, dejan de reportarse y cuando sales, posiblemente te espera una guerra si deseas recuperar lo que considerabas tuyo. Además, cuando se está preso, la gente que te teme aprovecha para acusarte de otros delitos, los hayas cometido o no. Su único propósito es que nunca veas abrirse las puertas hacia la libertad.

Por otro lado, me metía cada vez más en la creencia de la santería. Una de esas personas me dijo que la vida que crecía dentro del vientre de mi compañera era un niño. Deseaba un niño, no porque no me encantaran las niñas, sino porque ya había cuatro niñas en el panorama, dos de ellas estaban reconocidas por mí, pero las otras dos habían sido reconocidas por las parejas de las damas con quienes las había procreado. Solo una de ellas, con quien tengo una relación increíble, conoce la verdad. La otra ni siquiera sospecha que quien la ha criado como padre, no es su padre verdadero. A su madre que no se preocupe, su secreto estará bien guardado, pues no tengo la intención de revelar la verdad, ni de destruir la vida que han construido, aunque haya sido cimentada sobre una mentira. No fue mi idea no reconocerla como mi hija, ni siquiera estuve de acuerdo, pero no podía hacer mucho para evitarlo. Reconozco que esta situación debe ser terrible, tanto para una niña o niño, como también para el padre que los haya reconocido como hijos. El dolor que debe sentir un padre al descubrir que a quien amó durante tantos años como hijo, no es su hijo en verdad, debe ser espantoso. Lo sé por experiencia propia. Conozco muy bien ese dolor.

Las predicciones de tener un niño fallaron. Mis cromosomas eran más fuertes que los santeros, pues estaban más inclinados hacia el lado femenino, razón por la que nació una hermosa niña a quien llamé Geoshelle. Ella nació en condiciones no muy agradables, pues nunca pudo contar con el apoyo, con el amor, ni con la presencia de su padre. A veces, nosotros mismos nos encargamos de construir paredes y barrotes que nos separaran de aquellos que más amamos. Proseguí mi vida con toda normalidad. Las salidas nocturnas no fallaban, la piel femenina tenía el poder de dominarme y sacarme de la seguridad que brindaban las paredes de mi hogar. Creo que tenía la necesidad de demostrarme que aún en la silla de ruedas podía conquistar mujeres. Recuerdo una de mis últimas noches junto a esa dama que todos llamamos libertad. Había sido invitado a un *party* que se llevaría a cabo en Mayagüez. Estarían varios de los artistas que hoy gozan de fama internacional. La realidad es que nunca he sido muy asiduo a perseguir artistas, pero tengo que reconocer que dichos artistas eran una buena carnada para que mis redes se llenaran de peces. Las chicas que frecuentaban esos lugares eran fenomenales y muchas de ellas iban dispuestas a todo. No estaba en mi carro, tuve que dejar mi carro en la urbanización Villa Alegría, cerca del lugar en donde *Sadistic* había sido asesinado. Aquel lugar no era el más seguro para dejar el carro y luego recogerlo a mitad de la madrugada, en silla de ruedas y borracho. De todos modos, me fui con uno de los muchachos. Llegamos a Mayagüez, tuvimos que subir una escalera debido a que el *party* era en el segundo nivel de un edificio que estaba ubicado justo al lado de la carretera número dos.

Al llegar, me presentaron con varios artistas de reggaetón, o como se le conocía antes, de *underground*. Uno de los que cautivó mi atención por ser una pareja dispareja y por su humildad, a pesar de que en aquel momento gozaban de mucha fama en Puerto Rico, fue el dúo de Charlie y Felito. Uno de ellos era un tipo alto y gordito y el otro era bajito, flaquito, pero con aspiraciones a engordar. Imagino que se retiraron o los retiró el tiempo, como ha hecho con muchos artistas cuyo paradero ya ni siquiera se conoce. Me los presentó un aspirante a cantante a quien conocía como MC Yito o Fade, lamentablemente, nunca logró su sueño. El lugar estaba lleno de mujeres, pero solo una capturó mi atención. Estaba de espaldas a mí. Vestía un traje hermoso, que dejaba al descubierto parte de su espalda. Su cabello cubría parte de la piel que no había podido cubrir la tela de su traje. Tal vez suene algo poético, pero la poesía es mi naturaleza, así que no pediré disculpas. Su piel parecía haber sido besada por una decena de lunas llenas. Su cabello lucía como un mar embravecido que desplegaba su furia sobre el azul de la tela que cubría sus carnes. Su aroma llenaba aquel lugar de cánticos celestes que me hacían olvidar el reggaetón que flagelaba mi sentido del oído. No podía contenerme, ella era como encontrarme con una imagen que había soñado todas las noches de mi vida.

Aún no había visto su rostro, entonces su cuerpo comenzó a girar en cámara lenta. Casi podía sentir la marejada de vientos que provocaba el movimiento en espiral de su cuerpo. Lo primero que alcancé a ver fue su mano, sostenía un trago del color del mar. Mi mirada fue en escalada como un alpinista que intenta alcanzar la cima de una montaña. Sus piernas, su cintura, pero al llegar a sus pechos, reconocí algo familiar en ellos que me indicaba que anteriormente había transitado aquellos senderos. Tal vez en alguna existencia anterior me había topado con los infiernos sudorosos de aquella piel. Al ver su rostro, entendí que no había sido en ninguna vida anterior, sino en esta misma. Era Lorraine, mi dama de la madrugada. Al verme, se acercó. Me preguntó si podía sentarse a mi lado. En cualquier otra ocasión le hubiera contestado que no, pues siempre me encargué de que nadie me viera con ella. Esa noche no era igual a las demás, presentía que algo malo me iba a suceder, que mis días estaban contados. Pensé que llegaría alguien a terminar con lo poco que me quedaba de vida. Por esa razón acepté no solo que se sentara, sino que lo hiciera sobre mí. La mayoría de los presentes que no conocían lo torcido de su pasado me miraban con envidia. Los que sí la conocían me llegaron a cuestionar, pero ¿quién era yo para criticarla cuando yo era peor? Esa noche no había juicios, estaba con la persona con quien no tenía que usar disfraces. Ella era lo que era y me permitía ser quien yo era en realidad.

Después de que terminó el *party*, me condujeron junto a Lorraine a la urbanización Villa Alegría, para recoger mi carro. Nos quedamos en el carro de los muchachos hasta que me aseguré de que no había nadie esperándome para darme las buenas noches a ritmo de plomo y pólvora. Acomodaron la silla en el baúl del carro y esperaron a que arrancara. Querían acompañarme a mi casa para velar que no me ocurriera nada en el camino, pero yo tenía otros planes. Deseaba perderme en la piel de mi dama de madrugada. Quería sentir su piel colisionar con la mía. Perderme en su aliento y sudor me salvaban momentáneamente del caos que era mi vida.

Llegamos a la urbanización en donde ella residía. Estacioné el carro frente a su casa. Sabía que necesitaba hacer la movida allí, en aquel lugar, pues era imposible que entrase a su casa con su mamá y sus hermanos durmiendo en su interior. Eran casi las cuatro de la madrugada, por lo que las calles estaban desiertas y silenciosas. La besé, ella se subió sobre mí, cabalgó con furia y rapidez, como quien huye sabiendo que su vida depende de ello. Me encantaría darles los detalles de esa noche, pero dicen que, para esas cosas, un caballero no tiene memoria. Solo les diré que de todas las madrugadas que pasé junto a ella, aquella fue la más espectacular. Tal vez sea porque fue la última vez que me vi en la oscuridad que había en sus ojos. Me despedí de su piel, de sus labios y de su aliento. En sus ojos quedó una lágrima que se negó a caer al vacío. Lo más probable es que ella también sentía que sería la última noche que me vería. No miré atrás, solo seguí hacia adelante, como lo haría cualquier viajero que piensa que algún día podría regresar.

Me dirigí a la casa en donde dormían mis hijas y su madre. Antes de llegar, me quité la camisa y le derramé una cerveza encima para tratar de que el aroma que Lorraine había dejado en mí, se desvaneciera. La tenía sobre todo mi cuerpo y sobre toda la ropa que cubría las carnes que ella hizo suyas, esa, y muchas noches anteriores. Tuve que ducharme para intentar lavar los pecados que había consumado en los infiernos ardientes de su piel. Me acosté junto a la madre de mis hijas. Estoy seguro de que notó lo que ocurría, pero permaneció sufriendo en silencio mientras pretendía estar dormida.

Mi regla era no tener nada ilegal en la casa que pudiera afectar a mi familia. Mi preocupación mayor eran mis hijas. Sin embargo, una noche tuve que guardar toda la parafernalia que utilizaba para procesar el *perico*. Me refiero a las pesas, bolsas, los *stickers* que identificaban mi sello como Punto Rojo y el corte que utilizaba para adulterarlo. Esa misma noche vi pasar frente a mi casa un carro, con varios individuos enmascarados. Pasaron por el lugar mientras hacían ruido y salían por las ventanas del carro. Su actitud me indicaba que no eran maleantes, aun así, llamé a uno de los muchachos para que me llevara un par de armas. Mandé a mi compañera y a mis nenas hacia las habitaciones traseras de la casa. Me quedé en la sala, en espera de un posible ataque. No estaba seguro de que algo fuese a ocurrir, pero en ese mundo de oscuridad todo es posible. Miraba a través de la ventana de cristal de la sala, como si hubiese consumido varios gramos de *perico*. No consumía lo que vendía, aunque a veces tuve que ignorar dicha regla. Dieron las doce de la noche, nada ocurrió. La calle estaba desierta, el problema de la casa en la que vivía era que todos tenían que pasar por allí y ya muchos sabían que Geo vivía en la casa de los leones.

Decidí llamar a la mamá de las nenas para que me ayudara a guardar las armas, pues pensé que, si no eran los maleantes, tal vez podían ser los chicos de azul para obligarme a armarme, para llegar de sorpresa al día siguiente. Levanté la barra que dividía la cocina y el comedor, y ella puso la 9 milímetros y la Intratek debajo del mueble. Mi mente siempre tejía eventos futuros, muchos nunca se materializaron. Ello era una forma de sobrevivir, o por los menos, de intentarlo. Me fui a dormir, al día siguiente tenía que llevar a la mamá de mis nenas a una cita de seguimiento con su ginecólogo, para ver cómo seguía su embarazo. Me quedé dormido casi de inmediato, como si hubiese sido un niño cuya vida está libre de problemas.

No recuerdo la hora específica, debían ser alrededor de las seis o siete de la mañana. La mañana estaba clara, el sol había despertado para convertir la madrugada en día. Lo que nunca olvidaré, es la fecha de ese día. Era el 4 de febrero de 1998. La mamá de mis nenas llegó hasta la cama y me despertó bruscamente. Desperté asustado, le tenía dicho que nunca me levantará de esa manera. La escuché decir: "Despierta, despierta que tío Quintín está tocando a la puerta". Le contesté que tal vez era para lo de un negocio que ellos tenían con una herencia de un terreno. Se me había borrado de la mente que su tío era de uno de los agentes de homicidios más conocidos del área. Ella me contestó que estaba junto a un montón de guardias. Me levanté rápidamente, me subí a la silla de ruedas y escondí en el cajón de juguetes de mis hijas, los utensilios para procesar la cocaína.

Ella me dijo que con los agentes también estaba su mamá. Eso no lo podía comprender. ¿Qué hacía Mildred con aquellos agentes? ¿De qué se trataba todo el asunto? No tardaría en averiguarlo. Escuché a los agentes gritar que no disparara, que no querían lastimar a mis hijas. Mildred lloraba en una esquina, pero no tenía intención de batirme a tiros con la guardia. Estaba en desventaja y mis hijas no podían pagar el precio de mis errores. Le dije a la mamá de mis hijas que abriera la puerta. Me fui al cuarto a vestirme, pues estaba seguro de que no era una visita cordial. Verlos a todos con sus armas en mano era un indicativo de que querían crucificarme. Uno de los agentes se metió en mi cuarto y lo boté como bolsa. Le dije que si no tenía una orden de registro, que se fuera para la sala y me esperara allí. El tipo, muy valientemente bajó su cabeza y se fue hacia la sala. Ya estaba vestido, pero no encontraba mis chanclas por ningún lado. De seguro eran los nervios que me habían cegado. Mi preocupación era que encontraran las armas, pues mi compañera no dejaba de mirar hacia la barra. La tuve que tomar del brazo y decirle que se quedara tranquila, que todo estaría bien.

El agente Pedro Colón Ríos me informó que estaba arrestado. No podía dejar de preguntar, sabiendo que había hecho muchas cosas ilegales, por cuál de ellas estaba siendo arrestado. Fue entonces cuando escuché la oración que me quitó todo el ánimo que me pudiera mantener en estado combativo. "Estás arrestado por asesinato en primer grado", dijo el agente. Bajé la cabeza y aunque no sabía lo que significaba eso de primer grado, al escuchar la palabra asesinato, pensé que me iba a podrir en la cárcel. Sin embargo, aunque la acusación había causado grandes estragos en mi interior, con la energía que me quedaba, alcancé a preguntar a quién había matado yo. No fue tanta la impresión cuando me dijo el nombre y los apellidos de mi supuesta víctima, como cuando dijo su apodo. Pues en la calle somos pocos los que nos conocemos por los nombres de pila. Caminamos sobre los derroteros oscuros de ese mundo, con seudónimos o apodos, tal vez para ocultar las debilidades de nuestras verdaderas identidades. Me dijo que estaba arrestado por el asesinato de José Hernández Jiménez. No sabía quién era esa persona. Al preguntarle a quién se refería, me respondió que se trataba de *Chelo*. Al escuchar el apodo, no pude hacer otra cosa que reírme ante la incredulidad de lo que estaba sucediendo. Había quedado boquiabierto, no podía creer que estuviera siendo acusado por el asesinato de *Chelo*. Lo miré y le dije que debía estar bromeando. Me contestó que no, que no era ninguna broma, que el asesino siempre regresaba al lugar de los hechos, y que yo estuve allí después del incidente. Era cierto, había estado en la escena del crimen, igual que decenas de personas que también querían conocer los pormenores de lo ocurrido. Lo más probable era que el o los asesinos también hayan estado allí, o mejor dicho, sí estuvieron allí, pero para Pedro Colón Ríos fue más sencillo fijarse en mí e ignorar a los verdaderos autores del crimen.

Tuve que irme y olvidarme de las chancletas, para que mi compañera no fuera a delatarme con su nerviosismo. Sin embargo, antes de marcharme con mi nueva escolta, le dije que sacara un pulpo del refrigerador, para hacer una ensalada a mi regreso. No me despedí de las nenas, no quería que vieran a su padre encadenado. Me preguntaba cómo diablos podían estar acusándome de unos hechos que no había cometido. Creía que cosas así no podían suceder en un sistema como el nuestro. Solo conocía una persona que había sido acusado inocentemente de una muerte que había ocurrido en la cárcel mientras él estaba preso, Abel, el fugitivo. Lo mío era solo un terrible error, tenía la seguridad de que todo se resolvería cuando me sometieran a una rueda de identificación, o a cualquier método científico que estuviese disponible.

Al salir de mi residencia vi que la calle estaba llena de agentes de la policía. Creo que era la primera vez que eso sucedía en la urbanización Vista Verde, y más en la casa número 364, que pertenecía a personas decentes. Era más de una veintena de agentes para arrestar a un pobre delincuente en silla de ruedas. Mayor fue mi sorpresa cuando me encontré con David *Corillo* en la patrulla. Le pregunté qué hacía allí, y me contestó que también había sido acusado por el asesinato de *Chelo*. Añadió que pensaba que la persona que nos había acusado era Salcedo. Yo estaba aturdido y confundido, no sabía que pensar. Otras veces había sido arrestado por delitos que sí había cometido y había salido airoso. Ello me hizo pensar que saldría mucho más fácil de éste, del cual yo no tenía nada que ver, que equivocado estaba.

Tenía nubarrones en la mente, trataba de recordar el lugar en el que había estado la noche en que asesinaron a *Chelo*, pero las lagunas que tenía eran muy profundas. Después de la experiencia del tiroteo en el cual resulté herido, mi memoria había creado cráteres en los cuales se habían perdido varios recuerdos. Soñaba con personas que venían a matarme y con detonaciones que me despertaban a media madrugada. En algunos de los sueños me enfrentaba a personas en un tiroteo, pero las detonaciones de mi arma eran como cuando se revienta un globo y los proyectiles salían del arma, pero víctimas de la gravedad, caían al suelo. Lo único que podía recordar sobre aquella noche, con claridad era que, después de un *jangueo* había llegado con *Tito Fat* al *Burger King*, en donde *Chelo* fue asesinado.

Llegamos al cuartel de Aguadilla, parecía haber una fiesta en aquel lugar. La prensa estaba presente para reportar el suceso. Varios agentes celebraban su aparente victoria. Fui conducido al cuarto de fichaje, ni siquiera me hicieron preguntas. Mis manos fueron impregnadas de tinta negra, pusieron bajo mi rostro, un cartel con números. No fui sometido a ninguna rueda de identificación, ni me dieron la oportunidad de defenderme de la acusación, ya todo estaba dicho. Fue entonces que comencé a sospechar que no llegaría a tiempo para la ensalada de pulpo. Le pregunté al agente que quién era la persona que me acusaba. Él me contestó que era Salcedo, era una confirmación de lo que me había dicho *Corillo*. De inmediato, basado en las múltiples películas que había visto, le pregunté si lo habían sometido a un detector de mentiras (polígrafo). Pedro Colón me contestó que sí. Le pregunté si lo había pasado y su respuesta fue nuevamente en afirmativo. No podía creer que aquel hijo de su madre, por no decir otra cosa, hubiera pasado el detector de mentiras. Allí, en aquel preciso momento, creyendo en lo que me había dicho el agente y en que el detector de mentiras era un artefacto que ellos tenían disponible para la búsqueda de la verdad, me hice disponible para someterme al escrutinio del polígrafo, pero el agente me dijo que no era necesario. La verdad es que Salcedo nunca fue sometido a ningún detector de mentiras y ellos, aunque no tenían a los verdaderos asesinos, tenían a quien querían, a su trofeo.

39

**"Cuando la voz de un enemigo acusa,
el silencio de un amigo condena".**

Anónimo

Fui conducido al tribunal y después de allí, me transportaron a la cárcel de Sabana Hoyos en Arecibo. Era como una pesadilla de la cual pensé despertar en algún momento, pero después de 22 años, 7 meses y 10 días, sigo atrapado en ella. La mayoría de las personas que estaban tras las sombras de aquellos barrotes me conocían o habían escuchado de mí. Para ellos, mi llegada a la cárcel había sido todo un acontecimiento. Eso había mantenido mi mente entretenida. Estaba sumariado, lo que significa que no pertenecía a la prisión porque no había sido sentenciado. Todavía tenía la oportunidad de salir libre bajo fianza, para ver el caso. La fianza era de solo doscientos cincuenta mil dólares; con el diez por ciento, solo pagaría veinticinco mil dólares. Sin embargo, tenían un truco bajo la manga que no me permitió salir bajo fianza. El agente Pedro Colón Ríos había informado falsamente que el arresto se había producido en el apartamento 5 del edificio 1 del residencial Las Muñecas. Su aseveración, aunque falsa, significaba una violación a mi probatoria. Anterior a ese arresto, se me había dado una oportunidad de no revocarme la probatoria cuando violé una de sus condiciones, al resultar herido de bala en el residencial Las Muñecas. Yo había dicho que la razón por la cual yo había estado esa noche allí, era porque mis hijas necesitaban un medicamento, lo cual debo admitir, era falso.

Yo ni siquiera vivía allí, no estaba en el contrato porque la mamá de las nenas me había despojado del apartamento por una orden judicial. Solo ella y las nenas vivían allí. Sin embargo, cuando decidimos reiniciar la relación, la convencí de entregar el apartamento en el caserío para mudarnos a la casa número 364 de la urbanización Vista Verde. Al momento de mi arresto, el apartamento en el que el agente Colón alegaba haberme arrestado, no tenía servicio de energía eléctrica, ni de agua. Aunque lo más importante que debo reseñar para demostrar que este agente mintió deliberadamente para que se me violentara mi derecho a estar libre bajo fianza mientras se celebraba el juicio, es que al momento de mi arresto me encontraba en silla de ruedas y mi apartamento estaba ubicado en el piso número tres. Entonces, ¿cómo podía yo subir y bajar todos los días de un apartamento ubicado en un tercer piso, si yo estaba incapacitado? Cuando mis amigos me subieron por una escalera que llegaba al segundo piso de un establecimiento en donde se ofrecía un *party*, la escalera era ancha y eran algunos diez escalones, contrario a la escalera del edificio donde estaba ubicado el apartamento. Ésta era angosta y requería subir más de cien escalones para llegar al apartamento. Mi probatoria no fue revocada de inmediato, pero había una vista de revocación de probatoria pautada y no tenía fianza, o sea, que podía pagar la fianza por el asesinato, pero permanecería en la cárcel por la falsa violación a la probatoria.

Al llegar a la cárcel, el líder del grupo que dominaba la institución fue a verme al módulo. Quería ver los papeles de mi acusación para confirmar el nombre del testigo. En esta ocasión no puedo llamarle *el chota*, porque *chota* es el que nos acusa de algo que hemos hecho, pero ese individuo era peor que un *chota*, era un ser despreciable, una rata que orinaba todo aquello que estuviese a su paso y no le fuera de utilidad. Si un tipo se te vira o te traiciona y te *chotea* de algo que tú sí hiciste, es algo terrible, pero la culpa es tuya por haber hecho una mala elección a la hora de cometer un delito. Sin embargo, cuando un maldito hijo de su madre te acusa de algo que no has hecho, y las autoridades se hacen cómplices de su mentira, eso está *mega cañón*, por no escribir otra cosa. La cara del líder de la cárcel valía un millón cuando leyó en el encasillado de los testigos el nombre de Hermes Salcedo Peña, vecino del pueblo de Aguadilla. Cuando Salcedo llegó a aquella cárcel, antes de activar su lengua y su maldad en mi contra, se jactaba de lo que había hecho y decía que no era matar, sino hacerlo y bregar con las consecuencias que ello trajera. Esas palabras lograron que Salcedo se ganara la confianza del líder y que se convirtiera en su mano derecha. Ver el nombre de su hombre de confianza como testigo, causó mucho pesar en aquel individuo, pero lo hecho estaba hecho. Es por eso que se dice que más vale un acto de verdad, que mil palabras de adorno.

Ninguno de los sumariados podía salir del módulo, sin embargo, yo salía a voluntad porque había gente de poder que me había dado carta libre para ello. Los muchachos que vivían junto a mí eran locos con empujar la silla de ruedas, para tener la oportunidad de salir del módulo. Al día siguiente, unas personas de la administración se me acercaron para hacerme la proposición de trasladarme a otra institución carcelaria. Me convencieron con mucha facilidad, solo tuvieron que decirme que estaría en un lugar similar a un hospital. Debido a la experiencia que había tenido en un hospital y la inexperiencia de estar en la cárcel, decidí aceptar de inmediato. En la actualidad, pienso que fue la mejor movida, pues en la cárcel de Sabana Hoyos estaba haciendo gestiones para enviarle al testigo un mensaje muy contundente a través de *Joito*, su hermano menor. Tenía las personas dispuestas a hacerlo como un favor para mí, aunque los favores de ese tipo no son gratuitos. El hermano no era una inocente palomita, así que no estaba violentando las enseñanzas que aprendí en el Punto. De más está decir que el mensaje sería escrito con la sangre de su hermanito. Eso me hubiera costado mucho más en cuanto a mi paz mental y mis procesos legales. En ese momento, mi mente todavía estaba atascada en resolver mis asuntos con violencia. La ignorancia y el poder son una mezcla peligrosa que nos hace cometer muchos errores.

Era el 6 de febrero de 1998 cuando fui trasladado al dormitorio médico del *Mostro Verde*, cárcel de máxima seguridad del complejo carcelario de Ponce. Al llegar fui depositado en una celda como se dispone de algo que no se desea. Era una celda de un tamaño similar al baño de una casa regular. Tenía su propia ducha, inodoro, lavamanos y un rectángulo de cemento con forma de tumba, en donde se suponía pusiera un *mattress* extremadamente delgado, en donde me acostaría para descansar. No se parecía en nada a mi cama de posiciones *Craftmatic*. La verdad es que aquel lugar, lo único que tenía de dormitorio médico, era el nombre. No había nadie con quién hablar, no tenía televisor, radio, ni nada con lo cual pudiera ahuyentar aquel terrible silencio que me atormentaba en las noches. En otras ocasiones me había sentido solo aun estando acompañado, pero nunca había experimentado la terrible y poderosa soledad que permeaba en aquella pequeña celda que se había convertido en mi mundo. Aquella soledad se agudizaba cuando la puerta de metal sólido, con una pequeña ventana de cristal de seguridad se cerraba, para aislarme de cualquier indicio de vida que existiera en el exterior de mi celda. Fue cuando supe que me habían engañado al presentarme el lugar como uno mejor que el que me encontraba.

El proceso judicial que se llevaba en mi contra continuó. Tito se negaba a declarar a mi favor. En una conversación telefónica le dije que tenía que hacerlo por nuestra amistad. Él tenía miedo de admitir que había estado conmigo hasta la madrugada y que había consumido bebidas alcohólicas, pues ello equivaldría a una violación de la probatoria que él cumplía por haber cometido un asalto a un puesto de gasolina. Fue entonces cuando Tito me preguntó que si había hablado con los demás. Furioso, le pregunté qué de quiénes hablaba, porque esa noche estábamos solos. Él me dijo que estaba equivocado, que esa noche estábamos con *Glory*, con Cinthia y con *Chamo el barbero*. Sus palabras restablecieron algún tipo de fusible en mi memoria, que había estado fundido, porque de inmediato recordé cada detalle de aquella noche. Recordé que se suponía que estuviese en un motel con *Glory* y que *Tito* no estuviese en el panorama. De haberme sumergido en las profundidades de la piel de aquella chica, hubiera tenido la coartada perfecta, ya que como algunos de ustedes deben saber y les mencioné antes, en los moteles anotan el número de la tablilla del carro y hay cámaras. En la mayoría de las ocasiones hablaba con alguno de los empleados, pues aquel lugar se había convertido en mi segunda casa y dicho empleado hubiera podido confirmar que estuve en aquel lugar en vez de estar en donde *Chelo* fue asesinado.

La misión era conseguir a mis acompañantes de aquella noche. No tenía manera de conseguirlos, pues la comunicación dentro de la cárcel era escasa, por no decir inexistente. Tuve que contratar al investigador privado Antonio Santana Avilés para que hiciera el trabajo de hallarlos y de tomar sus declaraciones. La conclusión de la investigación fue que cada uno de ellos aceptó haber estado conmigo la noche del asesinato de *Chelo*. Glory era prima de Luis López Lorenzo, una de las víctimas de intento de asesinato que estuvieron con *Chelo* la noche en que fue asesinado, por lo que no tenía razón alguna para mentir.

Hice todo lo posible para demostrar que no había tenido nada que ver ni con la planificación, ni con el asesinato de *Chelo*. Ni siquiera tenía conocimiento de lo que iba a suceder aquella noche. La gente de mi caserío había puesto en duda mi lealtad a la amistad que nos unía y ello equivalía a que quisieran matarme. También había cometido el grave error de fanfarronear sobre la cantidad de mis ganancias en el negocio. Era lógico que, si estas personas querían apoderarse de la fuente de mis ingresos, matar a *Chelo* era el plan perfecto para deshacerse de mí sin tener que matarme. Se decía que *Chelo* había asesinado a *Sadistic*, mi mejor amigo, por lo que definitivamente, las sospechas caerían sobre mí. A eso le llaman matar dos pájaros de un solo tiro. Lo que nunca imaginé fue que la Policía de Puerto Rico se prestara para esos fines. En realidad, no sé si fue un plan orquestado por los enemigos que un día creí amigos, pues nunca les adjudiqué ese nivel de inteligencia, o si fue el fruto de la obsesión que tenía conmigo el agente de la placa 7152, Pedro Colón, lo cual lo cegó al no permitirle ver lo que estaba a simple vista. Aún tengo la esperanza de que este agente decida algún día despojarse de la venda de sus ojos y de su mente, para ver los detalles que me exculpan de las acusaciones imputadas, y que tenga el valor de decir la verdad, pues solo la verdad le dará libertad a su conciencia. Se dice que errar es de humanos, pero aceptar y rectificar, es de valientes. De todas maneras, estaba en una situación muy compleja de la que se me hacía casi imposible salir. Sentía estar metiéndome en un túnel tan oscuro, en el cual ni siquiera podía divisar destello de luz alguna.

Tenía la mente, espíritu y cada uno de mis sentidos, incluido el extrasensorial, ocupados en sacarme de la situación en la que estaba atrapado. Me tomó años comprender que, a pesar de mi inocencia de los delitos imputados, yo mismo me había puesto en sus manos. No tenía que ver con el asesinato, ni siquiera tenía conocimiento de quiénes lo habían cometido, pero las acciones pasadas y estar metido de cabeza en el mundo del narcotráfico, me convirtieron en el candidato idóneo para que me fabricaran cualquier caso. Me condujeron sobre las tablas podridas de un patíbulo que nunca debió tener mis huellas. Cargaba una cruz ajena, como dice la canción, "*Unos cargan la cruz que otro debe cargar, así es la vida, así de irónica*", sin embargo, no era momento de lamentarme, sino de pelear para deshacerme de su peso, sin lanzarlo sobre nadie más. No hablar, no delatar a nadie, era parte del código que había aprendido de mi hermano. En mi niñez había acusado a mi hermano decenas de veces con mi mamá, cuando hacía algo indebido, eso duró hasta que él me atrapó fumando un cigarrillo. Estaba en un lugar frente al caserío, que le decían *los pollos*, manejaba una máquina de video juegos y me daba una *jalada* de un *Winston*, cuando a mi lado vi a Julio Ángel. Me preguntó si estaba fumando, le contesté que no con la cabeza, pues mi boca estaba llena de humo. Mi hermano no era tonto, así que me golpeó en el estómago y una bocanada de humo salió expulsada de mi boca. Me tenía en sus manos, amenazó con contarle a mami sobre mi fechoría, pero no llevó a cabo su plan, sino que aprovechó para enseñarme que delatar, acusar o *chotear* a otros para uno quedar bien o salir airoso de algún problema, no era un proceder de hombres y tampoco era bien visto en la calle. Al parecer, él sabía que todos los caminos me conducían a la calle, a la cárcel, o a la muerte, y por eso me estaba preparando para cuando llegara cualquiera de esas tres alternativas.

Aún recuerdo la primera visita que tuve en aquel lugar de múltiples sufrimientos y escasas libertades. Llegó mi excompañera junto a mis hijas. Me llevaron comestibles, cigarrillos, el televisor, radio y todo lo que se me permitía tener allí. La visita solo duró una hora, pero a mí me pareció que había durado una década, pues contaba cada segundo para que no se acabara. No había nadie más en espera de visita, sin embargo, al llegar el final de los sesenta minutos, el guardia llegó con una puntualidad infalible para decirme que se había terminado la visita. Me despedí, abracé a mis hijas como si tuviese el presentimiento de que no las volvería a ver. Me destrozó el alma cuando las vi marcharse (y hago fuerza para contener las lágrimas mientras escribo). Ellas no dejaban de mirar hacia atrás, Grace, la mayor, me hacía señas con las manos para que me fuera con ella, pero no podía. Ella no lo entendía y comenzó a llorar. Fue entonces cuando vi la primera puerta cerrarse. Los rostros de mis hijas se desvanecieron detrás de la insensibilidad de aquel portón de metal. Después de esa puerta, continué escuchando el sonido de las otras puertas de la cárcel que se abrían al paso de mi familia para vomitarla de sus entrañas. Al ver la tristeza que se había dibujado en los rostros de mis pequeñas hijas comprendí lo que significaba aquello que tanto mi madre me decía, "Uno no sabe lo que tiene, hasta que lo pierde".

En otra ocasión, durante otra visita, Grace sacó de su bolsillo un dólar, el único dinero que tenía. Me lo mostró y le pregunté, ¿Para qué quieres ese dólar, para comprar dulces? A lo que contestó: "No papi, es para dárselo al policía que está sentado allí, para que te deje ir conmigo". Traté de contener mis lágrimas mientras le explicaba que eso no se podía hacer, pero me fue imposible. Grace siempre fue increíble, muy desprendida y pendiente de los demás.

Transcurridos varios meses, dormía en la incomodidad de mi celda, cuando sentí el portón moverse mediante el mecanismo que se activaba desde la pecera, o sea, desde donde se encontraban los controles que le daban el poder al guardia de despojarnos o entregarnos las pocas libertades que teníamos los presos. Me asomé a la puerta para ver qué quería el guardia. Me indicó que me vistiera, no sabía la razón para ello, pues no tenía cita médica, ni nada parecido. Me acerqué a la pecera para asesorarme sobre lo que sucedía. El guardia me indicó que tenía cita en el tribunal. Le contesté que no tenía ninguna cita y que no iba para ningún lado. Aquel guardia, el oficial Torres, era uno que le encantaba hacerle la vida más difícil al preso y se había ganado mi odio. Fue entonces cuando vi en su cara un gesto que jamás olvidaré. Su composición facial se había configurado en una fotografía casi inamovible, entre la alegría y la burla. Solo alcancé a ver el movimiento de sus labios cuando me dijo: "Prepárate, que en admisiones te esperan los guardias para someterte otro asesinato". Al escuchar aquellas palabras y ver el gesto de aquel guardia que parecía disfrutar de mi desgracia, no pude contestarle para borrarle la sonrisa de la cara. No tenía palabras, o sí tenía palabras, pero ante aquella noticia, ni mi mente, ni ningún órgano de mi cuerpo funcionaba de manera normal. Mi intestino solo quería salirse de su entorno, quería vomitar todo lo que pudiera estar en su interior.

Me vestí y fui acompañado al área de admisiones, en donde me esperaban dos agentes de homicidios, uno de ellos era Quintín, el tío de la mamá de mis hijas. Me saludó, pero yo no tenía ánimo de nada. Solo quería saber de qué diablos se me acusaba. Le pregunté a Quintín y mi sorpresa fue grandísima cuando me contestó que estaba siendo acusado del asesinato de Osvaldo Jiménez Vélez, mejor conocido como *Oby*. No podía creer que fuera acusado por la muerte de quien un día fue mi amigo. Entonces regresó a mi memoria la conversación que había tenido con su viuda, cuando traté de evitar que esparciera rumores sin siquiera tener evidencia. Yo no tenía ningún motivo para asesinar a *Oby*, él siempre quiso protegerme y nunca hizo nada en mi contra. Me subieron al carro oficial en el que fueron a buscarme. Era un *Toyota Tercel* de dos puertas, muy incómodo y más, para una persona con un impedimento como el mío. Pasábamos por el pueblo de Yauco cuando tuvimos que detenernos en el paseo de emergencia.

Vomité toda la ansiedad que había provocado en mí el haber sido acusado de otro asesinato que no había cometido. Mi pensamiento inmediato fue, que estaría el resto de mi vida en la maldita prisión. Defenderme de algo que había hecho era posible, pero ¿cómo me defendía de algo de lo que no sabía nada al respecto? Fui acusado cuatro años después de que ocurrió el asesinato. Recordar el lugar exacto donde estuve la noche del asesinato me resultaba una tarea difícil, casi imposible. Lo único que pude recordar fue el lugar donde había estado cuando me enteré de que habían asesinado a *Oby*. Había llevado a la mamá de las nenas a la casa de su amiga Yania, en el barrio Caimital Bajo. Estábamos en la marquesina de su casa cuando llamó la mamá de su amiga para informarle que *Oby* estaba muerto. Todos nos consternamos ante el suceso. Fue cuando analicé que si había llevado a la mamá de las nenas a casa de su amiga era porque había estado con ella toda la noche.

Llegamos al cuartel, le pregunté a Quintín sobre la identidad del testigo que me acusaba. Mi asombro fue enorme cuando supe que el testigo era Manuel. Este individuo había sido testigo en contra de *Oby* en el 1991, por un intento de asesinato. *Oby* fue asesinado en el 1995, o sea que según este testigo, yo había decidido asesinar a *Oby* no sé por cuál razón, y encima de eso, ¿llevé conmigo a una persona que había sido testigo en dos ocasiones, para que eventualmente se convirtiera en testigo en mi contra? La realidad es que nunca he sido un genio, pero lo menos que haría, si fuese a cometer algún delito, sería ir acompañado de una persona quien era conocida como *chota*, por todos los del pueblo de Aguadilla y los del caserío Las Muñecas. Adjudicarme el asesinato de *Oby* era demasiado, pero creer que pude haberlo cometido en compañía de Manuel, era una gran estupidez.

Nunca olvidaré las palabras que me dijo Quintín mientras estaba en la celda del cuartel, en espera de que me sometieran el segundo cargo de asesinato. Sus palabras fueron las siguientes: "Geo, es que del árbol caído, todos quieren hacer leña". El gesto en su rostro me decía que comprendía muy bien que los delitos imputados eran fabricados, pero que no podía hacer nada por mí, pues sus manos estaban atadas. Me visualicé como el tronco de un árbol caído, en espera de que el tiempo me deshiciera. Sin embargo, nunca sospeché que la experiencia más terrible de mi vida, no solo me haría germinar, sino también florecer y dar frutos distintos a los frutos podridos que un día emergieron de mí.

El sufrimiento que tuve que enfrentar entre las paredes de mi celda me hizo colisionar con la palabra escrita. Ello me hizo enamorarme de las letras, de la poesía y de la vida. El dolor me convirtió en poeta, en escritor y en un mejor hombre. Hasta el momento he publicado cuatro libros y he participado en más de una decena de antologías poéticas a nivel internacional. La realidad es que los obstáculos están diseñados para probarnos, fortalecernos y extraer lo mejor de nuestro interior. Los obstáculos se presentarán una y otra vez, hasta que sean superados por nosotros. Es increíble que se pueda hallar la luz en medio de la oscuridad más densa de nuestras vidas.

El elemento más fundamental para que la luz se materialice, es la oscuridad; una depende de la otra, aunque parezca que son entes contrarios. A veces, nos es preciso tropezar para aprender a caminar y para dejar huellas que otros puedan seguir. Desconocía lo que la vida me tenía deparado en aquella celda repleta de soledades antiguas, en donde me vi en la obligación de encontrarme con mi yo verdadero, con aquel niño interior que había olvidado en mi viaje de creerme un *gánster*. Allí todavía estaba ese niño sensible, valiente y honrado que debió estar presente en cada camino que el destino me tuviese preparado. Allí estaba el niño bueno que lloraba debido a que no podía dormir tranquilo porque su boca había proferido alguna mala palabra. Allí se encontraba aquel niño que temía quedarse sin el abrigo y sin la protección de sus padres. Allí todavía estaba el niño que deseaba convertirse en una persona de bien, para cambiar su entorno y el de los demás. Sí, allí todavía estaba Geovanni bajo la piel del Geo que la calle había obligado a convertirse en un ser oscuro y duro, con el propósito de sobrevivir a los campos minados esparcidos sobre el asfalto del bajo mundo.

El cargo del asesinato de Osvaldo Jiménez Vélez me fue sometido a mí y a *Balato*. Ese día vi uno de mis carros estacionado en el cuartel. Estaba destruido, como muchas cosas en mi vida, eso ya no tenía la menor importancia para mí. La batalla que se llevaba a cabo era por mi vida, por mi libertad y eso era mucho más importante que cualquier pérdida material. Comí de *los pollos de Chano* por última vez. Sabía que nunca iba a regresar a mi casa. Me resultaba difícil defenderme de un caso de asesinato y ahora tendría que defenderme de dos. Una chica me reconoció en el cuartel y me preguntó que si era Geo. Le contesté que sí y enseguida le pregunté cómo me conocía. Ella contestó que la mayoría de las chicas de su caserío hablaban sobre mí. Sus palabras me llenaron de un orgullo que, muchos años después, entendí era solo vanidad. Hablaban sobre mí porque era el chico del momento en la porquería del narcotráfico, pero la realidad es que solo era un muñeco que el Punto manejaba a su antojo. No tenía fama, sino notoriedad por las estupideces que hacía, por dañar seres humanos con la droga que les vendía y ellos a su vez, destruían a otros para obtener el dinero para comprarla. Ayer escuché que la gente lastimada, lastima a otra gente. Esa era la realidad de mi vida, el *glamour* y la felicidad que mostraba al desplazarme sobre las pasarelas de ese mundo solo eran superficiales, en el interior estaba vacío y solo. Era una simple hoja seca a merced del viento, un sepulcro blanqueado, no tenía metas, no tenía sueños, solo vivía porque respiraba. Muchas veces deseé estar muerto, pero gracias al Creador que no fue así, pues de haber muerto me hubiera privado de descubrir las grandezas que estaban ocultas en mi interior, las que han emergido por la necesidad de construir puertas, en donde otros ven paredes.

Al llegar a mi celda en el *Mostro Verde*, no sabía cómo iba a lidiar con mi nueva situación. El investigador Antonio Santana Avilés encontró a las personas que estaban conmigo la noche en que ocurrió el asesinato de *Chelo*. Ellos le dijeron lo que había sucedido aquella noche, ninguno de nosotros estaba cerca del lugar en donde ocurrió el asesinato y en ningún momento nos habíamos separado. Por lo tanto, era imposible que yo hubiese cometido o tenido que ver con la muerte de *Chelo*. Como le dijo *Tito Fat* al licenciado Antonio Sagardía cuando lo contraté por diez mil dólares para reabrir el caso, cosa que no hizo, "La única forma en que Geo hubiera podido cometer ese asesinato, es que él tenga el poder de estar en dos lugares a la misma vez". Ellos tenían miedo de hablar en un caso criminal, pues tenían el concepto equivocado de que ser testigo a favor de un acusado era condenado por el bajo mundo. Las declaraciones que se les solicitaron a estas personas no implicaban acusar a nadie, pues no me valgo de esas artimañas para salir de mis problemas, nunca lo he hecho y nunca lo haré. Lo único que se les requería era que dijeran la verdad sobre mi paradero en la noche del asesinato. La mamá de Cinthia, aunque no estaba muy contenta porque la noche en que ocurrió el incidente, Cinthia se suponía que estuviese en la casa de Glory, no de *jangueo* con gente como nosotros, le dijo al investigador que, si su hija sabía que había una persona presa inocentemente, ella tendría la obligación de decir la verdad. Sin embargo, su novio, quien era sobrino del jefe de homicidios del área de Aguadilla, Ariel Miranda Morganty, amenazó al investigador Santana, al decirle que sería arrestado por su tío, si volvía a acercarse a Cinthia.

La intervención indebida con los testigos había comenzado. De repente, según lo que me informó mi antiguo abogado, José M. Cruz Ellis, los testigos se negaban a testificar. Le dije que sometiera una moción para que el tribunal los obligase a decir la verdad. Me contestó que no era bien visto por un tribunal que la defensa tuviese que obligar a sus propios testigos a declarar. Sin embargo, no había otra alternativa. Así que sometimos una moción para que los testigos se presentaran en el tribunal. El 29 de agosto de 1998 me sometí a un examen poligráfico. El análisis fue conducido por el poligrafista José A. Meléndez Aponte. No tenía por qué tener miedo, pues estaba acompañado por la verdad, sin embargo, estaba sumamente nervioso. Pensaba que aquel artefacto podría fallar, y si eso ocurría, nadie me iba a creer que yo no había participado ni en la planificación, ni en la comisión del asesinato de *Chelo*. Me hizo todas las preguntas concernientes al asesinato de *Chelo*. ¿Tuviste que ver con la planificación del asesinato de *Chelo*? Mi contestación fue no. ¿Tenías conocimiento de que esa noche iban a asesinar a *Chelo*? Le respondí que no. ¿Sabías quién iba a matar a *Chelo*? Contesté que no. ¿Asesinaste a *Chelo*? Le contesté enérgicamente que no. Creo que la última pregunta fue que si esa noche había disparado un arma de fuego y mi respuesta fue no, también.

Me quitó todos los instrumentos de medición del detector de mentiras y se retiró para analizar los resultados. Eso ocurrió en una oficina del *Mostro Verde*, fue la única vez que mi abogado me visitó en la cárcel, el resto de las entrevistas que tuve con él se llevaron a cabo en la oficina de los alguaciles del tribunal, a solo minutos de que comenzara el proceso pautado para ese día. Estaba impaciente por escuchar los resultados de la prueba poligráfica. De repente, entró el poligrafista, lanzó los papeles sobre el escritorio y dijo: "Me traen aquí para perder el tiempo, para escuchar las mentiras de este individuo". Me miró y me preguntó que si yo creía que lo iba a engañar. Le devolví la mirada con mucha incredulidad. No había matado a *Chelo* y no había tenido nada que ver con la planificación de su muerte y, ¿este individuo, al que yo contraté, me acusaba de ser un embustero? Casi me paro de la silla de ruedas para partirle la cara. Lo miré directo a sus ojos y muy molesto le dije: "Tu máquina es una porquería, no sirve para nada. Busca un polígrafo nuevo para que me hagas la prueba otra vez porque yo estoy diciendo la verdad y tu aparato no es capaz de diferenciar lo falso de lo verdadero. Y no creo que estés perdiendo tu maldito tiempo, ya que, por estar aquí, te pagué 875 dólares". Me miró, se sonrió y me dijo que esa era la reacción que esperaba ver en mí. Me explicó que sí había pasado la prueba del detector de mentiras, pero ese mecanismo final era para medir mi reacción, la realidad es que sentí un gran alivio al saber que sus argumentos finales habían sido parte de la prueba.

Pensé que el resultado del polígrafo me ayudaría a salir de aquel infierno en que la vida me había colocado, pero no fue así. Sometimos una moción para someterme al análisis de un poligrafista del estado y que, a su vez, el testigo Hermes Salcedo Peña fuese sometido también al mismo, sin embargo, la fiscalía se negó a someter a su testigo estrella al polígrafo. No querían hacerlo atravesar ese suplicio. ¿Acaso no es el Departamento de Justicia un ente buscador de la verdad? ¿Acaso no debe el buscador de la verdad utilizar todos los medios disponibles para encontrarla? Se valieron de una jurisprudencia, o de un caso resuelto por el Tribunal Supremo, para indicar que el polígrafo no era admisible en un tribunal y para no someter a su testigo al escrutinio de una herramienta cuyo propósito es la consecución de la verdad. ¿Acaso mi disponibilidad voluntaria y la negación vehemente del testigo de cargo a someterse a un análisis poligráfico, no era un indicativo de quién decía la verdad, o de quién mentía? En uno de los tantos casos que he leído, vi esta frase: "En las obligaciones de un juzgado, siempre será preferible que un culpable escape antes, a que un inocente sufra". Lo más probable es que el fiscal Andrés Soto Morales nunca leyó sobre eso, o tal vez sí, sin embargo, no creo que lo haya convertido en una de sus guías a la hora de impartir justicia, pero ¿qué se puede esperar de un individuo que carece de lo que abunda en su segundo apellido?

40

"Abandonarse al dolor sin resistir, suicidarse para librarse de él, es abandonar el campo de batalla sin haber luchado".

Napoleón

El proceso judicial en mi contra continuaba. Tenía que viajar constantemente desde la cárcel de Ponce hasta el tribunal de Aguadilla y eso era extenuante, al estar en la condición de salud en que me encontraba. Al momento de mi arresto, mis heridas ni siquiera habían cicatrizado. Debido a la falsa información que había brindado el agente Pedro Colón concerniente a que mi arresto se llevó a cabo en el residencial Las Muñecas, se me negó mi derecho a salir libre bajo fianza para así tratar mi condición de salud. Debido a eso tuve que esperar seis largos años para que fuese intervenido quirúrgicamente, pero el daño ocasionado por el tiempo ya era irreversible. El proyectil había destrozado mi cadera y lacerado el nervio ciático, no el chino, ni el asiático, como dicen por ahí. Lo cual me causó una condición llamada *foot drop*. La imagen más acertada para describir dicha condición es un *pie caído*, sin ningún tipo de movimiento ni sensibilidad, por lo cual tendré que pasar el resto de mi vida padeciendo de lo que pudo evitarse, de haber sido tratado a tiempo.

Había transcurrido más de seis meses desde mi ingreso a la prisión. La salida de aquel lugar repleto de cuerpos que dejan sus almas en el proceso de admisión se veía cada vez más lejana. El abogado que me representaba comenzó a decirme que me declarara culpable de los cargos. Me decía que si perdía el proceso judicial, me enfrentaría a una condena mayor de los 198 años, ya que cada asesinato en primer grado, lo cual se refiere a que hubo premeditación para la comisión del delito, conlleva una condena de 99 años. Declararme culpable no era una alternativa para mí. ¿Cómo diablos me iba a declarar culpable de dos delitos que no había cometido? Así me tuvo durante varios meses. Su insistencia en que aceptara culpabilidad de los delitos por los cuales estaba siendo acusado significaba solo una cosa, que mi defensor, mi escudero, el que se suponía que fuera un guerrero diestro en las batallas libradas en aquel tribunal, un territorio inhóspito y desconocido para mí, se había rendido. Que mi abogado se hubiera rendido sin siquiera haber comenzado la batalla, me dejaba en una posición de desventaja ante el monstruoso poder del Departamento de Justicia.

319

A pesar de la rendición de mi escudero, yo seguía en pie de lucha, empuñaba mi espada con fuerza y no había posibilidades de que huyera de aquel combate en el que apostaba mi vida. Una mañana, mientras me entrevistaba mi abogado en la atestada oficina de los alguaciles, llegó el agente Pedro Colón Ríos a realizar alguna de sus gestiones. Mi abogado me preguntó si podía mostrarle el resultado de la prueba de polígrafo a la que fui sometido. Le dije que lo hiciera para ver si así, él por fin se quitaba la venda que llevaba en sus ojos. El abogado se puso de pie y dijo: "Colón, quiero que veas los resultados de la prueba de polígrafo que le hicieron a Geo. Tienes a un hombre inocente tras las rejas". La respuesta inmediata del agente me resultó sorpresiva. "Muchas personas me han dicho que Geo no tiene que ver con el asesinato de *Chelo*, pero ninguno se atreve testificar a su favor". No pude resistir y tuve que abrir la boca. Le dije: "Entonces si como tú dices, hay tantas personas que dicen que soy inocente, ¿no crees que deberías hacer una investigación más exhaustiva para averiguar la verdad de todo este asunto?" Y como todo guardia que no quiere admitir su error, me dijo que la única puerta que me ofrecía era que me sentara a testificar. Me tuve que contener para no decirle bruto en la cara. Solo alcancé a preguntarle que si no se había fijado en la pregunta que se me hizo en el examen de polígrafo sobre que si había sido parte de la planificación del asesinato, a la cual respondí que no. No sabía quiénes habían matado a *Chelo* porque no había estado allí, ni ellos me lo habían dicho directamente. De todas maneras, de haber tenido conocimiento de lo que el oficial necesitaba saber, no se lo hubiera dicho, pues ese era su trabajo. El mío era salir del asunto sin tener que tirarle fango a nadie.

Lo único que sabía sobre la muerte de *Chelo* era lo que estaba en boca de todo el mundo, que Salcedo, el testigo de cargo, había dicho la verdad de cómo ocurrieron los acontecimientos que desembocaron en el asesinato de *Chelo*. Él solo había cambiado los nombres de los protagonistas que lo acompañaron aquella noche. No sé si era un convenio que tenían entre ellos para sacarme de circulación, o si la idea se le ocurrió a Salcedo, por la insistencia de Colón en involucrarme en el asesinato. Para el Departamento de Justicia solo basta que haya una persona dispuesta a señalar a otro por algún delito, para dejar caer todo el peso de la ley sobre el señalado. Ni siquiera indagan si esa persona que está allí cooperando con las autoridades, dice la verdad o si lo hace para librarse de las consecuencias de sus delitos al adjudicárselos a otro. O sea, que la inmunidad que les ofrece el Departamento de Justicia a estos individuos se ha convertido en una licencia para matar, o para cometer cualquier delito, pues una vez estos son atrapados, negocian su libertad, a cambio de entregar a cualquiera que tenga las cualidades para ser señalado. Estas personas están en ventaja ante el acusado, pues ellos conocen todos los pormenores del delito.

Lo único que tienen que hacer es hallar un candidato con el perfil adecuado, para que cumpla la sentencia por ellos y rogar que la persona no tenga una buena coartada para demostrar su inocencia. El sistema se convierte en cómplice al dejarse manipular de estas personas. Busque en el foro estatal cuántos casos de perjurio se le han sometido a testigos fraudulentos, o a cuántos oficiales o fiscales no comprometidos con la verdadera justicia, se les ha acusado de haber fabricado casos. Ni uno solo.

Esto debería ser un escándalo en nuestro país. Sin embargo, estos asuntos se mantienen ocultos bajo la alfombra. Así se engaña al pueblo, al proyectar que encierran a los culpables, cuando la verdad es que, en muchos casos, los que pagan por los asesinatos cometidos en Puerto Rico son los menos que tuvieron que ver con ellos. Piense en la tasa de crímenes resueltos en nuestro país, verá que es ridículamente baja, sin embargo, el agente estrella, el enviado de los dioses, el señor Pedro Colón, de un solo tiro había resuelto dos asesinatos con un mínimo esfuerzo. Parecía que de manera milagrosa todo le había caído en las manos, como una gran bendición, pero así sucede cuando lo único que se persigue es el beneficio personal, en lugar de buscar la verdad y la justicia.

¿Acaso no les parece extraño que este policía haya resuelto dos crímenes de una sola vez? Sin embargo, ni antes ni después de su logro, se supo que hubiera resuelto algún crimen importante. Al parecer, sus dones de gran investigador a lo Sherlock Holmes lo habían abandonado. A mí no me parece tan extraño, pues sé exactamente que mi desgracia era lo que él necesitaba para ascender en su carrera mediocre e insignificante como policía. Sin embargo, aquel que logra su éxito pisoteando y dañando a los demás, nunca dejará de ser un gran fracasado. Según él, tenía una persona importante del mundo del narcotráfico y eso le era suficiente para querer enviarlo a prisión por el resto de su vida. Pero, la pregunta debió ser, ¿Realmente había atrapado al autor de los dos crímenes por los cuales lo acusaba? Siempre me he preguntado si la conciencia del señor Pedro Colón Ríos le permitirá dormir en las noches.

Estas personas de supuesta honorabilidad y compromiso con la ley y el orden dependen en su totalidad de delincuentes que estén dispuestos a declarar contra otros delincuentes. Muchas veces, las pruebas señalan hacia otras personas como los verdaderos autores de un crimen, sin embargo, el testimonio de un delincuente va por encima de las pruebas científicas y de la evidencia recopilada en la escena del crimen. Poca importancia tiene para estos paladines de la justicia el hecho de que su testigo mienta. Lo único importante para ellos es la convicción de la persona acusada y los galardones que recibirán por haber resuelto un caso, aunque haya sido a costa de la libertad de un inocente.

Fui informado de que Ángel Díaz (Manuel) también había hecho una declaración en el caso que se llevaba en mi contra por el asesinato de *Chelo*. Dicha declaración fue anunciada como Declaración para Refutar Defensa de Coartada. No me da vergüenza admitir que ni siquiera conocía el significado de la palabra refutar. Por dicha razón, me vi en la obligación de preguntarle a mi abogado. Él me contestó que refutar significaba que el nuevo testigo confirmaría que yo había matado a *Chelo*. Su contestación me puso a temblar debido a que ya eran dos personas las que decían que yo había sido el asesino. Nunca tuve acceso a la declaración de Manuel para confirmar lo que me había dicho el abogado. Cometí un gravísimo error, confiar en que mi abogado estaba comprometido con la búsqueda de la verdad y con mi defensa.

Varios años después, cuando decidí ingresar al mundo de las letras, descubrí que el significado de la palabra refutar era uno muy distinto al que mi abogado me había dicho. Refutar, según el Diccionario de la Real Academia Española (RAE), significa: "contradecir unos hechos, o una versión de ellos". Fue cuando tuve acceso a la primera mitad de la declaración de Manuel y me llamó muchísimo la atención que en ningún lugar de esa declaración infería o señalaba que yo hubiera tenido alguna participación en el asesinato de *Chelo*. Transcurrieron más de 12 años para que pudiera obtener la declaración completa. Así confirmé que Manuel mentía de nuevo en cuanto a lo que decía en su declaración. Él declaró que había llegado con *Glory*, la chica con la que estuve hasta el amanecer, cuando ocurrió el asesinato de *Chelo*, pero en una pregunta que le hicieron en la misma declaración sobre a quiénes había visto en el lugar cuando llegó, contestó haberla visto en La Cabaña. Entonces, ¿cómo iba a incluir a una persona entre las que había visto en el lugar, si según él, había llegado con ella? La declaración en sí estaba repleta de contradicciones. Lejos de refutar mi coartada, la confirmaba, a pesar de las mentiras que había en ella. Solo había que navegar un poco sobre sus mentiras, comparar sus palabras con mi versión de los hechos, que me alejaban de la escena del crimen y podríamos decir, "Tierra a la vista". Lo que nunca encontré en su declaración fue que dijera que yo había asesinado a *Chelo*, tal y como me había informado mi abogado.

Llegó el día de escoger el jurado que decidiría sobre si podía o no conservar la libertad con la que había nacido. Los posibles jurados estaban presentes, también estaban presentes algunos de los testigos, pero yo lo desconocía, solo había alcanzado a ver a *Tito*. El abogado se me acercó, me dijo que después de escoger el jurado, no habría vuelta atrás. Aun teniendo el conocimiento de que yo era inocente, insistió en que debía reconsiderar la posibilidad de declararme culpable. Le contesté que no, que no me iba a declarar culpable de algo que no había cometido. Acceder a lo que me pedía mi abogado suponía una locura. En el pasado, mi pensamiento era que si una persona se declaraba culpable era porque lo era en realidad. Nunca había contemplado que a veces se está al borde del abismo de la muerte y se opta por la forma menos dolorosa de morir. Vimos esto el 11 de septiembre de 2001 cuando personas con todas las ganas de vivir, se vieron en la obligación de saltar del World Trade Center, ante la disyuntiva de la inminencia de morir quemados, o la posibilidad de que ocurriera un milagro antes de que se golpearan con el inmisericorde suelo de la ciudad de Nueva York. Estoy seguro de que cuando despertaron aquella mañana, jamás imaginaron que se verían en la posición de tener que decidir por la muerte menos dolorosa. Sin embargo, la vida nos lleva por caminos insospechados, a veces para redirigirnos y otras, para arrancarnos de este plano existencial. Estaba encadenado, a pesar de no poder caminar, creo que esa es la forma en que el hombre civilizado trata aquello que no puede entender, o lo que no puede controlar, aquello que le parece diferente. Nos encadenan y nos encierran como animales, con el propósito de evadir la realidad de la naturaleza que hay en cada uno de nosotros. No somos animales, simplemente estamos mal dirigidos. Nos bombardean constantemente con mensajes que nos dicen que para ser personas importantes y para hallar el amor verdadero, debemos acumular posesiones materiales. Sin embargo, nos pagan el salario mínimo federal cuando surge el milagro de poder hallar un trabajo, en este país de vidas *part-time*. Se nos esclaviza con las deudas en las que nos sumergimos para obtener todo aquello que queremos, pero no necesitamos. Nos programan para que seamos obreros, pero nunca para sobresalir más allá de los que han sido programados para dirigir (los hijos de papi y mami). Es por eso que cuando alguien, producto del sistema educativo público, llega a las esferas del poder, se resalta como un logro mayor, como un acontecimiento anómalo, pues el sistema está diseñado para que fracasemos. El sistema solo quiere títeres a los que pueda controlar, es por eso que cuando alguien se sale del redil y se libera de los hilos que lo mantienen atado a la mano que maneja el poder, se le señala, se le encadena y se le encierra, con el propósito de que le sirva de ejemplo a otros que quieran levantarse contra las normas establecidas de una sociedad.

Pensaba en los acontecimientos de mi vida que me llevaron a estar sentado en el banquillo de acusados. Siempre había soñado con una vida mejor, con ser un hombre que generara cambios para mi propio bienestar y el de todos a mi alrededor, pero allí estaba siendo procesado injustamente por el sistema en el que un día había confiado. El juez hizo su entrada a la sala, todos nos pusimos de pie para recibir al elegido de Dios en la tierra, para juzgar a los hombres.

La verdad es que muchos de ellos son hombres de bien, sin embargo, muchos otros hacen alarde de las honorabilidades del cargo que ocupan, para ocultar las des-honorabilidades que habitan debajo de la toga. Nuevamente, el abogado se me acercó para decirme que lo mejor era declararme culpable, para evitar una condena de más de 198 años si perdía en el proceso judicial al que me quería enfrentar. Lo miré y le dije enérgicamente que no me declararía culpable de algo que yo no había hecho. Me dijo que el ministerio público me había ofrecido una condena de 18 años por cada caso para un total de 40 años, al incluir los 4 años de la probatoria.

La abogada de *Corillo* pidió un turno para expresarse ante la corte. Después de presentar todos sus rituales de respeto ante la corte, procedió a decir que su cliente había llegado a un acuerdo con la fiscalía para declararse culpable de los hechos imputados, para cumplir una condena de 12 años por los mismos. Él tampoco había estado directamente involucrado con la muerte de *Chelo*, aunque él mismo admitió que era uno de los cazadores de esa noche, pero no estaba en el grupo de los que sí lograron alcanzar a la víctima. Si *Corillo* se había declarado culpable, de alguna manera reforzaba lo que decía Salcedo. Fue entonces cuando mis fuerzas para proseguir con el combate comenzaron a disminuir. Ese momento fue aprovechado al máximo por mi defensor, para convencerme de admitir culpabilidad por unos hechos que no habían sido convocados por mi mente, ni provocados por mis manos. Se me acercó una vez más y me susurró al oído, como el angelito y el diablito de las caricaturas, que estaba dispuesto a rebajar sus honorarios. Pecaré de ignorante, pero tengo que admitir que no sabía lo que eran honorarios y tuvo que decírmelo en el español que yo conocía. Me explicó que reduciría a 15 mil, el pago de 25 mil dólares que me había cobrado por sus servicios, si me declaraba culpable. Le dije que no me interesaba la reducción en el pago. Lo único que me interesaba era demostrar mi inocencia, para recuperar mi libertad.

Tan pronto *Corillo* terminó de declararse culpable de un asesinato que no había cometido, mi abogado solicitó unos segundos para hablar conmigo. Él sabía que ese era el momento perfecto para penetrar en mi psiquis y hacerme cambiar de opinión. Sin embargo, yo estaba firme en mi decisión, no me declararía culpable de algo que no había cometido, aunque eso significara enfrentarme al riesgo de perder mi libertad para siempre. Sin embargo, no se puede sacar pecho en un estadio en donde otro gladiador es el rey, no por su fuerza, sino por su experiencia y conocimiento del terreno.

Me miró como si me comprendiera y me dijo: "Te entiendo, sé que es difícil aceptar culpabilidad por algo de lo cual no se tiene ninguna responsabilidad. Geo, déjame decirte una cosa, te están ofreciendo 40 años por dos asesinatos, de los cuales me consta que eres inocente, sin embargo, no tenemos las pruebas para demostrar tu inocencia". Y utilizó el truco más bajo que cualquier ser humano puede utilizar. Se valió de mi talón de Aquiles, de mi familia, para hacerme tambalear ante mi decisión de enfrentar el proceso judicial por los cargos imputados. Me dijo mientras señalaba con su dedo: "Mira a tu familia, tu padre está enfermo, pronto tu mamá se quedará sola y no tendrá quien la ayude". Y añadió: "Mira a tu esposa, ella acaba de tener a tu tercera hija y ella va a necesitar de un padre. Tal vez tardes un poco en llegar, pero llegarás y no te perderás su crecimiento. Además, tu esposa está dispuesta a esperar por ti, si aceptas el acuerdo por una sentencia menor, pero te aseguro que nadie va a esperar por ti si te dan una sentencia de 198 años o más". Sabía que en parte tenía razón, nadie iba a esperar por mí, con una sentencia tan exorbitante como esa. Sin embargo, estaba dispuesto a correr el riesgo de perder mi libertad, tratando de recuperarla y de reivindicarme ante las personas que me veían como culpable.

No podía resultar culpable de algo que no había hecho. La justicia que había conocido no actuaba de esa manera. Siempre creí que los hombres que transitaban sobre los pasillos de los tribunales de mi país eran hombres justos, que no iban a permitir que un inocente sufriera por los agravios cometidos por otros. Pensé que preferirían dejar escapar a diez culpables antes de condenar a un inocente. Al parecer mi crecimiento viendo películas, me había programado para creer en la existencia de un sistema de justicia infalible y justo, pero esa no era la realidad a la que me enfrentaba. Era una manada de lobos que quería despedazarme. Nunca me he vendido como santo, pues ¿quién lo es? Lo que digo es que no es justo que un pecador sea juzgado por los pecados que otro cometió, si ese pecador debe ser condenado, debería ser por sus propios pecados y no por los ajenos, pues en ese caso, uno de los pecadores quedaría eximido de pagar por sus actos.

No iba a rendirme ante el temor de morir en una cárcel, ya estaba muerto, no tenía nada que perder. No hay peor guerrero que aquel que se rinde antes de haber llegado al campo de batalla, pero ¿qué podía hacer en aquel panorama en el que luchaba solo contra todo un ejército? Entendí que todo hombre tiene un punto débil, todo ser posee un talón de Aquiles. El mío era el dolor y el sufrimiento de mis seres queridos, cometí el error de mirar hacia las gradas en donde estaba casi toda mi familia, o debería decir toda, pues aquellos que no estaban, no cuentan. Vi a mi madre derramar un mar de lágrimas por su hijo que estaba a punto de ser colgado en una cruz, a cambio del Judas que saldría libre por haber contado sus mentiras. Al lado de mi madre estaba mi papá, con la mente algo perdida, pero se notaba la tristeza que cabalgaba en su mirada. La madre de mis hijas sostenía a

Geoshelle, nuestra hija más pequeña. Al mirarlos, no pude contenerme, ante la tristeza que las tenía de rehenes. Mis fuerzas flaquearon y me rendí ante la insistencia de mi defensor para que asumiera una responsabilidad que no me correspondía. Tuve que aceptar haber asesinado a quien no había matado. Las lágrimas que no había derramado durante los meses que llevaba encarcelado, las derramé en aquella sala. Me dolía asumir responsabilidad por algo que no había hecho, aunque el abogado me había dicho que, al declararme culpable, no lo estaba haciendo porque lo fuera, sino que era una declaración de culpabilidad por conveniencia, lo cual, según mi abogado, era muy diferente a las declaraciones de culpabilidad de los que sí eran culpables.

Al verme llorar, el abogado se me acercó para decirme que, si el juez detectaba que mi declaración de culpabilidad era de manera no voluntaria, podría retirar el acuerdo y obligarme a ver el juicio, en el cual enfrentaría la posibilidad de ser condenado a una sentencia mayor de 198 años, como él constantemente repetía. Escuchaba al juez hacerme preguntas y aunque contestaba adecuadamente, mi mente estaba en otro lugar. Me preguntó si me declaraba culpable libre y voluntariamente. No me quedó otra alternativa que contestar que sí, estaba automatizado. Solo seguía las instrucciones del Lcdo. Cruz Ellis, pues pensé que obraba para mis mejores intereses y no que, tal y como él le había dicho a mi compañera, no se iba a echar de enemigos a los miembros del tribunal, por un solo caso. Según él, todos los casos eran la misma novela, lo único que cambiaba eran los protagonistas. Sabía que él se había rendido, lo que no sabía era el porqué, jamás imaginé que me mentiría para manipularme y así obtener una declaración de culpabilidad que le evitara el trabajo de ver un juicio en su fondo y hacerse de enemigos innecesarios.

Acepté el acuerdo de culpabilidad por los dos asesinatos, pero tendría que regresar en una fecha posterior para recibir mi sentencia. La sentencia se desglosaría de la siguiente manera, 18 años por asesinato en segundo grado, otros 18 años por asesinato en segundo grado y 4 años por la revocación de probatoria, cuyo total sería de 40 años en prisión, de los cuales tal vez cumpliría menos de 20 años, antes de acogerme a algún privilegio. El abogado sabía que, si no me sentenciaban ese mismo día, me retractaría tan pronto pudiera pensar con claridad. Debido a ello solicitó que fuera sentenciado ese mismo día. Utilizó la excusa de que era para que no tuviera que seguir yendo al tribunal, ya que se me hacía muy difícil por mi condición de salud. El juez solo pudo sentenciarme por el asesinato de *Chelo* y revocarme la probatoria debido a que el caso del asesinato de *Oby* sería visto por otro juez en otra sala. Fui sentenciado a 22 años esa tarde. Sin embargo, al día siguiente tenía que regresar para la vista preliminar del otro caso.

Al llegar al *Mostro Verde*, llamé a la mamá de mis hijas para que hablara con el abogado sobre retirar el acuerdo que había hecho. Pensaba con mayor claridad y me había percatado que haberme declarado culpable del asesinato de *Chelo* había sido un gran error.

Al día siguiente, al llegar al tribunal, pude hablar con el Lcdo. Cruz Ellis, le dije que quería retirar el acuerdo. Me dijo que era imposible. Le contesté que no honraría un acuerdo que había hecho bajo presión. ¿Llevaba casi un año yendo de la cárcel al tribunal y viceversa, con la intención de demostrar mi inocencia, para echar todo por la borda en un día? Lo acusé de haberme engañado, pero él decía que lo hacía por mi bien, que era lo mejor para mí.

Mi mente estaba un poco perdida, mi padre estaba enfermo, mi hija menor había nacido y yo no estaba allí para cuidar de ella, ni de mis otras dos hijas. Enfrentaba una nueva vida encarcelado y en silla de ruedas. Estaba cansado de los viajes, de luchar y ser vencido una y otra vez, de gritar y no ser escuchado y para completar, tenía un abogado que no estaba dispuesto a mojarse para salvarme de aquel mar tormentoso en el que no merecía perecer.

Me dijo que, si yo quería exponerme a un juicio, lo hiciera en el caso de *Oby*, porque ya había sido sentenciado por el caso de *Chelo* y no podía retractarme. El abogado no era mi representante legal en el caso de *Oby*, pero decidió asumir dicho rol en la vista preliminar, al tener la idea de que solo iba a declararme culpable. Allí estaba el juez sobre su estrado, elevado por encima de los hombres, y Manuel, señalándome por pecados que no me pertenecían. Me levanté y le dije al juez que no quería ser representado por el abogado que me había vendido el día anterior. El juez me pidió que le explicara mi aseveración. Lo hice, pero aun así, dijo que el evento no había ocurrido en su sala, por lo que se veía imposibilitado de hacer algo al respecto. El abogado quiso renunciar allí mismo debido a las acusaciones que yo había lanzado en su contra, sobre haberme coaccionado u obligado mediante presión psicológica, a declararme culpable de un delito del que él muy bien sabía que yo era inocente. El juez no le permitió renunciar y en medio de nuestras rencillas, me representó en la vista. El testigo dio su versión de los hechos, pero el abogado no ripostó en ningún momento, parecía un monólogo del testigo. Hallaron causa para juicio debido a que en ningún momento se me defendió de los cargos imputados. Imagino que fue debido al coraje del abogado por haber expresado lo que me había hecho. Además, él no había ido preparado para ver un proceso, pues pensaba que solo me representaría mientras me declaraba culpable de otro asesinato que no había cometido. Fui citado para la lectura de acusación. Me esperaba un proceso largo, injusto y extenuante.

Había transcurrido casi un año desde mi arresto. El dinero que generaba de mis negocios ilícitos no llegaba como se suponía. Había dejado a cargo de mis negocios a un individuo a quien consideraba mi amigo, pero su lealtad y la cantidad de dinero comenzaron a disminuir. No tenía comunicación para controlar la calle desde la prisión, por lo que terminé perdiéndolo todo. Tenía algo de dinero, pero debido a la experiencia pasada, me declaré insolvente para que el tribunal me asignara a un abogado de oficio. Me asignaron al Lcdo. Cardona Ubiñas. En un momento dado, él me admitió no querer representarme debido a la animosidad que tenían los fiscales contra mí, por lo cual trató por todos los medios de que yo tomara la decisión de pedir que fuera retirado de mi defensa. Nunca pedí tal cosa, ni la asignación de otro representante legal, pues desconocía que pudiese hacerlo. Escogimos el jurado después de varios meses y comenzó el proceso judicial en mi contra. Era increíble ver que el tribunal permitía todas las atrocidades que Manuel inventó para poder vincularme con el asesinato de *Oby*. Como recordarán, Manuel había sido testigo contra *Oby* cuatro años antes de que fuera asesinado, o sea, en el año 1991, en un caso de intento de asesinato que se dio contra el dueño de una barra llamada Éxtasis. Haberse convertido en testigo a temprana edad, lo descartaba como participante de cualquier crimen, pues aquel que lo llevara consigo a cometer algún delito debía estar desquiciado o ajeno a lo sucedido, pues de seguro lo volvería a hacer. Aquel juicio estuvo plagado de mentiras e incongruencias y de muchas cosas que no debieron suceder, para así evitar que la apariencia de justicia que debe permear en todo tribunal se trastocara. Todo acusado se presume inocente hasta que se pruebe su culpabilidad, más allá de toda duda razonable, pero la presunción de inocencia no me cobijaba en aquel tribunal, pues yo había sido declarado culpable mucho antes de que fuese arrestado.

41

"El sonido de las armas a nuestro alrededor hace que sea difícil escuchar. Pero la voz humana es diferente a cualquier otro sonido. Puede ser escuchada sobre el ruido que sepulta los silencios, aun cuando no sea un grito, aun cuando sea solo un susurro. Porque aun el más leve susurro de un alma humana puede ser escuchado sobre una multitud de ejércitos, cuando está diciendo la verdad".

Película *The Interpreter*

Como les había dicho antes, Manuel era un hombre débil, sucumbía a cualquier estímulo externo que se le presentara de frente. Era un mentiroso compulsivo, aunque la realidad es que eso no ha desaparecido, a pesar de los años. Inventaba historias de todo tipo. Sus historias preferidas eran en las que le tocaba actuar como el malo de la película. Sin embargo, ese papel protagónico desaparecía cuando se topaba con las autoridades, en cuestión de segundos se convertía en el tipo bueno. No imaginan todos los cuentos que Manuel me hizo sobre las propiedades que había adquirido con el dinero de supuestos asaltos que había cometido y las personas que dijo haber asesinado, sin que apareciera un solo cuerpo. Una tarde, nos encontramos en la urbanización Villa Alegría, del pueblo de Aguadilla. Si bien recuerdo, yo estaba en mi *Honda*, me crucé con él cuando salía del lugar. Él estaba en un carro lujoso, no recuerdo la marca. Me detuvo para decirme alguna de las estupideces que salían de su mente y mientras me hablaba, golpeaba la parte externa de la puerta del conductor con la palma de su mano. Sabía que él deseaba que le preguntara por la procedencia del carro, pero yo me hice el loco para no seguir escuchando sus baboserías. Él insistió con vehemencia. Para escapar del asunto en el que la angosta calle me había metido, le hice la pregunta que él quería escuchar. Él me contestó que era suyo, que lo había comprado por diez mil dólares. Yo sabía que no era cierto, así que le hice una oferta para comprárselo. Le dije que le daría once mil dólares, para que se ganara alguito. Me dijo que no estaba en venta. Nos despedimos, nos fuimos cada uno por nuestro camino. Al cabo de dos días, lo vi a pie. No estaba sorprendido, pues sabía de la madeja de embustes que fabricaba su mente. Le pregunté por el carro que me había dicho que no estaba en venta. Al parecer, había olvidado la cantidad que me había dicho haber invertido en su compra y la cantidad que yo le había ofrecido, porque me contestó que lo había vendido en cinco mil dólares. Esta es una de las mentiras menos malévolas que surgieron de su mente.

Manuel no era un tipo malo, era más bien un tipo con la necesidad de que le demostraran afecto. Él provenía del pueblo de Guayama, junto a sus dos hermanos, todos tenían los mismos apellidos. Él era de tez blanca como su madre, su segundo hermano era negro y su hermano menor era color café con leche. Sé que tuvo que presenciar un desfile de padrastros que duraban solo un suspiro. No conozco sus interioridades, solo sé que él no estaba bien. Desde muy joven fue ingresado en la institución juvenil. Allí se tuvo que haber topado con situaciones extremas, pues adquirió un terror a la cárcel, que resulta incomprensible. Luego de esa experiencia, las veces que tuvo problemas con las autoridades, solo duró horas en la prisión. Había descubierto la manera de evadir las atrocidades que ocurrían tras aquellas paredes. Sabía que su lengua era la llave que abriría las puertas de la cárcel cuando tuviese la necesidad.

Estuvo en programas de rehabilitación por su adicción a las drogas y recibía tratamiento psicológico por las condiciones mentales que había desarrollado durante su niñez, o tal vez, las había heredado de su progenitora. Dichos rasgos eran más visibles en su hermano menor, a ese pobre muchacho le apodaban *El loco*, por su condición mental.

A pesar de todas las razones que lo descalificaban para ser un testigo creíble y confiable, allí estaba narrando los hechos que según él, ocurrieron el 22 de agosto de 1995, noche en que *Oby* fue asesinado. Declaró que había sido invitado por un individuo llamado Neftaly Colón Colón, quien nunca fue arrestado por dicho crimen, debido a que Manuel aseguró que había sido asesinado. Le invito a buscar ese nombre en algún documento del Registro Demográfico del área de Aguadilla. Si esta persona existió debe haber algún documento que haya registrado su nacimiento y su muerte. Le garantizo que no lo encontrará, pues tengo la sospecha de que fue un nombre inventado y un nombre inventado que nace de la mente perversa e insana de un individuo, no se registra en ningún lugar, excepto en una declaración jurada que fue avalada por el Departamento de Justicia.

Tengo entendido que en un documento federal surge el nombre de Neftaly Colón Colón, cuando Manuel declaró que viajó varias veces a la República Dominicana, para comprar kilos de *perico* y utilizó el nombre para cubrir su verdadera identidad. Además, afirma que ese nombre era utilizado por ellos cuando se metían en algún problema, o cuando querían realizar alguna fechoría. Aún estoy en busca de ese documento que creo que estuvo en manos del Licenciado Antonio Sagardía cuando me cobró diez mil dólares para representarme y lo único que hizo fue hablar con los fiscales de Aguadilla, para apercibirlos de que íbamos a radicar una solicitud de nuevo juicio. Luego de eso no hizo más y al pedirle que me devolviera los documentos, me contestó que no sabía de su paradero, o sea, no solo no terminó el trabajo para el cual fue contratado, sino que también me botó documentos importantes para mi defensa. La verdad es que siempre mantuvo su disponibilidad para ayudarme en cualquier otra cosa referente a mi situación legal, pero esa ayuda nunca llegó.

La segunda mentira de Manuel, la cual se puede corroborar mediante los documentos del mismo tribunal, fue que fuimos a matar a *Oby* en dos vehículos, él en un carro marca *Chevrolet Z-* 24 color azul, propiedad de *Balato*; Neftalí, *Balato*, Pumarejo y yo en una guagüita Hyundai color gris. O sea, que, según Manuel, planificamos un asesinato, fuimos acompañados de un testigo y no siendo suficiente con eso, en lugar de ir en un carro hurtado, como se acostumbra a hacer, fuimos en el vehículo de *Balato*, para que así los testigos presenciales hicieran una identificación más certera de nosotros. Sin embargo, los testigos, según el informe policial, describen que lo único que vieron abandonar el lugar a toda prisa, fue un carro pequeño color gris. En ningún documento existe relato alguno que describa un vehículo Z-24 color azul en la escena del crimen, ni en su cercanía. Del mismo informe surgió que dos días después del asesinato, mediante una confidencia, llegaron a una residencia en donde desmantelaban el carro gris que alegadamente fue utilizado para cometer el asesinato. El señor Neftaly Deliz Díaz, en cuya residencia estaba el carro, también fue arrestado y llevado al CIC del cuartel de Aguadilla, para ser interrogado como sospechoso del asesinato de *Oby*. Sobre este particular, nunca fui informado, fue mediante la poca información que había en el informe, que pudimos dar con este caballero, el cual ofreció toda la información que se necesitaba conocer. El mismo individuo hizo una declaración jurada para dejarnos saber los detalles de lo que había sucedido en aquella oficina y dicha declaración y su testimonio presencial fueron presentados como evidencia en una solicitud de nuevo juicio que tuvo lugar en el año 2014.

Manuel informó a las autoridades, mediante una declaración jurada y así lo testificó en pleno juicio, que seguíamos a *Oby* y que tan pronto se bajó del carro, entre *Balato*, *Puma* y yo comenzamos a dispararle hasta causarle la muerte. Sin embargo, según un informe policial, Francisco López Rosa, mejor conocido como *Papi Franki*, le informó a la policía que él y otras personas que lo acompañaban conversaron con Oby durante unos minutos, antes de que él decidiera ingresar al apartamento de Sharleem, su novia. Luego, Franki y sus acompañantes se dirigieron hacia un puesto de gasolina llamado Big John, ubicado bastante cerca del lugar en el que ocurrieron los hechos. Allí consumieron lo que compraron y fue al salir del establecimiento que escucharon las detonaciones. O sea, que entre la llegada de *Oby* a la casa de la novia y las detonaciones transcurrió un tiempo aproximado de 30 a 45 minutos. Por lo tanto, Manuel mintió, pues si la verdad era lo que él testificó en cuanto a que *Oby* fue asesinado tan pronto llegó al apartamento de su novia, ¿cómo pudieron estas personas hablar con él antes de que lo mataran? Y no solo eso, sino que esas personas también lo vieron ingresar en su apartamento. Esta declaración que se tomó el mismo día de los hechos debió derrotar la versión que dio Manuel cuatro años después, sin embargo, la justicia ignoró esa importante contradicción. Una de las cosas más descabelladas de todo este asunto fue que Manuel declaró que fuimos tres personas las que le dimos muerte a *Oby*, y que para ello, utilizamos armas de distintos calibres. Según el testigo, *Balato* utilizó un revolver 357, Pumarejo disparó una pistola 9mm y yo disparé una pistola calibre 380. Él testificó que todos le disparamos al mismo tiempo y que le seguimos disparando hasta matarlo. Sin embargo un detalle sumamente importante que fue ignorado, asumo que con toda la intención, fue que según el perito de balística y la evidencia hallada en la escena del crimen, según fue reseñado en el primer informe policial, la única arma utilizada para asesinar a *Oby* fue un arma calibre 380. En el mismo informe se hacía referencia a que el autor del crimen había sido una sola persona y no tres, ni cinco, como informó el testigo, producto de su mente enferma. En el cuerpo sí se halló otro proyectil que no era calibre 380, sin embargo, según la patóloga forense, este estaba encapsulado en tejido adiposo y aparentaba ser antiguo, lo cual indica que era imposible que fuese producto del ataque que le causó la muerte a *Oby*, el 22 de agosto de 1995. La realidad es que dicho proyectil pertenecía al incidente ocurrido en el año 1991, en el Éxtasis, en el cual *Oby* resultó herido en el abdomen. Entonces, mi pregunta es, ¿cómo el tribunal decidió creer en el testimonio de Manuel referente a que *Oby* había sido asesinado por tres individuos, con tres armas de distintos calibres, si solo hallaron en su cuerpo, 4 plomos y la evidencia científica y física indicaban la utilización de una sola arma de fuego y señalaban a un solo individuo como el autor del crimen?

El apartamento de Sharleem, la novia de *Oby*, estaba ubicado en el sótano del negocio *Chano's Super Cash*, en la calle Yagrumo de la Barriada Esteves. Para tener acceso a los dos apartamentos que había en el lugar se tenía que bajar por una escalera que daba a un estrecho pasillo sin salida. Manuel testificó que cuando le disparábamos a *Oby* estábamos en la parte superior de la escalera y él (la víctima), en la parte inferior, intentando llegar a la puerta del apartamento de su novia. Les voy a solicitar que se concentren en el ángulo desde el cual se disparó, según la versión del único testigo de cargo. Si el ataque hubiera ocurrido como dijo el testigo, que los tres autores del asesinato disparamos desde la parte superior de la escalera hacia la parte inferior de la misma, en donde se encontraba la víctima, la trayectoria de las heridas en el cuerpo de la víctima debió ser de arriba hacia abajo, ya que los atacantes se encontraban en un plano superior a la víctima. Sin embargo, todas las heridas, según la autopsia realizada por la Dra. María S. Conte, tenían una trayectoria de abajo hacia arriba. Por lo tanto, esta evidencia científica contradice el testimonio del testigo, pues el asesino debió encontrarse en un plano más bajo que la víctima, para que todas las heridas tuviesen la misma trayectoria. Lo que me lleva a formular la teoría de que, con gran probabilidad, *Oby* y su atacante estaban en el mismo apartamento, *Oby* huyo por su vida hacia la calle y la persona que le disparó, detrás de él. Mi conclusión de que huía se debe a que todas las heridas fueron en la espalda. Para que la trayectoria de las heridas de bala en el cuerpo de *Oby* tengan sentido, él debió estar subiendo la escalera y su victimario detrás de él, disparando desde un plano inferior. Esta evidencia científica desmentía el testimonio del único testigo de la fiscalía, pero para un jurado, pesó más el deseo de una fiscalía que ansiaba verme perecer en la profunda oscuridad de una celda, que la verdad que gritaba a toda voz. La pregunta que debemos hacernos es, ¿quién estaba en el apartamento de la pareja de *Oby*, mientras ella, según su versión, dormía plácidamente?

El siguiente detalle del caso es uno de los más increíbles y perturbadores de todo el proceso judicial que se llevó en mi contra. *Oby* no vivía en el apartamento de su novia, él solo iba de visita para cumplir con los deberes y exigencias del noviazgo, por no decir los de la carne. O sea, que ella desconocía en qué momento él podría presentarse a la puerta de su casa. Tanto el testigo, como la novia de la víctima, dijeron que él fue atacado antes de ingresar al apartamento. Lo que quiere decir que él iba de visita, o para quedarse hasta el día siguiente, como hacía en muchas ocasiones. Sin embargo, su llegada era impredecible. Por eso infiero que el lugar más seguro para encontrarlo era el residencial Villamar, un lugar perfecto para emboscar a cualquiera. Ese caserío es tan pequeño y tan inseguro para cualquier hijo del Punto, que da miedo pensar en vivir allí. El lugar es sumamente tranquilo, pero muy abierto y los enemigos te pueden llegar de cualquier lado.

Oby iba de visita para pasar la noche con su novia, una mujer blanca, con cabello rubio natural y ojos azules. Solo tenía dos defectos visibles, o detectables con el mínimo esfuerzo, uno era la voz, la cual se asemejaba a la voz que sale de un altoparlante mientras una multitud de cristales baila en su garganta, pues su sonido era áspero. Lo que salía de su boca cuando hablaba parecían ronquidos. El otro defecto era el peor de todos, le era imposible seguir las reglas impuestas por la sociedad en la que vivimos, en donde se requiere que, en toda relación humana, la fidelidad debe ser al aspecto más importante, después del amor. Pero, de todas maneras, circunscribiéndonos solo a su aspecto físico, ella era una mujer bellísima. Parecía una muñeca de porcelana, pero al igual que una muñeca, estaba vacía por dentro.

Como les contaba, *Oby* venía de la calle, era alrededor de la una o dos de la madrugada. Él venía en su vehículo, una guagua *Daihatsu Charade* color roja, cuando supuestamente fue interceptado por el o los individuos que le quitaron la vida. Iba a ver a su novia, sin embargo, la única pieza de ropa que se encontró en el cadáver era un pantalón corto que le llegaba un poco más abajo de las rodillas y un par de tennis tipo playero. De manera curiosa e increíble, estaba sin camisa, sin medias y sin ropa interior. No sé si juzgo mal o lo hago desde mi punto de vista, pero cuando uno va a visitar a una novia, es cuando mejor uno se viste. Lo que me perturba de los detalles que les estoy revelando es que eran cuatro las heridas de bala, tres en la espalda y una en la parte superior del muslo izquierdo, a la altura del glúteo. Sin embargo, la herida en el muslo traspasó la carne, pero no la tela del pantalón que la víctima tenía puesto cuando fue encontrada. La Dra. María S. Conte declaró en corte abierta que el pantalón no tenía orificio de bala, ni manchas de sangre que indicaran un sangrado profuso en el área. No soy científico, ni físico, pero creo que una de las reglas básicas de la física es que para que un objeto atraviese una materia que está cubierta por otra, antes debe atravesar la que la cubre. O sea, que para que el plomo atravesara la piel, primero debió haber atravesado la tela del pantalón. ¿Cómo es posible que el pantalón no tuviera ningún boquete, si la bala debió perforar el pantalón antes de perforar la piel? Por lo tanto, me atrevo asegurar que la víctima no tenía ese pantalón cuando fue atacado por su victimario, pues de haber sido así, debió haber tenido señales del proyectil que atravesó su muslo.

Quiero hacerte una pregunta y ésta irá acompañada de múltiples bendiciones para tu familia. ¿Qué es lo primero que harías si a algún ser querido le ocurriera lo que le ocurrió a *Oby* y tú estuvieras cerca, para proporcionarle alguna ayuda? Quizá mencionaste diversas alternativas, tales como verificar su pulso, aplicarle CPR, o cualquier otra medida, pero una de las cosas más importantes sería el contactar las autoridades pertinentes, para que pudieran proporcionarle la ayuda necesaria. ¿Qué pensarías si una persona ve que su ser querido está herido de muerte y a su lado tiene un *radio scanner* y un teléfono celular, pero no se realiza ninguna llamada a las autoridades, sino hasta 45 minutos después? *Oby* tenía a su lado y se puede apreciar en las fotos de la escena del crimen, un celular y un *scanner*, pero la llamada a emergencias se realizó aproximadamente 45 minutos después del trágico suceso. Ese tiempo debió ser suficiente para salvar o para dejar morir a una persona.

Tal vez el próximo detalle les parezca increíble y carente de lógica. Es de conocimiento público que la realidad supera la ficción, y esta situación no es la excepción. Hubo muchos acontecimientos de suma importancia que fueron ignorados y otros que se permitieron a sabiendas de que representaban conflictos de interés, los cuales tenían el propósito de sepultar la forma verdadera en que ocurrieron los hechos. Por ejemplo, como saben, Manuel había sido testigo en contra de *Oby* sobre la comisión de un intento de asesinato, en el que el mismo *Oby* casi pierde la vida. Esa realidad era conocida por Sharleem, debido a que ella era la novia de *Oby* cuando ocurrieron dichos hechos, en el año 1991. Por esa razón, de su parte debió existir cierto rencor hacia Manuel, pues él había atentado contra la libertad de quien en un futuro hubiera podido convertirse en su esposo.

Pensaría que ese rencor sería extensivo a los familiares de Manuel, como es común que suceda cuando alguien atenta contra un ser querido. Sin embargo me equivoqué, esta mujer tenía un gran corazón, uno apto para perdonar y amar de inmediato. Resulta que según el propio testimonio de Manuel, ella comenzó una relación amorosa con su hermano Ramón, días después de que su novio fuese asesinado. Procrearon un hijo de esa relación, lo que no pudo suceder durante la relación de más de cinco años que llevó con *Oby*, pero un hijo siempre es una bendición.

Resultó bastante chocante para muchos que a solo días del fallecimiento de *Oby*, ella hubiera comenzado una relación con el hermano de quien una vez atestiguara contra su novio amado, pero el amor es así, nace donde y cuando uno menos se lo espera. Desconozco cuál habrá sido la opinión de los familiares de la víctima acerca del asunto. Al menos no se relacionaba con Manuel, quien no tan solo había choteado a *Oby*, sino que también, en un futuro, declararía haber tenido una participación activa en su asesinato. Eso fue lo que pensé hasta que pude tener en mis manos un documento de una investigación federal en la que se buscaba a Ramón por cargos de narcotráfico, en el que se resaltó el hecho de que ella vivía junto a los dos hermanos, bajo el mismo techo, en el pueblo de Quebradillas.

Me parece muy curioso el hecho de que tres de los individuos contra quienes Manuel declaró por el incidente de la barra llamada Éxtasis, en el 1991, estén muertos y uno, el más peligroso de todos, haya resultado herido de bala en el estado de Nueva York, quedando en condición crítica. Mucho más curioso resulta el hecho de que, quien fue señalado a nivel federal por lo ocurrido en Nueva York contra *Nicky*, fuese Ramón, el hermano de Manuel. O sea, de manera misteriosa estaban desapareciendo todas las personas que pudieran decir que Manuel era *chota*. Si Manuel se hubiese vuelto millonario en el proceso, podría decir que su vida es una réplica casi exacta del caso de James *Whitey* Bulger, quien para la década de los 70, erigió un imperio, con la complicidad de las autoridades federales. Whitey era el jefe de la ganga de Winter Hills, en Boston, Massachusetts.

En la película *Black Mass*, que recoge hechos reales de su vida, se puede apreciar como *Whitey* utilizaba sus privilegios como confidente federal, para eliminar la competencia y para encubrir sus propios crímenes.

El juicio que se llevó en mi contra por el asesinato de *Oby* se desarrolló sin presentar ningún testigo a mi favor, no porque yo no quisiera hacerlo, sino por la negativa de mi representante legal. Le dije a mi abogado que utilizara como testigo a la madre de mis hijas, quien podría corroborar que me encontraba con ella la madrugada en que ocurrió el asesinato. Él me dijo que no le creerían porque era mi esposa y un jurado vería su testimonio con mucha suspicacia. Le dije que yo declararía sobre el lugar en el que estuve la noche de los hechos, pero me contestó que eso traería a colación el incidente del tiroteo de Las Muñecas, y ello me afectaría. Le dije que citara a Francisco López Rosa, quien figuraba como testigo presencial en el informe policiaco, pero también se negó y me dijo que con el informe era suficiente, por lo que tuve que enfrentar todo el proceso judicial, sin poder defenderme de la acusación. La estrategia del abogado consistió en intentar combatir el testimonio y minar la credibilidad del único testigo de cargo, lo cual, en mi opinión, logró hacer en parte, pero para un jurado, eso no fue suficiente. Yo tenía que demostrar que no era la persona que estaba con Manuel aquella madrugada. En cambio, mi abogado solo enfatizó su intento por demostrar que el testimonio de Manuel estaba plagado de mentiras. Al parecer, el abogado desconocía de la falsedad del concepto que dice que *uno es inocente hasta que se demuestre lo contrario*. En mi experiencia, pude constatar que *somos culpables hasta que demostremos lo contrario* y a veces, eso tampoco basta.

A pesar de que los hechos y la evidencia científica contradecían el testimonio que el único testigo había dado bajo juramento, la fiscalía continuó el proceso en mi contra. Las mentiras del testigo no levantaron una voz de alarma en las conciencias de los fiscales, que no buscaban justicia, sino ganar el caso. La palabra juramento me incomoda muchísimo. Es como si por haber hecho una declaración bajo juramento, ello implicara que se dice la verdad. Antes se juraba sobre la Biblia y se mentía a diestra y siniestra. En la actualidad, ni siquiera se utiliza una revista de *comics* y se da por hecho que el individuo tiene un compromiso genuino con la verdad. Me pregunto cuál habría sido la verdad de Manuel, si no le hubieran archivado más de una decena de casos que tenía pendientes, a cambio de que atestiguara en mi contra. Los miembros de esa clase extraña que juraron velar por la justicia han abandonado la verdad, al incentivar a los delincuentes a mentir sobre otros delincuentes, a cambio de librarse de la cárcel. Estoy seguro de que durante estos 22 años de mi ausencia en las calles, Manuel debe haber testificado contra otras personas, pues en la actualidad, se encuentra confinado en una cárcel del estado de Connecticut, en la que cumple una condena de dos años y medio, por la venta de narcóticos. Así actúa la justicia con este tipo de personas, les otorga una licencia para delinquir, a cambio de que acuse y meta presos a otros, sin importar si son inocentes o culpables. Lo único que les importa a estos funcionarios es la convicción de los acusados y que la opinión pública se incline a la creencia de que trabajan por la seguridad del pueblo. A estas personas pequeñas se les otorgan grandes poderes, de los cuales abusan al arrebatarles la libertad y la vida a personas inocentes. Dicen que, si quieres conocer el corazón de un hombre, dale poder; pero no hay poder tan grande que sea capaz de cambiar a una persona, este solo tiene la capacidad de desenmascarar a aquel que lo posee. Incentivar la mentira en nuestros tribunales, no es solo faltarle a la verdad, sino también traicionar los preceptos fundamentales de la verdadera justicia.

Por más incongruente que parezca, debo decir que hay verdades falsas y mentiras con un poco de verdad. Mentir no es solo faltarle a la verdad, basta con torcerla un poco, para convertirse en mentira. Según el testimonio que Manuel ofreció en el año 2014, el cual vertió en sala abierta y en donde lo vi llorar por primera vez al mirarme, lo cual reflejó que en su alma quedaba algo de humanidad, él mintió porque fue forzado por las autoridades. En esta nueva declaración, éste se retractó de su testimonio original, aduciendo a que fue obligado por el fiscal Andrés Soto Morales y por el policía Pedro Colón Ríos, para declarar falsamente sobre unos hechos de los que según él, nunca participó. Este importante testimonio propició una solicitud de Nuevo Juicio basada en el descubrimiento de nueva evidencia, pero creo que no se sorprenderán al saber que fue denegada. Alegó que declaró en mi contra debido a que lo amenazaron con que si no declaraba, le someterían una acusación por el asesinato de *Oby*, a él y a su hermano (el marido de la viuda). Sin embargo, para las autoridades, ese nuevo testimonio carecía de credibilidad. O sea, creyeron en su testimonio original, que contenía decenas de discrepancias que no iban acorde con los hechos recopilados por los agentes de homicidio, ni con la prueba científica, pero no quisieron creerle cuando acusó a un policía y a un fiscal, de haberlo obligado a mentir. ¿De qué lado se inclina la balanza de la justicia?

Le sugerí al abogado que, en el argumento final del juicio original, expusiera nuestra teoría de lo que pudo haber sucedido esa noche, a base de la evidencia recopilada y la prueba científica, las cuales deberían ser irrefutables, pues van por encima de cualquier testimonio. Nuestra teoría era que además de la novia de *Oby*, había alguien más con ella en el apartamento, el cual fue sorprendido por la víctima, cuando éste ya se había despojado de su ropa. El individuo tenía un arma, o se la quitó a *Oby* mediante un forcejeo. La víctima abrió la puerta y trató de escapar a través de la escalera, pero fue cuando recibió los disparos. Eso explicaría por qué las heridas fueron de abajo hacia arriba. Los minutos que no se aprovecharon para realizar la llamada que pudo haber salvado a *Oby*, tal vez fueron utilizados para alterar la escena. Los patrones de sangre sobre la espalda de la víctima indican que el cuerpo fue movido. Imaginamos que la víctima estaba desnuda y que el pantalón que tenía cuando fue encontrado por la policía, se lo puso alguien después de muerto, para simular que venía de la calle y no del interior del apartamento. Eso explicaría por qué no había ningún orificio de bala en la tela del pantalón.

En las fotos también se puede apreciar sangre debajo de la puerta del apartamento, pero los oficiales no verificaron el interior, para descartar que la agresión contra la víctima no hubiera comenzado en el apartamento, en lugar de en el pasillo donde fue encontrada. Imagino que debido a la pobre investigación que se realizó de la escena del crimen, fue que permitieron que este individuo mal intencionado inventara cualquier historia, aunque esta no concordara con la evidencia recopilada en la escena, con el único propósito de lograr una convicción. Esta hubiera sido una excelente teoría, ya que explicaba ciertas cosas que no tenían sentido. Tal vez hubiera podido provocar un cambio en el veredicto que emitió el jurado, debido a que la teoría pudo haber dado paso a una duda razonable. Sin embargo, el abogado me dijo que no se podía esbozar ninguna teoría, que eso solo ocurría en las películas. Debido a mi desconocimiento de lo que se podía hacer o no en un tribunal, me vi en la obligación de quedarme callado ante la injusticia que estaba a punto de cometerse en mi contra.

El juicio había terminado, el jurado se marchó a deliberar. Mi cuerpo estaba allí, pero mi alma estaba ausente. Tan pronto el jurado y el juez abandonaron la sala judicial, me condujeron con cadenas en ambas muñecas, hacia la celda en donde esperaría por la decisión de los hombres a quienes se les había dado el poder de juzgarme y mostrarme el camino sobre el cual dirigiría mi vida desde ese momento en adelante. No tenía apetito, no podía pensar, el hombre que no le tenía miedo a nada, que se metía en los caseríos de sus enemigos y nadie se atrevía hacer nada contra él, había desaparecido. Tenía miedo a lo que pudieran determinar aquellas doce personas que no tenían armas en sus manos, sino la palabra, la que ha demostrado en muchísimas ocasiones, ser más poderosa que la espada. La valentía no estaba conmigo, mi mundo se había hecho diminuto, no tenía ningún poder sobre mí mismo. El poder que una vez creí tener cuando estaba en la calle, había desaparecido. El valor que le había dado a las cosas materiales que logré acumular con el dinero del narcotráfico, no representaba nada para mí. En aquel momento solo me importaba recuperar mi libertad. Hubiera dado todo lo que poseía en aquel momento por una oportunidad de ver a mis hijas crecer, pero el destino conoce todos los atajos que debemos tomar para llegar a convertirnos en quienes realmente estábamos destinados a ser.

El tiempo se había detenido en aquella celda cuyas paredes reflejaban los nombres de los prisioneros que estuvieron allí antes que yo. La espera para que anunciaran que el jurado había llegado a un veredicto, me mataba. Con nosotros, en aquella celda lúgubre y cubierta de tristezas presentes y pasadas, había otro individuo a quien los oficiales de custodia aún no habían ido a buscar. No recuerdo quién era, pero él nos conocía y conocía un detalle muy importante que se convertiría en una evidencia fundamental que podría demostrar el gran atropello jurídico que se cometió contra mí y contra *Balato*. Me dijo que el papá de *Rauly* era parte del jurado en un caso. Le pregunté que a quién se refería, pues quería estar seguro de que no fuera quien yo pensaba. Al aclararme que se refería a quien le decían *el Desfigurado* de Aguada, me alarmé. Le llamaban así debido a que había tenido un accidente de motora y su cara había quedado desbaratada, al golpearse contra una pared. No sabía exactamente quién era su padre. El único juicio por jurado que se llevaba a cabo en el tribunal de Aguadilla era el mío. Por lo tanto, su padre debía estar entre los doce que decidirían mi futuro. Le pregunté el nombre del padre, pero no lo sabía, solo me dijo que le decían Bosques. Escuchar ese nombre fue como traspasarme la garganta con una espada. Juan Bosques, no solo era parte del jurado, sino que era su Presidente. Supuse que no solo me sentenciarían a vivir el resto de mi vida en una prisión, sino que también me quemarían en la hoguera.

No tenía nada en contra de *Rauly*, pero él pertenecía al bando opuesto. Él era del grupo del *Congo* y eso era peligroso. Se decían cosas sobre él, como que había participado en situaciones contra nosotros, pero eso no estaba confirmado. Sin embargo, lo más importante de todo era que él era íntimo amigo de la víctima de asesinato en el caso que su padre fungía como Presidente del jurado. Él había sido amigo de *Oby* durante mucho tiempo, por lo que pensé que la balanza de la justicia no estaría nivelada. Traté de que mi abogado bajara a la celda para detener el proceso, pues no hacerlo era un suicidio, lo sabía, lo sentía. Él nunca llegó. Lo más probable es que estuviera degustando algún rico manjar servido en el restaurante *El Judicial*, mientras que mis tripas se habían cerrado herméticamente. Trascurrieron varias horas antes de que nos avisaran que teníamos que subir a sala para escuchar el veredicto del jurado. Recuerdo que las ruedas de mi silla se movían en cámara lenta, como un sentenciado a muerte que arrastra sus pasos para vivir un poco más antes de llegar al patíbulo en donde se le quitara la vida. Sentía la soga en mi cuello, me apretaba y no podía respirar. Me sentí morir antes de que llegara el veredicto. Tenía la verdad de mi lado, pero había aprendido que una multitud de mentiras pueden llegar a sepultar una verdad. Aquel tribunal estaba lleno de artesanos de mentiras, ya lo había visto, ya lo había sufrido. Estaba en un campo de batalla en el que era superado numéricamente por el enemigo. Las posibilidades de sobrevivir eran escasas, pero eso no quería decir que no estuviera dispuesto a pelear por mi vida, por mi libertad.

Me encontraba en el banquillo de acusados en espera de la llegada del jurado. Le comuniqué a mi abogado sobre el gran conflicto de interés que representaba que el señor Juan B. Bosques fuera el Presidente del jurado. Le conté sobre la posible participación de *Rauly* en actos que me afectaron directamente y le conté sobre la amistad que existía entre el hijo del Presidente del jurado y la víctima. Mi abogado pareció sorprendido, le dije que detuviera el proceso para evitar el linchamiento, no solo el mío, sino también el de la justicia que se suponía fuera servida en cada tribunal. En ese preciso momento nos dieron la orden de ponernos de pie para recibir al jurado. El licenciado Cardona me dijo que esperara un momento, que iba a ver las actitudes del jurado al ingresar a la sala. Según él, con solo examinar sus rostros podía saber el veredicto que ellos, el jurado, había determinado, y yo descansé en su supuesto poder intuitivo. Me dijo emocionado, que teníamos el juicio en nuestras manos, que estaba seguro de que habíamos ganado. Eso me tranquilizó. También se rumoraba que había apuestas entre los alguaciles sobre cuál sería el veredicto del jurado, y que el veredicto de inocencia era el favorecido por las apuestas. Imagino que usted no sabía que eso ocurría en los tribunales, o al menos en el tribunal de Aguadilla; yo tampoco lo sabía hasta que tuve que enfrentarlo.

Me fijé en la actitud del juez que presidia la sala, por primera vez lo vi pasivo. No reflejaba la prepotencia que lo distinguía de los demás jueces. El juez Manuel Acevedo Hernández era un hombre diminuto, que, en mi opinión, padecía del complejo napoleónico. Aprovechaba cada oportunidad para demostrar el poder que venía incluido con las honorabilidades de la toga. Imagino que el poder del puesto que ostentaba en ese momento lo condujo a creer que estaba por encima de la ley. Debido a dicha creencia, terminó aceptando dinero del conocido contable Lutgardo Acevedo, para librarlo de la responsabilidad de un homicidio ocurrido durante un accidente vehicular que el contable había causado, guiando bajo el estado de embriaguez. Fue esto la punta del *iceberg* que destapó y destruyó el imperio del famoso Anaudi Hernández y sus conexiones con entes gubernamentales. Irónicamente, ese juez hoy habita bajo el mismo techo que una vez construyó para mí. El juez Manuel Acevedo Hernández, es en la actualidad, un confinado más en el Sistema de Prisiones Federales de los Estados Unidos.

No puedo responsabilizarme por los actos que me llevaron a vivir tras las paredes de esta prisión, aunque no voy a utilizar este medio para pintarme como un santo. De alguna manera o por alguna razón, mi destino era estar entre estas paredes para redescubrirme, o para salvarme del infierno que yo mismo había construido. No culpo al juez Acevedo por el desenlace de mi vida. Sin embargo, él fue quien facilitó el trabajo a los que me fabricaron estos casos. La ley del hombre es muy clara y en ningún lugar indica que se pueden fabricar casos debido a que tienen la creencia de que algún individuo pudo haber cometido otros delitos de los cuales no existe evidencia alguna que demuestre su culpabilidad. Pienso que se debe acusar a una persona por los delitos que cometió y punto, no existen paréntesis entre los cuales se pueda encasillar ninguna otra acción a seguir.

Miraba a los miembros del jurado, había una sola mujer entre ellos. Me llamó la atención su reacción ante lo que me sucedía. La sala del tribunal estaba sumida en un silencio tan profundo, que pensaba que podían escuchar los latidos de mi corazón. Los demás miembros del jurado estaban serios y en silencio, pero ella no, ella lloraba. Algo había sucedido mientras el jurado deliberaba, algo había provocado que ella cayera en ese estado. Años después, una persona cercana a mí se comunicó con ella para indagar sobre lo que había sucedido aquella tarde en la sala de deliberación. Ella le contó a la persona que sabía que era inocente y que mientras el jurado deliberaba, se hicieron comentarios sobre mí y sobre mis casos anteriores. Luego se negó a realizar una declaración jurada sobre las particularidades que ocurrieron en el salón de deliberaciones. Imagino que ello podía afectar la carrera de justicia criminal que su hija estaba estudiando.

El juez preguntó con voz firme: "Señores del jurado, ¿han llegado a algún veredicto?" "Sí, su señoría, tenemos un veredicto por mayoría, en votación de diez a dos", respondió Juan B. Bosques (el Presidente del jurado). Pude ver en su mirada que la decisión no me favorecería. El juez le indicó a uno de los alguaciles de la sala que se acercara para tomar el papel en donde se había escrito mi destino. Como un adivino que mira a través de su bola de cristal y con una carta puede predecir el futuro, presentí que la carta que tenía en sus manos aquel alguacil era peor que la de la muerte. El juez miró el pedazo de papel y le preguntó al jurado si estaban seguros del veredicto. El Presidente del jurado le respondió con una mirada estoica y una frase firme: "Sí, su Señoría, ese es nuestro veredicto". Al parecer, el juez no estaba muy de acuerdo con la decisión tomada por el jurado. Fue la primera vez que pude ver un gesto de humanidad en aquel juez que había demostrado su insensibilidad a lo largo del proceso.

"Acusados, pónganse de pie", dijo el alguacil. Yo me quedé sentado en mi silla de ruedas. Escuché cuando el juez, dirigiéndose a *Balato*, dijo, José Quiñonez López, en el asesinato en primer grado, se le encuentra culpable y prosiguió a mencionar los casos de armas por los cuales habíamos sido acusados, aunque no se ocupó arma alguna y había evidencia pericial y científica, que apuntaban a que solo uno de los calibres de las armas que Manuel mencionó fue utilizado en la comisión del delito.

No escuché nada más después de la palabra culpable, ni siquiera recuerdo bien cuando el juez se refirió a mí. Me había derrumbado, no podía hacer otra cosa que llorar. No era un llanto normal, era un llanto de desesperación, así mismo me sentía, desesperado. El rostro de mi padre era de impotencia, imagino que de alguna manera se sentía culpable por lo que me había ocurrido. Pero no era su responsabilidad, sino la mía. A pesar de que en un momento de su vida fue adicto a las drogas, él se quitó por el amor que le tenía a su familia, ese fue el mejor ejemplo de amor que mi padre me dejó.

Mami estaba en el mismo estado de desesperación, aunque trataba de ocultarlo. Me hizo un gesto que se perdía tras la cascada de lágrimas que brotaban de sus ojos, creo que intentaba decirme, hijo, estaré ahí para ti. La madre de mis hijas estaba desconsolada, miré a mis hijas como quien ve a sus seres amados antes de cerrar los ojos para siempre. Ellas no entendían lo que ocurría, solo sabían que papi no estaba con ellas. Recuerdo un día que fueron a visitarme a la cárcel y familiarizado con la maldad de algunos seres humanos, decidí decirle a mi hija Grace la verdad de donde yo estaba, antes de que se lo dijera otra persona mal intencionada. Tan pronto le dije que estaba en una cárcel, ella comenzó a llorar desconsoladamente y repetía que yo no estaba en una cárcel, sino en un hospital. No olvidaré su llanto, aunque no haya entendido el porqué de su desesperación, pues estoy casi seguro de que, a sus escasos cuatro años de edad, ella desconocía lo que significaba la cárcel. De igual manera, llevo sus lágrimas en mi alma, pues aquel día fue desgarrador para mí y lo sigue siendo, aunque ella esté por cumplir sus 27 años, en un par de meses.

El mundo se había desvanecido ante mi incrédula mirada. No podía creer que la palabra culpable fuese lo último que escuché de aquel juez. Aunque, según mi abogado, de forma privada, el juez Acevedo Hernández le dijo que radicara una apelación, pues estaba seguro de que con un buen argumento ante el Tribunal de Apelaciones podría revertir el veredicto del jurado. También le dijo que, si hubiéramos visto el juicio por derecho, él nos hubiera absuelto, porque solo con el detalle del pantalón corto sin orificio de bala, estaba constituida la duda razonable para poder absolverme. Aún no sabía la cantidad de años a los que sería sentenciado, pero sabía que me enfrentaba a una condena mayor de un siglo. Solo tenía veinticinco años cuando eso ocurrió, era solo un niño que sería condenado a vivir en una prisión por el resto de su vida. Mi familia estaba destruida, pude hablar con la madre de mis hijas antes de que me devolvieran a la cárcel. Ella prometió esperar y luchar por mí hasta demostrar mi inocencia. La miré a los ojos y vi que era su dolor el que hablaba de espera y fidelidad eterna. Por alguna razón sabía que la realidad sería muy distinta a la que pregonaban sus promesas de amor.

Llegué a la prisión. Eran alrededor de las siete de la noche. Le pedí al guardia que dejara a uno de los muchachos en mi celda durante un rato. Necesitaba desahogarme con alguien. La soledad, en el estado emocional en que me encontraba, era en extremo peligrosa. Gracias a Dios que el guardia que me tocó esa noche era un ser humano extraordinario y me concedió la petición, pues de no haber sido así, lo más probable es que hubiera cometido una locura para escapar del dolor que sentía en mi interior. Hablé con Billy durante un buen rato. Él había ocasionado la muerte de tres baloncelistas del equipo de *Los Gallitos* de Isabela, en un accidente automovilístico. Él panorama en su psiquis era más o menos similar al mío. Creo que eso lo hizo entender un poco lo que yo experimentaba en aquel fatídico momento.

Tan pronto Billy se marchó para su celda y se cerró aquel enorme portón de metal que me impedía escapar de aquella terrible y oscura soledad, busqué algo en la televisión para entretener mi mente y así alejarla de mi realidad. Mis lágrimas nunca se detuvieron, creo que lloré hasta quedarme dormido. No encontré nada que desviara mi mente del pensamiento de que me iba a podrir en aquella celda. Me sentí atrapado entre aquellas cuatro paredes, sentía que no podía respirar, de mi frente salía un sudor congelante, pensé que moriría sin que nadie me escuchara para llegar a socorrerme. Busqué en la radio algo que me consolara. Como crecí en los brazos de la fe cristiana, decidí escuchar alguna emisora que me hablara de la palabra de Dios.

Desde pequeño asistía a la iglesia pentecostal, cantaba y tomaba parte en el servicio religioso. Con regularidad asistía a la escuelita dominical junto a otros niños. Necesitaba sentir una cercanía con el Dios que era responsable de la creación de mi vida y de todo lo que me rodeaba. Había tenido varias experiencias en la iglesia que yo no podía explicar. Los expertos en el tema religioso me decían que había sido visitado por el Espíritu Santo. Yo solo era un niño y no entendía de esas cosas. Fue una gran decepción cuando vi a mi madre ser disciplinada por las autoridades religiosas debido a que se había cortado el cabello, por razones médicas. Yo sabía el compromiso genuino que mi madre tenía para con los asuntos de Dios, pero ellos no lo vieron así. Pensé que Dios no había entendido que mi madre tenía una condición médica y que por recomendación de su médico, tuvo que cortarse el cabello. Fue triste verla sentada sola en la parte trasera de la iglesia mientras todos nosotros estábamos con la congregación. Aun así, nada le quitó el gozo, pues ella aplaudía con cada himno o coro, pero sabía que estaba avergonzada por haberle faltado a las reglas dogmáticas del hombre, perdón, a las reglas de Dios. Yo quería correr a su lado para dejarle saber que Dios no miraba la disminución de su pelo, sino el aumento de la fe que había en su corazón, pero no se me permitía. Eso y otras cosas me hicieron darle la espalda a todo lo que tuviera que ver con Dios. Sin embargo, aquella noche necesitaba de la ayuda de aquel Dios que había conocido en mi niñez.

Escuché la emisora cristiana hasta que me sentí cansado. Apagué el radio y me quedé dormido, pero algo extraño me sucedió. Desperté durante la madrugada, quería saber la hora, busqué mi reloj, pero se le había agotado la batería. Luego encendí el televisor para ver la hora, pero al parecer se había ido la electricidad, pues el televisor estaba desprogramado. Tuve que encender la radio para escuchar si en alguna emisora decían la hora. Tan pronto la encendí, escuché en la emisora cristiana que había dejado sintonizada antes de acostarme, una canción que no he vuelto a escuchar jamás. No recuerdo su título, pero lo que nunca olvidaré es aquel conjunto de palabras que me llenó de aliento. Decía algo así: "No te preocupes por el cielo gris que se ha puesto sobre tu vida, pues llegará el momento en que despejaré las nubes que hay en él y volverás a ver el sol que se esconde detrás de ellas". De repente empecé a llorar y a reírme al mismo tiempo. Me sentía feliz, con la esperanza de que en el momento preciso, Dios abriría las puertas que la vida me había trancado en la cara.

Tan pronto abrieron las puertas de mi celda, salí al área de la recreación pasiva, que viene siendo una especie de sala en la que puedes compartir con los demás prisioneros. Al salir, vi a los otros compañeros hablando con Billy. Imagino que le preguntaban sobre lo que me había sucedido. Me les acerqué sonriente, los invité a jugar *domino*. Ellos se miraron unos a los otros y me preguntaron si era verdad que había sido encontrado culpable. Les contesté que sí. Enseguida me atacaron con otra pregunta, ¿Cómo puedes estar así, como si nada hubiera sucedido? Mi contestación fue simple, porque cuando llegue el momento, Dios me va a sacar de aquí. La persona con quien había hablado la primera vez al llegar allí cumplía una sentencia de 135 años por un asesinato. Recuerdo haberle preguntado por su sentencia y haberme espantado con su contestación. Enseguida le dije que, si me daban una sentencia como la suya, al día siguiente me mataba. Irónicamente era el día siguiente, aún no había sido sentenciado, pero no había dudas de que mi sentencia sería una similar a la de aquel caballero, sin embargo, tenía más deseos de vivir que nunca. Jugamos varias partidas de *domino* y ese día me coroné como el rey del juego. Nadie pudo vencerme aquella mañana, me sentía con un poder sobrenatural, no solo para jugar, sino también para enfrentar cualquier reto u obstáculo que se me presentara en la vida.

42

"Con el fuego se prueba el oro, con las
desgracias, los grandes corazones".

Lucio Séneca

Mi vida transcurría con bastante normalidad, a pesar de las circunstancias que me había tocado enfrentar. La verdad es que nada era normal, odiaba el lugar y la situación en que me encontraba, pero era una nueva realidad a la que tenía que acostumbrarme, aunque no lo quisiera. Solo había transcurrido un año y algunos meses, ya la comida de corrección me apestaba. Imagino que eso es lo que merecemos los hijos del Punto. La entrada de dinero había menguado, los puntos no estaban siendo atendidos con la misma responsabilidad que yo los atendía. Tampoco tenía la comunicación necesaria para estar al tanto de lo sucedido. La madre de mis hijas se había convertido en mis ojos y oídos. Pensé en pasar un teléfono celular que tenía en la calle, pero a pesar de que era uno de los celulares más pequeños que existían para los años noventa, seguía siendo muy grande para tenerlo en la prisión. Aunque en realidad, el problema era el cargador, el cual era gigante en comparación con los cargadores de la actualidad, por lo que desistí de la idea que pudo ocasionar más problemas.

Mis días se dividían entre las cartas y lo que yo creía que eran poemas que le enviaba a la madre de mis nenas, para mantenerme en contacto con ella y tal vez así retenerla un poco más a mi lado. Sin embargo, conocía que todo amor entre las rejas tiene fecha de expiración. Entretenía mi mente en el juego de *domino*. Desarrollé el talento para dibujar, algo que había tenido desde muy temprana edad, pero nadie le había prestado importancia. También aprendí a hacer algunas artesanías con jabón, para intentar matar el tiempo. Luego descubrí que es el tiempo que nos mata, pues por más que intentemos vencerlo, él siempre será el único victorioso. Por otro lado, había tenido varios encuentros violentos en aquel lugar, todos fueron con un solo individuo que creyó que la herida en mi pierna y el estar sobre una silla de ruedas, había afectado mis manos de alguna manera. Sin querer hacerlo, pues no quería más problemas en mi vida, tuve que demostrarle que el respeto hacia mí no era negociable. Una mañana, después de cansarme de sus estupideces, lo golpeé hasta que terminamos arrastrándonos sobre el café que traían para el desayuno. Siempre respeté a las personas que merecían ser respetadas, nunca a los abusadores, a los peliculeros, ni a los embusteros.

Era el 14 de octubre de 1999, aún no había sido sentenciado por el asesinato de *Oby*. Era de tarde cuando el guardia de la pecera me llamó para que me acercara. Al hacerlo, me indicó que recogiera mis pertenencias porque me iba de traslado. Lo primero que pensé fue que tenía que ser un error. Es extraño pero, aunque aquel era el peor lugar del mundo para vivir; uno llega a acostumbrarse hasta el punto de resistirse a abandonarlo. Tal vez sea el temor por enfrentar lo desconocido lo que nos mantiene aferrados a lo que tenemos, aunque no sea lo que deseemos. Defendí mi estadía allí hasta donde pude. Me dijeron que una persona que yo conocía, también se iba conmigo y que estaba en el área de admisiones. Me llevaron allí para convencerme de irme, sin tener que utilizar la fuerza. Llegué hasta el área de admisiones, en una de las celdas estaba *Balato*. Entonces confirmé mi temor, aunque muy adentro me resistía a creerlo. "Vamos pa' la federal", me dijo *Balato*. Otro golpe más, dije para mí mismo. Le tenía miedo a la federal porque *Cucho el gordo* me la había descrito como un lugar en donde se estaba en soledad las 24 horas del día. Me describió una celda con paredes blancas, en donde ni siquiera se tenía algo sobre lo que se pudiera escribir. Pero, lo que en realidad me había descrito era el lugar conocido como *el hueco*. Ese lugar que me describía era donde estaban ubicadas las celdas de castigo para los que violentaban las reglas establecidas en el *Metropolitan Detention Center* (MDC) de Guaynabo.

Primero, nos condujeron a la cárcel 308 de Bayamón. Nos resistimos a bajarnos, mentimos sobre que habíamos matado a unas personas cuyos familiares estaban presos allí, para así evitar el traslado. Al principio nos creyeron y se resistieron a bajarnos, pero cuando averiguaron que el traslado era ordenado por las oficinas centrales del Departamento de Corrección y Rehabilitación, nos bajaron sin ni siquiera permitirnos realizar cualquier otro argumento. Esa fue la confirmación final de que la federal era nuestro destino. Lo que no comprendía era la razón por la que estábamos allí. No tardé mucho en comprender el asunto. Vi llegar poco a poco a los muchachos de Las Muñecas. Vi a *Querido*, a uno de los gemelos, a *Serrucho* y también vi a Salcedo. La vida es así de impredecible, puso frente a mí a Salcedo, la persona que me había involucrado en el primer asesinato, a pesar de mi inocencia. Yo estaba en la búsqueda de estar en paz con mi creador, pero aún tenía mi alma llena de odio. Al verlo, solo quería verlo muerto. Sin embargo, en la prisión no hay pistolas para facilitar un deseo similar. No tenía nada que pudiera utilizar para lograr mi objetivo. No me hubiera importado si me hubiera *choteado* de algo que hubiera hecho junto a él, pero involucrarme en un asesinato del cual yo no había participado, eso era de cobardes. Sé que el deseo de ellos era quedarse con lo que yo consideraba mis puntos de drogas. Sin embargo, no se atrevieron quitármelos por otros medios. Tuvieron que idear un plan para salvarse de la cárcel y para quitarme del medio, pues así se les facilitaba el meterse a cualquiera de mis lugares. Lo que ninguno de ellos imaginó fue que nos mezclarían a todos en un *indictment*[12] federal. No trabajaba con ellos, pues me había separado de ellos por lo abusadores que eran algunos y por la oportunidad que le habían dado a Manuel, después de haber *choteado* en varias ocasiones, pero aun así, me fui *enredao* con ellos.

Salcedo seguía allí, estaba esposado. En cualquier otro momento, eso hubiera sido una desventaja que yo no hubiese aprovechado, pero yo no podía usar mis piernas, así que estaba bien que él no pudiera utilizar sus manos. Lo único que tenía en mis manos era un barco que construí con paletas de madera. Los mástiles del barco eran anchos y filosos, logré extraer uno de ellos. Le dije a *Balato* que empujara la silla de ruedas con rapidez hasta donde estaba Salcedo para atacarlo con el pedazo de madera. *Balato* se puso detrás de mí y empujó la silla lo más rápido que pudo. Salcedo y *Balato* estaban esposados, el único que tenía las manos libres era yo. No debía tener ninguna consideración con el individuo. En ese momento pensé que una rata no podía gozar de los mismos derechos y privilegios que un hombre que se hace responsable de sus actos, sin la necesidad de involucrar a otros y mucho menos, a gente inocente. Así mismo, como una vil rata, comenzó a gritar cuando vio que me acercaba, gritaba para que el guardia lo socorriera. Se escondió detrás del guardia mientras me señalaba. Ni siquiera pude acercarme al individuo y le doy gracias a Dios que no lo hice, pues pienso que me hubiera quitado la razón, si le hubiera quitado la vida a aquel miserable.

Todos fuimos trasladados al área de admisiones de la 1072, hasta el día siguiente, cuando fuimos llevados al tribunal federal. Allí nos encontramos con los demás que habían sido acusados junto con nosotros. Ellos no estaban en la cárcel, como los que fuimos trasladados desde el día anterior. Ellos despertaron aquella mañana en sus casas, en sus camas, en sus libertades, tal vez junto a sus esposas o novias. Irónicamente, me alegré de ver a gente buena que no había visto durante mucho tiempo. Entre ellos estaba mi hermano Roberto Conejo, Waldy, *Gemelo el gordo*, *Cucho* y otros. Después de ser llevados a la enorme sala de aquel tribunal y de que el juez nos informara que estábamos acusados de Conspiración de Narcotráfico, nos llevaron al famoso *Castillo Grayskull*. Al comenzar el proceso de admisiones, fuimos conducidos a través de unos cuartos que les llamaban

---

[12] Indicment- Acusación.

las neveras, por el frío inclemente que retenían aquellas paredes. Pensé que era el lugar que me había descrito *Cucho el gordo*. Nos sacaron fotos con una tecnología que no existía en las cárceles estatales.

Lamentablemente, lo estatal siempre ha estado atrasado en cuanto a todo lo que tiene que ver con la agilización de la validación de los derechos del confinado. Imagine usted cuánto, que para el año 1999, cuando yo llegué a la cárcel federal, se podía llamar a cualquier número que se deseara y el costo por una llamada de 15 minutos era solo de 50 centavos. Sin embargo, en la actualidad, cuando la tecnología está accesible para todos y su costo ha disminuido de forma dramática, en las prisiones estatales, el costo aproximado de una llamada con duración de 15 minutos es de casi cuatro dólares.

Comenzaron a movernos mientras avanzábamos en el proceso de admisión. Estando la mayoría de nosotros en una de las estaciones, les comuniqué que entre *Balato* y yo nos encargaríamos de Salcedo. Ellos se alteraron y dijeron que no debíamos hacerle daño porque entonces también se iba a virar en la federal, o sea, también iba a *chotear*. Les dije que no me importaba lo que sucediera, pues ya yo no tenía nada que perder, además él no podría abrir la boca después de lo que pensaba hacerle, pues hasta donde yo sé, los muertos no hablan. Ellos se atemorizaron y nos dijeron que ya estábamos en un caso donde se solicitaría la pena de muerte para nosotros, que hacerle algo así sería complicar las cosas. Fue entonces que mirando a *Balato*, dije: "Diablos, si le hacemos algo a este tipo, esta gente son los que se van a virar para *chotear*". Fue tanto el miedo que percibí en ellos, que supe que no iban a aguantar el peso de un caso adicional. Por esa razón pospuse lo que quería hacerle al individuo que contribuyó para que mi vida se convirtiera en ruinas. Tuve varias oportunidades para hacerle daño, pero utilicé la sabiduría y dejé todo en manos de Dios, aunque la verdad es que mis manos pedían su sangre y tuve que hacer grandes esfuerzos para controlarlas.

Después de varios años en la federal, cuando fuimos a ser sentenciados, Salcedo oraba de rodillas en la celda del tribunal. Él decía haberse convertido y haber entregado su vida a Dios. Su padre era pastor de una iglesia y él se había criado en lo que le llaman *el evangelio*. Hay personas que toman la Biblia porque verdaderamente quieren cambiar sus vidas, pero para otros, es solo un maquillaje para ocultar sus verdaderas intenciones. Respeto a los que se agarran de Dios porque tienen una necesidad genuina de reconstruirse como personas y un compromiso de servir a otros, pero ay de los que juegan con ese gran poder, pues no habrá lugar en el que puedan ocultarse de la presencia de Dios cuando venga a pedirles cuentas. *Corillo* tomó mi bastón, pues debido a mi voluntad y a la gracia de Dios, me había levantado de la silla de ruedas y ya daba algunos pasos. *Corillo* me hizo señas para golpear a Salcedo mientras oraba. Tenía el bastón en alto, preparado para que yo diera la orden de aterrizarlo sobre su cabeza. Miré a Salcedo, y a pesar de que no creía en su conversión, pensé en cuando mami oraba por mí y por mi hermano. Le dije a *Corillo* que no lo golpeara, él se resistió, pero no tenía otra alternativa que obedecer. Algunos segundos después, Salcedo se puso de pie, sin imaginar el grave peligro en que estuvo, pues un golpe con aquel bastón pudo haberle ocasionado la muerte.

Después de haber recibido nuestras respectivas condenas, de las cuales yo obtuve 96 meses de prisión, nos dirigimos a MDC, la prisión federal en Guaynabo. Allí pude hablar con Salcedo y le dije que ahora que él estaba en los caminos de Dios, debería conocer que todo cristiano debe tener un compromiso inquebrantable con la verdad, pues como dice un verso bíblico: "conoceréis la verdad y la verdad os hará libres". Él me dijo que lo sabía. Lo que me llevó a preguntarle: "Entonces, ¿cuándo vas a decir la verdad, en cuanto a que yo no tuve ninguna participación en la muerte de *Chelo*?" Su contestación me enfureció muchísimo, pues me dijo: "Cuando Dios me diga que lo haga".

¿Un cristiano criado en el evangelio tenía que esperar a escuchar la voz de Dios para decir la verdad sobre una injusticia que él mismo había cometido? Un cristiano verdadero sabe lo que es correcto y lo que no es correcto, y sabe que es su deber corregir todo el mal que haya hecho, que pueda ser corregido. Sin embargo ¿qué podía esperar?, si incluso nos acercamos al señor Hermes Salcedo (su padre y pastor de una iglesia de Aguadilla) para que hablara con su hijo en cuanto a decir la verdad sobre que yo no había tenido que ver con el asesinato de *Chelo,* y su contestación fue que eso era un asunto de su hijo.

Otra señal que me dejó saber el nivel de valentía que había en el corazón de los hijos del Punto que habían sido apresados conmigo fue cuando se impartieron instrucciones precisas de que nos negáramos a ser ubicados en el módulo 2-C. En ese módulo estaba *el Congo.* Ellos estaban atemorizados de lo que él pudiera hacer. Yo había quedado en una silla de ruedas por culpa del maldito *Congo* y justo allí, cerca de él, era que quería estar. No es que sea el más valiente, pero quería venganza. Tengo que admitir que *el Congo* y uno de sus lambones más cercanos, *June,* quien terminó convirtiéndose en testigo federal, hablaron con una amiga en común para pedirme disculpas, pues el ataque no iba dirigido a mí. Ellos me dijeron a través de ella que de haber sabido que yo estaba allí, no hubieran disparado. Sin embargo, sus disculpas no me devolvían la pierna y estar en silla de ruedas me llevó a soportar cosas que de haber estado de pie no hubiese aguantado.

Nos ubicaron en el 1-C, ese era el módulo de los recién ingresados, en lo que nos repartían hacia los módulos disponibles. Me pusieron en una misma celda con *Balato*, eso era una pesadilla, pues éramos como hermanos, pero así mismo peleábamos cuando estábamos juntos durante mucho tiempo. Por esa razón me sorprendió que muchos años después, el destino me mostrara su traición hacia lo que yo consideraba una hermandad inquebrantable, pero eso es otra historia. Estaba en la recreación de dos horas que nos daban, la cual teníamos que utilizar para recrearnos y bañarnos, *Balato* me llamó, él estaba en la celda. Me dijo que querían hablar conmigo, allí no había nadie, pensé que se había vuelto loco. Con una sonrisa sarcástica, le pregunté quién era la persona que quería hablar conmigo. Señaló hacia el inodoro y contestó, *el Congo*. Fue cuando escuché una voz que provenía del inodoro cuya agua estaba ausente para que pudiera fluir el sonido a través de las tuberías sanitarias. Visiblemente molesto, dije: "no tengo na que hablar con el *mama*... ese". "Escucha lo que tiene que decirte y después peleas si quieres", dijo *Balato*. Él conocía bien mi carácter aguerrido y sabía que una silla de ruedas no era impedimento para mí.

Me puse de rodillas para poder escuchar lo que tenía que decir *el Congo*. Lo primero que salió de mi boca fue que había solicitado que me mudaran para el 2-C para que pudiésemos hablar cara a cara. Su respuesta inmediata fue que los problemas de la calle debíamos dejarlos en la calle, que teníamos que estar unidos para vencer al enemigo que era más poderoso que todos nosotros juntos. Me olía a cobardía, él sabía que nosotros los superábamos en número. Lo que él desconocía, era que la mayoría le temían. Le respondí que no tenía que hacer las paces con nadie, que lo hecho estaba hecho. Fue cuando me dijo las palabras que marcaron el inicio de una lucha más cruenta por demostrar mi inocencia. Sus palabras fueron: "Tú más que nadie deberías estar en paz, pues al contrario de mí, yo me enfrento a una pena de muerte, tú todavía tienes oportunidad de salir y de estar con tus hijas". "Tú estás loco, sabes bien que me encontraron culpable por la muerte de *Oby* y lo que me espera es una sentencia mayor de los cien años", le dije. "Sí, pero el caso de *Chelo* te puede dar la llave para que demuestres el abuso que cometieron en tu contra, pues sobre ese caso, Manuel está diciendo la verdad", me dijo *el Congo*. Me quedé atónito ante sus palabras. "¿Cómo que Manuel está diciendo la verdad?", pregunté. Y él me contestó, "Aquí en la federal, Manuel dijo quiénes fueron los verdaderos asesinos de *Chelo* y está documentado en unos papeles que en algún momento te entregarán". No supe qué más decir, finalmente podía ver un destello de luz entre la densa oscuridad que había en el túnel en el que estaba atrapado.

Manuel había traicionado a los que le habían dado la oportunidad de reivindicarse, la predicción de Nicky se había cumplido. Ese día recuperé la esperanza de que algún día pudiera demostrar que era totalmente inocente de la muerte de *Chelo* y también de la de *Oby*. Sin embargo, el caso de *Chelo* era la clave para demostrar la injusticia que se había cometido contra mí. Si Manuel había dicho la verdad sobre el asesinato de *Chelo*, eso quería decir que con esa prueba podría demostrar que la evidencia en mi contra había sido manipulada por las autoridades. Si lograba demostrarlo, ello tendría el efecto de una torre de naipes; cuando se retira el naipe que la sostiene erguida, el resto de la torre se vendrá abajo. Lamentablemente, los tribunales estatales no siempre tienen la capacidad de separar el trigo de la cizaña. Por lo que se les imposibilita ver la verdad, aunque la tengan de frente.

Las personas que Manuel acusó por el asesinato de *Chelo* en la jurisdicción federal, se declararon culpables, al igual que yo lo hice en la jurisdicción estatal. La pregunta siempre será, ¿acaso es posible que una persona pueda ser asesinada dos veces por dos grupos de personas distintas? Todos los testigos, incluyendo a las víctimas que compartían con *Chelo*, en sus declaraciones juradas siempre señalaron a tres personas como los autores del asesinato. Sin embargo, hay cinco personas pagando por ese delito, pues el testigo estatal, Hermes Salcedo Peña, mejor conocido como Salcedo forma parte de las dos acusaciones que fueron procesadas en ambas jurisdicciones. O sea, en la estatal, Hermes Salcedo fue atrapado con las armas que fueron utilizadas en la comisión del asesinato de *Chelo*. Al transcurso de varios meses decide hacer una declaración, en la cual señaló como coautores del crimen a Eduardo D. Rivera Moreno y a mí, Antonino Geovanni Sánchez Burgos. Luego surge la declaración jurada de Manuel en la jurisdicción federal, la cual indicaba que los autores del asesinato de *Chelo* habían sido Hermes Salcedo (testigo estatal en mi contra), *Teso* y Ramón (el hermano de Manuel y padre del hijo de la viuda de *Oby*).

Manuel llegó a las autoridades estatales debido al agente especial federal, Edward Abud, quien le comunicó al agente Pedro Colón Ríos que tenía un testigo del asesinato de *Chelo* con una versión distinta a la que Salcedo había ofrecido. En esta declaración, que llegó a manos de las autoridades estatales dos meses después de mi arresto y ochos meses antes de mi declaración de culpabilidad, Manuel manifestaba mi inocencia y señalaba, según él, a los autores verdaderos del asesinato de *Chelo*. Sin embargo, esta evidencia fue ocultada por las autoridades estatales y súbitamente, Manuel, quien había llegado a ellos para confirmar mi inocencia, se convertiría en testigo del ministerio público en los casos estatales que se llevaron en mi contra, lo que me hace pensar, sin riesgo a equivocarme, que Manuel cambió radicalmente su testimonio debido a que fue presionado por alguien con mucho poder. Según las dos declaraciones existentes, similares en los hechos, pero distintas en los protagonistas, una fue hecha por Ángel Manuel Díaz Ortiz y otra por Hermes Salcedo Peña, *Chelo* fue asesinado en dos ocasiones, por dos grupos de personas distintas.

Esto es un claro desvarío de la justicia, pues jamás he visto cosa similar en los anales históricos de la justicia humana. Aquí no cabe duda de que no todos pudimos ser participantes de la muerte, pues como indiqué antes, todos los testigos indicaron la presencia de tres individuos que interceptaron a *Chelo* hasta darle muerte. La declaración estatal de Hermes Salcedo Peña indica que Eduardo (*Corillo*) manejaba el vehículo, que yo me bajé del carro y comencé a dispararle a *Chelo*, mientras Salcedo le disparaba a Luis *Millo* y a Cándido Valentín, mejor conocido como *Toto* (los acompañantes de *Chelo*). Luego, Salcedo regresa y le dispara en la cara a *Chelo*. Contraria a esta, la declaración federal de Manuel indica que Ramón manejaba el vehículo, que *Teso* se bajó y le disparó a *Chelo*, mientras que Salcedo le disparaba a Luis *Millo* y a *Toto*, y luego regresa para dispararle a *Chelo* en la cara. Puede ver claramente, que ambas declaraciones son idénticas, lo único que cambian son los personajes, excepto en el caso de Salcedo, que forma parte de ambas acusaciones.

"Crea fama y acuéstate a dormir", eso me decía mi madre en múltiples ocasiones. No lo entendí hasta que fui acusado de dos asesinatos que no cometí. En nuestro sistema de justicia, para arrebatarte la libertad, solo basta que alguien mencione tu nombre como participante de algún crimen. Aunque la verdad es que se necesita un poco de tu ayuda, por ejemplo, que estés ligado a ese mundo, ya sea superficial o profundamente. En ese mundo, la traición, la envidia, la deslealtad, las mentiras y los deseos de verte muerto o preso, son la orden del día. Ni el Punto, ni sus hijos son tus amigos, te destruirán cuando menos lo esperes. El Punto es un animal salvaje que está diseñado para destruir a cualquiera que se crea su amo y a los que lo rodean. Tal vez pienses que vivir en el Punto es algo glamoroso, pero eso se debe a que solo te fijas en lo externo, en los lujos, mujeres, notoriedad o fama, como le quieras llamar, pero en su interior, lo que existe es un plan para quitarte todo lo que posees, en especial, tu vida.

Tuve cinco o seis años de bonanza, era temido o respetado, era un *Ghetto Superstar*, o sea, una estrella de barrio, pero como toda estrella, mi brillo era deseado por otros que no solo querían brillar más que yo, sino también, apagarme para siempre. En ese mundo obtuve todo lo que quería. Sin embargo, llevo veintidós años encerrado en esta celda intentando recuperar la libertad que nunca valoré. Mis seres queridos, los que me trajeron a este mundo, se marcharon. Me quedé solo en este planeta. Daría cualquier cosa por recuperarlos. Papi (Julio Sánchez Rivera) murió en el año 2000, mientras me encontraba en el hueco de la cárcel federal por haber sido sorprendido con un arma para defenderme de un jamaiquino. No me llevaron a verlo, ni siquiera pude despedirme de quien más que un padre, fue un amigo para mí. Mi madre, Luz Elenia Burgos Cruz, murió en el año 2014 después de cinco años de sufrimiento, por los estragos causados por dos derrames cerebrales, de los cuales fue víctima en el año 2009. Ella había prometido no dejar este planeta hasta verme libre y alegre como cuando era niño, pero su cuerpo no resistió.

Mi estadía en la prisión ha sido difícil, pero no puede compararse con la de mi madre, estar postrada en una cama durante cinco años supera cualquier cosa sufrida por mí. Por esa razón decidí liberarla de su promesa y con la complicidad de los guardias que me llevaron a verla, los que dejaron sus uniformes de guardias para uniformarse de humanidad, le mentí a mi progenitora. Me quitaron las esposas, a pesar de los 127 años a los que había sido sentenciado. Me permitieron quitarme el chaleco del uniforme de preso para quedarme con la camisa azul que llevaba debajo. Me paré al costado de la cama en la que descansaba mi madre, le dije que lo habíamos logrado, que ya era un hombre libre, que se podía marchar porque ya había cumplido su promesa. Le agradecí por su valentía, por su entereza y por todo el amor que me había dado. Besé su frente aún caliente sin saber que semanas después, besaría la misma frente, pero fría como hielo. Mami murió dos semanas después, solicitaron mi presencia en la oficina de los trabajadores sociales, debido a que mi hermana había llamado. De inmediato supe que mami me había dejado, cuando fui llevado a recibir la noticia, no fue una sorpresa. Fue poco lo que lloré en aquel momento, fue en la madrugada que derramé la mayor cantidad de lágrimas por aquella gran mujer que me había dado más que la vida. En ocasiones la vista se nubla y se nos imposibilita ver el valor verdadero de las personas que darían sus vidas por nosotros. Los pasos firmes de mi madre siempre estarán presentes en mi memoria. Sus errores fueron parte de mi aprendizaje, pues la intención de ella era procurar mi bienestar y mi éxito en la vida, no mi destrucción.

A pesar de que estoy tras las rejas, las lecciones de mi madre surtieron efecto en mí, pues hoy puedo decir que de aquel hombre cuyo brillo quisieron apagar para siempre, hoy surge una luz más potente y brillante. Jamás pensé que de aquel árbol caído del cual todos querían hacer leña, al que hizo referencia el oficial que me arrestó por el segundo asesinato, no se haría tal cosa, sino que de él germinaría una nueva semilla de la cual surgirían nuevos y mejorados frutos. Estoy seguro de que si hubiera seguido el rumbo que llevaba antes de toparme con lo que antes creía que era la peor catástrofe de mi vida, estuviera hecho polvo, solo conduce a la muerte, cuando la cárcel no nos acepta en sus entrañas. ¿Quién hubiera pensado que Geo se convertiría en Antonino Geovanni, el poeta y escritor? ¿Quién hubiera imaginado que aquel a quien denominaban un delincuente, se convertiría en una persona de bien, quien estaría presentando sus libros en el Ateneo Puertorriqueño y en la Universidad de Puerto Rico? ¿Quién hubiera adivinado que encontraría mi destino sobre el camino que tomé para evitarlo? Jamás pensé que las letras se convertirían en mi primer amor, pero aquí estoy detrás de este teclado escribiendo mi cuarto libro, con la esperanza de que te sirva como ejemplo para que no cometas las mismas estupideces que yo cometí, pues debido a ello, perdí todo lo que realmente tenía valor en mi vida, primordialmente, la libertad.

43

"Nuestro miedo más profundo no es que seamos inadecuados, nuestro miedo más profundo es que somos poderosos más allá de cualquier medida. Es nuestra luz, no nuestra oscuridad, lo que nos asusta. Nos preguntamos, ¿quién soy yo para creerme brillante, hermoso, talentoso y fabuloso? En realidad, ¿quién eres tú para no serlo? Eres un hijo de Dios. No ayudas en nada al mundo al empequeñecerte. No existe ninguna iluminación al disminuirte para que los demás a tu alrededor puedan sentirse seguros. Nacimos para manifestar la gloria de Dios en nosotros, no en algunos de nosotros, sino en todos nosotros. Si permitimos que nuestra propia luz brille con toda su intensidad, conscientemente, estamos permitiendo que otros hagan lo mismo. Al liberarnos de nuestros propios miedos, nuestra presencia libera a los demás".

Marianne Williamson

En la jurisdicción estatal, fui sentenciado a estar alejado de mi libertad durante 127 años. En unos meses cumpliré 23 años detrás de estos muros. Estos barrotes que no me pertenecen, me han imposibilitado conocer a Génesis, Nessiah y Eithan (mis tres nietos) y disfrutar de mi vida como se suponía que hiciera desde un principio. En la actualidad, como miembro del Teatro Correccional, se me ha permitido visitar distintas entidades educativas a través de todo Puerto Rico, con la intención de que la juventud se refleje en este espejo, que poco faltó para romperse en miles de pedazos. Gracias al Departamento de Corrección y Rehabilitación por creer en mi compromiso indeclinable con mi rehabilitación, pues me han otorgado oportunidades que he aprovechado y pienso seguir aprovechando al máximo. He sido reconocido por la Cámara de Representantes como integrante del Programa de Teatro Correccional, por la labor comunitaria que ejercemos a través del programa, en las diferentes comunidades con necesidades especiales. En el proceso, me convertí en artesano de bolígrafos; obviamente, un poeta debe estar atado a los bolígrafos. Me gradué del curso de refrigeración, aunque en realidad, mi amor está en la literatura y en los discursos motivacionales a los cuales quiero dedicarme cuando se abran estas puertas. Los títulos de mis libros de poesía, los cuales me moldearon con cada verso, con cada poema, con cada página, son: Genéstica (2011), Fauces (2014) y Serpentis (2018). Pude descubrir a Antonino Geovanni en medio de la soledad que me ha abrazado durante más de dos décadas y no lamento haber tenido que caminar sobre este sendero escabroso, aunque hubiera preferido haber realizado dicho descubrimiento estando en libertad. Sin embargo, reconozco que este era el camino que debía atravesar para retomar las riendas de mi vida y así cabalgar hacia un nuevo y mejorado futuro.

En la jurisdicción federal, fui sentenciado a cumplir 8 años de prisión, y 8 años de libertad supervisada, los cuales cumpliría en la cárcel estatal mientras extinguía la sentencia de 127 años, ya que ambas sentencias fueron impuestas de manera concurrente. Luego de haber sido sentenciado en la federal, fui trasladado a la cárcel estatal en donde en ocasiones, la vida me ha sonreído y en otras, me ha golpeado duramente, pero ello no ha logrado apartar la sonrisa de mis labios. Sonreír en momentos de dificultad me ha ayudado a soportar el peso de la carga que me ha tocado llevar sobre mi espalda. Tal vez, algún día les cuente sobre mis andares a través de las cárceles de Puerto Rico, en donde el dinero, la droga, el poder y el *no dejarte* de los demás, te crea enemigos que al igual que en la calle, preferirían verte muerto.

Después de haber sido sentenciado en la jurisdicción federal, fui trasladado a la cárcel 308 en Bayamón y dos días después, a la cárcel de máxima seguridad 292, en el mismo complejo carcelario. He estado en casi todas las cárceles de Puerto Rico. He realizado innumerables esfuerzos por revertir mi condena, en el intento de demostrar mi inocencia, pero se me ha hecho imposible. En el año 2016, solicité la Clemencia Ejecutiva, por segunda ocasión, un perdón exclusivo que solo puede otorgar el Gobernador de turno. Mientras el pueblo celebraba la partida prematura del gobernador Ricardo Roselló, yo me sumía en lágrimas de gozo y agradecimiento debido a que mi compañera me había notificado que me habían otorgado la Solicitud de Clemencia Ejecutiva 18-005. Sin embargo, al cabo de unos días, supe que todo había sido un error. Fue el peor de los sufrimientos, el saber que mi celebración por ver culminados mis años de dolor, había sido solo una ilusión. Pensé que no lo soportaría, fue gracias a Dios y a la pequeña Mimi, la niña de quien les hablé en el capítulo 34, que comprendí que la vida nos tumbará al suelo cuántas veces le plazca, solo de nosotros depende no quedarnos en el suelo, levantarnos y volver a montarla. Nuevamente, pude constatar que la cárcel posee muchas entradas, pero son muy escasas las salidas, pero aún no pierdo la esperanza de ver estas puertas abrirse en un nuevo nacimiento hacia mi libertad.

Es triste saberte con potencial y verlo perderse a través de la alcantarilla más cercana. La cárcel es un monstruo que se traga a los hombres y escupe sus huesos. Ingresé a prisión cuando apenas tenía veinticuatro años, actualmente tengo cuarenta y seis. He visto niños convertirse en hombres en la prisión y ser tragados por la oscuridad abismal que existe en el interior de cada celda. Escuché alguna vez que, "La esperanza es lo peor que puede tener un hombre que lo ha perdido todo". Sin embargo, justo eso es lo que me ha mantenido fortalecido y ecuánime. En estos días me llegaron nuevas esperanzas de ser libre. La corte federal emitió una opinión indicando que los veredictos en los juicios por jurado debían ser por unanimidad. Por ello, el Senado aprobó el Proyecto Núm. 1590 sobre la aplicabilidad retroactiva de la nueva norma. Sin embargo, el proyecto se desvaneció por el temor infundido a las masas por algunas personas que destruyen todo aquello que no entienden. A veces me pregunto, ¿cómo podemos aspirar a ser un mejor país, si no creemos en las oportunidades? ¿Cómo podemos esperar que se haga justicia con nosotros, si nos negamos a hacerla con los demás? El Sr. Pablo Casellas, con todo el derecho otorgado por la opinión del Tribunal Supremo Federal, pudo salir de su encierro, pues pudo aprovechar al máximo y así extender los procesos apelativos; pero ¿qué hay de aquellos que tal vez ingresaron a la prisión luego del Sr. Casellas, pero no poseían los recursos económicos para sufragar los honorarios de una defensa en los procesos apelativos? No quisiera decirlo, pero me haría cómplice de la injusticia si callo, al parecer, la justicia es solo asequible para aquel que puede pagarla. Con la negativa a aprobar el proyecto, se fueron mis esperanzas de terminar prontamente con la injusticia con la que he tenido que vivir durante veintidós largos años, sin embargo, ello no es sinónimo de rendición. La victoria que más se valora es aquella que se obtiene con sudor, dolor, sangre y lágrimas.

Después de 17 años *Balatito*, el chico con quien comenzamos esta historia salió de la cárcel. Su primera parada fue en el residencial Aponte de Aguadilla. Eso marcó su futuro, le dije que se alejara de esa vida, si quería disfrutar de su libertad y de su vida. Lamentablemente, la mayoría de nosotros nos creemos los protagonistas de una película que no posee final, pero es triste decir que gran parte de los finales de estas películas se ven cada día en las calles de Puerto Rico, con nuestros cadáveres en medio de un charco de sangre y una cinta amarilla que dice: "No cruce, escena del crimen". La mayoría de las vidas de nosotros son descartadas con la trillada y repetida frase, *Tenía un abultado expediente criminal*, y eso se convierte en un inmediato *No te preocupes, ni te esfuerces en investigar, era solo un delincuente*. Antes de cumplir un año en libertad, fue ingresado en la cárcel por alegadamente tirotearse con la policía, después de un atraco a una gasolinera. *Balatito* se había casado con *el diablo* en la prisión, había bailado con la *tecata*, heroína, droga o como usted le quiera llamar, y la música nunca dejó de tocar.

En el principio de sus días en libertad, un amigo en común le había tratado de ayudar para que se hiciera de lo suyo, pero la ayuda consistía en lo mismo que lo había llevado a la cárcel. *Balatito* le quedó mal, pero el hombre olvidó lo que su amigo, casi hermano había hecho y simplemente le retiró la ayuda. *Balatito* vivía del miedo que pensaba que la gente le tenía, por las cosas que había hecho en el pasado y por las que estaba haciendo en su segunda oportunidad.

Le dieron solo unos meses de cárcel por el supuesto atraco. Al cabo de unos meses salió de la prisión, con una tercera oportunidad, pero aún no había aprendido la lección. Andaba armado todo el tiempo, por los enemigos de su pasado y de su presente. Una noche llegó al apartamento donde vivía con su señora madre. Estaba confiado en que el temor que infundía en las personas de ese mundo lo protegería, pero nunca aprendió que el miedo convierte en valiente a cualquier cobarde. Salió de su apartamento, iba en su carro saliendo del caserío Las Muñecas, lugar en donde creció, en donde hizo amigos, en donde jugó, en donde tuvo su primera novia, en donde tuvo contacto con su primer arma de fuego y de pronto, sintió el rugido espantoso de los tres rifles que ladraban por su vida. Cuando se dispuso a responder, solo pudo ver los destellos de luz que surgían del interior de las bocas de aquellas perras con rabia que reclamaban su vida, era tarde, las perras ya lo habían mordido, estaba herido de muerte.

Su vehículo prosiguió la marcha con el último suspiro que brotó del alma de *Balatito*, hasta que se golpeó con la pared del muro del lago de la Autoridad de Acueductos y Alcantarillados, en donde tantas veces nos metimos a nadar en nuestra niñez. Allí quedó su cuerpo tendido, sin ninguna gloria, ni grandeza, su película había terminado de la misma forma que terminan todas las películas que protagonizan los hijos del Punto. Su familia quedó destruida, en especial su hermano mayor, quien estaba en la misma cárcel que yo. Yo no lo podía creer, ese era el niño que me lavaba los vehículos y se conformaba con dar una vuelta en mi carro o en la motora. Luis Quiñonez López era su nombre y sus únicos errores fueron haber aceptado la herencia que lo convirtió en un hijo del Punto y haber crecido con la mala influencia que existe en ese mundo, pues no todos tenemos la fortaleza de crecer en ese ambiente y vencer las tentaciones que se nos presentan. Sé que existen historias de éxito en los residenciales de nuestro país, pero esas solo representan una minoría. Por eso se glorifica tanto a aquellos pocos que logran triunfar, a pesar de la influencia de los caseríos y barriadas.

El titular de las noticias leía, *Matan A Balatito*[13], pero las autoridades nunca resolvieron el crimen, debido a que luego de la morbosidad de

---

[13] Matan a "Balatito" en Aguadilla, periódico Metro, 1 septiembre 2016.

presentar la foto del infortunado con la mitad del cuerpo en el vehículo y la otra mitad sobre el pavimento, el reportaje culminó con la misma frase que terminan las noticias que hacen referencia a los Hijos del Punto, *La víctima tenía un abultado expediente criminal*. Meses después asesinaron a dos hermanos en el caserío e hirieron a un tercero, tal vez un ajuste de cuentas por la falta de compromiso en resolver algún caso, tal vez el de *Balatito*, y ¿cómo terminaron estos nuevos hijos del Punto que eran los hijos de Jessy, un amigo mío de la niñez? En las noticias locales y con una reportera haciendo alusión a sus amplios expedientes criminales.

MATAN A "BALATITO" EN AGUADILLA

Por CyberNews

La policía informó el asesinato en la noche del jueves de Luis "Balatito" Quiñonez López, de 36 años, residente del Residencial Las Muñecas de Aguadilla. Según se informó, Quiñonez López, quien según las autoridades posee un extenso record criminal, había salido hace varias semanas de la cárcel y fue herido de varios disparos mientras conducía un auto Hyundai Elantra, color verde del 1998, por el área de la marginal del mencionado complejo de viviendas.

Fue transportado por personal de Emergencias Médicas hasta el Hospital El Buen Samaritano de ese municipio, donde el médico de turno certificó su muerte.

El teniente Carlos Peña, en unión al agente Juan Pérez, y el fiscal Néstor Márquez, se hicieron cargo de la investigación.

Los hijos del Punto siempre terminan como *Balatito* o como yo, no existe escapatoria, a menos que se tome la decisión de renunciar a la herencia de esa Madre Maldita que sigue engendrando niños que no sobrepasaran los veinticinco años de vida. Podrás correr, podrás esconderte, pero jamás podrás escapar de las consecuencias de tus decisiones y acciones. Tuya es la vida, de ti depende lo que vas a ser de hoy en adelante, ese destino de sufrimiento y desdicha no está en nuestros genes, por lo cual podemos desprogramarnos cuando queramos. No importa de dónde vengas, tú puedes romper con el ciclo que nos está matando de generación en generación. Apodérate de tu presente y condúcelo hacia donde tú quieres que se convierta en tu futuro. No existe nadie que pueda impedírtelo, solo tú puedes convertirte en tu mejor aliado o en tu peor enemigo. De ti depende el contenido de las páginas de ese libro que tú llamas vida. Hagamos de nuestra isla un mejor lugar para vivir y abandonemos esta vida de violencia que ha dejado a tantas madres sin hijos y a tantos hijos sin padres. De nosotros depende romper ese círculo al que estamos atados por nuestra propia voluntad.

A aquellos que aún no comprenden de dónde proviene este problema y se conforman con recoger los frutos podridos de un árbol enfermo que los sigue produciendo, en lugar de cortarlo de raíz, la palabra clave es equidad. Mientras se siga promoviendo la marcada diferencia entre la forma de vida de ellos, de ustedes y de nosotros, y se siga promulgando la adquisición de bienes materiales como sinónimo de éxito, el problema no cesará. Siempre he pensado que los hijos del Punto no son el problema, nosotros solo somos el síntoma de una enfermedad social que se alimenta de la desigualdad. Si promulgáramos una sociedad más equitativa, en la que se les brindaran más oportunidades a nuestros hijos, independientemente de su procedencia, seríamos un país más productivo y menos violento. Un pueblo en el que la aspiración de un joven: es convertirse en *bichote* tiene un grave problema que se acrecentará si no es atendido pronta y adecuadamente.

Estoy seguro de que nuestros próceres, los que aspiraban a la grandeza del espíritu humano y a la adquisición de sabiduría, estarían muy decepcionados de que se hayan olvidado de sus pasos hacia dicha finalidad y de que sus nombres se hayan convertido en sinónimos de maldad. ¿Qué es lo primero que le viene a la mente cuando usted escucha Ernesto Ramos Antonini, Nemesio Canales o Luis Llorens Torres? Sin embargo, la violencia ha traspasado los linderos establecidos y ha llegado a las puertas de usted y de sus vecinos. En un momento se pensó que dicha violencia solo afectaría a los violentos, pero no, hemos visto que dicho mal ha demostrado ser peor que cualquier enfermedad contagiosa. Hoy nos topamos con la triste realidad de un confinamiento ciudadano internacional para evitar ser afectados por el COVID-19, y tal vez hoy podemos ponernos en el lugar de todas esas personas que están atrapadas en las cárceles de nuestro país, o en cualquier situación que no les permita la libertad de mostrar su verdadero potencial. Existe una enfermedad peor que el Coronavirus, y se llama criminalidad, y si no me cree, entonces vaya a las estadísticas anuales de muertes por la criminalidad. Pero para evitar su propagación, no pueden imponerse cuarentenas, ni toques de queda, ni mascarillas. No podemos pretender sacar el agua de un cuarto inundado, sin antes haber cerrado la llave de paso (pluma). Ello sería un gran disparate o desacierto; lamentablemente, eso es lo que se ha estado haciendo durante varias décadas. Es por eso que debemos identificar la fuente primaria que produce esta sintomatología.

Pues atacar los síntomas sin tratar la enfermedad, es lo que nos tiene en este viacrucis, es lo que nos tiene entubados y conectados a un respirador artificial, es lo que nos ha arrebatado a tantos jóvenes que pudieron ser entes productivos para nuestro país y para el mundo.

El Punto, a primera vista, es un negocio extremadamente lucrativo y atractivo, el cual no se puede combatir ofreciéndole a las personas un salario de $7.25 la hora, mientras otros con igual o menor preparación, devengan cuatro o cinco veces esa cantidad. La única diferencia entre unos y otros es que los mejores pagados, comúnmente son hijos de papi y de mami, los cuales trabajan en tal agencia privada o gubernamental o tienen pala con este o aquel empresario o político, y muchos de los del salario mínimo, solo son hijos del Punto que, como el hijo pródigo, regresarán a sus brazos cuando se den cuenta de que no son bien recibidos en el mundo exterior. En nuestros caseríos y barrios hay mucha gente buena en espera de una oportunidad, la cual se les niega cuando se conoce su procedencia. Cuando en un resumé de trabajo se precisa cambiar la dirección residencial del solicitante que proviene de un caserío, por la de una urbanización, porque tendría más oportunidad si no menciona su verdadera procedencia, tenemos un gran problema. Si catalogamos una persona que proviene de un caserío como *tecato*, prostituta o narcotraficante, solo por su procedencia, tenemos un gran problema. Si no le damos oportunidades a estas o a cualquier persona que se las merezca y nos dedicamos solo a agradar el ojo del poderoso, seguiremos contando cadáveres y viendo cómo, lo que una vez pudo convertirse en un buen fruto, se pudre en la celda de alguna cárcel de Puerto Rico, o bajo toneladas de tierra, en algún cementerio municipal.

Sin embargo, el problema no es solo del Gobierno, ni de las entidades educativas que en vez de enseñarnos a pensar creativa y críticamente enfatizan el promulgar un pensamiento uniforme. Cuando usted quiera algo, debe ir a buscarlo, independientemente de lo que le hayan enseñado a pensar sobre usted mismo, pues usted tiene la capacidad de cambiar sus estrellas, si hace una alianza entre el deseo y la voluntad de materializarlo. No importa las cosas negativas que le hayan dicho desde pequeño, usted es mucho más y tiene que demostrárselo a usted mismo, para que luego los demás puedan verlo. Si lo programaron para el fracaso, desprográmese y dese una actualización, para alcanzar todo aquello que usted se proponga. Basta ya de dar excusas, ellas solo lo encadenan a la mediocridad. Si su visión de éxito es convertirse en el *bichote* del barrio, le tengo noticias, usted es un mediocre, uno más del montón. ¿Usted quiere ser un duro? Pues sea un duro negándose a ser otro cadáver alimentando las estadísticas de muerte que, debido a la violencia en nuestro país, anualmente sobrepasan los quinientos fallecidos. El Punto no es un juego, por lo tanto, no es una opción que debería ser considerada por nadie. La incursión en El Punto es como una actividad en la playa, comienzas en la orilla, donde todo es diversión y sin darte cuenta, serás arrastrado por sus corrientes hasta donde ya no puedas tocar el fondo, entonces intentarás regresar a la orilla, pero no podrás. Tu supervivencia en las aguas profundas dependerá de tu capacidad de nadar y de que no seas atacado por algún tiburón, y en la calle hay muchos de esos, atraídos por la sangre y solo desean despedazarte, o como dicen en la calle, *borrarte la cara*.

No existe nada que pueda detener el viaje hacia las metas que te hayas trazado, si tienes la voluntad de ponerte de frente a cada obstáculo que se te presente en el camino. El tamaño de tus obstáculos está solo en tu mente, pues no existe nada en este planeta que no pueda ser vencido o superado. Mi cuerpo está lleno de cicatrices, mi alma está repleta de heridas, pero jamás me he rendido ante ninguno de los obstáculos que han tratado de detenerme. Tal vez en algún momento mis pasos se hayan tornado lentos, sin embargo, ello no significa que haya decidido darle la espalda a la batalla. Nací guerrero y moriré guerrero, pero esta vez, mi guerra es contra las cosas de mi pasado que me encerraron en este lugar de paredes y barrotes, en donde constantemente suelo imaginar el mundo en el que debí vivir, en lugar del que me hizo su residente perpetuo.

Allá afuera, el fuego sigue encendido, los muros entre los que nos han encerrado no han logrado disipar la acumulación de cadáveres sobre las calles pavimentadas de ese lugar al que muchos de los que hemos perdido la libertad, aspiramos llegar, lugar que erróneamente llamamos *la libre comunidad*, pues, ¿qué libertad puede tener una comunidad en la que se teme salir a respirar un poco de aire fresco, por temor a ser asesinado? ¿Qué libertad puede haber entre los habitantes de una comunidad que despiden el año bajo techo, por el miedo de resultar víctima de una lluvia de plomo? ¿Qué libertad puede existir en una comunidad en la que las aspiraciones de sus niños y jóvenes son de convertirse en *bichotes*? La cárcel no ha resultado ser la solución mesiánica al problema milenario de la criminalidad, sin embargo, seguimos insistiendo en atacar los síntomas en lugar de erradicar la enfermedad de una vez por todas. Enviar a un criminal a la cárcel es solo una solución artificial, pues su única finalidad es ocultar el problema al dar la impresión de que se combate la criminalidad de manera efectiva, pero eso no es cierto, o dígame usted, ¿se siente más seguro ahora que veinte años atrás? La criminalidad se ha apoderado, no solo de nuestras calles, sino de nuestros hijos, de su presente y futuro. Sé que usted, como padre responsable, ve el noticiario de la tarde, con el temor de que su hijo sea el protagonista de algún reportaje que relate los estragos causados por la criminalidad y estoy seguro de que usted daría cualquier cosa que estuviese a su alcance, para que su hijo no fuera otra víctima de la violencia que tiene secuestrado al país. Es por ello que debemos actuar antes de que sea demasiado tarde. Si no hacemos algo en este momento, las masacres como la del residencial Ernesto Ramos Antonini seguirán ocurriendo y el Instituto de Ciencias Forenses seguirá siendo el punto de partida de nuestros hijos e hijas, hacia otro nivel existencial.

La criminalidad se ha convertido en un monstruo incontrolable y su alimento predilecto es la vida de nuestros seres más amados. Me pregunto, ¿qué atractivo tiene para una persona racional el incursionar en un mundo en el que las garantías de supervivencia son extremadamente escasas?

¿Qué inteligencia, o la falta de ella, nos hace meternos en las profundidades de ese mar tempestuoso del cual no saldremos vivos, o sí lo logramos, lo haremos sin la libertad que se nos dio al nacer? Estoy consciente de que uno de los factores principales del narcotráfico es la desigualdad entre las clases sociales, pero matarnos entre nosotros no nos ayuda a escapar de ese fantasma, ni a vencer los obstáculos que nos impone una sociedad diseñada para el beneficio de solo unos pocos. Al ocurrir un evento violento, he escuchado a varias personas decir con cierto alivio, "Eso no es nada, así es ese mundo, solo se están matando entre ellos". Lo peor de todo es que he tenido que permanecer callado debido a que tienen toda la razón. Es cierto, nos estamos matando nosotros mismos. No avalo la gestión del narcotráfico, sin embargo, aunque sé que el fin no justifica los medios, entiendo que es la demanda la que genera la oferta y no al revés, o sea, que la adicción a los estupefacientes es lo que ha generado la proliferación de los narcotraficantes. Por lo que debemos trabajar con la adicción con mayor ahínco de lo que se ha hecho hasta el presente, y a largo plazo, si nos enfocamos en ello, veremos una disminución trascendental de la oferta y de la criminalidad.

Los problemas ilusorios de este mundo hacen que nuestros hijos sucumban ante la adicción a las drogas, en un intento por escapar de su realidad. Lamentablemente, no nacemos con un manual instructivo que nos guie a través de este sendero que llamamos vida y estoy seguro de que las metas que nos han indicado que debemos seguir son las equivocadas. Es por eso que la mayoría de las personas se sienten infelices al no alcanzar el nirvana económico que nos han dicho que debemos alcanzar, para que la sociedad nos considere exitosos. Vivimos en una sociedad en la que se nos valora por lo que poseemos y no por lo que somos. O sea, *dime cuánto tienes y te diré como serás tratado.*

En la última página de este capítulo, lo más probable es que escribiré la palabra "FIN" en señal de que hemos llegado al final del libro. Sin embargo, eso estaría muy lejos de la realidad que usted y yo vivimos a diario. Tal vez sí, este libro haya culminado, pero no así las historias de vidas similares. En nuestras calles habrá más *Balatitos* muriendo por el peso de cada plomo que escupe una bala. Habrá más niños que se creyeron hombres, encerrados en alguna prisión por el resto de sus vidas. No cesará el llanto de las madres por la pérdida de sus hijos, ya sea por el peso de las lápidas que cubren lo que un día fueron sus cuerpos, o por los barrotes de una celda que les arrebataron sus libertades. Esto no finalizará hasta que por fin comprendamos que nuestro verdadero valor no proviene del dinero que carguemos en nuestros bolsillos, ni de las propiedades que podamos acumular, sino de aquello que guardamos en nuestras almas.

Esta historia se repetirá una y otra vez, con algunas pocas variaciones, con otros personajes, pero el libreto y el final, siempre serán los mismos. Lloraremos por nuestros muertos, por nuestros presos y por nuestras víctimas inocentes, pero la bestia no se saciará hasta que nos haya quitado el último de nuestros hijos. Es por esa razón que debemos extirparle el estómago antes de que siga aumentando su tamaño y su fuerza. Debemos negarnos a que nuestros hijos sean parte de las estadísticas mortuorias o carcelarias de nuestro país. Con gran probabilidad, no todos podrán escribir un libro sobre sus vidas, pero les aseguro que más allá de la frase clichosa, *La víctima poseía un abultado expediente criminal*, la cual pretende cerrar el capítulo final de la vida de algún hijo del Punto que cayó víctima del plomo y de sus decisiones equivocadas, sí, más allá de esta frase, existe una historia de luchas, de derrotas, de malos tratos, de persecución, de señalamientos, de falta de oportunidades, de baja autoestima, de carencia de sueños positivos, de decepciones; pero más importante que todo lo anterior, existe una falta de amor y de valores que funjan como semilla en tierra fértil para la germinación de la empatía que debemos sentir los seres humanos, los unos por los otros.

La lucha contra la pérdida de nuestros jóvenes es un asunto de todos. Tan culpable es el árbol que produce frutos podridos como aquel que no lo corta, para evitar su crecimiento y propagación de su veneno. Aunque la mayoría de los que estamos encarcelados, seamos culpables o inocentes, anhelamos con todas las fuerzas de nuestras almas, una segunda oportunidad para enmendar nuestros errores y un poco de misericordia, reconocemos que los esfuerzos primordiales deberían estar dirigidos hacia la educación de esos niños, que eventualmente se convertirán en hombres y mujeres.

El cambio que necesitamos se genera con educación, pero para que un sistema educativo adquiera la capacidad de trasformar al individuo, antes debe transformarse a sí mismo. No es suficiente con el aprendizaje de cálculos matemáticos, teorías científicas, ni con el conocimiento de la historia. Debemos enseñar a nuestros niños a conocerse y aceptarse como los seres humanos únicos, especiales y originales que son, sin importar lo que otros puedan catalogar como defectos, pues en ocasiones, lo que para otros es un defecto, para el que lo posee, puede ser una gran virtud. Debemos procurar que aprendan a comprenderse para que así puedan comprender y aceptar a otros. Se dice que aquel que desconoce la historia, está condenado a repetirla. Sin embargo, no podemos olvidar que aquel que solo se enfoca en su pasado, descuida su presente y arruina su futuro. Debemos intentar métodos distintos para que nuestros jóvenes sean atrapados por las redes del amor propio, en lugar de que desperdicien todo su tiempo en las redes sociales y con esto, no condeno las redes sociales, pues ellas podrían ser una gran herramienta de cambio si se utilizaran de forma adecuada y responsable. Es momento de sembrar la semilla del cambio para que otras generaciones puedan cosechar sus frutos. Tal vez no seamos capaces de ver los cambios en uno o varios cuatrienios, pero sí nuestros hijos podrán beneficiarse de dichos cambios, y es por ellos por quienes vivimos, ¿no?

Como he dicho antes, nosotros no somos la enfermedad, sino los síntomas de una pandemia social que seguirá produciendo criminales, si persistimos en nuestro enfoque de solo combatir los síntomas en lugar de erradicar la enfermedad de una vez por todas. Querido lector, allá afuera hay un joven con deseos de crecer y de demostrar que tiene el potencial necesario para convertirse en un ciudadano de provecho para él, para los suyos y para todo aquel que lo necesite. Allá afuera hay un joven en espera de tu ayuda, de una oportunidad para demostrar que puede tomar las riendas de su vida y redirigirse hacia nuevos y mejores destinos.

Allá afuera hay un joven que no ha sido contaminado por la apatía social y que aún tiene fe en la existencia de bondad en cada corazón humano. No importa su estatus social, si son ricos o pobres, pues la necesidad de amor no depende del caudal económico de las personas. No importa su procedencia, si son de urbanizaciones, caseríos o barriadas, dejémosle saber que creemos en ellos y que estamos dispuestos a darles esa ayuda y las oportunidades que necesitan para convertir cualquier historia de fracaso, en una de múltiples triunfos.

He visto narcotraficantes ser tratados mejor que un ciudadano de bien, solo por el dinero que muestran tener con sus prendas de oro y sus autos lujosos. El caudal económico que posea o no posea un individuo jamás debe ser el factor para el trato que debe recibir dicho individuo. En lugares de entretenimiento social vemos las secciones llamadas VIP, repletas de personas cuya importancia solo radica en el grosor de sus billeteras. Es por eso que nuestros jóvenes buscan convertirse en esos *Very Important People* del futuro, aunque ello les cueste la vida. No les importa morir, a cambio de sentirse importantes, aunque sea solo una vez. La riqueza en sí no es mala, ni buena, pero la ambición desmedida y el perseguir riquezas por las razones incorrectas son la causa de la pobreza que radica en el alma y ello provoca el desamor por la vida, que es el peor de los males. Por esa razón he decidido redirigir mi vida hacia metas asequibles, hacia la acumulación de riquezas que ningún hombre me pueda quitar. He llegado a la conclusión de que lo realmente importante de esta vida es todo aquello que nos podamos llevar cuando partamos de este planeta. No acumules bienes materiales, por los cuales otros pelearán cuando llegue tu momento de partir, vive bien para que mueras mejor, o sea, si fuiste recibido con lágrimas en este mundo, vive para que cuando seas despedido de él, sea con una gran ovación.

Las personas que incursionan en el mundo del Punto no entienden qué las hace sucumbir a los deleites temporales de ese infierno; es luego en la vida, si logran conservarla, que, en la soledad de una celda, al hacer un pacto de paz para hallarse a sí mismos, comienzan el proceso de asimilación y comprensión del pasado que les llevó a pasar el resto de sus días en la oscuridad de una prisión. Son las paredes de la cárcel las que transmutan su oficio de verdugos a maestros, los cuales tienen la capacidad de enseñarnos más sobre nosotros que la misma libertad, cuando la tuvimos y no la aprovechamos.

Es un viejo adagio que se repite en cada generación, con la simple diferencia de la calidad del metal. Antes se decía "el que a hierro mata, a hierro muere". Sin embargo, como en la actualidad se mata con plomo, pues sería correcto decir que "el que a plomo mata, a plomo muere". Tarde o temprano, lo que hagas a otro te alcanzará, las mismas balas que disparas, regresarán a ti. Vivirás mirando sobre tus hombros en espera de la estocada final, pero ella llegará cuando menos lo esperes, si no te detienes en este momento. El valor de la vida nunca ha disminuido, sin embargo, los avances tecnológicos, y con ellos, la adquisición de bienes materiales con el mínimo esfuerzo, la han desplazado a un nivel insospechado. Para algunos, la vida es insignificante, en ocasiones, un maldito teléfono celular tiene mayor valor; pero la realidad es que la vida y la libertad son irremplazables. Lamentablemente, como todo en este planeta, comprenderemos la magnitud de su valor cuando finalmente la hayamos perdido, entonces será muy tarde.

La vida es bella y es aún más hermosa cuando se puede palpar el placer de ser libre. Debemos dejar de entregar nuestras vidas y libertades a cambio de un par de dólares, de un rato de notoriedad o del disfrute momentáneo de los placeres que solo satisfacen la gruesa piel del ego.

Debemos extirpar de nuestra psiquis todo acto de violencia, pues con cada acto violento que cometamos, morimos un poco. Debemos darle *delete* a todo lo que nos ha hecho insensibles. Debemos comenzar a vernos tal y como fuimos concebidos para reconquistar nuestra existencia. Una vez hablaba con una persona, la cual me hizo la siguiente pregunta, ¿Qué es lo que provoca el movimiento de un vehículo? Después de darle varias contestaciones, entre ellas, que el motor, el combustible, la transmisión o el conductor, me dijo, "Ninguna de ellas. Es la meta hacia la que nos dirigimos la que logra una alianza entre esos cuatro elementos que mencionaste, para poner el vehículo en marcha". Es la meta que queremos alcanzar como sociedad, lo que debe propiciar que hagamos cambios significativos en nuestras vidas, para que reine la paz en las calles y hogares de nuestra isla. Nadie dijo que será fácil, sin embargo, si lo hacemos en conjunto y con una voluntad indeclinable, lo lograremos tarde o temprano. Nunca dejes de luchar por tu vida, pues ella es tu mayor tesoro. Después de haberla perdido, no habrá otra cosa que posea mayor valor.

Y en cuanto a la vida, mientras trabajo unas correcciones en este libro, tengo que notificarles que el Sr. Ángel Manuel Díaz Ortiz, quien fuera el testigo que prestó varias declaraciones falsas en mi contra por lo cual fui sentenciado a cumplir 127 años de prisión, de los que el próximo 4 de febrero cumpliré 23 años encarcelado, murió el 17 de diciembre de 2020 en una prisión de Estados Unidos, en la que cumplía una sentencia de menos de 5 años por delitos cometidos en el año 2019. Manuel se convirtió en una víctima del virus Covid-19. Dejó atrás seis hijos y muchos asuntos sin resolver. Mis condolencias para sus familiares. Sin embargo, yo seguiré aquí luchando, caminando hacia adelante hasta que la vida determine, pues he extirpado la palabra claudicar de mi diccionario. No descansaré hasta ver la justicia servida en mi copa. Pues mi lema es y será, luchar hasta el último suspiro, hasta derribar estas puertas injustas, hasta la última gota de vida.

De una película escuché el siguiente refrán, el cual adopté como mío, pues me ha ayudado a redirigir mi vida hacia el destino que siempre debí seguir, "Cada día es una página en blanco y solo de ti depende la historia que en ella se escriba". Por eso, mientras sigo delineando una nueva y mejorada vida, continuaré la lucha por abrir estas puertas hacia mi libertad. Las derrotas que he tenido que experimentar a lo largo del camino, solo han tenido el efecto de fortalecerme y hacerme más consciente de cómo vencer este enemigo que ha hecho alianza con el tiempo, en busca de robarme la oportunidad de vivir a plenitud. El dolor a veces se torna insoportable, pero bien lo dice el dicho, "No hay mal que dure 127 años, ni cuerpo que lo resista". A pesar de la oscuridad y el sufrimiento que me han hecho su huésped involuntario, jamás me verán oculto en las trincheras, a menos que sea con la intención de trazar nuevas estrategias y recuperar las fuerzas perdidas para recomenzar un nuevo ataque. No importa cuántas veces el fracaso me abrace, no importa cuántas veces caiga al suelo y parezca vencido. No importan las heridas del fusil enemigo, ni que la esperanza amenace con abandonarme. No importa cuántas lágrimas haya derramado y tenga que derramar sobre esta tierra extraña repleta de calabozos y barrotes. No importa cuántas veces tenga la tentación de rendirme, pues, aunque sea arrastrándome, mientras me quede una gota de sangre, jamás dejaré de luchar sobre este escenario de guerra que me aprisiona, pues al igual que Friedrich Nietzsche, "No soy un hombre, soy un campo de batalla".

FIN

ESTOY HECHO DE...

Estoy hecho de las lágrimas de mi madre,
de la pobreza que mi padre cargaba en sus bolsillos.
Estoy hecho de sus ansias de meter un poco de droga en
sus venas, de sus delitos, de sus barrotes, de su violencia.
Estoy hecho de ese amor que creció en la huida, de las
mentiras que me enseñaron a decir desde niño
para evitar la venganza de Toño.

Estoy hecho de los Retos a la Juventud,
de Las Villas de Rito, de sus pavos reales y de
la ventana que apuntaba hacia un mundo mejor.
Estoy hecho de las ceibas del caserío, de la sombra
de los almendros en donde la muerte
aguardaba por la vejez.

Estoy hecho de una niñez persistente, de bates,
bicicletas y patines que fueron sepultados bajo el tiempo.
Estoy hecho de amores prematuros, de sexo de pantalón a
pantalón, de juegos a escondidas en los que
me perdí y aún no me encuentro.

Estoy hecho de besos ocultos mientras jugaba a mamá y a
papá, de cascadas de deseos que se derramaron en mis manos.
Estoy hecho de una virginidad perdida en los brazos
de una amante de la basura, quien
me triplicaba la edad.

Estoy hecho de peleas callejeras, de puños llenos de cicatrices,
de ojos morados, de las batallas libradas en soledad a causa de la
ausencia de mi hermano mayor, cuyo primer hogar, era la cárcel.
Estoy hecho del sufrimiento de mi madre por la adicción
de su primogénito quien fue besado por el SIDA
hasta que absorbió su último aliento.

Estoy hecho de la palabra orgullo que jamás escuché
surgir de sus labios, de las decepciones y de sus promesas incumplidas.
Estoy hecho de las jugadas de dados, de la venta de pitillos, de las colillas
de cigarrillos, de las cervezas calientes, del corre y corre al escuchar el
grito; *agua*, los *camarones*, las *jaras*, y de los abusos de la policía contra
aquellos que sólo querían buscarse el peso.

Estoy hecho de estatuas de libertad
hechas de excremento, de sus edificios que nos
amontonan y nos estrangulan con su "Crack y con su Ganja".
Estoy hecho del sueño americano que colapsó en esta pesadilla
puertorriqueña, de las ganas de ser alguien y no lograrlo
por los malditos estigmas y estereotipos sociales.

Estoy hecho de mujeres buenas que dejé partir,
de las que me traicionaron y de las que aún están junto a mí.
Estoy hecho de leyendas, de cuentos de camino, de las tres
letras del terror que hacían temblar a los más bravos.
Estoy hecho de los cobardes que se creían
hombrecitos, pero ante el temor; lavaron
sus culpas en mi carne.

Estoy hecho de las hijas que nacieron de mi
vientre, pues la verdad es que nunca conocí a sus madres.
Estoy hecho de los balbuceos, de las voces y las risas de
las nietas que estos muros aún no me
han permitido abrazar.

Estoy hecho de celdas, paredes y barrotes propios,
pero también de esta maldita condena que no me pertenece.
Estoy hecho de fabricaciones al por mayor, de hombres con placas
que sólo buscaban un ascenso para sus vidas mediocres,
de la lengua falsa de un testigo arrepentido, y
de estos muertos que no son míos.

Estoy hecho de emboscadas, de deseos y amenazas
de muerte, de plomos, de heridas y de mi sangre derramada.
Estoy hecho de remordimientos, de memorias difusas, y
de venganzas que me prometí nunca llevar a cabo.
Estoy hecho de los etiquetados, de los señalamientos
de una sociedad enferma que me tilda de enfermo
cuando sólo soy uno de sus síntomas.

Estoy hecho de los puntos no suspensivos y
de los sueños de "overdose" que me acusan de sus partidas.
Estoy hecho del miedo propio y del ajeno, de la algarabía que
ocasionaba la llegada de los señores *Smith and Wesson*,
de las tizas no aptas para dibujar peregrinas que
descansan sobre el asfalto, pero jamás en paz.

Estoy hecho de paja, madera y
concreto, de demonios encadenados y de dioses
muertos, de infiernos apagados y de cielos encendidos.
Estoy hecho de caminos no transitados, de huellas
moribundas y de vientos con muy poco aliento.
Estoy hecho de prisiones, de libertades que
convulsan en esta sala de espera perpetua,
y del hambre que traigo en este
estómago lleno de cadenas.

Estoy hecho de la muerte de mis padres, del
olvido y la apatía de aquella que nació del mismo vientre que yo.
Estoy hecho de las mentiras que han venido a asesinar mis pocas
verdades, de los pasos que abandonaron la lucha mientras
me pudro en este calabozo sin dragones.

Estoy hecho de las manos que vinieron a tomar lo
que no era suyo, de los vampiros que desangraron mis bolsillos,
de los que vieron un botín en donde yo tenía puestas mis esperanzas.
Estoy hecho de los aciertos que se alimentan del cordón umbilical de
la incertidumbre, de la paciencia que surge de la impaciencia,
del dolor que causa esta espera desesperante.

Estoy hecho de las ruinas de este espíritu que no se rinde,
de este carne maltrecha que es rehén del tiempo, de quenepas,
mangós y tamarindos, de piraguas y de las tardes de un domingo.
Estoy hecho del salitre que llora el sol mientras fallece sobre
el mar, de los pasos que un día dejé sobre la arena.

Estoy hecho de palabras inconclusas, de oraciones en un
coma inducido, de puntos, pero no finales, de derrotas y victorias
que comulgan en este campo de batalla que es mi cuerpo.
Estoy hecho de ti, de mí, de ellos, de nosotros,
del todo, y de la nada, pero sobre todo,
estoy hecho de poesía.

Antonino Geovanni

El autor

Antonino Geovanni logró escapar del vientre de su progenitora en el año 1973, en el pueblo de Ponce, Puerto Rico. A los cuatro años, por designios insospechados del caprichoso destino, tuvo que abandonar su pueblo natal para ser adoptado por el pueblo de Aguadilla. En el llamado Jardín del Atlántico sembró sus semillas, en espera de cosechar buenos frutos, pero a veces el sembrador, las semillas o el terreno resultan infértiles para generar los frutos esperados, o tal vez, cosechamos lo que sembramos.

Cursó sus primeros años escolares en escuelas privadas hasta que tuvo que enfrascarse en los torbellinos emocionales y físicos de las escuelas públicas, allí no solo tuvo que aprender las materias asignadas, sino que también tuvo la necesidad de aprender a defenderse. Se enredó en el tumultuoso mundo del narcotráfico a muy temprana edad. Fue atrapado por las garras del Punto y arrastrado sobre el pavimento, hasta que su alma quedó en carne viva.

A los 22 años fue ingresado a la cárcel por primera vez, por el delito de agresión y una segunda vez, por la posesión de un arma de fuego y de sustancias controladas. A los 24 años fue acusado de dos delitos de asesinato que no cometió, y aún a sus 47 años de edad, intenta, no solo demostrar su inocencia, sino también que el Sistema Judicial de Puerto Rico es vulnerable, pues se equivoca y puede ser manipulado por personas inescrupulosas que solo velan por sus propios intereses.

En el inhóspito y oscuro ambiente de la cárcel, tuvo un accidente cósmico con la literatura y de dicha colisión emanó un *bigbang* de palabras, de las cuales se han formado múltiples mundos, varias galaxias y una nueva vida para él. Desde entonces, Antonino Geovanni ha publicado sus poemas en las revistas literarias *Inopia I y II* (Puerto Rico), *Cinosargo* (Chile), *Palabras Diversas* (España), *Monolito* (México), *En la Orilla* (Puerto Rico), *Revista Umbral de la Universidad de Puerto Rico* y *Letralia* (Venezuela).

Su trabajo fue incluido en las antologías poéticas **Fantasía Circense** (2011), **Piernas Cruzadas III** (2011), **Desde Adentro, entre la universidad y la cárcel** (2011), **Grito de Mujer** (2013), **Grito de Mujer** (2017), **Antología de Amor, Argentina** (2012), **Antología de poemas de amor de Casa de los poetas (2012), Poetas Intensos** (2018) y **Pedazos del Corazón** (2018).

Ha publicado los libros **Genéstica** (2011), **Fauces** (2014), **Serpentis** (2018). Su primer libro, **Genéstica**, fue asignado como materia de estudio en la Universidad de Puerto Rico. Sus poemas han sido galardonados en certámenes auspiciados por la Universidad Politécnica de Puerto Rico y han sido leídos en el V Festival Internacional de Poesía de Puerto Rico.

Actualmente funge como el narrador de las obras ofrecidas por el Programa de Teatro Correccional dirigidas a los jóvenes del sistema educativo público y privado, a los de necesidades especiales, o a los que contemplan la idea de llevar sus vidas a través de un rumbo equivocado que, en la mayoría de las veces, los llevaría a la cárcel, o a la muerte.

Mediante la *Moción 3591* del 28 de mayo de 2019 se realizó una ceremonia de reconocimiento a Antonino Geovanni como miembro del Teatro Correccional, por su labor comunitaria y social. El reconocimiento estuvo a cargo del Honorable Representante Joel Franki Atiles.

Además, el autor actuó en la grabación de videos educativos realizados mediante el esfuerzo entre la Universidad Carlos Albizu y el Departamento de Corrección y Rehabilitación, los cuales van dirigidos a la lucha para combatir la violencia de género.

Muchas veces, el sufrimiento durante los 22 largos años que ha estado en prisión lo han hecho retorcerse de dolor, en ocasiones ha caído y ha tardado en levantarse. Ha vivido noches en las que la densa oscuridad que permea en los eslabones de sus cadenas le ha hecho perder la esperanza de algún día poder ver abrirse las puertas que lo mantienen cautivo. Aunque a veces la ansiedad, la desesperación y el pánico lo han convertido en su prisionero, como buen guerrero que es, ha regresado al campo de batalla, pues conoce muy bien el camino y nada lo alejará de su meta, pues Antonino Geovanni sabe bien que no hay valor que pueda ser hallado en la seguridad de las trincheras; ello solo puede ser encontrado en la lucha continua.

Mantiene su esperanza de que algún tribunal del país pueda revocar su sentencia de 127 años, o en que el Gobernador o incumbente, le otorgue la Cleméncia Ejecutiva con el número 18-005.

Como valiente guerrero que es, seguirá en pie de lucha, con su teclado como arma y con su mente y espíritu como comandantes, hasta lograr su objetivo de convertir sus barrotes en su tan añorada libertad. Claudicar jamás será parte de su agenda, pues ha hecho suyas las palabras insistir, persistir, resistir y nunca desistir.

Los hijos del punto (2020)

#clemenciaparaelpoeta

Made in the USA
Middletown, DE
01 July 2022